儒道融合视域中的阳明心学建构

朱晓鹏　著

商务印书馆
The Commercial Press

2019年·北京

图书在版编目（CIP）数据

儒道融合视域中的阳明心学建构 / 朱晓鹏著. — 北
京：商务印书馆，2019
ISBN 978-7-100-17354-4

Ⅰ.①儒… Ⅱ.①朱… Ⅲ.①王守仁（1472-1528）
—心学—研究 Ⅳ.①B248.25

中国版本图书馆CIP数据核字（2019）第071773号

儒道融合视域中的阳明心学建构

朱晓鹏 著

商 务 印 书 馆 出 版
（北京王府井大街36号 邮政编码 100710）
商 务 印 书 馆 发 行
三河市尚艺印装有限公司印刷
ISBN 978 - 7 - 100 - 17354 - 4

2019年6月第1版 开本 710×1000 1/16
2019年6月第1次印刷 印张 22 1/4

定价：78.00元

国家社科基金后期资助项目出版说明

后期资助项目是国家社科基金设立的一类重要项目，旨在鼓励广大社科研究者潜心治学，支持基础研究多出优秀成果。它是经过严格评审，从接近完成的科研成果中遴选立项的。为扩大后期资助项目的影响，更好地推动学术发展，促进成果转化，全国哲学社会科学工作办公室按照"统一设计、统一标识、统一版式、形成系列"的总体要求，组织出版国家社科基金后期资助项目成果。

全国哲学社会科学工作办公室

目　录

绪 论

儒道两家是中国传统哲学及整个传统思想文化中最重要的组成部分，它们既对立又融合互补，形成了中国传统思想文化内部的必要张力和基本结构。就儒道两家之间的融合互补历史来看，这个过程从儒道两家形成时期就已经开始，尤其是在唐宋朝儒道释三教合一成为一种普遍思潮后，儒道融合互补更是达到了前所未有的高度，并且产生了总体上是积极的效果。宋明理学就是在三教合一、儒道互补这一强烈风气影响下形成的。有鉴于此，学术界现已普遍地承认三教合流对宋明理学的形成和发展具有重要的影响，也认识到道家道教对宋明理学包括阳明学所具有的重要影响，并形成了不少值得肯定的成果。[①] 然而儒道融合互补在历史上是如何具体展开的？儒道融合互补在不同的历史阶段、人物或学派那里会有哪些不同的表现和特点？儒道融合互补在历史上重要的思想学说、社会思潮的形成和发展以及文化变革和创新的过程中具有什么样的重要作用和意义？能否通过更多全面具体的典型个案性研究对这些问题予以深入证明？这些无疑是值得我们进一步研究的重要问题。本书即以王阳明与道家道教的关系这种典型个案的研究为视角，从儒道融合的视域来深入系统地考察阳明心学理论

[①] 如马克斯·韦伯、柳存仁、秦家懿、杜维明、陈来、杨国荣、左东岭、陈少峰、钱明、彭国翔、孔令宏等学者所做的相关研究。参见马克斯·韦伯：《儒教与道教》，商务印书馆1995年版；柳存仁：《明儒与道教》《王阳明与道教》《王阳明与佛道二教》，载《和风堂文集》中册，上海古籍出版社1991年版；秦家懿：《王阳明与道教》，载《秦家懿自选集》，山东教育出版社2005年版；杜维明：《宋明儒学思想之旅——青年王阳明》，载郭齐勇、郑文龙编《杜维明文集》第三卷，武汉出版社2002年版；陈来：《有无之境——王阳明哲学的精神》，人民出版社1991年版；杨国荣：《心学之思——王阳明哲学的阐释》，生活·读书·新知三联书店1997年版；左东岭：《王学与中晚明士人心态》，人民文学出版社2000年版；陈少峰：《宋明理学与道家哲学》，上海文化出版社2001年版；彭国翔：《良知学的展开——王龙溪与中晚明的阳明学》，生活·读书·新知三联书店2005年版；孔令宏：《朱熹哲学与道家道教》，河北大学出版社2001年版；钱明：《儒学正脉——王守仁传》，浙江人民出版社2006年版；等等。我自己数年前也出版过相关著作《王阳明与道家道教》，中国人民大学出版社2009年版。

建构的基本路径、内容和方法，从而进一步揭示中国思想文化中儒道释关系特别是儒道关系的真实面貌和重要意义。同时也力求借此对阳明心学及整个中国哲学史、思想史形成一些新的认识。

一

王阳明作为中国历史上最杰出的思想家之一，其建构的心学理论横空出世、振聋发聩，不仅是思想史上一场反对以朱子学为代表的正统理学意识形态的道学革新运动，而且对中晚明以来中国传统社会出现"群寐咸醒"的思想解放运动及其向近现代的转型都产生了深远的影响。同时，王阳明的一生也波澜起伏，既在文治武功方面有显赫的政治、军事成就，又是名动朝野、从者如云的教育大师。正因此，王阳明可谓超越于时代、思想独步古今的思想巨人，确实无愧于其"真三不朽"的美誉。

那么，王阳明是如何成为这样一位独步古今的思想巨人的呢？

一般而言，一位思想巨人的产生总是与其所处的社会生活和政治环境、思想文化氛围和观念传承以及其独特的生活体验和个性这三个方面相关联的。这些于王阳明也不例外。我们这里就作为杰出哲学家、思想家的王阳明做一番相关考察。

就社会生活和政治环境而言，王阳明所处的明朝中期社会即弘治、正德之际，在经历 1449 年（正统十四年）的"土木之变"后，明初那种相对繁荣和稳定的局面已成过去，而原来潜伏的各种社会矛盾逐渐显露，并演化出深刻的社会危机。如因土地兼并、剥削严重、租税赋役繁多，农民起义不断爆发；统治集团内部彼此倾轧、宦官专权，正直官员屡遭迫害；社会贫富差距增大，赤贫沦落与靡华竞富赫然并存。凡此种种，都标志着明代开始由盛向衰。王阳明本人也对这种衰颓的现实深感失望："今天下波颓风靡，为日已久，何异于病革临绝之时！"[①] 同时，随着手工业和商品经济的发展，早期资本主义新经济现象在江南沿海地区逐渐蔓延，对原有的以小农生产为基础的自然经济形态造成了冲击，进一步瓦解着原有的以中央

———————

① 《答储柴墟》二，《王阳明全集》卷二十一，上海古籍出版社 1992 年版，第 814 页。

集权统治为中心的封建社会母体和宗法伦理秩序。顾炎武对明代中期歙县的风尚变化所做的描述就颇具典型性：

> 逮至正德末、嘉靖初则稍异矣，商贾既多，土田不重。操资交接，起落不常；能者方成，拙者乃毁；东家已富，西家自贫；高下失均，锱铢共竞；互相凌夺，各自张皇。于是诈伪萌矣，讦争起矣，纷华染矣，靡汰臻矣。①

这种"操资交接""锱铢共竞"的工商业发展既带来了"高下失均""互相凌夺"的竞富求利的世风，导致"盖至于今，功利之毒沦浃于人之心髓"②；也引起了封建性人身依附关系和纲常秩序的松弛，开始威胁着既有的社会政治统治。在上述种种社会生活政治环境面临的深刻矛盾和严重危机中，如何维持中央专制集权的统治秩序和纲常伦理秩序的稳定，重新收拾人心，是摆在当时的统治集团特别是思想家面前不可回避的时代课题。王阳明作为当时统治阶级及其维护者中的一员，这些重大时代课题构成了其思想、行为的基本社会历史背景。

当然，作为杰出的思想家，王阳明面对明代中期政治腐败、社会衰颓所引起的深刻危机和人身自由、纲常松弛造成的社会变迁，既会产生卫道者的责任意识，更会敏锐地发现在普通民众和士大夫阶层中涌动着的对不合理的社会制度及纲常秩序的反抗，以及对自我生命价值和主体自由精神的追求。显然，主张尊重个性和主体自觉、倡导身心解放和圣凡平等的阳明心学，是顺应并进一步高扬了这一时代精神的。也正因此，它一经产生就应者如云，产生了深刻而广泛的影响，这完全是其具有鲜明的时代特质的反映。

不过，对于像王阳明这样的伟大思想家来说，其所处时代的精神文化、思想观念所给予的影响必定是更重要的层面。自南宋以来，程朱理学在历代统治者的扶持利用下，垄断了意识形态的话语权，成为逐渐僵化、

---

① 顾炎武：《歙县风土论》，《天下郡国利病书》卷三十二，转引自许苏民：《顾炎武评传》，南京大学出版社 2006 年版，第 590 页。
② 《传习录》中，《王阳明全集》卷二，第 56 页。

虚伪和专横的正统官学。而事实上，一旦程朱理学从广博的道德形上学被转变成官方哲学之后，其批判精神、创造性思想、道德追求和活力就逐渐消失了。尤其是在程朱理学将实质上是专制集权社会的统治秩序和伦理规范的天理奉为至上的主宰之后，这个天理就作为外在的绝对命令宰制着主体的思想和行为，成为与主体相对立的超验性权威，发挥着外在的强制禁锢作用。但是，明代中叶，随着社会危机的加剧和纲常秩序的松弛，正统理学对当时人们的思想和行为的禁锢已开始动摇，天理作为外在的绝对命令受到了越来越多的抵制和挑战。所以，正如一些相关学者指出的："深刻的社会危机与程朱理学在避免与挽救危机上的无力，迫使封建思想家在天理的外在强制之外另辟蹊径。王阳明即是对此作自觉探讨的地主阶级思想家。"① "王守仁的思想在整体上是对朱熹哲学的一个反动，他倡导的心学复兴运动不仅继承了宋代陆九渊心学的方向，而且针对着明中期政治极度腐败，程朱学逐渐僵化的现实，具有时代的意义。"② 尽管阳明心学与程朱理学一样未能对实质上作为专制集权社会的统治秩序和伦常规范的天理本身的正当性、合理性提出明确的怀疑和批判，但它突出主体精神和意志自由原则的思想取向，不仅成功地化解了程朱理学的僵化倾向，引发了传统儒学及整个封建文化内部的自我批判和革新运动，而且对缓和当时"病革临绝"的社会矛盾和危机也具有积极作用。

尤其值得注意的是，明中期的社会思想文化思潮中还有一个特别值得注意的现象，即儒、佛、道三教合流的风尚起着极为重要的影响。正如我们看到的，中国哲学发展到宋明时代，已经完全成熟，具有了不同于别的国家的理论形态，在内容、方法和理论形态等方面都具有了自己的特色，并达到了传统哲学理论创新的高峰。这种思想高峰，已不再是某一哲学传统的复兴，而是整个中国哲学传统的融汇发展。实际上，也可以说正是由于宋明哲学能够融汇以儒、道、佛为代表的整个中国哲学的传统于一身，才能达到理论创新的如此高峰。从历史上看，儒、道、佛三教合流由隐至显、由弱达盛始于唐代，至宋明尤其是中晚明，三教合一的思想观念更蔚

---

① 杨国荣：《王学通论——从王阳明到熊十力》，上海三联书店 1990 年版，第 3 页。

② 陈来：《宋明理学》，辽宁教育出版社 1995 年版，第 258 页。

为风气。宋明哲学就是在这一风气的影响下形成的。从个人经历上看，宋明哲学家几乎普遍都曾出入佛道甚至长期浸淫其中；从理论表现上看，宋明哲学无论从有、无、理、气、太极、精、静等基本范畴，还是从本体论到工夫论的较完备的体系建构，无不深深地打上了儒、道、释融合创新的思想印记。（此部分问题在本书第二章第一节中有较详细的讨论，此不赘述）因此，承认三教合流对宋明哲学的形成和发展具有重要影响已成为学界的共识。如冯友兰认为："新儒家（按：指宋明儒学）是儒家、佛家、道家（通过禅宗）、道教的综合。从中国哲学史的观点来看，这样的综合代表着发展，因此是好事，不是坏事。"[①] 冯友兰进一步认为，正是由于三教的融合推进了新儒学在理论上的创新发展，达到了佛道未曾达到的高度："我们可以说，新儒家比道家、佛家更为一贯地坚持道家、佛家的基本观念。他们比道家还要道家，比佛家还要佛家。"[②] 陈来认为："整个宋明理学发展的一个基本主题就是：如何在儒家有我之境的立场上消化吸收佛教（也包括道家文化）的无我之境。全部宋明理学的心性论与工夫论，大半讨论的无非就是这个问题，只是具体表现各异而已。"[③] 陈少峰也认为：宋明理学的发展进程表明正是在儒佛道三教互荡互动的形式下形成了中国哲学的新的阶段性体系和特质，"从客观的分析来看，则是理学发展的每一阶段都与当时佛教、道家道教的性质状态密切相关，包括与理学建立的形上学体系之活力状态相关甚密"[④]，因此，理学与佛学、道家道教之间的关系应构成理学哲学史研究的根本课题。

　　至于为何会有这种融摄三教以成新学的普遍现象，主要原因有二：一是宋明哲学家们面对儒、道、释三教合流的时代思潮，不能不受这大趋势裹挟，自觉不自觉地被佛道所吸引，在自己思想发展的某个阶段中出入佛老，以为圣学在此。尽管大多数人最终会归本于儒学，但这种汇纳众流，特别是此前对佛道的吸收批判显然构成了超越它们的理论创新的重要思想资源和路径依赖。二是汉唐以来佛道的兴盛，对原本就有形上学等方面理

①　冯友兰：《中国哲学简史》，北京大学出版社 1995 年版，第 275 页。

②　冯友兰：《中国哲学简史》，第 272 页。

③　陈来：《有无之境 —— 王阳明哲学的精神》，第 236 页。

④　陈少峰：《宋明理学与道家哲学》，第 6 ～ 7 页。

论缺陷的儒学的正统地位构成了巨大的挑战和冲击，因此，不少儒者为化解三教融合和冲突引起的儒学危机，重振儒学的正统地位而主动接近和吸纳佛道，"兼采道释有关宇宙人生原则方面，还本儒学，加以吸收或扬弃"①。从实际结果来看，宋明哲学通过这种学术思想的整合融汇确实实现了以儒学为主体的思想变革运动，创造性地回应了时代的挑战。显然，阳明学是宋明哲学中通过融摄三教实现思想变革和巨大创新的典范。

然而，尽管这是一个"需要巨人而且产生了巨人"的时代，但是为什么正好是王阳明成了这一思想巨人呢？这就需要在社会和时代这些"宏大叙事"的背景之外，进一步从王阳明及其心学出现的个人心理动机、个性特质及个体生存体验、生命历程等因素中予以考察说明，正如美国学者考夫曼在谈到雅斯贝斯时说的："他告诉我们真正的哲学思索必须源自一个人的个别存在，从而帮助他人去了解到其真正的存在。"②对于王阳明这样有着鲜明的个性，独特、丰富的生存体验和人生经历，并且特别重视个人体悟的"身心之学"的一代思想巨人来说，其深刻的思想和巨大的事功尤其与他本人的个体性存在及经验有着密切的联系。梁启超指出："我想我们中国哲学上最重要的问题是'怎么样能够令我的思想行为和我的生命融合为一，怎么样能够令我的生命和宇宙融合为一？'这个问题是儒家道家所同的。"③既然"我的思想行为和我的生命融合为一"是中国哲学家的最重要问题，那么我们从这种融合为一的现象中反观出中国哲学家的思想创新过程。也正是在这一意义上，日本学者大西晴隆在其为王阳明写的传记中进一步认为，由于阳明哲学是自由的主体性哲学，"他的生涯比他的思想更伟大"，所以他的一生经历更值得研究。④我们在这里且不比较王阳明的生涯和他的思想哪个更伟大，但它们无疑是可以相互观照的。

一旦我们深入到王阳明的个体性存在和真实的生命过程中去，就会发现它包含了异常丰富的内涵。为此，我们有必要从中梳理、概括出几个主

---

① 钱穆：《孔子与论语》，台北联经出版社 1965 年版，第 176 页。

② 考夫曼：《存在主义》，陈鼓应等译，商务印书馆 1987 年版，第 15 页。

③ 梁启超：《评胡适之〈中国哲学史大纲〉》，载《梁启超哲学思想论文选》，北京大学出版社 1984 年版，第 362 页。

④ 参见岛田虔次：《战后日本宋明理学研究的概况》，载《中国哲学》第七辑，生活·读书·新知三联书店 1982 年版，第 156 页。

要的方面对其予以重点的考察。

一是从当时的外部思想文化传统、社会思潮对王阳明的影响来看，不仅三教融合的思想取向对其产生了完全不同于一般思想家的深刻影响，而且阳明学公开肯定了这一影响。固然影响不一定都是直观的、显著的，"因为影响这个名词在历史上是累积而非一时的，是流行、普遍而非停滞在一地的。有时候它是细水长流，有时候它如'水之就下，沛然孰能御之'！然而其最厉害的一端仍在不知不觉之间的渗透。渗透的作用无声无臭，然而，及其至也，即如水乳交融，如胶漆之不可分离"①，所以尽管这种影响可能还并未被人们十分显著地、普遍地、注意到，但它的确是客观存在的一股不可忽视的影响。明代三教合一、儒道融合的趋势不仅比宋代更强烈，而且更为公开化、普遍化甚至主流化。具体表现为：上至学者、士大夫，下及普通百姓都普遍地崇尚佛老、融汇三教，三教合一已成为明中叶以后的思想基调，明太祖以三教合一理念为治国意识形态，开明代"三教合一"政教化之端；林兆恩创"三一教"，试图把三教合一变成一种正统思想等主流化运动，使三教合流成为一股强劲的时代思潮，也构成了阳明学产生发展的重要背景。从宋到明，三教合一观念逐步从上层社会走向民间。葛兆光曾指出唐宋以来尤其明清时期，"在上位文化层次（指文化素养较高的士大夫层）中理学、禅宗、道教开始合流的同时，下位文化层次（指文化素养较差的各阶层）中，儒学、佛教、道教也在合流"②。这样，三教合一也成为当时民间社会普遍认同的观念。Judith A. Berling 曾从整个社会各阶层的价值取向以及知识发展角度来探讨明代三教合一思想在民间传播的情况，总结出了其之所以在明中叶以后的民间社会中炽烈展开的两大理由：第一，当时有许多因各种原因不赴官职或在考试中落榜的学者从事着地方教学。他们自视为儒家思想的阐释者，在精神上独立于官方所认可的国家正统，却往往赞成三教合一，是民间三教合一的有力推动者。第二，整个知识阶层的扩大使精英思想世俗化而有了更多的受众，于是主张三教合一的学者们有机会把三教合一观念作为一种新的"大众知

---

①　柳存仁：《明儒与道教》，《和风堂文集》中册，第819页。

②　葛兆光：《道教与中国文化》，上海人民出版社1987年版，第324页。

识"在非精英阶层广泛传播。[①] 故《四库全书总目提要》说,"盖心学盛行之时,无不讲三教归一者"。

这样,虽然从思想层面上看,宋明时期的儒者几乎都有泛滥佛老多年、或多或少地受佛道思想影响的经历,但是他们对待佛道的态度却有着很大区别:在明代阳明学以前的理学传统中尽管理学家们受到三教合一的影响而出入佛老,但对佛老一般都视为异端而采取排斥、批判的态度,更极少有人明确提倡和肯定三教融合的主张,以至"几乎所有朱子学或倾向于朱子学的学者都反对三教融合的思想"[②]。到了明代阳明学兴起之后,在社会政治和思想文化各个层面三教融合大潮的合力推动下,阳明学者对佛道二教的浸淫和了解较之宋儒更为精微深入,对其吸收和肯定也就达到了空前的地步,且纷纷公开倡导三教融合之说。王阳明除了早年出入佛老深受熏染外,直到晚年仍一再地明确主张三教融合。如嘉靖二年王阳明与张元冲谈到三教关系时以"三间共一厅"喻之[③],后在《稽山承语》中又有类似比喻,认为"其初只是一家,去其藩篱仍旧是一家。三教之分亦似此"[④]。这样,公开肯定三教融合无疑构成了阳明学的一个突出特征。正如著名道教史专家卿希泰指出的:"可见王阳明是公开而鲜明的'三教合一'论者,此与宋代某些理学家那种表面上、口头上反对佛道,而又暗中偷偷地援引佛道的作法是完全不同的,这正好说明了'三教融合'已经是当时的大势所趋,并已成为儒释道三教的共识。"[⑤] 三教融合的趋势不仅鲜明地体现在王阳明身上,就是王阳明的不少弟子在阐发其师的学说时,也都继承了这一王学传统,他们不仅大量融合释道,在思想上兼收并蓄,而且还实习静坐等道教工夫。如王畿、罗洪先、萧惠、朱德之等,甚至在王门中掀起一股习道、狂禅的风气。正因此,有学者认为:"从总体上来看,是否

① 详论参见 Judith A. Berling, "When They Go Their Separate Ways: The Collapse of the Unitary Vision of Chinese Religion in the Earlier Ch'ing", in Irene Bloom and Joshua A. Fogel, eds., *Meeting of Mind: Intellectual and Religious Interaction in East Asian Traditions of Thought*, New York: Columbia University Press, 1966, pp. 211-213。

② 彭国翔:《良知学的展开——王龙溪与中晚明的阳明学》,第 439 页。

③ 《王阳明年谱》三,《王阳明全集》卷三十五,第 1289 页。

④ 《阳明先生遗言录》,《王阳明全集》(新编本)卷四十,浙江古籍出版社 2010 年版,第 1611 页。

⑤ 卿希泰:《续·中国道教思想史纲》,四川人民出版社 1999 年版,第 543 页。

对佛道两家持较为开放的态度并肯定三教融合的发展方向，在一定程度上可以说是中晚明区分阳明学与朱子学的一个指标。"① 其实，还可以进一步说，这也是区分整个宋明理学与阳明心学的一个重要指标。而这种区别既是儒学与佛道不断深入互动所形成的客观结果，又是阳明学深受这种三教融合思想影响的一个明证。

二是从王阳明生活的整个明朝中晚期的思想状况上看，其所具有的儒道融合甚至在某种方面中的儒表道里的思想特质十分突出。王阳明所处的明朝中晚期社会在受三教合一思潮的影响时，道家道教在其中的影响远胜于以往，令人瞩目。本来，早期道教没什么系统的理论，不够精致，甚至表现得较为原始、粗俗。但道教与其他宗教相比，具有较开放的性质。从道教的历史来看，无论其形成期还是发展期，"道教对所有传统文化几乎都采取兼收并蓄的态度"②。也就是说，道教很善于采各种思想学说之长，如易、老、佛、儒乃至阴阳、术数等，以补己之缺，成己之长，从而逐渐完善、丰满自己的体系。"从道教方面看，大量儒释的思想被融入道教，已成为入明以后道教的一大特色。"③ 正因为如此，道教逐渐成为既有内在化、精英化的内丹学、静坐修持方法，又有民间化、世俗化的斋醮仪式、长生信仰等，能够适应各种类型的社会需求，被人们普遍欢迎、接纳的重要本土宗教。从历史上看，明代历朝统治者都实行了崇道政策，至明代中后期，甚至达到了尊崇过滥的程度，如世宗皇帝就以奉道为首务，大兴斋醮，以致出现了大批因善撰"青词"而获宠的"青词宰相"："如果读者试检《明史》夏言、严嵩、徐阶诸人的传记汇看一下，便会惊讶这三位宰相间的权力的兴衰交替，只是一部青词的撰述人的争宠史罢了！……若从精神上言之，明朝一代儒臣，连堂堂的理学家在内，莫有不受道教薰陶的。"④ 明代大多数的思想家，如果透过他们的儒学外貌而深入其思想的形成历程、修持的方法及思想结构，就会发现他们实有很浓厚的道家道教成分。如明代有两位思想大家，一位是陈白沙，其因力主"静坐"而被《明史》称为"主

---

① 彭国翔：《良知学的展开——王龙溪与中晚明的阳明学》，第 438～439 页。
② 卿希泰：《道教文化研究经验谈》，《世界宗教文化》1998 年第 3 期。
③ 卿希泰：《续·中国道教思想史纲》，第 538 页。
④ 柳存仁：《明儒与道教》，《和风堂文集》中册，第 824～825 页。

静之学"。这种"主静之学"还提倡"以自然为宗",显然是具有浓厚道家道教色彩的神秘主义哲学。另一位就是王阳明,其与道家道教的深厚关系正是本书的研究主题,具体情形虽要留待后述,但其与道家道教的关系是十分突出的。从更抽象化的理论层面上看,以陈白沙、王阳明及其学派为代表的中晚明思想在许多本质方面呈现出了道家的思想倾向或者说与道家精神相接近的趋势。譬如,追求独创精神,注重个体的心灵体悟、精神自由,提倡反传统和自然主义,提倡"静坐"的修持方法和反观直觉的思维方式等。正如日本著名阳明学者冈田武彦在《王阳明与明末儒学》中认为的:"一言以蔽之,由二元论到一元论,由理性主义到抒情主义,从思想史看就是从宋代到明代的展开。在明代,以情为中心比以理为中心更突出的理情一致主义、兴趣比技巧更受重视的感兴主义、性情自然比理智规范更受尊重的自然主义、主观比客观更受强调的主观主义,提供反传统并高喊从传统中解放出来的自由主义,都相当盛行,甚至出现了近代革新思想的萌芽。在儒学方面,理学(性学)衰落而心学繁荣,结果导致了所谓经学、训诂之学的衰微,出现了即使解释经典也喜欢依照主观体认而提出独创见解的风潮。"[①] 冈田武彦对明代思想的重大变迁的这种概括性描述是十分准确的,而我们可以很轻易地从这种概括的思想演变中感受到其与道家精神旨趣的相通性。许多学者把这种从中晚明开始形成的富有人文精神的批判思潮称为"早期启蒙思想",我认为尽管它作为早期启蒙思想还不够完整,但它的确已具有初步摆脱"中世纪长期的冬眠",反抗固有的僵硬信仰和秩序,透射出预示近代社会即将来临的曙光,因而具有早期的启蒙性质。[②] 正

---

① 冈田武彦:《王阳明与明末儒学》,吴光等译,上海古籍出版社 2000 年版,第 1～2 页。

② "启蒙思想"(enlightenment)原本为欧洲近代产生的一种人文主义思想形态。我认为它实际上应包含两个基本方面的内容:一是"17—19 世纪初在欧洲各地先后兴起的反对宗教蒙昧主义、反对封建专制制度的思潮"。(《中国大百科全书·哲学卷》"启蒙思想"条,中国大百科全书出版社 1987 年版)二是"启蒙思想"所极力正面宣传的理想价值观,即民主、自由、平等与法制的思想。黑格尔所注意到的"启蒙思想"的特点是:"那种反对现状、反对信仰、反对数千年来的一切权威势力的惊人魄力。"(黑格尔:《哲学史讲演录》第 4 卷,贺麟、王太庆译,商务印书馆 1978 年版,第 218 页)这正是指出了"启蒙思想"的第一个方面的内容。而梯利认为"启蒙思想"的核心理念就是尊重人类理性和人权,对人性、善意、天赋人权、自由、平等和博爱的歌颂。(参见梯利:《西方哲学史》,葛力译,商务印书馆 1995 年版,第 420～430 页)这强调的是"启蒙思想"的第二个方面的内容。两者一破一立,互补互益而为一整体。对照而言,中国明清之际的启蒙思想重在第一方面内容,弱在第二方面内容,因而是初步的、不够完整的"早期启蒙思想"。

如嵇文甫在《晚明思想史论》开篇中所说："晚明时代，是一个动荡时代，是一个斑驳陆离的过渡时代。照耀着这时代的，不是一轮赫然当空的太阳，而是许多道光彩纷披的晚霞。你尽可以说它'杂'，却决不能说它'庸'；尽可以说它'嚣张'，却决不能说它'死板'；尽可以说它是'乱世之音'，却决不能说它是'衰世之音'。它把一个旧时代送终，却又使一个新时代开始。"[1] 的确，面对着专制集权政治腐败加剧引发的危机和社会经济转型的强烈冲动，中晚明时期人们对旧的僵死价值和固有秩序的不满和反叛逐渐深化，人的主体意识和伦理自觉得到伸张，个性解放和人格独立的要求开始萌发，造就了"丈夫落落掀天地，岂顾束缚如穷囚"[2] 的澎湃激情和"投荒万里入炎州，却喜官卑得自由"[3] 的开放精神。显然，这种冲决罗网、焚烧荆棘、激励奋进、涤秽布新的变革精神已绝非传统儒学所能范围，却与道家精神在很大程度上相契合。或者说，它已难以在占据正统地位的儒学自身内部获得足够的思想资源，而需要另外的思想资源作为支撑点。这种"另外的思想资源"很大程度上就来自道家。台湾学者方东美认为，宋儒的一个重要缺陷是固执于道德理性，"在情绪、情感、情操生活方面很贫乏。也就是宋儒坚持理性的结果，对于人类的欲望、情绪、情感这方面却不敢沾染，于是乎他们的生命不是开放性的而是萎缩性的"。要救治宋儒的这一理论上的弊病，靠新儒家的思想是没有希望的，因为宋儒的这一弊病正是儒学自身展开的必然结果，所以救治宋儒这一弊端"最好是借重道家的精神"。[4] 方东美"借重道家精神"补救宋儒之弊的结论，正好为中晚明王阳明等人援道入儒、融合儒道的行为做了注脚，也是那一个时代思想状态的真实写照。总之，就三教合一的真实状况来看，明代思想界中儒道融合的影响尤为可观，而这正是明代思想界不同于宋代思想界的一个重要之处。柳存仁在仔细研究过明代这种儒道融合的史实后指出："明代三百年的思想历史中，曾受很深的道教的影响，大约是无人否认的事实。……在明代思想史中，道教的影响力的确很大，大到也许比我们耳熟能详的许多新儒家

---

[1]　嵇文甫：《晚明思想史论》，东方出版社1996年版，第1页。

[2]　《啾啾吟》，《王阳明全集》卷二十，第784页。

[3]　《龙岗漫兴》，《王阳明全集》卷十九，第702页。

[4]　方东美：《新儒家哲学十八讲》，台北黎民文化事业公司1993年版，第77～78页。

像王阳明、王龙溪、湛甘泉、罗近溪这些人每一个人所能够个别地给予当时的影响要大得多。"正因此，柳存仁得出结论说，"在整个中国思想史中，道教的势力之大，道教空气弥漫笼罩于上下各阶层、各方面，却没有比这三百年更浓更盛的了"，"道教影响实在是明代思想中的一个特色。且与宋学比较来说，其受过道教影响则同，其所受道教影响的深度及阔度，则远非宋代儒教所能望其项背"。①

这样的结论，对于没有细致地考察过明代道教乃至整个明代思想史的人来说，恐怕是有所怀疑的，但它确是一个基本事实。只有在了解这些基本事实的前提下，才易于找出明代思想异于其他时代之处，也才易于理解以陈白沙、王阳明及其后学为代表的明代思想界风云际会、激荡创新的深层动力和独有气质，更能了解它们所包含的深远的精神旨趣以及内在矛盾。总之，离开了儒道融合互补的视域，一部完整的明代思想史就无从展开和深化，明学取代宋学过程中一些特有的问题及其化解路径就难以得到较好的揭示。

三是从王阳明个人的生活和思想经历上看，无论王阳明本身所接受的影响及其做出的反应，还是王阳明思想的内在结构和精神气质，儒道互补、三教合一都在其中占据了较为主要的分量。在历史上源远流长的儒道融合互补，尤其是在唐宋以来儒道释三教合一的思想传统和文化氛围的影响下，至明代，一般士人和官宦大都已习惯于这种儒道互补、三教合一的状态，并自觉不自觉地使之成为自己思想生活的重要背景，融入日常的思考和行为之中。这其中，王阳明是一个突出的典型。王阳明自称"出入佛老三十年"，其门人及史家也有不少关于王阳明思想形成过程中"出入佛老""五溺三变"之说，其思想学说的形成过程中一直伴随着三教合流、儒道融合的影响。王阳明思想性格中的这一特点，与其家族文化背景对他的影响有着深刻的关系。因为，自有明以来，王阳明的数代先祖均儒道杂糅，富有道风，道家道教的影响一直或隐或显地呈现于王氏的家族文化之中。受此影响，加上自身的思想、性格、个人际遇的原因，王阳明在少年时期就有种种道缘，而且随着年岁的增长，青年王阳明还经常有意识地去

---

①　柳存仁：《明儒与道教》，《和风堂文集》中册，第 809、814、819 页。

访求道、探讨道，如九华山访道、筑室阳明洞修炼养生术等。也就是说，青年王阳明这一时期与道家道教的关涉，已转变为具有积极的主动性和明确的目的性的求道活动了。也正是王阳明所经历的这种"遍求百家""出入佛老"，经历了无数的苦闷和曲折的精神漫游，不仅成了王阳明早期思想的一个重要内容和突出特点，而且对其成熟形态的思想格局的形成有着极为重要的影响。① 这样，虽然从王阳明的思想演变轨迹来看，出入佛老似乎主要是其早年的思想经历，至"龙场悟道"前后，王阳明本人就已经颇有悔意，"渐悟二氏之非"，以为错用了三十年功夫，并对佛老有很多批评。但实际上，王阳明中后期仍承认三教关系犹如"三室共一厅"，具有三教同源、大道归一的价值取向，因而主张"二氏之用，皆吾之用"。所以，仅就与道家道教的关系来说，不仅其前三十年的功夫不可能完全白用，就是在"龙场悟道"、宸濠之变乃至晚年讲学中，王阳明仍在各方面对道家道教思想多有摄取，这说明道家道教思想在王阳明思想的形成和发展过程中始终起着作用。如王阳明在龙场通过演绎易理，洞察天道自然之奥秘，并推天道以明人事，进而引向对人生的解悟，达到了"体常尽变""视险若夷""身遁道亨"的精神境界。正如左东岭认为的：儒道释三教融合的理论有力地推动了以王阳明为代表的明代士人形成独立自主的进退心态，"对王阳明本人而言，龙场悟道的意义在于：他一方面动用前此所掌握的禅、道二家的修炼功夫，解决了他遇到的实际人生难题，即当其身处逆境时，得以超越外来的诸种威胁而保持心境的平静空明，从而使其避免陷入悲观沉沦；同时他又以儒家的心学理论（尤其是从湛若水那里了解的白沙心学），提升了禅、道二家的人生境界，即摆脱精神苦闷的目的并非完全为了一己的自我解脱，而是为了保证其在艰难的境遇中担负起一个儒者应有的人生责任，这包括关怀他人，留意国事，讲学不辍，保持自我节操等等。可以说，阳明先生通过龙场悟道，用释、道的超越理论应付了险恶的环境，又用儒家的责任感坚定了自我的用世之心"②。阳明中晚期之隐所坚持的"以道进退""遁其身而亨其道""隐居讲学""隐居以求其志"等行为，正是

---

① 参见拙文：《论青年王阳明的思想演变历程》，《杭州师范大学学报》（社会科学版）2009 年第 3 期。

② 左东岭：《王学与中晚明士人心态》，第 180 页。

上述融合儒道精神的表现。可以说王阳明一生始终有出世归隐之愿，但是这种愿望是一种融合了儒道精神后的独特的"吏隐"。这种融合了儒道精神后的独特"吏隐"不仅已成为王阳明一生的重要的生命实践，而且被当作其一己生命的根本价值取向之一，成为一种可称为其终生具有的"隐逸情结"。

此外，在王阳明良知学本体论的重大理论革新中，在其"致良知"的方法论、"四句教"的有无观等思想构建中，也都反映出道家道教思想在王阳明思想中始终起着相当重要的作用，三教合流、儒道互补成为他取得重大思想成就的一个重要根源，也是其思想和性格的一个突出特质。三教合流、儒道互补也是构成王阳明思想中各种矛盾关系的内在紧张及其互动的重要原因。我们知道，追求成圣、"学为圣人"是王阳明贯穿始终的一个内在思想主题。但是对于王阳明来说，这个追求成圣的过程并非一帆风顺，而是在一系列矛盾运动中推进的。考察王阳明一生思想的发展演变线索可以发现，阳明思想中具有"有"与"无"、"入世"与"出世"、"沉潜"与"超越"、"知识"与"价值"、"道问学"与"尊德性"（知识与道德、知识与智慧）等矛盾关系的内在紧张。而这种内在紧张又通过"心体的重建"获得疏解和一定程度上的统一，最终达到"学为圣人"目标的实现。正如杨国荣教授指出的：在王阳明那里，"化道为境界与境界外化为践行是一个统一的过程，而这一过程又始终以成圣为其终极的目标"。这样，"以心体的重建为逻辑前提，王阳明力图在心学的基础上化解形而上与形而下、个体性原则与普遍性原则、存在与本质、理性与非理性、主体与主体间、本体与工夫等紧张，从不同的层面对内圣之境何以可能做出理论上的阐释；在心学的逻辑展开中，本体论、伦理学、认识论等呈现为统一的系统"。[①]然而，阳明学中的这种内在紧张的疏解和统一究竟是靠什么实现的？"心体的重建"又如何能成为可能？显然，这些问题的解决、阐释构成了王阳明哲学的基本内容和内在结构。笔者认为，阳明学中上述问题的解决，隐然有着道家道教思想的深刻影响。王阳明自己曾说："吾何以杨、墨、老、

---

① 杨国荣：《心学之思——王阳明哲学的阐释》，第 14 页。

释之思哉？彼于圣人之道异，然犹有自得也。"① 对此，当代学者也已有认识。陈来教授说："王阳明的时代，本体的有无问题已经从理性主义时代过去了。阳明的意义在于，他既高扬了道德的主体性，通过'心外无理'、'致良知'、'仁者与物同体'，把儒学固有的'有'之境界推至至极，又从儒家的立场出发，充分吸收佛道的生存智慧，把有我之境与无我之境结合起来，以他自己的生命体验，完成了儒学自北宋以来既坚持入世的价值理性，又吸收佛道精神境界与精神修养的努力。"② 显然从这种"有"与"无"等矛盾关系的内在紧张及互动中，能深入理解阳明哲学的特性，而这种在吸收佛道精神基础上形成的有无之境的融合正是阳明学作为一种全新的哲学思想范式的精神性的核心。揭示这种思想创新机制及其演变规律，解读其所内含的丰富的多向度意蕴，正可以构成本书对该课题研究的一个重要价值和意义。

总的来说，对道家道教思想的批判吸取所达到的儒道融合正是推动王阳明不断实现内外超越的一种深层思想资源和重要动力 —— 在早期推动王阳明一步步走出了"遍求百家""出入佛老"的思想困境、走出了朱子理学的局限，实现了"吾性自足"的主体性意识的觉醒；在中后期又推动王阳明不断超越自身最终创建了致良知的心学体系，也成为支撑他走出龙场远谪、宸濠忠泰之变等"百死千难"的生命困局的重要智慧，更进一步成为王学能够适应明代中后期社会发展需要、引领着新的文化思想变革的重要思想资源。

二

综上所述，中国哲学史上儒佛道三教合流风气在宋明时期达到高潮，宋明理学包括阳明学就是在这一风气影响下形成的结果。因此，从源远流长的三教合一、儒道融合的思想传统和文化氛围的视域中展开对王阳明哲学与道家道教关系的研究，无疑是具有重要意义的。具体而言，可以从以

---

① 《王阳明年谱》一，《王阳明全集》卷三十三，第 1234 页。
② 陈来：《有无之境 —— 王阳明哲学的精神》，第 8 页。

下方面展开研究。

　　首先，要从动态角度研究清楚三教合流、儒道融合互补在王阳明思想发展的不同历史阶段具有的不同的表现和特点。就王阳明哲学与道家道教关系问题来看，一方面，如前述所言，整个明代社会和思想世界都空前地受三教合流特别是道家道教风气的深刻影响，王阳明就自称"出入佛老三十年"，在其晚年还强调"二氏之用，皆吾之用"，公开承认融摄道释的重要作用。但是另一方面，王阳明本人又在中后期一再地批评佛老，其门人及史家也有关于王阳明思想形成和成熟过程中对待佛老表现出不同态度的"五溺三变"之说。那么，在三教合流、儒道融合的思想背景下，道家道教到底给予了王阳明及其学派什么影响？王阳明的前后期具体的思想演变、思想特点及其思想的阶段性与道家道教的影响有着什么样的关系？学界对此虽然已有不少相关研究，但是还是不够专门、系统和深入。笔者数年前所著《王阳明与道家道教》虽对此课题进行了专门研究，但限于主要从历史维度对唐宋以后儒佛道三教合流、儒道融合互补的背景下王阳明的思想演变过程、个人际遇、思想性格等内外因素的相互作用进行述评，对王学与道家道教关系的整个历史过程及一些相关著名事件予了全面系统的考察和辨析，重新梳理出其基本线索、内在逻辑及其思想意蕴。而且整个研究还侧重于王阳明早中期即王阳明思想形成发展期与道家道教的关系，对王阳明中后期即王阳明思想成熟期对道家道教的既批判又吸取的复杂关系的研究还存在不足。本书为了弥补此种不足，着重考察论述了王阳明中后期即王阳明思想成熟期对道家道教的既批判又吸取的复杂关系，从王阳明思想发展演变的整个过程中研究王阳明与道家道教的关系在不同历史阶段所具有的不同表现和特点，尽可能注意到王阳明思想的多变性、复杂性以及最终的统一性。通过深入准确地历史考察和动态分析，探寻其历史维度中隐含着的思想与学术的内在脉络和历史意蕴，同时力图以阳明学作为一个典型案例，全面系统地揭示唐宋以后三教合流、儒道融合互补的中国哲学的思想学术发展的这一基本特征、演变趋势和发展规律，特别是要据此寻绎出整个儒道关系演变的历史进程和内在脉络。

　　其次，除了将阳明学与道家道教关系的整个历史过程做纵向上的全面系统的考察和梳理之外，更要着重在哲学思想层面上对阳明学和道家道教的内在逻辑联系、异同及其影响做出深入研究，使历史和逻辑相统一，哲学层面的逻辑分析与思想发生史的考察相结合。这实际上可以以道家道教对王阳明实现思想创新的正反两方面的影响为中心来考察。就王阳明在追求"学为圣人"、创立心学的思想创新过程中道家道教所发挥的正面影响来看，我们可以通过在思想层面上对阳明学和道家道教相关的一些核心概念、主要理念的基本内涵和具体的运用特点，基本哲学结构与方法及其展开进行比较分析和阐发总结，达到对阳明思想中儒道关系的内在紧张性和融合互补性的深入研究和阐释，揭示王阳明力图借助道家道教的思想和方法化解形而上与形而下、个体性原则与普遍性原则、本体与工夫以及进退仕隐等紧张对立，从而实现"如何学为圣人"的内在主题。

同时道家道教对于王阳明实现思想创新也提供了反面的教训。王阳明在中后期通过反思和批判佛老之弊，结合自己一生遍求百家的精神漫游和历经磨难的人生经历，最终养成了坚韧的独立人格和远大的理想，这就是他既不追求世儒的功名权位，也不迷信道教的成仙、长生及个人解脱，而是要寻求自我人生的真实价值，构建生命的意义世界，实现精神的自由和超越。王阳明中后期还通过反思和批判佛老"自私其身"的弊病，明确主张"养生"与"养德"的统一，主张保持强烈的社会责任感、深切的现实关怀和实践品格，主张"知行合一""体用不二""立体达用""万物一体"，表现了王阳明把内心的道德修养与淑世济民的实际活动结合在一起的价值追求。总之，在王阳明身上所呈现出来的坚韧的独立人格、深刻的生命智慧、笃切的求道精神、强烈的淑世济民追求，正体现了中国传统知识分子人格结构中亦儒亦道、儒道互补的典型形态和圆融境界。可以说，阳明学在理论上会通儒道释，在道德价值上归本儒学，富于现实关怀和责任担当，而在人生志趣上又富有隐逸情结、深契道家人格，这一切的有机融合成就了阳明学作为思想史上独特的"这一个"，也为中国文化中十分受重视的"如何学为圣人"的难题探索出了一条独特、可行之路。

再次，应给予在三教合流、儒道互补，特别是道家道教对其有着重要影响的背景下形成的阳明学什么思想定位？王阳明及其学派的思想主旨、性质和意义是什么？阳明学是应仍归于传统的儒家学派呢？还是像有些人认为的是"道体儒用"或者是"阳儒阴释"？就学界对阳明学与佛道关系的总体观点来看，学界基本上有三种看法：一是认为王阳明受佛教尤其是禅宗思想的影响比较大[1]；二是主张王阳明思想的核心是道家道教[2]；三是认为王阳明思想前期近道，后期近佛[3]。本书力图通过实事求是的考察研究，阐明无论是阳明学产生发展的曲折过程还是其独特的思想特质的形成，都受到道家道教的重要影响，但是也不认为阳明学因此就是道家道教的一个新学派，更不一定还是把它归入儒家，实际上它就是融合各家之说、去短取长、创新发展的独特的"这一个"。柳存仁曾说："受了道教这样浓厚的熏染而仍旧称为明代的新儒学，这一点恰好说明明代新儒学的特质。"[4] 但是反过来也可以说，受了道家道教这样浓厚的熏染而仍旧要称之为新儒学，这一点恰好说明了中国思想史的一个奇怪特质，即过于喜欢从学统、道统的延续性、正统性上去给思想家归类，总是要给一种新的思想学说安上一个来自传统的帽子。事实上，我们应该更多地承认那些具有独创性的思想家的独立地位和"这一个"的历史价值，甚至承认一个大思想家的思想体系既有自己独创性的核心性价值，又可能包含了丰富的思想来源和复杂甚至矛盾的思想因素。如此来看，把阳明学简单地归入到某种儒学系统或其他系统中去，这种做法体现出的处理思想史的方法实有简单化和非历史主义之嫌，即没有充分地考虑到阳明学在思想史上作为一个独特个案所具有的复杂性，没有把它放在一个具体的历史性的情景和过程中去加以把握，因而会妨碍对其所具有的丰富蕴涵和思想特质的解读。同样，也只有如此，我们才能较好地解释王阳明虽然有自己独特的心学体系，但是王阳明本人及其后学中却又有许多看似奇怪、矛盾的现象，如王阳明前三十年"出入佛老"，而在中后期一方面力辟佛老，另一方面又自觉不自觉地援道入儒、会通儒道的现象；以及为什么王门后学中也有很多几近道家的人物等。通过研究阳明学与道家道教的关系，可以从一个较具体的历史视角出发，深入探讨和揭示阳明学作为思想史上的"这一个"所具有的独特性质和意蕴，

---

① 参见荒木见悟：《佛教与儒教》，中州古籍出版社 2005 年版；赖永海：《佛学与儒学》，浙江人民出版社 1992 年版等。

② 参见柳存仁：《明儒与道教》，《和风堂文集》中册；李霞：《道家与中国哲学》明清卷，人民出版社 2004 年版等。

③ 参见刘聪：《阳明学与佛道关系研究》，巴蜀书社 2009 年版。

④ 柳存仁：《明儒与道教》，《和风堂文集》中册，第 825 页。

重新评价其作为一种全新的思想范式所具有的重大价值和意义。

最后，在具体的研究方法上，我们无疑要特别注重原始研究材料的搜集拓展，努力扩大研究视野，将一般研究者较少关注和利用的王阳明的诗文（包括散佚诗文）、年谱、书信以及友人、学生的笔记回忆等原始资料都加以挖掘利用。因为王阳明本人没有多少直接的著作，也缺乏对其一生复杂多变的思想过程的具体记载，而他写下的大量诗文无疑可以成为研究其思想的重要材料，引导我们对王阳明的人生际遇、思想过程和内在性格等以及明代中后期儒道互补的历史和思想流变有更全面系统的认识。通过对一些史料史实进行考证，特别是通过对大量原始资料的考察辨析和深入解读，总结已有的相关研究，澄清许多误解和模糊之处，以对历史尽可能提供深入准确的分析说明。在此基础上，我们要对王阳明哲学中一些重要的理论、概念、范畴等进行专门解读和重新诠释。在结合王阳明的前后期具体的思想演变、思想特点及其思想的阶段性来进行分析研究的基础上，深入探寻其背后隐含着的思想与学术的内在脉络和意蕴，全面系统地揭示王阳明思想与道家道教相互关系的社会思想文化背景、历史过程、基本线索、内在理路、逻辑展开、作用意义等。当然，最重要的是要在以上这些研究的基础上，采取比较的方法，通过对阳明学和道家道教一些核心概念、主要理念的基本内涵、思想渊源进行比较，运用多学科结合的方法，从哲学、历史学、考证学等角度，在儒道融合的视域中展示两者的异同以及阳明学对道家道教的思想、方法的吸纳改造及其意义，从而对王阳明思想中所内蕴的与道家道教的关系做出较为切实的理论阐释和分析论证。

三

从思想层面上看，王阳明哲学上最大的思想创新就是提出了独特的"良知"学说，并进行了系统建构，因而有关良知和致良知的思想自然成了王阳明成熟期思想的核心理念，王阳明称之为"千古圣传之秘"。在王阳明思想创新的过程中，我们不难发现道家道教的思想影响构成了其中的一个重要维度。实际上，王阳明良知本体论学说的构建，除了吸取传统儒家的思想资源之外，更主要的还在于积极地借鉴了道家的形上思辨来构筑良知学，如通过对道家有无之辨思想的吸收，不但深化了对良知本体内涵的理解，而且展示了"有无之间"良知本体的多样性品格，从而使其良知学说在融摄三教的基础上达到了宋明理学的形上学高峰，从历史和逻辑两方面实现了一个重大的本体论转向，即向本体论的价值维度的转向，实际上重建了儒家形上学的价值之维，最终实现了本体论的认知之维与价值之维的统一，使形上学的关注焦点聚集在体悟内心的良知是否与天理同一、如何同一等问题上，由注重外在的天理流行的世界转向注重由内在的心灵体验所构筑的意义世界，呈现出一种完全不同于宋代儒学的本体论取向，具有深刻的理论意义和广泛的思想影响。

王阳明通过其本体论的建构，还进一步提出了其"精一之学"①，在形上学层面上对其所倡导的"道一而已""万物一体"的核心思想予以了深刻的论证。王阳明倡导"道一而已""万物一体"的思想，不但要融摄三教、提倡三教合一，主张"三间共一厅""儒、佛、老庄皆吾之用"的"大道"哲学，而且进一步以此对异端之辨、是非之辨、内外之辨及人己之辨展开了全面的阐述。因此，王阳明所构建的"万物一体"的理想世界，不仅仅是一个形上学层面客观性的本体存在，更是一个万物平等、多元共存的有机性存在共同体。

阳明心学虽以"心"立说，但由于其以"良知"释"心"，故其心学实为良知学。这样，"致良知"就成为王阳明为学的主要宗旨。在认识论上，王阳明像道家一样首先把"道"或"心体"看作是不可言说之域，实际上王阳明是要求从外在化的"口耳之学"转进到内在化的"身心之学"，极力打破以往人们将说与所说不可避免地呈二元对待的结构，使心体与自我存在归于统一，消除"良知"作为最高的本体存在和价值标准的外在化之弊，力图让人们能够在一种内外统一中把握最高的本体存在和价值标准。进一步来看，王阳明倡导"身心之学"，反对"口耳之学"，就是为了反对和防止人们仅仅通过书册之知、见闻之知、口耳言语等一切外在性的途径去窥测本体，而是主张要在实在自我的真切存在中以自我的体验、实际的践履达到对本体的把握，并由此形成自己独特的身心一体之学。可以说，从认

---

① 参见朱晓鹏：《从王阳明的"精一之学"看其三教观的四个维度》，《哲学研究》2017 年第 9 期。

识的对象和内涵上，阳明心学的内在化进路已由对外在的语义、文本和事物的对象性认识转向为对主体自我的体认、内在本质的证悟，使认识与人的存在相统一、本体与境界融为一体，从而建构了一个主客相融的"意义世界"。这个生动活泼的意义世界，以主体自我的能动创造，赋予客观世界以价值和生命的内涵，使人类的主体性地位最终得到确立。而对这种通过内在化进路实现的主体境界的追求，是中国哲学中儒道释共有的一种传统，具有重要的价值和意义，它构成了一条历史悠久、意域深广的内在超越之路。当然，这种以内在化进路为特征、追求内在超越的哲学传统也存在过度内在化的倾向，而过度的内在化不仅使真正的对主体的自我认识乃至自我的内在超越难以实现，而且会扼杀人的主体性存在，走向纯内心的自省和完善，完全弃外绝事，走向其初衷的反面。

古典儒学特别是宋明心学中包含一种神秘主义的传统。尤其值得注意的是，王阳明在精神上和气质上具有浓厚的神秘主义色彩，如他一生中几个重要转折点上都有僧人、道士、方外异人出现，他始终对道教所怀有的特殊的关怀和情感，在阳明洞天长时期的静坐修炼及其神秘体验，"龙场悟道"时长时间的终日默坐澄心、求诸静一。《传习录》里记载了很多王阳明与弟子等讨论静坐功夫与觉悟本体的关系和方法等的记录。对于王阳明来说，静定既是一种修养工夫，也是一种心性本体的境界，通过静定的修养工夫，可以证入形上的心性本体，洞见超越一切表象和有限的本体存在之域。可见王阳明充分吸取了直觉体悟的方法。所以陈来认为，从王阳明哲学与神秘主义的这种关系，可以确认以孟学标榜的宋明心学的发展确实容纳了一个神秘主义传统。神秘体验不但是这一派直觉体验、超凡入圣的基本进路或工夫之一，而且为这一派的哲学提供了一个心理经验的基础。而宋明儒学的神秘主义传统的真正起源不是在儒学系统之内，而应在儒学系统之外。具体地说，这种神秘主义主要承续于中国历史上具有深厚的神秘主义文化传统的道、佛两家的影响。因为仅就道家而言，其以静坐体认的直觉体悟方法为主的神秘主义传统的确是十分深厚的，构成了道家思想的重要内容和思想特质，在历史上产生了极为重要的影响。

如果说王阳明早期对道家道教是抱着基本肯定和仰慕态度的，那么中后期的王阳明已对道家道教树立起了一种批判的审视态度，但这种批判主要是对道教的成仙、长生、个人解脱及道家的无为等的否定。王阳明后期明确主张"养生"与"养德"的统一，认为"大抵养德养身只是一事"，主张通过对作为德性自我的"真己"的养护达到养生，这就是"吾儒自有的神仙之道"，并进一步提出了道德与生命的统一问题，体现了其儒家道德主义的基本立场。此外，王阳明还具有强烈的社会责任感、有着突出的现实关怀和实践品格。阳明学中"良知"的自然展开，"知行合一""体用不二""万物一体"的理论特点又形成了其学说"立体达用"的逻辑架构，体现了其把内心的道德修养与淑世济民的实际活动结合在一起的价值追求，并进一步使之成为其展开儒道之辨、儒佛之辨的重要判据。可以说，王学会通儒道释，在道德价值上归本儒学，在人生志趣上富有隐逸情结、深契道家人格，在思想方法上融合道释，在许多重要方面已经超越传统的儒、道、释诸家，同时又能够从中充分吸取营养，融合成了思想史上独特杰出的"这一个"。

总的来看，作为儒道融合互摄的产物，王学追求的意义世界的构建作为其精神价值的"终极关怀"，所具有的极其开阔的胸怀、兼容并包的多元视野，所蕴含的对人的主体性的高扬，对人格独立自由的强调，以及反对盲从外在权威，倡导圣凡平等，这些既体现了儒学某些固有的精神，更表现了老庄道家的精神特质。这些精神特质不但使王学自身熔铸成了中国思想史上独特杰出的"这一个"，成为明末清初启蒙思潮的重要思想源头和精神动力，而且也极大地高扬和影响了中华民族的民族精神，深化了中国哲学的思想内涵，同时也必将对中国哲学进行更好的自我理解、走出目前所谓"合法性危机"提供很多启思，成为形成当代中国现代思想文化的融合创新机制的有益资源。它也证明了不同思想的对话、互摄和交融始终是思想理论创新的一个重要途径。当然，道家道教的思想影响也有消极方面和局限性，阳明就对其有深入的揭示和批判，阳明后学中极端的自由放任、空疏不实之弊，也或多或少与其有关。同时，阳明学自身也不可避免地具有这样那样的缺陷，这些都是我们今天应该引以为戒的。总之，本书对王阳明思想与道家道教关系的研究，以在动态的历史维度上从阳明学的形成发展的时代背景和思想演变的历史进程中探寻道家道教与王阳明思想的关系及其流变的事实和思想特点为基础，侧重于在哲学层面上把阳明学思想与道家道教做横向的空间维度上展开的比较分析和义理、意蕴的阐发总结，以期借此从一个儒道融合的重要视域阐明阳明学的基本思想及方法论特质，以及其作为一种新的思想范式所具有的重要意义，以求为对阳明学、道家道教和中国哲学史的再认识以及为当代中国哲学的创新发展提供某些可资借鉴吸取的思想资源。

第一章 融合三教

　　中国传统哲学及传统文化历史悠久、内涵丰富、博大精深，而儒道两家就是中国传统哲学及整个传统思想文化中最重要的组成部分，人们普遍认同儒道既对立又融合互补，并由此构成中国传统思想文化的基本结构。然而儒道融合互补乃至三教的融合互补在历史上是如何具体展开的？其在不同的历史阶段、人物或学派那里又会有哪些不同的表现和特点？本书即以王阳明与道家道教关系为典型案例，深入研究中国思想文化中儒道释关系特别是儒道的基本关系及其重要意义。而要研究这一问题，首先需要对王阳明与道家道教关系的历史过程做出深入系统地考察，尤其是需要从唐宋以后儒佛道三教合流、儒道互补的背景，王阳明的思想流变、个人际遇、思想性格等内外因素对王学与道家道教关系的影响予以全面系统的考察和辨析，重新梳理出基本线索、内在逻辑及意蕴。从前人及笔者相关研究来说，对王阳明早期、中期与道家道教的关系已做了较多系统深入地考察，而对于王阳明中期至后期的思想与道家道教的关系虽有涉及，但显然还不够系统深入，尤其是对王阳明中后期即王阳明成熟期的思想与道家道教的既批判又吸取的复杂关系还缺乏深入系统地考察研究。[①] 从历史上看，王阳明自称"出入佛老三十年"，其思想形成过程中有"五溺三变"，王学的出现和思想发展都与道家道教及佛禅的影响密不可分。即使王阳明在中后期"渐悟仙、释二氏之非"，对佛老已有很多批评时，仍然强调"二氏之用，皆吾之用"，在辨别仙、释之学与圣人之学的毫厘之别，批判"二氏之非"基础上，对佛道特别是道家道教思想仍然多有摄取。在"龙场悟道"、宸濠之变乃至晚年讲学中，在王阳明一生所坚持的"以道进退""隐居讲学"等

---

① 如拙著《王阳明与道家道教》主要从历史层面上考察研究了王阳明的思想从早期到中期演变过程中与道家道教的关系。

"隐逸情结"中，在其致良知的方法论、四句教的有无观等思想构建中，都体现出道家道教思想在王阳明思想中始终起着不可估量的作用。三教合流、儒道互补是王阳明取得巨大思想成就的一个重要原因，也是其思想和性格的一个突出特质。所以在这里笔者将主要就王阳明中后期思想与道家道教的关系做一种较深入系统的考察和分析，以期对阳明学乃至整个中晚明思想史中三教关系特别是儒道关系的演变及其内在纠葛的历史进程和基本脉络获得一种较真实、清楚的审视。

此外，就王阳明中晚期的思想本身来说，此一时期虽是王阳明思想的成熟期，但仍有一个不断发展、深化和完善的过程。而据笔者的观察，王阳明的这一思想演变过程竟与其和三教的关涉特别是道家道教的关系几乎若合符节。甚至可以说，被弟子们称为"教法三变"的王阳明中晚期思想，其演变的每一关节点似乎都与其对三教尤其是道家道教的反思、融摄有着复杂的勾连关系。因此，深入了解这些思想演化脉络，不仅能够搞清楚阳明学与道家道教的复杂关系，还有助于进一步理解阳明学丰富博大的思想内涵及精神特质。

总的来说，王阳明中后期思想与道家道教的关系是一种既批判又吸收的关系。对道家道教思想的批判吸收所达到的儒道融合正是推动王阳明不断走出"遍求百家""出入佛老"的思想困境，走出朱子理学及世俗儒学的局限，最终创建心学体系，并不断超越自身的一种深层思想资源和重要动力；是引导他走出龙场远谪、宸濠忠泰之变等的生命困局的一种重要智慧；也为阳明学能够成为适应明代中后期社会发展需要、引导新的文化思想变革的一代显学提供了重要的思想支撑。

一、道术批判

王阳明的思想与道家道教之间存在着非常深厚复杂的关系，这既包括他早期所经历的从"出入佛老"到后来"渐悟仙、释二氏之非"的思想演变过程；也包括其中后期在批判"二氏之非"基础上，不但强调"二氏之用，皆吾之用"，在各方面对佛道特别是道家道教思想仍多有摄取，而且在理论上公开强调"三间共一厅"的三教合流、儒道互补的重要性。这些现象也反映了王阳明中晚期的思想处于成熟期，却也仍有一个不断发展、深化和完善的过程。这是一个很值得深入了解和研究的重要问题。

从王阳明整个一生的思想演变过程来看，王阳明思想从早期向中晚期的演变实际上经历了从弘治十五年（1502）告病归越，"筑室阳明洞中"修炼养生术到正德三年（1508）谪居龙场（至正德五年离开）后"忽中夜大悟"的近八年时间。这期间，正是王阳明人生经历曲折剧变、大起大落乃至生死考验的时期。在思想层面上，王阳明在这期间，既是其"渐悟仙、释二氏之非"，从而逐渐走出对"二氏"的沉迷，开始对它们进行批判性审视的过程；又是王阳明融会百家、复归儒学，从而开始建立自己独特的心学体系的过程。由此可见王阳明对"二氏之非"的认识与他整体的思想转向及心学思想的创立是一同步的过程。因此，不管是了解王阳明与道家道教的关系，还是了解王阳明自身的思想内涵和精神特质，都不能不深入系统地研究这一时期王阳明的思想演变过程。当然，王阳明在这一思想转折期之后，直至其晚年，对"二氏之非"的批判清理仍在继续，但同时也在不断地进行吸收融合，可谓是坚持了批判性的扬弃态度，从而形成了对"二氏之非"的系统的、成熟的认识。进一步来看，王阳明与道家道教的这种复杂关系，在明代乃至整个传统中国知识分子的儒道关系中都是具有典型性的，是我们深入理解中国思想史的一个重要案例。

下面将以王阳明中后期思想与道家道教的关系为中心着重考察王阳明对道家道教的批判性认识。

1. 弃绝长生术

王阳明自称"出入佛老三十年"，从青少年开始一直到"筑室阳明洞"，他对道教都有不少的接触甚至很深的沉溺。那么王阳明对道教所真正关注和深入接触的是什么呢？主要是道教的内丹术。我们知道，道教的宗旨在追求人的长生久驻之道，而内丹术正是唐宋以后道教用以修炼养生、达到长生久驻的主要方法。王阳明长期身体不好，"常经月卧病不出"[①]，所以王阳明青年时期常被道教的养生术吸引，一再地要学习道教的养生长生

[①]《答人问神仙》，《王阳明全集》卷二十一，第805页。

之术，如新婚之夜竟在道观中因闻道士谈养生之说，以至"对坐忘归"。在京师读书时因"闻道士谈养生，遂有遗世入山之意"。弘治十五年（1502）归越"筑室阳明洞中，行导引术"。但是，就在王阳明于修炼方面取得较深造诣之后，他却决然地摒弃了这种修炼活动，因为他觉悟到这些终究只是"非道"，这是王阳明在"筑室阳明洞"修炼道教养生术之后首次悟到的道教之"非"。从此以后，王阳明不但认为这些道教养生术终究只是一些非道之技，而且也不再相信它们会有什么真正的养生长生效果。王阳明在离开阳明洞返京后写诗云："长生在求仁，金丹非外待。缪矣三十年，于今吾始悔。"①1508 年他在龙场答人问神仙时又明确指出："询及神仙有无，兼请其事，三至而不答，非不欲答也，无可答耳。"②因为就王阳明自身的经验来看，他修习了几十年的养生术是失败的："仆诚生八岁而即好其说，今已余三十年矣，齿渐摇动，发已有一二茎变化成白，目光仅盈尺，声闻函丈之外，又常经月卧病不出，药量骤进，此殆其效也。而相知者犹妄谓之能得其道……"③文中王阳明对自己曾热衷的养生术的讥刺和失望之情溢于言表。此后，王阳明又多次明确否定了道教的长生不老之说，并表现出对自己年轻时沉迷于此道的悔意。王阳明在离开龙场不久至京师，好友徐昌国因习养生，数次来讨论"摄形化气之术"，阳明都是"笑而不应"④，这实际上表明了王阳明此时对道教养生术的拒斥态度，只是老友尚不了解其思想的这种变化。如王阳明曾因好内丹学而熟读张伯端《悟真篇》，但他1514年却写诗斥责"《悟真篇》是误真篇"⑤，认为其所说的养生长生之道是对世人的误导，只是由于世人贪恋利益、盲信长生，"遂令迷妄竟流传"。1521年，王阳明针对一友人因病痴迷于养生而致书劝阻，自述自己"尝弊力于此矣，后乃知其不必如是，始复一意于圣贤之学"⑥。王阳明认为，像《悟真篇》等道教典籍里长生不死之"秘技"实有其虚妄性："自尧舜禹汤文武至于周公孔子，其仁民爱物之心盖无所不至，苟有可以长生不死者亦何惜

---

① 《赠阳伯》，《王阳明全集》卷十九，第 673 页。

② 《答人问神仙》，《王阳明全集》卷二十一，第 805 页。

③ 《答人问神仙》，《王阳明全集》卷二十一，第 805 页。

④ 《徐昌国墓志》，《王阳明全集》卷二十五，第 931～932 页。

⑤ 《书〈悟真篇〉答张太常二首》，《王阳明全集》卷二十，第 744 页。

⑥ 《与陆原静》，《王阳明全集》卷五，第 187 页。

以示人？" 而且 "后世如白玉蟾、丘长春之属，皆是彼学中所称述以为祖师者，其得寿皆不过五六十"，这些足以说明 "不宜轻信异道，徒自惑乱聪明，弊精劳神，废靡岁月"。① 所以王阳明曾作诗总结自己对长生信仰的破解："饥来吃饭倦来眠，只修此行玄更玄。说与世人浑不信，却从身外觅神仙。"②

事实上，中后期的王阳明不仅不再相信道教的养生长生秘技，而且对所谓养生长生有了自己的不同理解。在王阳明看来，与其单纯地通过各种养生术追求长生不死，还不如把养生与养德统一起来，通过养德达到养生的目的。他在上述与陆原静书中说："大抵养德养身只是一事，原静所云 '真我' 者，果能戒谨不睹，恐惧不闻，而专志于是，则神住气住精住，而仙家所谓长生久视之说，亦在其中矣。"③ 一个人若能 "遗弃名声、清心寡欲、一意圣贤"，则可以德润身，以德养生，达到仙家的长生久视之效。此时王阳明已认识到：养身与养德原为一体，养德可以养身，但只养身，却未必可达于养德，而且只图一己之身的调养，只是个自私自利，即使能够活上百千年，也与禽兽无异，并无意义。王阳明在答人问学时说："今曰 '养生以清心寡欲为要'，只养生二字便是自私自利、将迎意必之根"④，"后世儒者之说与养生之说各滞于一偏，是以不相为用"⑤。又说："世上人都把生身命子看来太重，不问当死不当死，定要宛转委曲保全，以此把天理却丢去了，忍心害理，何者不为？若违了天理，便与禽兽无异，便偷生在世上百千年，也不过做了千百年的禽兽，学者要于此等处看得明白。"⑥ 后期的王阳明不仅主张养生与养德相统一，甚至进一步完全否定了养生的必要，认为单纯的养生只是 "自私自利"，真正的良知学只需以追求成德成圣即可成就自己的长生久视之境。王阳明在生命的最后阶段曾作《长生》概括其一生的为学历程，同时也回顾了自己一生中对 "长生" 问题的不懈追求和最终的省悟：

① 《与陆原静》，《王阳明全集》卷五，第 187 页。
② 《答人问道》，《王阳明全集》卷二十，第 791 页。
③ 《与陆原静》，《王阳明全集》卷五，第 187 页。
④ 《传习录》中，《王阳明全集》卷二，第 66 页。
⑤ 《传习录》中，《王阳明全集》卷二，第 62 页。
⑥ 《传习录》下，《王阳明全集》卷三，第 103 页。

长生徒有慕，苦乏大药资。

名山遍探历，悠悠鬈生丝。

微躯一系念，去道日远而。

中岁忽有觉，九还乃在兹。

非炉亦非鼎，何坎复何离？

本无终始究，宁有死生期。

彼哉游方士，诡辞反增疑。

纷然诸老翁，自传困多歧。

乾坤由我在，安用他求为？

千圣皆过影，良知乃吾师。[①]

在王阳明对"长生"的最后悟境中，不仅肯定了成德成圣即长生久视之道，而且指明了这种长生之道的途径就在"金丹非外待""乾坤由我在"的内在化路径和"本无终始究，宁有死生期"的自然规律及"饥来吃饭倦来眠""只顺其天则自然就是功夫"[②]等对这种自然规律的顺应之中。显然，王阳明这种关于得"道"的态度和方法，既高扬了自我良知的主体性精神，又肯定了顺其自然地生活便是最好的修行方法，正是其中后期儒道思想融合互补的生动体现。

2. 否定有神论

道教作为中国传统社会中最大的本土宗教，与大多数传统宗教一样，其最大特点是相信神灵的存在。道教不仅宣扬长生不死、法术无边的神仙为其理想神格，而且塑造了一个有着众多鬼神魔怪的有神世界。

王阳明以心及良知为最高存在，强调"心外无理""心外无物"，在逻辑上排斥了一切神灵鬼怪的至高至上性和客观独立性，从而在形上学层面上否定了在人心之外存在着神灵鬼怪的任何根据和可能性。王阳明说："心即理也。天下又有心外之事，心外之理乎？"[③]"天地万物俱在我良知的发

---

① 《长生》，《王阳明全集》卷二十，第796页。

② 《传习录》下，《王阳明全集》卷三，第106页。

③ 《传习录》上，《王阳明全集》卷一，第2页。

用流行中，何尝又有一物超于良知之外？"①王阳明的这一看法，与老子十分相似。老子说，"以道莅天下，其鬼不神"②，"吾不知谁之子，象帝之先"③。老子既然以道为最高的存在本体，就显然已把上帝鬼神都排除在外了，这与道教的有神论观念是完全不同的。

王阳明不仅在本体论上否定了传统有神论之神灵的至上性、独立性和存在依据，而且进一步从良知主体的内在性上解释所谓的神灵。在王阳明看来，所谓神并不是什么人格化的鬼神，本质上只是本体良知的"发用""妙用"。王阳明说："夫良知一也，以其妙用而言谓之神，以其流行而言谓之气，以其凝聚而言谓之精，安可以形象方所求哉！"④"至诚之妙用即谓之神，不必言如神。"⑤所以当有人"问仙家元气元神元精。先生曰：只是一件，流行为气，凝聚为精，妙用为神"⑥。王阳明在这里虽然明确否定道教的神灵，却反过来借用道教的术语对神灵做了内在化的解读，肯定了良知主体的主宰作用，而这实际上是否定了神灵的存在。因此王阳明又说："我的灵明，便是天地鬼神的主宰。……天地鬼神万物离却我的灵明，便没有天地鬼神万物了。"⑦"良知是造化的精灵，这些精灵，生天生地，成鬼成帝，皆从此出，真是与物无对。"⑧

由于王阳明以良知本体论代替了道教等传统有神论，所以他也就顺理成章地贬黜了过去他自己曾热衷过的道教神仙信仰及各种道术方技。前述王阳明中后期对道教养生术的弃绝态度，实际上也表明了他同时已不再相信长生不死之神仙的存在，因为道教各种所谓神仙，大都是由长生不死之人演变而成的，既然长生不死不可能，所谓神仙也就无以存在。正因此，龙场以后的王阳明不仅不再热衷于行导引术、化身神仙之事，不再以为"圣人之学在此"，而且明确意识到了"神仙之学与圣人异"。⑨王

---

① 《传习录》下，《王阳明全集》卷三，第 106 页。
② 《老子》第六十章。
③ 《老子》第四章。
④ 《传习录》中，《王阳明全集》卷二，第 62 页。
⑤ 《传习录》中，《王阳明全集》卷二，第 74 页。
⑥ 《传习录》上，《王阳明全集》卷一，第 19 页。
⑦ 《传习录》下，《王阳明全集》卷三，第 124 页。
⑧ 《传习录》下，《王阳明全集》卷三，第 104 页。
⑨ 《与陆原静》，《王阳明全集》卷五，第 187 页。

阳明在中后期写的《答人问神仙》一文，与徐昌国等友人谈神仙之事及作的《问道》《长生》等诗，都一再地表明了其拒斥神仙的态度。同时，王阳明也一再地劝阻那些"留意神仙之学""好仙释"的友人、学生，认为他们"所学乃其土苴，辄自信自好若此，真鸱鸮窃腐鼠耳"①，批评道教典籍《悟真篇》里所阐述的经"炼精化气、炼气化神、炼神化虚"三步骤可成内丹而成仙的修行工夫为"迷妄流传"、为害匪浅。②总之，王阳明在中后期已确信通过内外丹修行都觅不到神仙，而且身外世界中也并无神仙的存在。在王阳明看来，如果说真要找到什么与神仙一样能长生不死、传之永久的东西，那就是良知，就是用良知对自我的道德生命的完善，此即他所谓"（良知）妙用之谓神""吾尽性至命中完养此身谓之仙"③。这也就是王阳明所说的"吾儒亦自有神仙之道，颜子三十二而卒，至今未亡也"④。每个人的自然肉体生命乃至"圣人"都会消失成为过去（"千圣皆过影"），唯有激发自我的良知、成就自我的圣贤人格，才能成为精神不死、"生命"永恒的"神仙"。

王阳明由否定神灵、神仙的存在，进一步否定各种鬼神、秘技、巫术等的存在意义。王阳明中后期对各种鬼怪妖魔、祈雨降雷、拔宅飞升等神异秘技等有神论迷信都持明确的批判态度。他指出："若后世拔宅飞升、点化投夺之类，谲怪奇骇，是乃秘术曲技，尹文子所谓'幻'，释氏谓之'外道'者也。若是而谓之曰有，亦疑于欺子矣。"⑤王阳明认为，祈雨降雷、拔宅飞升等秘术曲技，不过是方士们迷惑百姓、图名骗财的一些妖术外道，非但无益，反而有害，他为此反复予以揭露："未闻有所谓书符咒水而可以得雨者也。……如今方士之流，曾不少殊于市井嚣顽，而欲望之以挥斥雷电，呼吸风雨之事，岂不难哉！"⑥王阳明在巡抚南赣时，曾颁布告谕，要求民众"不得听信邪术，专事巫祷"⑦。晚年王阳明在给好友湛若水的信中，

---

① 《传习录》上，《王阳明全集》卷一，第36页。
② 《书〈悟真篇〉答张太常二首》，《王阳明全集》卷二十，第744页。
③ 《王阳明年谱》三，《王阳明全集》卷三十五，第1289页。
④ 《答人问神仙》，《王阳明全集》卷二十一，第805页。
⑤ 《答人问神仙》，《王阳明全集》卷二十一，第805页。
⑥ 《答佟太守求雨》，《王阳明全集》卷二十一，第800～801页。
⑦ 《告谕》，《王阳明全集》卷十六，第565页。

还提到自己曾溺于老佛，相信"怪诞妖妄如近世方士呼雷斩蛟之类，而闻者不察，又从而增饰之耳。近已与之痛绝"①。尽管王阳明曾因"小民无罪""哀此穷苦"，在天旱成灾被要求祈雨时，作为官员被迫沿用"神道设教"之习而为民祷雨，但他内心里是并不相信祭祀祈雨的作用的，他说，"君子之祷不在于对越祈祝之际，而在于日用操存之先"②，强调君子"何莫而非先事之祷"，其实是主张为官者应在旱灾发生前多做"为民祛患除弊、兴利而致福"的实际功夫，而不是在旱灾发生后不得已求于神灵。所以王阳明的这种观念与后来所表示的对"挥斥雷电、呼吸风雨之事"的"痛绝"态度是基本一致的，也体现了他注重实际功夫、强调知行合一的一贯追求。

总之，在王阳明看来，有了"致良知"这一"孔门正法眼藏"，就足以否定一切神仙鬼怪的存在价值，"质诸鬼神而无疑"，使"千魔万怪""鬼魅魍魉"等一切鬼神"触之而碎、迎之而解"。他说：

> 所论致知二字，乃是孔门正法眼藏，于此见得真的，直是建诸天地而不悖，质诸鬼神而无疑。……虽千魔万怪眩瞀变幻于前，自当触之而碎，迎之而解。如太阳一出，而鬼魅魍魉自无所逃其形矣，尚何疑虑之有？③

王阳明相信，只要人们能够获得良知，成就圣人之学，就可以破解一切鬼神邪念；而人们之所以相信鬼神魔怪的奇能秘术，就是因为忽视了自己内心的良知，而只知向外索求、盲信外在的妄诞神力。所以他又说："人若知这良知诀窍，随他多少邪思枉念，这里一觉都自消融。真个是灵丹一粒，点铁成金。"④一个人若能致得良知，便似获得灵丹妙药，能够抵御抗拒一切邪思妄包括各种迷信神怪思想。可见王阳明的"致良知"是他中后期批判否定各种有神论的有力武器，也遥接了浙学历史上王充等人对有神论的深刻批判传统。而王阳明"致良知"的核心就是要确立起自我的主体性，

---

① 《答甘泉》，《王阳明全集》卷六，第216～217页。
② 《答佟太守求雨》，《王阳明全集》卷二十一，第800页。
③ 《与杨仕鸣》，《王阳明全集》卷五，第185页。
④ 《传习录》下，《王阳明全集》卷三，第93页。

以人的充满自信的道德正义力量去抗击一切鬼神邪念。

3. 批判出世观

王阳明早年沉迷佛老，还有一个很重要的原因就是"以为圣学在此"。也就是说，虽然青年王阳明"遍求百家""出入佛老"数十年，但他始终不忘当初立志求圣的目的，所以他溺于佛老时还自以为是对成圣这一至道的追求。不过，王阳明在阳明洞筑室修炼能获"先知"等道术后，竟反而渐悟出"其非"及其与圣学的"毫厘之别"的一个主要之处就是它们的出世态度。据《王阳明年谱》记载，王阳明在阳明洞"已而静久，思离世远去，惟祖母岑与龙山公在念，因循未决。久之，又忽悟曰：'此念生于孩提。此念可去，是断灭种性矣'。明年遂移疾钱塘西湖，复思用世"[1]。王阳明因为在阳明洞隐居静修久了就又萌生出了以前曾一再涌现过的出世之念，但最终对孝道伦常和社会责任的坚守使王阳明放弃了这种念头，而"复思用世"。由此王阳明悟出了佛道二教的一大弊病正在于其"断灭种性"，丧失家庭和社会的道德责任的出世行为。同样，在几年后贬谪龙场途中，王阳明曾数次有借机远遁隐居的念头，但最终都被家族伦理的责任感阻止而终赴龙场，所以才有他在《赴谪诗》中表达的决意以知难而进的豁达姿态重返凡俗世界的超然气度："归去高堂慰垂白，细探更拟在春分"，"险夷原不滞胸中，何异浮云过太空"。[2] 此后，中后期的王阳明虽仍不时有归隐之图，并终生保持着一种深厚的隐逸情结，以致其思想性格和行为的深处，始终交织着"进"与"退"、"仕"与"隐"、"入世"与"出世"的矛盾，但更多时候王阳明已恪守了儒家的"以道进退"的原则，积极地投入"施手正乾坤"的事功之中。即使在他于宸濠忠泰之变后被迫归越隐居之时，也努力以讲学、授徒为业，较好地平衡了出世与入世的矛盾张力，表现了一种独特的儒道圆融的人格形态和人生态度。

正因为如此，中后期的王阳明对佛道的出世观是采取批判态度的。而王阳明的这种批判可概括为以下三个方面。

---

[1] 《王阳明年谱》一，《王阳明全集》卷三十三，第 1226 页。
[2] 《赴谪诗五十五首》，《王阳明全集》卷十九，第 684 页。

首先它是从否定佛道虚无的世界观开始的。王阳明对佛道虚无的世界观的批判，可以下面一段话作为典型：

> 先生曰：仙家说到虚，圣人岂能虚上加得一毫实？佛氏说到无，圣人岂能无上加得一毫有？但仙家说虚从养生上来，佛氏说无从出离生死苦海上来，却于本体上加却这些子意思在，便不是他虚无的本色了，便于本体有障碍。圣人只是还他良知本色，便不着些子意在。良知之虚便是天之虚，良知之无便是太虚之无形，日用风雷山川民物凡有貌象形色，皆在太虚无形中发用流行，未尝作得大的障碍，圣人只是顺其良知之发用。天地万物俱在我良知的发用流行中，何尝又有一物超于良知之外，能作得障碍？①

我们不妨结合这段著名的话，对王阳明中后期对佛道虚无世界观的批判做些分析。在王阳明看来，佛道虚无的世界观的错误主要就体现为佛道所持的绝对虚无观的错误。王阳明认为，佛道把世界的本体理解为虚无、空静，以此引导人们对世间一切持不执着、无分别的超越态度，这是它们的高明之处，无人再能超过。但是，佛道把世界看作绝对"虚无"的世界，把一切万物完全"虚无"化，这未免又有"未尽处"，即未能真正达到有无统一。王阳明认为，本体固然必须是至无至虚，所谓"良知本体原来无有，本体只是太虚"②。但它并不是绝对的虚无，"良知之虚便是天之虚，良知之无便是太虚之无形，……天地万物俱在我良知的发用流行中，何尝又有一物超于良知之外？"因而"无"实是"无而未尝无"。③同时，本体也不会因此而为绝对的实有，而只是"有而未尝有"④，是一种既不"沦于无"，也不"滞于有"的"有无之间"的状态⑤。这种本体观与老子所描述的有无统一的道本体是十分相近的，只是王阳明并未明确指认过这一点，相反王阳

---

① 《传习录》下，《王阳明全集》卷三，第106页。
② 《王阳明年谱》三，《王阳明全集》卷三十五，第1306页。
③ 《见斋说》，《王阳明全集》卷七，第262页。
④ 《见斋说》，《王阳明全集》卷七，第262页。
⑤ 《见斋说》，《王阳明全集》卷七，第262页。

明倒认为佛老都把"虚无"绝对化了，看不到本体中有无的统一性，从而不懂得"去有以超无"之弊。王阳明在与好友徐昌国讨论此问题时指出："夫去有以超无，无将奚超乎？外器以融道，道器为偶矣。"①在王阳明看来，无而不离弃有，有而不排斥无，有无关系实为相即不离、彼此含融的统一关系，抛弃"有"来追求"无"的超越性是不可能的。佛道割裂了虚无本体与万事万物之间的一体性，把万事万物视为"障碍"而"虚无化"，进而否定万事万物的存在意义，陷于彻底的虚无论，这样其所追求的"无"的超越性既难以落实而沦于空洞，也缺乏实质性的意义。王阳明明确强调包括日月、风雷、山川、民物在内的所有"貌象形色"都是本体的自然而然的"发用流行"，这实际上是承认了包括人的世俗生活在内的现实世界的存在价值及其意义，认为人们不能为了追求虚无的解脱而否定人世生活的合理性，这显然是对佛道的出世观所做的一种釜底抽薪式的批判。

其次是对佛道"外人伦、遗事物"之弊的批判。王阳明指出，正是由于佛道在世界观上陷于彻底的虚无论，认识不到日月、风雷、山川、民物等貌象形色都是本体的"发用流行"，不可离弃，因而难免具有认识之偏，不似"圣学之全"。《传习录》中记有王阳明就此与学生的讨论：

> 王嘉秀问："佛以出离生死诱人入道，仙以长生久视诱人入道，其心亦不是要人做不好，究其极至，亦是见得圣人上一截，然非入道正路……君子不由也。仙、佛到极处，与儒者略同，但有了上一截，遗了下一截，终不似圣人之全；然其上一截同者，不可诬也。后世儒者，又只得圣人下一截，分裂失真，流而为记诵、词章、功利、训诂，亦卒不免为异端……"先生曰："所论大略亦是。但谓上一截、下一截，亦是人见偏了如此。若论圣人大中至正之道，彻上彻下，只是一贯，更有甚上一截、下一截？"②

王阳明对学生关于佛道的批评是基本赞同的，大概也是他平时对学生

---

① 《徐昌国墓志》，《王阳明全集》卷二十五，第932页。
② 《传习录》上，《王阳明全集》卷一，第18页。

所宣讲的观点的体现。只是他不赞成佛道"有了上一截，遗了下一截"的说法，认为就圣人之学而言，圣学是大全之学，是"大中至正之道，彻上彻下，只是一贯，更有甚上一截、下一截？"只是佛道未能懂得这种有无统一、万物一体之仁，才犯了"外人伦、遗事物"之"偏"：

> 故圣人之学不出乎尽心。禅之学非不以心为说，然其意以为是达道也者，固吾之心也，吾惟不昧吾心于其中则亦已矣，而亦岂必屑屑于其外，其外有未当也，则亦岂必屑屑于其中。斯亦其所谓尽心者矣，而不知已陷于自私自利之偏。是以外人伦，遗事物，以之独善或能之，而要之不可以治家国天下。①

> 吾儒养心，未尝离却事物，只顺其天则自然，就是功夫。释氏却要尽绝事物，把心看作幻相，渐入虚寂去了。与世间若无些子交涉，所以不可治天下。②

> 先生尝言："佛氏不着相，其实着了相。吾儒着相，其实不着相。"请问。曰："佛怕父子累，却逃了父子；怕君臣累，却逃了君臣；怕夫妇累，却逃了夫妇；都是为个君臣、父子、夫妇着了相，便须逃避。如吾儒有个父子，还他以仁；有个君臣，还他以义；有个夫妇，还他以别；何曾着父子、君臣、夫妇的相？"③

这些批评虽是针对佛氏为主，但在王阳明看来，佛道在"尽绝事物""自私自利"，最终与世间无涉方面，两者是相似的，如王阳明曾明确批评老氏："至于老子……其修身养性，以求合于道，初亦岂甚乖于夫子乎？独其专于为己，而无意于天下国家，然后与吾夫子之格致诚正而达之于修齐治平者之不同耳！"④因而上述对佛氏的批评也有兼及老氏之意。王阳明认为佛道因讲虚无，便只知虚无，执着于虚无，而不知虚无与实有乃是"彻上彻下"的"一贯"之体。由于割裂了本体与万物、形上与形下的

---

① 《重修山阴县学记》，《王阳明全集》卷七，第257页。
② 《传习录》下，《王阳明全集》卷三，第106页。
③ 《传习录》下，《王阳明全集》卷三，第99页。
④ 《山东乡试录》，《王阳明全集》卷二十二，第861～862页。句读有所改动。

统一，佛道便难免陷于"尽绝事物"，不涉世事之偏，不仅不愿意为天下国家尽心尽力，反而以出世逃俗为解脱超越的高明之道，以至于既不尽人伦义务又不可治国平天下，从而也失去了自己存在的根本意义，终不可取。阳明说："君子养心之学，……且专欲绝世故，屏思虑，偏于虚静，则恐既已养成空寂之性，虽欲勿流于空寂，不可得矣。"[①] 正因此，王阳明反对朱子对《大学》古本首句的"新民"之解，认为养心明德，旨在"亲民"，这也正是儒者所追求的由"内圣"达于"外王"之道。相反，若"只说'明明德'，而不说'亲民'，便似老佛"，因为"仁者以天地万物为一体，使有一物失所，便是吾仁有未尽处"。[②]

　　再次是对佛道"已陷于自私自利之偏"的批评。在王阳明看来，按佛道之逻辑，世界既是虚无的，自然一切都应该虚无化了，成为一种绝对的虚无化世界。然而，何以道教要追求自己的长生不死，佛教要追求个人的解脱呢？这不是又在虚无的本体上加上了自己的私意吗？这显然是矛盾的，正如王阳明指出的："仙家说虚，从养生上来；佛氏说无，从出离生死苦海上来；却于本体上加却这些子意思在，便不是他虚无的本色了，便与本体有障碍。"佛道不顾这些明显的矛盾，仍要"于本体上加却这些子意思在"，是其自私自利倾向的反映，也可以说是怕受世俗生活之累，怕担人伦道德之责而选择逃避出世，享受自我的解脱和快乐的表现，因此王阳明指出这实际上"已陷于自私自利之偏"。即使表面上不用智于己、不逐利于物，由于佛道傲视世俗又怠惰不为，仍难逃有"私心"之嫌："先生曰：'心即理也，无私心即是当理，未当理便是私心。……'又问：'释氏于世间一切情欲之私都不染着，似无私心。但外弃人伦，却似未当理。'曰：'亦只是一统事，都只是成就他一个私己的心。'"[③] 所以王阳明在中后期明确地反对那种不接事物、弃绝人伦、退隐避世而只追求一己养生的行为："今曰'养生以清心寡欲为要'，只'养生'二字便是自私自利、将迎意必之根。"[④] 可见，王阳明所推崇的圣人之学，的确是大全之学，大中至正之道，它要求

———————

① 《与刘元道》，《王阳明全集》卷五，第 191 页。

② 《传习录》上，《王阳明全集》卷一，第 25 页。

③ 《传习录》上，《王阳明全集》卷一，第 26 页。

④ 《传习录》中，《王阳明全集》卷二，第 66 页。

不偏不倚、亦虚亦实，实际上也可以说是亦儒亦道、出世又入世；既要像佛老一样修养身心又不可陷于虚寂，既要从事日常事务但又不能像世人那样陷于功利私心。这种儒道的交融互补也就是王阳明心中理想的真儒境界。王阳明曾借纯阳真人的话说："吾问：'如何谓之仙？'彼曰：'非儒之至者不足以称真仙。'吾又问：'如何谓之儒？'曰：'非仙之至者不足以言真儒。'"①

　　总的来看，王阳明对佛道出世观的批判，无情地揭露了佛道世界观、人生观中蕴含的虚无消极的出世倾向和逃脱现实责任的避世态度，阐明了自己勇于担当、敢作敢为的豪杰精神和淑世胸怀，对世人免受佛道消极思想的影响、塑造自己的独立人格无疑具有重要的意义。不过，王阳明的上述批判也还存在一些问题。一是他没有厘清道家与道教的区别，虽然这是宋明以来的普遍现象，但古人不分，今人不能不辨。其实道家与道教是有很大不同的②，王阳明中后期所批评的"老氏之非"，实际上主要是针对道教，而于老子及道家思想仍有很多的吸收融合。这在本书后面有详细讨论，此不赘述。二是王阳明批评"二氏自私自利"有过度之嫌。二氏固然有自私自利之倾向，但也不尽如此，如佛教也有普度众生、救人于苦难的慈悲心怀，道家更是具有强烈的社会批判精神和救世理想，不然何以老子要人们"道法自然"、庄子要奋笔著书十余万言？③因此，我们今天去审视思想史，不能不引入古人尚欠缺的历史理性的精神，对思想史做更客观细致地分析。而王阳明一生与道家道教的复杂关系，无疑在明代乃至整个中国传统知识分子的儒道关系中是十分典型的，也是我们理解中国思想史的一个重要维度。

二、吾之用

　　上述对佛道"二氏之非"尤其是道家道教的批判，只是王阳明中后期思想与道家道教关系的其中一个维度。实际上，阳明学与道家道教的相

---

① 《阳明先生遗言录》，《王阳明全集》（新编本）卷四十，第 1647 页。
② 关于道家道教的区别，学界已多有论述，此不再详述。
③ 参见拙著：《老子哲学研究》，商务印书馆 2009 年版，第一章。

互关系中还有一个更重要的维度，即"为我所用"问题，也就是王阳明自称的"二氏之用，皆我之用"问题。因为此时的王阳明已经认识到，要探求真理，光指责批评佛道还是不够的，更重要的是要认识到自己的局限，努力找到自己的思想路径，自立其本，才可致远达道。当然，他所说的"本"，还只是指"夫子之道"。他说："今不皇皇焉自攻其弊，以求明吾夫子之道，而徒以攻二氏为心，亦见其不知本也夫！"[1]"春秋之道，责己严而待人恕；夫子之训，先自治而后治人也。"[2] 阳明弟子在《传习录》中也复述阳明观点云："今学者不必先排仙佛，且当笃志为圣人之学。圣人之学明则仙佛自泯。"[3] 也正是有了此种自主自为的"自治"意识，王阳明才真正告别了"遍求百家""出入佛老"的思想漫游状态，走向了归本圣学、自立心学的创新之路。正如他在此一时期写的诗："大道在人心，万古未尝改。长生在求仁，金丹非外待。"[4]

然而，尽管王阳明懂得了"求仁""大道"在人心，但他也不可能只在自己内心里凭空创造，而不借助于以往所长期积累的思想资源，特别是在当时的社会和观念领域已具有巨大影响、他本人也已浸染较深的佛道思想，毋宁说它们实已构成了王阳明思想中深层次的观念背景或支持系统。这样，在王阳明探求"夫子之道"、自立其本的过程中，又不可避免地回过头来涉及如何对待佛老二氏之学的问题。在王阳明看来，二氏之学虽与圣学异，但它们初始未尝不与圣学同，因而善学者不能不认真吸取二氏之学的精华，以为我所用。[5] 他指出："夫善学之，则虽老氏之说无益于天下，而亦可以无害于天下；不善学之，则虽吾夫子之道，而亦不能以无弊也"。[6] 因此，王阳明在晚年归越讲学时，张元冲于舟中问学，谈及佛道二家的"作用"，王阳明明确强调：

　　二氏之用，皆我之用：即吾尽性至命中完养此身谓之仙，即吾尽

---

① 《山东乡试录》，《王阳明全集》卷二十二，第 862 页。
② 《山东乡试录》，《王阳明全集》卷二十二，第 862 页。
③ 《传习录》上，《王阳明全集》卷一，第 18 页。
④ 《赠阳伯》，《王阳明全集》卷十九，第 673 页。
⑤ 《山东乡试录》，《王阳明全集》卷二十二，第 861～862 页。
⑥ 《山东乡试录》，《王阳明全集》卷二十二，第 862 页。

性至命中不染世累谓之佛。但后世儒者不见圣学之全，故与二氏成二
见耳。譬之厅堂三间共为一厅，儒者不知皆吾所用，见佛氏，则割左
边一间与之；见老氏，则割右边一间与之；而己则自处中间，皆举一
而废百也。圣人与天地民物同体，儒、佛、老庄皆吾之用，是之谓大
道。二氏自私其身，是之谓小道。①

从这段话中我们首先可以看出王阳明中后期对佛老二氏之学的态度上发生
的一个重大变化：如果说青年时期王阳明沉溺于佛老数十年是以为"圣学
在此"，那么中后期王阳明就是以既批判又利用（"为我所用"）的态度看
待佛老之学了。王阳明中后期经常在批判的同时强调，"二氏之用，皆我
之用"。他认为，道教之"完养此身"、佛教之"不染世累"，就其初衷而
言，也是追求尽性至命、成全德性的，"其妙与圣人只有毫厘之间"②"至于
老子……其修身养性，以求合于道，初亦岂甚乖于夫子乎？"③这样，在王
阳明看来，儒、佛、道三家至少在出发点上是相同的，地位上也是相等的，
无所谓高低。三教各有特色和作用，各得其宜，互不争胜。但就精神旨趣
来看，它们又是相通的，故王阳明"譬之厅堂三间共为一厅"。既然三教精
神旨趣相同相通，那么它们之间相互资取为用，也就无可厚非了。王阳明
声言的"儒、佛、老庄皆吾之用"首先就体现了这一点，而其中后期的思
想活动也的确实践了这一点。对此，柳存仁的《明儒与道教》《王阳明与道
教》《王阳明与佛道二教》等论文有过很具体的考察论述。④我们在这里结
合自己的研究再从以下几个方面略做补充概括。

　　一是中后期的王阳明曾一再公开地直接借用道家道教的专门术语来谈
论其良知学说。如王阳明在与陆原静讨论"精""诚""一""神"等概念时
强调：它们"原非有二事也。但后世儒者之说与养生之说各滞于一偏，是
以不相为用"⑤。也就是说，王阳明认为"精""一""神"这些概念是可以儒

① 《王阳明年谱》三，《王阳明全集》卷三十五，第 1289 页。
② 《王阳明年谱》一，《王阳明全集》卷三十三，第 1237 页。
③ 《山东乡试录》，《王阳明全集》卷二十二，第 862 页。
④ 参见柳存仁：《和风堂文集》中册。
⑤ 《传习录》中，《王阳明全集》卷二，第 62 页。

道相与为用的。正因此，在接下去谈到"元神、元气、元精"这些道教专门术语时，王阳明竟熟练而毫不犹豫地搬来做了儒道互释的解说："夫良知一也，以其妙用而言谓之神，以其流行而言谓之气，以其凝聚而言谓之精，安可以形象方所求哉？真阴之精，即真阳之气之母；真阳之气，即真阴之精之父；阴根阳，阳根阴，亦非有二也。苟吾良知之说明，则凡若此类皆可以不言而喻。"① 在这里，王阳明直接用道教关于元气的神、气、精三个不同面相来说明良知本体也具有神妙遍在、发用流行及寂然不动的特征，王阳明这种无所顾忌的援道入儒态度，既说明王阳明本人入道之深，也表明整个社会的观念中三教圆融的氛围已十分浓厚，以致人们可以对阳明的这种言论予以包容甚至见怪不怪了。另外，王阳明中后期还以道家形上学中最重要的无、虚无、太虚及有无、动静等本体论概念论证其良知本体，体现了对道家形上学的深入融摄。② 至于日常讲论中，王阳明更是不乏使用玄、根、观、金丹、本原、阴阳、婴儿、真人、呼吸屈伸、凝神化气等道家道教的常用术语。这些都说明了王阳明中后期对道家道教并未完全排斥，仍有不少包容、吸取之处。当然，也许有人会说，只在文字中夹杂了几个他派惯用的名词有什么值得大惊小怪的？这话诚然。然而正如柳存仁在谈到这一问题时所说："我认为最足以表示双方在思想上有一贯之处的关系应该是，不仅一方袭用了另一方的辞汇，并且这些相同的辞汇是指的同样的事物；更进一层，不惟用词相同，相同的辞汇所指的事物亦同，而且大家皆用相同的理论来解释或说明这些事物的道理或相互之间的关系。这其间的情形就不是偶然。"③ 王阳明正是经常使用上述与道家道教相同的名词概念来解释或说明几乎相同的道理或事物，以致若隐去作者的名字，实难分辨其作者儒道的身份。

　　二是中后期王阳明吸取道家道教的思想方法来构建和阐述其良知学。

　　王阳明哲学的一个最大思想创设就是提出了独特的"良知"学说，并

①　《传习录》中，《王阳明全集》卷二，第62页。
②　参见拙文《论阳明心学本体论对道家形上智慧的融摄》，载《道家文化研究》第27辑，生活·读书·新知三联书店2013年版，第332～355页；《论阳明学良知本体论对道家有无之辩思想的融摄》，《诸子学刊》第五辑，上海古籍出版社2011年版，第359～370页。
③　柳存仁：《明儒与道教》，《和风堂文集》中册，第826页。

进行了系统建构。因此，有关良知和致良知的思想自然成了王阳明成熟期思想的核心理念，从中我们可以发现道家道教的思想影响构成了王阳明的良知和致良知学说的一个重要维度。王阳明良知本体论学说的构建，除了吸取传统儒家的思想资源之外，他还积极地援引道家的形上思辨，使其良知学说在融摄三教的基础上达到了宋明理学的形上学高峰，从历史和逻辑两方面实现了一个重大的本体论转向，即向本体论的价值维度的转向，使形上学的关注焦点聚集在体悟内心的良知是否与天理同一、如何同一等问题上，由注重外在的天理流行的世界转向注重由内在的心灵体验所构筑的意义世界，具有深刻的理论意义和广泛的思想影响。王阳明在对良知本体的阐发中，通过对道家有无之辨思想的吸收，不但深化了良知本体的认知维度，而且展示了"有无之间"良知本体的多样性品格，塑造了良知本体的意义世界，实际上重建了儒家形上学的价值之维，最终实现了本体论的认知之维与价值之维的统一。阳明心学不仅为世人提供了一幅独特的形而上的世界图景，而且蕴含了丰富的意义世界，表现为一种完全不同于宋儒的本体论转向。

　　既然王阳明以良知作为本体，那么致良知就是其为学的主要宗旨。至于致良知的具体方法，王阳明主要采用了内在化的路径。王阳明像道家一样把"道"或"心体"看作不可言说之域，在对良知本体做否定性理解的基础上，明确提出应该进一步用否定性方法去认识这一本体：在以否定性的方法扫除各种外在的蔽障之后，通过内在化进路"直观内省""反观内照"，让心体自然直接地予以呈现。这种方法包含了直觉体验等道家所注重和擅长的神秘主义方法。这样，王阳明要求从外在的"口耳之学"转进到内在的"身心之学"，反对仅仅通过书册之知、见闻之知等外在性的途径去窥测最高本体和终极价值，而是主张在自我的真切存在中以自我的体验、实际的践履达到对最高本体和终极价值的把握。王阳明实际上认为必须将外在的普遍之理、规范之道转化为主体的内在价值规范和道德意志，达到内外的统一贯通，从而消除其作为最高本体和终极价值所具有的强制感和异己性，以一种内在化的进路获得主体对最高本体和终极价值的内在认同和把握。阳明心学的这种内在化进路所体现的认识与人的存在相统一、本体与境界融为一体的追求，体现了中国思想史上儒道释所共有互摄的内在超越的哲学传统，具有重要的价值和意义。

当然，中国哲学传统中也存在过度内在化的倾向，而过度的内在化不仅使真正的对主体的自我认识乃至自我的内在超越难以实现，反而会扼杀人的主体性存在，走向纯内心的自省和完善，完全弃绝外事，走向其初衷的反面。这一点，从道家杨朱学派极度的自利主义，到王门后学中过度追求自我内修、自由适意，而给肆意放纵，放弃社会责任、伦理责任提供了方便之门的倾向中，都能发现其弊端。

三是王阳明中后期思想在修养方法上仍吸取保留着道家道教的重要影响。儒家重视修养，却一直缺乏明确的修持方法。不过我们发现，宋明儒学特别是宋明心学中已包含一种以静坐为主的神秘主义的修持方法。尤其值得注意的是，王阳明在修养工夫和方法上就具有浓厚的神秘主义色彩，这不仅因为他早年"出入佛老"，始终对道教所怀有的特殊的关怀和情感，以致在阳明洞天进行长时期的静坐修炼并获得"前知"等神秘体验，而且在中后期王阳明的修养方法上仍重视"静坐"工夫，如在"龙场悟道"时长期终日默坐澄心、求诸静一，在《王阳明年谱》和《传习录》中也有很多王阳明与弟子等讨论静坐功夫与觉悟本体的关系和方法等的记录。王阳明庚午年（1510）离开龙场赴任庐陵知县，过常德、辰州时教门人以静坐为悟入之功，称"悔昔在贵阳举知行合一之教，纷纷异同，罔知所入。兹来乃与诸生静坐僧寺，使自悟性体，顾恍恍若有可即者"①。此后，癸酉年（1513）王阳明于滁州亦教人静坐，并具体指导门人在静坐中出现思虑纷杂时怎么办："纷杂思虑，亦强禁绝不得；只就思虑萌动处省察克治，到天理精明后，有个物各付物的意思，自然精专无纷杂之念；《大学》所谓'知止而后有定'也。"②在《传习录》中还有一段记录王阳明谈"静坐"的功夫的文字：

　　一日论为学功夫。先生曰："教人为学，不可执一偏。初学时心猿意马，拴缚不定，其所思虑，多是人欲一边，故且教之静坐息思虑。

① 《王阳明年谱》一，《王阳明全集》卷三十三，第 1230 页。
② 《王阳明年谱》一，《王阳明全集》卷三十三，第 1236 页。

> 久之，俟其心意稍定，只悬空静守，如槁木死灰亦无用，须教他省察克治。省察克治之功，则无时而可间。"①

从这些论述中可以看出，中后期王阳明仍一再地使用道家道教所惯用的"静坐"这种神秘主义的方法进行修持，但其通过"静坐"所追求的结果已不再是"前知""异术""养生"，而主要是以"静坐"为入门之功，达到"省察克治"、体悟天理良知的方便法门。正因此，王阳明在滁州之后，就一再地提醒门人切勿仅做静坐功夫流入空寂，而忘了"省察克治"之目的。王阳明晚年回忆说："吾昔居滁时，见诸生多务知解，口耳异同，无益于得。姑教之静坐，一时窥见光景，颇收近效；久之渐有喜静厌动，流入枯槁之病，或务为玄解妙觉，动人听闻。"② 如果只一味地静坐，以至于产生喜静厌动之弊，流入空寂枯槁之病，消极避世乃至厌世，矫情傲世、无能无为正是中后期王阳明所坚决反对的。在王阳明看来，静坐是一种修养方法，静定是一种修持的境界，其目的不是为了出世忘世，而是要据此去掉浮躁、清省自我、扫除蔽障。

> 先生曰："是徒知静养，而不用克己功夫也。如此，临事便要倾倒。人须在事上磨，方立得住，方能静亦定，动亦定。"③
> 曰："只要去人欲存天理，方是功夫。静时念念去人欲存天理，动时念念去人欲存天理，不管宁静不宁静。若靠那宁静，不惟渐有喜静厌动之弊，中间许多病痛只是潜伏在，终不能绝去，遇事依旧滋长。以循理为主，何尝不宁静？以宁静为主，未必有循理。"④

对于王阳明来说，静定既是一种修养工夫，也是一种心性本体的境界，通过静定的修养工夫，可以证入形上的心性本体，进入超越一切表象和有限的本体存在之域。王阳明认为，静坐初始只是补小学的入门之功而已，

---

① 《传习录》上，《王阳明全集》卷一，第16页。
② 《传习录》下，《王阳明全集》卷三，第104～105页。
③ 《传习录》上，《王阳明全集》卷一，第12页。
④ 《传习录》上，《王阳明全集》卷一，第13～14页。

当然若运用得宜，也不妨是一种涵养修持的理想方法和境界。所以他晚年并未像有些人认为的那样完全排斥静坐方法，他在回应弟子要入山静坐时说："汝若以厌外物之心去求之静，是反养成一个骄惰之气了。汝若不厌外物，复于静处涵养却好。"① 在王阳明看来，"静未尝不动，动未尝不静"，因为"无欲故静"，故"静亦定，动亦定"。② 因此，无论静、动都是一种方法，静养或"事上磨"，都是为了明心见性以致良知，不仅不能截然分为两橛，反而应相互包容、互为助益。可见，直到晚年王阳明也并不完全否定静坐这类神秘主义的修养方法有一定的积极作用。所以陈来认为，王阳明哲学与神秘主义的这种关系，可以进而确认："以孟学标榜的宋明心学的发展确实容纳了一个神秘主义传统。神秘体验不但是这一派直觉体验、超凡入圣的基本进路或工夫之一，而且为这一派的哲学提供了一个心理经验的基础。"③ 而宋明儒学的这种神秘主义传统的真正起源不是在儒学系统之内，应是在儒学系统之外。具体地说，这种神秘主义应主要承续于具有深厚的神秘主义文化传统的道、佛两家。正如柳存仁所说：它并不来自"传统圣贤之学问"，而是来自"道家之修持经验"。④ 正因为如此，对于王阳明等明代思想家来说，"他们实在比程、朱更加积极地接受了传统的圣贤经典之外的影响。此影响甚至于不完全是思想方面的，而是修持和实践方面的工夫"⑤。因为仅就道家而言，其以静坐体认为主的神秘主义传统的确是十分深厚的，并构成了道家思想的重要内容和思想特质，在历史上产生了极为重要的影响，它自然也深刻地影响到了宋明儒学。

四是在王阳明中后期的人生理想、人格形态的构建上仍有很深的道家印记。

从王阳明的整个思想历程来看，尽管他在中后期一再地批评佛老，并后悔自己早期出入佛老数十年，但无论是唐宋以来三教合流的历史趋势还是他个人出入佛老的思想背景，都构成了王阳明取得巨大思想成就的一个

---

① 《传习录》下，《王阳明全集》卷三，第 103 页。
② 《传习录》下，《王阳明全集》卷三，第 91 页。
③ 陈来：《有无之境——王阳明哲学的精神》，第 412 页。
④ 柳存仁：《干阳明与道教》，《和风堂文集》中册，第 856 页。
⑤ 柳存仁：《王阳明与道教》，《和风堂文集》中册，第 830 页。

重要原因，也是其思想和性格的一个突出特质。如王阳明在龙场通过演绎
易理、洞察天道自然之奥秘，并推天道以明人事，进而引向对人生的解悟，
达到了"体常尽变""视险若夷""身遁道亨"的精神境界。阳明中晚期所
坚持的"以道进退""遁其身而亨其道""隐居讲学""隐居以求其志"等行
为，正是融合儒道精神的表现。可以说王阳明一生始终有出世归隐之愿，
这不仅是他一生的重要的生命实践，而且已被其当作生命的根本价值取向
之一。而"王阳明的隐逸情结中所交织着的进与退、仕与隐、入世与出世
的矛盾，正反映了其所包含的亦儒亦道的双重性结构，达到了一种儒道圆
融互补的人生境界"①。对此，王阳明作于正德十五年（1520）的《思归轩
赋》有很集中全面的展示②。而他的一句诗"不离日用常行内，直造先天未
画前"③，就很好地概括了自己把洒脱自适与救世济民统一起来的人格特点。
正因为如此，中后期王阳明在积极入世、努力成就事功、济民救弊的同时，
仍时时葆有隐逸洒脱的心态，可谓真正是以"出世之心做入世事业"，故而
能如老子所言"生而不有、为而不恃、功成而不居"，对功名利禄、是非得
失持有一种道家式的超然达观态度。王阳明有诗云："莫向人间空白首，富
贵何如一杯酒。种莲采菊两荒凉，慧远陶潜骨同朽。"④"人生贵适意，何事
久天涯。……冥鸿辞纲罟，尘土换烟霞。"⑤王阳明一生跌宕起伏，历经百
死千难，这种人生经历使他深深地认同道家的人生洞见："天下事，往往多
有求荣而反辱，求得而反失者。"⑥"成天下事易，能不有其功难；不有其功
易，能忘其功难。此千古圣学真血脉路。"⑦王阳明这里直接把富有浓厚道家
意味的超然达观的人生态度称为"千古圣学真血脉路"，足见其思想中儒
道互融之深了。于是也不奇怪他会说这样一些话："良知妙用，以顺万物之
自然，而我无与焉"⑧，"凡居官行己，若顺意从志，则亦何难？惟当困心衡

---

① 拙文：《论王阳明中后期诗文中的隐逸情结及其特点》，《中国文化研究》2011 年冬之卷，第 120 页。

② 参见《思归轩赋》，《王阳明全集》卷十九，第 660～661 页。

③ 《别诸生》，《王阳明全集》卷二十，第 791 页。

④ 王阳明：《游东林次邵二泉韵》，载束景南：《阳明佚文辑考编年》，上海古籍出版社 2012 年版，第 628 页。

⑤ 王阳明：《送人致仕》，载束景南：《阳明佚文辑考编年》，第 725 页。

⑥ 《言行录辑要》上，《王阳明全集》（新编本）卷四十，第 1617 页。

⑦ 《言行录辑要》下，《王阳明全集》（新编本）卷四十一，第 1669 页。

⑧ 《言行录辑要》下，《王阳明全集》（新编本）卷四十一，第 1668 页。

虑，而能独立不变，然后见君子之所守。……世俗之荣辱，决非君子之所为欣戚也"①，从王阳明的这些人生态度中，我们能很清楚地感受到其中儒道圆融互补的人格特质。正德九年（1514），王阳明在回答门人如何能虽无富贵仕禄仍能免于不孝时，就更明确地表达了这种典型的儒道圆融的人生态度，他说："保尔精，毋绝尔生；正尔情，毋辱尔亲；尽尔职，毋以得失为尔惕；安尔命，毋以外物戕尔性。斯可以免矣。"②在这里，王阳明几乎是用一种儒道完全圆融互补的角度来阐述孝道问题，把养生与养德、超脱与入世、尽性与尽孝等都达到了统一。

如果说早期王阳明对道家道教是抱着基本肯定和仰慕态度的，那么中后期的王阳明已对道家道教树立起了一种既批判又利用的审视态度，其批判主要是对道教的成仙、长生、个人解脱及道家的无为等的否定。王阳明中后期明确主张"养生"与"养德"的统一，认为"大抵养德养身只是一事"，主张通过对作为德性自我的"真己"的养护达到养生，这就是"吾儒自有的神仙之道"，并进一步提出了道德与生命的统一问题，这既体现了其儒家道德主义的基本立场，也反映了即使在这个时期，王阳明也没有完全否定道家道教式的养生对于人生的意义，仍有所取益。如王阳明于正德十一年（1516）给家人的信中说："不久吾亦且归阳明，当携弟辈入山读书，讲学旬日，始一归省，因得完养精神，薰陶德性，纵有沉疴，亦当不药自愈。"③又说："养德养身只是一事，但能清心寡欲，则心气自当和平，精神自当完固矣。"④王阳明在同一时期的《与弟书》中也说："果能清心寡欲，其于圣贤之学，犹为近之。……亦可以养生却疾，犹胜病而服药也。"⑤正是王阳明这种追求养生与养德相取益，个体自适与济世救民相统一的人生观，决定了王阳明不仅不同于离世弃俗、追求独善其身的佛老，而且还具有强烈的社会责任感，有着突出的现实关怀和实践品格。阳明学中"良知"的自然展开，"知行合一""体用不二""万物一体"的理论特点

---

①　王阳明：《与谢士洁书》，载束景南：《阳明佚文辑考编年》，第 616 页。

②　《与傅生凤》，《王阳明全集》（新编本）卷八，第 288 页。

③　王阳明：《与弟伯顯札》，载束景南：《阳明佚文辑考编年》，第 421 页。

④　王阳明：《与弟伯顯札》，载束景南：《阳明佚文辑考编年》，第 422 页。

⑤　土阳明：《与弟书》，载束景南：《阳明佚文辑考编年》，第 419 页。

又形成了其学说"立体达用"的逻辑架构，体现了其把内心的道德修养与淑世济民的实际行动结合在一起的价值追求，并进一步使之成为其展开儒道之辨、儒佛之辨的重要判据。可以说，王学正是通过会通儒道释，达到了在道德价值上归本儒学，在人生志趣上富有隐逸情结，深契道家人格，融合成了中国传统思想史上独特的"这一个"。

三、道一而已

任何一种重要的思想学说都不可能不与其当时盛行的其他思想学说发生联系，这种联系既可以是批判或吸收，也可以是兼而有之。同时，通过这种联系还可以了解自己的思想学说与其他思想学说的异同，成为厘清不同思想学说乃至进行正统与异端之辨的重要判据。阳明学也不例外，它对当时盛行的佛道二教及宋明儒学都有深入的吸收，也有严厉的批判，这些无疑都构成了阳明学形成和发展的重要思想背景。然而，对其他思想学说的吸收批判，终究只是为了"吾之用"，以成就自己的"自得之学"。而在王阳明看来，这种"自得之学"不是大家"各是其是"、自说自话的一偏之见、一家之言，而是能够超越各执一偏之弊，通达"道一而已"的"精一之学""至圣大全之学"。实际上，"道一"并非定于一尊，奉行非此即彼的一元论，而是指向融合三教、多元互补之基础上的"简易广大"之道，体现了阳明学融摄各家、宽容异端的开放态度和自由平等精神，使其成为中国传统思想文化史上一面具有自由开放的精神特质的大旗。

1. 自得之学

如前所述，王阳明中后期显然十分重视对佛道乃至宋儒等思想学说的批判，当然也不乏自觉不自觉地吸取利用。不过对王阳明来说，无论对它们的批判也好，吸取利用也好，都始终不忘坚持一种"自作主宰"的主体性原则。也就是说，在王阳明那里，"二氏之用，皆我之用"，不管"二氏"有什么"用"，都可以转化为"我之用"，"我"是"二氏之用"的主体，只要能满足"我"这个主体自家身心性命的受用，都可拿来用，因而"二氏之用"的目的，就是成全"我"、丰富"我"，实现"我"之"尽性至命"的追求。从这一意义上说，不单是"二氏"，就是一切经典、权威理论，任何外在见闻、知解都不能作为既定的定论无条件接受下来，而是需要经过"我"这个主体的筛选、消化和受用，须转化为自我心灵的体验，进入"我"这个主体的存在境域，构成"我"的意义世界的一部分：

> 圣贤垂训，固有书不尽言、言不尽意者。凡看经书，要在致吾之良知，取其有益于学而已。则千经万典，颠倒纵横，皆为我之所用。一涉拘执比拟，则反为所缚。[1]

千经万典、颠倒纵横，终究都只是一些外在的知解、教条，只能居于对象性的客体地位，最终目的还是作为主体的自我受用："要在致吾之良知，取其有益于学而已。"所以，王阳明不主张过于拘泥于经典权威，认为如此反会受其束缚，不能得其真意。说"凡看经书，要在致吾之良知"就是强调无论"道""教""学"还是圣人前贤之言均应以求诸自我良知的主体作用为准则，舍此没有其他的标准。为此，王阳明甚至大胆地宣布：

> 夫学贵得之于心，求之于心而非也，虽其言之出于孔子，不敢以为是也，而况其未及孔子者乎？求之于心而是也，虽其言之出于庸常，不敢以为非也，而况其出于孔子者乎？[2]

在王阳明看来，由于心为本体，心即天、心即理，所以，不但"心者，天地万物之主也"[3]，而且"人之为学，求尽乎心而已"[4]，任何思想学说的是非成效都应"求之于心"，以"心"为衡量一切的最高标准："尔那一点良知，是尔自家底准则。"[5]也就是说，与外在权威的评判或环境的反应相比，王阳明更愿意听从自我内心的召唤，重视个体内心的自我感受，并进一步

---

① 《答季明德》，《王阳明全集》卷六，第214页。
② 《传习录》中，《王阳明全集》卷二，第76页。
③ 《答季明德》，《王阳明全集》卷六，第228页。
④ 《答季明德》，《王阳明全集》卷六，第228页。
⑤ 《传习录》下，《王阳明全集》卷三，第92页。

把这种内心的自我感受抬高为判定是非、决定行为的根本标准，这就是王阳明所称颂的"自得"。王阳明说："心之精微不能言，下学上达之妙在当人自知。不言者，非不言也，难言也。存诸心者，不待存也，乃自得也，此之谓默识。"①可见，"自得"是作为主体的自我切实体验、"存诸心者"的一种"默识"，所以王阳明又说"实切体验，以求自得"②。王阳明这种"自得"，首先是指切实于自我的身心性命，以个体内心的自我感受为标准而获得的对根本之道的体认，表现了一种自我作为主体所达到的自作主宰、独立无羁、超拔自信、洒脱自在的精神境界。对此，王阳明引用孟子的话加以解释说："君子深造之以道，欲其自得之也。自得之则居之安；居之安则资之深；资之深则取之左右逢其原。故君子欲其自得之也。"③王阳明认为："道，吾性也；性，吾生也。"④因而人活着必须以求道为根本，而求道以得道也就达到了自得之境。至于那些"业辞章，习训诂，工技艺"的世俗学者，虽然"弊精极力，勤苦终身"，因其"非所以深造于道也，则亦外物而己耳"，"宁有所谓自得逢原者哉？"⑤学思有自得，就能获得精神的自适，并进一步获得行动上的自由，从而达到"无入而不自得"，这正是一种人的自我生命境界的升进之路，因此，王阳明又把这样的自得之学称之为"为己"之学。王阳明说："人有言古之学者为己，今之学者为人。今之学者须先有笃实为己之心，然后可以论学。不然，则纷纭口耳讲说，徒足以为为人之资而已。"⑥又说："体认者，实有诸己之谓耳，非若世之想象讲说者之为也。"⑦通过"实有诸己"所成就的"为己之学"，当然是一种真正的"自得"。也正因为如此，王阳明中后期在一再地批评杨墨老释"与圣人之道异"的同时，仍然肯定他们"然犹有自得"。他认为当时许多人都是扬言宗孔孟而贱杨墨摈老释，其实都是学无所得，他问道："其能有若墨氏之兼爱者乎？其能有若杨氏之为我者乎？其能有若老氏之清静自守、释氏之究心

①　董毂：《碧里后集》，《王阳明全集》（新编本）卷四十，第1645页。
②　《阳明先生遗言录》，《王阳明全集》（新编本）卷四十，第1614页。
③　《自得斋说》，《王阳明全集》卷七，第265页。
④　《自得斋说》，《王阳明全集》卷七，第265页。
⑤　《自得斋说》，《王阳明全集》卷七，第265页。
⑥　《与汪节夫书》，《王阳明全集》卷二十七，第1001页。
⑦　《与马子莘》，《王阳明全集》卷六，第218页。

性命者乎？吾何以杨、墨、老、释氏之思哉？彼于圣人之道异，然犹有自得也。”王阳明肯定杨墨老释要比那些“伪为圣人之道”者更有价值，就是由于它们各自“犹有自得”。为此王阳明进一步为一切“求以自得”的学者进行辩护：“居今之时而有学仁义，求性命，外记诵词章而不为者，虽其陷于杨、墨、老、释之偏，吾犹且以为贤，彼其心犹求以自得也。夫求以自得，而后可与之言学圣人之道。”① 在王阳明看来，哪怕学有所偏，只要能有“自得”，仍是有价值的，“吾犹且以为贤”。

在儒家传统中，正统的儒家人士一直视外道尤其佛老为异端。即使在三教合流的趋势愈演愈烈的阳明学兴起的时代，明代的儒家学者仍大都深排佛老。如薛瑄说：“如佛老之教，分明非正理，而举世趋之。虽先儒开示精切，而犹不能祛其惑。”② 胡居仁说：“杨墨老佛庄列，皆名异端，皆能害圣人之道。”③ 黄宗羲也说：“老释之学，所以颠倒错缪，说空说虚，说无说有，皆不可信。”④ 然而，在王阳明这里，他不仅不深排佛老，反而还赞许其“犹有自得”、各有价值；不仅因此肯定了佛老，而且还进一步肯定了一切“求以自得”之学，这其中所表现的对不同思想学说的开放、包容的精神，实在是十分难得的。也正是有了这种思想观念上的开放、包容的精神，王阳明能够据此进一步将其转化为人生层面上豁达开阔、通达洒脱的胸怀和超越品格，做到身处任何境遇都能内去私欲，外忘荣辱，无世累、无执著，真正超越世俗、安然自在。这就是王阳明所谓“素富贵行乎富贵，素贫贱行乎贫贱，素患难行乎患难，故无入而不自得”⑤。而这样一种生命的自得之境，又与他所描述的道家的至人之境是十分相似的，他说：“古有至人，淳德凝道，和于阴阳，调于四时，去世离俗，积精全神；游行天地之间，视听八远之外”，“胸中洒洒不挂一尘”。⑥ 显然，这样一种超越世俗、无执无扰、心境无累，使自我生命在自然自在的状态中得到安顿的自得之境，已具有浓厚的儒道交融的人格特点了。正因此，王阳明明确指出：“君子之

---

① 《别湛甘泉序》，《王阳明全集》卷七，第 230～231 页。
② 薛瑄：《读书录》卷七，《钦定四库全书》第 711 册，台北商务印书馆 1982～1986 年版，第 669 页。
③ 胡居仁：《归儒峰记》，《胡敬斋集》卷二，商务印书馆 1935 年版，第 47 页。
④ 黄宗羲：《崇仁学案》，《明儒学案》卷二，中华书局 1985 年版，第 39 页。
⑤ 《与王纯甫》，《王阳明全集》卷四，第 154 页。
⑥ 《答人问神仙》，《王阳明全集》卷二十一，第 805～806 页。

学，务求在己而已。毁誉荣辱之来，非独不以动其心，且资之以为切磋砥砺之地。故君子无入而不自得，正以其无入而非学也。若夫闻誉而喜，闻毁而戚，则将惶惶于外，惟日之不足矣，其何以为君子！"①

从王阳明思想的内在逻辑上看，王阳明所追求的这种"自得之学"与其核心性思想"致良知"的内在化进路是相一致的。王阳明像道家一样把作为本体的"道"或"良知"看作是一个不可言说之域，因之强调对其认识把握要从"口耳之学"转向"身心之学"，即由从外在的语义、文本、见闻和事物等途径去窥测本体，转为在实在自我的真切存在中以自我的体验、内在身心的证悟等内在化进路中达到对本体的把握，从而使"致良知"成为一种在自我的主体性存在中能够"以身体之"、"求以自得"的内在超越境界。王阳明指出：

> 道无方体，不可执著。却拘滞于文义上求道，远矣。……若解向里寻求，见得自己心体，即无时无处不是此道。……心即道，道即天。知心，则知道、知天。又曰：诸君要实见此道，须从自己心上体认，不假外求始得。②

显然，这样一种"身心之学"是通过沿着在中国传统哲学特别是儒道释三教中都普遍采用的内在化进路而获得的对道的体悟，是一种真正的为己之学、自得之学，是真正充实自我、成就自我，"实有诸己"的内在超越之路。

2. 三间共一厅

王阳明强调学有自得，并不是主张各人自说自话、"各是其是"，相反，王阳明是十分反对"各是其是之弊"的③，认为那正是"各私其私"的结果。在王阳明看来，真理之所以未被人们普遍认识，大都是由于人们被自己的偏见、短见所蒙蔽，而造成这些偏见、短见的根源，又在人们的好胜之心

---

① 《答友人》，《王阳明全集》卷六，第 207 页。
② 《传习录》上，《王阳明全集》卷一，第 21 页。
③ 参见《阳明先生遗言录》，《王阳明全集》（新编本）卷四十，第 1615 页。

为患，只知争胜强辩，不知取善相下，以致争立门户、竞倡己说。王阳明曾分析：

> 后世学术之不明，非为后人聪明识见不及古人，大抵多由胜心为患，不能取善相下。明明其说之已是矣，而又务为一说之高之，是以其说愈多而惑人愈甚。凡今学术之不明，使后学无所适从，徒以致人之多言者，皆吾党自相求胜之罪也。今良知之说，已将学问头脑说得十分下落，只是各去胜心，务在共明此学，随人分限，以此循循善诱之，自当各有所至。若只要自立门户，外假卫道之名，而内行求胜之实，不顾正学之因此而益荒，人心之因此而愈惑，党同伐异，覆短争长，而惟以成其自私自利之谋，……盖今时讲学者，大抵多犯此症。①

正是由于人人自相求胜、各逞其私，才容易导致学术不明、意见纷争，甚至是非颠倒、门派林立。对此，王阳明深以为患，反复揭批。在致聂文蔚的信中，王阳明还以激烈的言辞对这些现象予以怒斥：

> 后世良知之学不明，天下之人用其私智以相比轧，是以人各有心，而偏琐僻陋之见狡伪阴邪之术，至于不可胜说；外假仁义之名，而内以行其自私自利之实，诡辞以阿俗，矫行以干誉，掩人之善而袭以为己长，讦人之私而窃以为己直，忿以相胜而犹谓之徇义，险以相倾而犹谓之疾恶，妒贤忌能而犹自以为公是非，恣情纵欲而犹自以为同好恶，相陵相贼，自其家骨肉之亲，已不能无尔我胜负之意，彼此藩篱之形，而况于天下之大，民物之众，又何能一体而视之？则无怪于纷纷籍籍，而祸乱相寻于无穷矣！②

"偏琐僻陋之见、狡伪阴邪之术"之所以层出不穷，就是因为"人各有心"，以致"外假仁义之名，而内以行其自私自利之实"。正是由于人们各有其私

---

① 《寄邹谦之》，《王阳明全集》卷六，第207页。
② 《传习录》中，《王阳明全集》卷二，第80页。

心，难以消除"尔我胜负之意，彼此藩篱之形"以超越各自的偏陋固执的局限，所以终不免陷于"各是其是之弊"，形成了对真理的重重蔽障。

那么，对于这种"各是其是之弊"，应如何克治呢？王阳明认为，以"诚心实意"的态度，做"返朴还淳"的功夫才是真正的对症之剂：

> 后世大患，全是士夫以虚文相诳，略不知有诚心实意。流积成风，虽有忠信之质，亦且迷溺其间，不自知觉。……今欲救之，惟有返朴还淳是对症之剂。故吾侪今日用工，务在鞭辟近里，删削繁文始得。①

"诚心实意"是儒家强调的态度，"返朴还淳""删削繁文"是道家"负"的功夫，其实质都是去掉虚文，挖除私心，减少胜心，扫涤成见，以踏实用功、真心体悟、知行合一的方法探求大本达道。王阳明相信，通过这些方法，是不难克服"各是其是之弊"而获得大本达道的。而在王阳明看来，这大本达道，就是他所着力阐发的作为本体的良知，就是天地万物唯一的根本和至道，是万法归一之理。王阳明说："天下之道一而已矣，而以为有二焉者，道之不明也。"②又说："道一而已。论其大本一原，则六经、四书无不可推之而同者。"③良知作为本体，是无古今、无内外、无大小、无善恶的"一"，所谓道大无外、道小无类，"盖良知之在人心，亘万古，塞宇宙，而无不同"④。"夫理无内外、性无内外，故学无内外。……理一而已"⑤，既然天下只是"一道"，能见此者，即为"精一之学"⑥"一体之学"⑦，亦即圣门大全之学；而无见此者，遂生发而为异学，是为"小道"。可以说，在王阳明看来，各种异学小道，无不是所见有偏，即使如佛老，也因为"自私其身"而有偏，以至成为小道，不能似圣学之全。前述王阳明答张元冲问学时就批评了世儒"不见圣学之全"，佛老也不似圣学之全：

---

① 《寄邹谦之》，《王阳明全集》卷六，第205页。
② 《山东乡试录》，《王阳明全集》卷二十二，第861页。
③ 《王阳明年谱》二，《王阳明全集》卷三十四，第1280页。
④ 《传习录》中，《王阳明全集》卷二，第74页。
⑤ 《传习录》中，《王阳明全集》卷二，第76页。
⑥ 《传习录》中，《王阳明全集》卷二，第76页。
⑦ 《言行录汇辑》，《王阳明全集》（新编本）卷四十，第1625页。

　　后世儒者不见圣学之全，故与二氏成二见耳。譬之厅堂三间共为一厅，儒者不知皆吾所用，见佛氏，则割左边一间与之；见老氏，则割右边一间与之；而己则自处中间，皆举一而废百也。圣人与天地民物同体，儒、佛、老庄皆吾之用，是之谓大道。二氏自私其身，是之谓小道。①

　　王阳明认为，儒学本来是大全之学，是"大道"，而佛道俱为其用，是"小道"，小道本就包含于大道中，可"譬之厅堂三间共为一厅"。也就是说，圣学作为大全之学，其"大道"中就包含了道之"养身"、佛之"不染世累"这些"小道"，佛道只是一些具体应用而已，儒者不必自我作限，把一厅分割成三间，自己居中一间，其余分别让渡给佛道，造成三间并列，三教共存的局面。因为这样做实际上是"举一而废百""不见圣学之全"，反倒把儒学也变成了"小道"，丧失了"圣人与天地民物同体，儒佛老庄皆吾之用"的恢宏气度和"圣人尽性至命，何物不具"的丰厚内涵，自然也就易陷入如二氏一样的"各是其是之偏"从而"不可以治家国天下"。所以王阳明曾感叹地说：

　　世之学者执其自私自利之心，而自任以为为己；濟焉入于臟堕断灭之中，而自任以为无我者，吾见亦多矣。呜呼！自以为有志圣人之学，乃坠于末世佛、老邪僻之见而弗觉，亦可哀也夫！②

　　王阳明从"道一而已"的本体观进一步引向了"三教关系"上的"精一之学"，自然而然地主张"三教合一"论。"可见王阳明是公开而鲜明的'三教合一'论者，此与宋代某些理学家那种表面上、口头上反对佛道，而又暗中偷偷地援引佛道的作法是完全不同的，这正好说明了'三教融合'已经是当时的大势所趋，并已成为儒释道三教的共识。"③的确，三教融合

① 《王阳明年谱》三，《王阳明全集》卷三十五，第 1289 页。
② 《书王嘉秀请益卷》，《王阳明全集》卷八，第 272 页。
③ 卿希泰：《续·中国道教思想史纲》，第 543 页。

的趋势不仅鲜明地体现在王阳明身上，就是王阳明的众多弟子在阐发其师的学说时，不少人都继承了这一王学传统，不仅大量融合释道，在思想上兼收并蓄，而且还实习静坐等道教工夫，如王畿、罗洪先、萧惠、朱德之等，甚至在王门中掀起一股习道、狂禅的风气。从更宽泛的角度上看，明代中后期的思想文化领域，三教融合之风早已成为有目共睹的普遍风气，不单是儒门中一些著名的领军人物如王阳明及其门人、陈白沙及其门人湛若水等公然地从道释中汲取滋养，主张三教合一，而且道释教内的许多代表人物也越来越多地主张"三教合一"。著名道教史学者卿希泰指出："宋元以后，'三教融合'思想便逐渐成为学术思想发展的主流。这时新产生的一些道派，无论是南宋还是北宋，都明确主张三教的同源一致。到了明代，'三教融合'的思想，又有了更为深入的发展。从道教方面来看，大量儒释的思想被融入道教，已成为入明以后道教的一大特色。"[①] 不少道士还直接阐述三教同源一致的思想，如全真道士何道全的诗《三教一源》说："道冠儒履释袈裟，三教从来总一家。……大道真空元不二，一机皑放两般花。"[②] 混然子王道渊说："三教道同而名异，其实不离乎一心之妙也。是以天地无二道，圣人无两心。"[③] 这些都显示了王学中的"三教合一"思想是与明代这种三教合一的浓烈氛围相辅相成的。

总的来看，王阳明中后期"道一而已"的看法首先是其良知本体论的体现，从这一"道一"的本体观出发，他主张"理无内外，性无内外，故学无内外"。"学无内外"意味着"学一而已"，即真正的大本达道之学并非有二，世之此是彼非、此非彼是之见，都只是对大本达道的一偏之见而已。因此，由"道一"到"学一"，实表示了需要纠正和超越各种一偏之见以成就"道一"之大全之学的理想诉求。正是出于这一诉求，王阳明晚年多次提到其"三教同异"问题上的"三间共一厅"之喻。在朱得之的《稽山承语》中记载道：

> 或问："三教同异。"师曰："道大无外。若曰各道其道，是小其道

---

① 卿希泰：《续·中国道教思想史纲》，第538页。

② 何道全：《三教一源》，载《正统道藏》第24册，台北新文丰出版社1988年版，第139页。

③ 王道渊：《惩忿窒欲论》，载《正统道藏》第24册，第104页。

矣。心学纯明之时，天下同风，各求自尽。就如此厅事，元是统成一间。其后子孙分居，便有中有傍。又传渐设藩篱，犹能往来相助。再久来渐有相较相争，甚而至于相敌。其初只是一家，其去其藩篱仍旧是一家。三教之分亦只似此。"①

"道大无外"，故为"道一"。王阳明也与道家一样，把作为本体的道看作是完全超越了具体的形貌、知解、言说的存在，具有普遍性、超越性。"这样，王阳明通过彰显'道'之超越性、普遍性，而将三教纳为'同道'。王阳明之用意是要突破名相之'界限'，而直通那不落知解、超言绝相的大道本身。在大道面前，儒（世儒之儒）、道、佛皆不过见大道之一端。于是，三教之隔不过是知解之隔、'门户'之隔。为超越三教之隔，就必须透过一番概念名相的拆卸工夫，将历史中积淀的种种'一隔之见'加以悬搁，追根溯源，而上达三教之肇端。"② 既然三教之隔只是知解之隔、门户之隔，拆除藩篱之后，"教"虽为三，其"道"则为一。相反，如果不能悟得此"道一"之理，反而固守自己的一偏之见而自安、自信，则无异于画地为牢、作茧自缚：

　　道一而已，仁者见之谓之仁，知者见之谓之知。释氏之所以为释，老氏之所以为老，百姓日用而不知，皆是道也，宁有二乎？……世之儒者，各就其一偏之见，而又饰之以比拟仿像之功，文之以章句假借之训，其为习熟既足以自信，而条目又足以自安，此其所以诳己诳人，终身没溺而不悟焉耳！③

正是以这种"教"虽为三、其"道"为一的观念作基础，王阳明中后期明确地把自己归宗于儒学，并进一步确认佛道二教"皆我之用"，即为圣学之全体大用中之"小道"。所以他一再地提出道之"养身"、佛之"不染世累"，皆为吾儒固有之精神内涵："即吾尽性至命中完养此身谓之仙，即

① 《阳明先生遗言录》，《王阳明全集》（新编本）卷四十，第 1611 页。
② 陈立胜：《王阳明三教之判中的五个向度》，《哲学研究》2013 年第 3 期，第 40 页。
③ 《寄邹谦之》，《王阳明全集》卷六，第 205～206 页。

吾尽性至命中不染世累谓之佛。"他在《答人问神仙》中还明确宣布："吾儒亦自有神仙之道。"① 晚年在给陆原静的信中，他也强调若能专注于"养德"，做到"戒谨不睹，恐惧不闻"，则能使养德同时具有养生之效，达到"神住气住精住，而仙家所谓长生久视之说，亦在其中矣"。② 可以说，中后期的王阳明正是以这种"圣学之全，何物不具"的自信精神极力维护了儒学的主体性地位，肯定了以儒家伦理为本位的价值取向。并且，在此时王阳明所认同的"大道"中，无疑已充分地吸收、包含了佛老诸"小道"，即已是合"三间"所共有的"大厅"，而不是任何囿于一隅之见，执着于文义、知解甚至门派之隔的"小间"。王阳明说：

> 道无方体，不可执着。却拘滞于文义上求道，远矣。如今人只说天，其实何尝见天？谓日、月、风、雷即天，不可；谓人、物、草、木是天，亦不可。道即是天，若识得时，何莫而非道？人但各以其一隅之见，认定以为道止如此，所以不同。③

王阳明的这种看法，既彰显了其三教观中的儒家本色，又展现了其不同于传统儒者的融摄佛老的宏大抱负。

正是基于同样的逻辑，王阳明中后期在如何看待外来文化与本土文化的问题上，也毫不犹豫地坚持了本土文化的主体性、本位性。在《谏迎佛疏》（稿具未上）中，王阳明写道：

> 夫佛者，夷狄之圣人；圣人者，中国之佛也。在彼夷狄，则可用佛氏之教化以化导愚顽；在我中国，自当用圣人之道以参赞化育，犹行陆者必用车马，渡海者必以舟航。今居中国而师佛教，是犹以车马渡海，虽使造父为御，王良为右，非但不能利涉，必且有沉溺之患。夫车马本致远之具，岂不利器乎？然而用非其地，则技无所施。④

---

① 《答人问神仙》，《王阳明全集》卷二十一，第805页。
② 《与陆原静》，《王阳明全集》卷五，第187页。
③ 《传习录》上，《王阳明全集》卷一，第21页。
④ 《谏迎佛疏》，《王阳明全集》卷九，第295页。

王阳明认为，就大本大源而言，道一无二，三教同源，然而不同的场域、不同的视角，这大本大源之"道"又会展示出不同的视域、不同的形貌，具有不同的适应性。所以道非有二，却可以有夷狄之圣人（"佛"）和中国之佛（"圣人"），他们可以并行不悖，成为适合各自本土特点的"先达者"。王阳明的这种三教观，也被王门后学普遍认同，如王门后学焦竑也说：

> 道一也，达者契之，众人宗之。在中国曰孔、孟、老、庄，其至自西域者曰释氏。由此推之，八荒之表，万古之上，莫不有先达者为之师，非止此数人而已。昧者见迹而不见道，往往瓜分之而又株守之。①

不过，王阳明相信，思想文化总是与一定的时空性相关联的，从而使本土性的思想文化较之外来的思想文化更具有适应性和有效性，体现出本土文化的主体性、本位性，这就是王阳明说的"在我中国，自当用圣人之道以参赞化育，犹行陆者必用马车，渡海者必以舟航"。这种对本土文化主体性的强调贯穿了王阳明所极力倡导的"吾性自足""自作主宰"的独立精神和自觉自信精神，对于我们今天坚守民族文化传统的主体性地位，在现代文化的创建中如何使其具有本土化的适应性、有效性无疑都有着启发作用。更值得注意的是，在王阳明所坚守的本土文化中，虽然他所着力表彰的是以尧舜为代表的"圣人"文化，但其所列举的"端拱无为，而天下各得其所""不言而信，不动而变，无为而成"② 等传统智慧，则显然包含了道家在内的整个中国传统文化智慧，体现了王阳明对以儒道交融为中心的中国本土文化的肯定态度。

3. 万物一体

尽管道一无二，但真理毕竟不可能时时如青天白日，朗照毕现，相反，

---

① 焦竑：《澹园集》，中华书局1999年版，第196页。
② 《谏迎佛疏》，《王阳明全集》卷九，第295页。

倒是常有乌云蔽日、寻之不现之时。海德格尔认为，"'让真理发生'中的'发生'是在澄明与遮蔽中的运动，确切地说，乃是在两者之统一中的起作用的运动，也即自行遮蔽 —— 由此又产生一切自行澄亮 —— 的澄明的运动"①。"真理之为真理，现身于澄明与双重遮蔽的对立中。"②这也就是说，真理总是不可避免地在澄明与遮蔽的对抗和追问中敞开自身的。在王阳明看来，造成"道"这一真理的遮蔽主要有两方面原因：一是道体本身的本体性、终极性特质，决定了"道无方体，不可执着"③"心之精微，口莫能述"④"本体原是不睹不闻的"⑤，因之道本体常深藏于见闻、言说、知解等外在性认识之后，成为不由见闻而有、不可言说之域。二是道体常被人心的私欲蔽障，而克治省察、扫除私欲，正是走向澄明之道的功夫："须是平日好色好利好名等项一应私心，扫除荡涤，无复纤毫留滞，而此心全体廓然，纯是天理。"⑥王阳明认为，唯有如此，才能使道（天理、良知）"如明镜然，全体莹彻，略无纤尘染着"⑦。而这也从反面说明了，若无此扫除荡涤功夫，道体难免被私心所遮蔽。事实上，王阳明相信，正是由于人们有"自私其私"之心，才造成"各是其是"之弊，从而导致异说纷呈、门派林立，这也就是阳明所说的"后世良知之学不明，天下之人用其私智以相比轧，是以人各有心，而偏琐僻陋之见，狡为阴邪之术，至于不可胜说"。换言之，偏见、异端甚至邪说的形成，源于大本达道的不明、遮蔽。在王阳明看来，"二氏自私其身，是之谓小道"⑧。佛老之所以为"小道"，乃是因其受"自私其身"的蔽障，故不似圣学能见大道之全。当然，就这点而论，佛老二氏本身也是主张通过扫除"自私其身"的蔽障、实现无执无累、忘己忘物，最终得见大全之道的。可见，以今人的立场看，王阳明三教之判中的儒家本位倾向，乃是有其局限性的。严格来看，由于对大本达道的认识的复杂

①　海德格尔：《林中路》（修订本），孙周兴译，上海译文出版社 2004 年版，第 72 页。
②　海德格尔：《林中路》（修订本），孙周兴译，第 48 页。
③　《传习录》上，《王阳明全集》卷一，第 21 页。
④　《答王天宇》，《王阳明全集》卷四，第 164 页。
⑤　《传习录》下，《王阳明全集》卷三，第 105 页。
⑥　《传习录》上，《王阳明全集》卷一，第 23 页。
⑦　《传习录》上，《王阳明全集》卷一，第 23 页。
⑧　《王阳明年谱》三，《王阳明全集》卷三十五，第 1289 页。

性和相对性，认识本身易受主体的私欲、胜心的蔽障等有限性，出现"仁者见仁，智者见智"现象应有一定的必然性，从而也就使"道虽为一、教分为三"成为可能，具有一定的合理性。对此，王阳明也是不得不承认的，如前述他说的"道一而已，仁者见之谓之仁，知者见之谓之知。释氏之所以为释，老氏之所以为老，百姓日用而不知，皆是道也"，"夫佛者，夷狄之圣人；圣人者，中国之佛也"等，这些都表明了王阳明对三教并存是持认可、包容态度的，是在一定程度上承认"道虽为一，教分为三"的必然性、合理性的。进一步来看，这实际上体现了王阳明对异见、异端、门派的宽容态度和开放性原则，表现了一个真正的大思想家的广阔胸怀。罗素在其自传中曾为其广受赞誉又被某些人批评为有偏见的《西方哲学史》辩护时说：他那样写是"因为我不承认不存在偏见的人。我认为，写一部大部头的历史，最好的办法就是承认一个人的偏见，而允许不满意的读者去寻找另外的作者去表达一种相反的偏见。至于哪种偏见更接近真理必须留给后人去评判"①。

　　为此，从王阳明的"精一之学"来看其三教观，又可以从其异端之辨、是非之辨、内外之辨、人己之辨等四个相互关联的维度中进一步具体展示出王学所具有的丰富深刻的思想内涵及其精神旨趣。

　　（1）异端之辨

　　传统儒学往往严于正统与异端之辨。尽管儒学自身的每一步发展都离不开与当时及此前其他思想文化的融合、交流乃至交锋所带来的重要影响，但是儒学还是一直非常重视维护自己的道统，并将其他思想学说斥为异端。不过与此相比，王阳明对"异端"是持一种非常宽容开放的态度的。王阳明对异端的宽容开放态度，在开启其中后期思想转变的标志性作品《山东乡试录》中有较明显的体现。在《山东乡试录》中，王阳明首先针对"老氏之学为天下害"的问题，认为老氏之学"其始亦非欲以乱天下也"，"初亦岂甚乖于夫子乎？""亦岂知其弊之一至于此乎？"②既然如此，那么老氏之学之所以为天下害，"则是为之徒者之罪也"，也就是说是后来者将其变

---

① 罗素：《罗素自传》第二卷，陈启伟译，商务印书馆 2003 年版，第 350 页。

② 《山东乡试录》，《王阳明全集》卷二十二，第 861～862 页。

得"鄙秽浅劣"。所以老氏之学有益于世还是有害于世，关键还在于后来者是否"善学"："夫善学之，则虽老氏之说无益于天下，而亦可以无害于天下；不善学之，则虽吾夫子之道，而亦不能以无弊也。"①"善学"则能"明道"，"道苟不明，苟不过焉，即不及焉。过与不及，皆不得夫中道者也，则亦异端而已矣"。②

由此可见，所谓"异端"只是相对于"正统"而言的，它实际上就是不能"得夫中道"的另类思想观念，并不是意味着天下有二道："天下之道一而已矣，而有以为二焉者，道之不明也。"而要消除这些异端，也同样需要先"明道"："然则天下之攻异端者，亦先明夫子之道而已耳。夫子之道明，彼将不攻而自破。不然，我以彼为异端，而彼亦将以我为异端，譬之穴中斗鼠，是非孰从而辨之？"③显而易见，与那些儒学的卫道士们相比，王阳明对待儒学之外的异端的态度是极为宽容的：他不认为凡异端本性即恶，而是认为老氏与吾儒本性相近，并非"鄙秽浅劣"，而且"亦可无害于天下"；也不认为对"异端"必除之而后快，不容其有丝毫立足之地，而是认为先要自己有所"立"，从而使彼"不攻而自破"。更重要的是，王阳明在这里已接近于把异端看作是一个相对的而不是绝对的概念，从而为宽容异端留下了思想空间。如在《传习录》中有王阳明与学生之间的这种问答：

> 问仙家元气、元神、元精。
> 先生曰："只是一件：流行为气，凝聚为精，妙用为神。"④

> 来书云："元神元气元精，必各有寄藏发生之处。又有真阴之精，真阳之气"云云。
> 夫良知一也，以其妙用而言谓之神，以其流行而言谓之气，以其凝聚而言谓之精，安可以形象方所求哉？真阴之精，即真阳之气之母；

---

① 《山东乡试录》，《王阳明全集》卷二十二，第862页。
② 《山东乡试录》，《王阳明全集》卷二十二，第861页。
③ 《山东乡试录》，《王阳明全集》卷二十二，第861页。
④ 《传习录》上，《王阳明全集》卷一，第19页。

真阳之气，即真阴之精之父；阴根阳，阳根阴，亦非有二也。苟吾良
知之说明，则凡若此类皆可以不言而喻。不然，则如来书所云"三关
七返九还"之属，尚有无穷可疑者也。[1]

这些问题，显然是超出了传统儒家圣贤学问的范围的不折不扣的道教
"行话"，不但程、朱很少谈及，即便是陆象山也不会齿及，更不会予以肯
定性回应。王阳明要维护儒学的正统似乎也要对其大加申斥才对。然而王
阳明却认为气、精、神等概念并不仅仅是道教的"行话"，也是其良知学可
以使用的基本概念。也就是说，它们是否为异端完全取决于其使用的场合，
所以它们是否为异端是不确定的甚至不重要的，真正重要的是如何去使用
它们。因此，王阳明在对话中不仅没有排斥学生的"异端"言论，反而更
内行地用道教行话对其问题做了儒道糅合的阐述。对于这些阐述，没有较
深道教造诣的人是不容易知道他在讲什么的。由此不单可看出王阳明的道
教修养，也反映了其包容异端、融摄三教的价值取向。也从侧面反映了王
阳明当时对佛老既批评又兼取的思想立场，即三教本来一体，"道大无外"，
故为"道一"。只是后来有分有隔、相较相争，才各自为教。只要能够认识
到天下终究只是"一道"，三教仍可为"一家"，此即为"精一之学""一体
之学"，亦即圣门大全之学；而无见此者，遂生发而为异学，是为"小道"。

王阳明对"异端"的这种宽容、开放精神，使人想起几乎与他处于同
一时代的欧洲自由思想家卡斯特利奥所说的："当我思考什么是真正的异端
时，我只能发现一个标准：我们在那些和我们观点不同的人们眼里都是异
端。"[2] 正因此，卡斯特利奥才奋不顾身地与加尔文的宗教专制相抗争，勇敢
地主张宗教宽容和思想自由。王阳明在这里虽然还未明确提出思想自由的
口号，但他这种宽容异端的倾向，对日后他自身及整个阳明学派进一步融
合儒释道三教，崇尚自由思想和独立人格的精神追求，无疑有着重要的意
义和影响。而且在王阳明之后，这种融合儒释道三教、崇尚自由的宽容异
端的思想倾向成为晚明思潮的一个重要特征，如佛教憨山大师在其《道德

---

[1] 《传习录》中，《王阳明全集》卷二，第62页。
[2] 斯·茨威格：《异端的权利》，赵台安、赵振尧译，生活·读书·新知三联书店1986年版，第167页。

经注》中论诸教之源时也说：

> 由人不悟大道之妙，而自画于内外之差耳，道岂然乎？窃观古今卫道藩篱者，在此，则曰彼外道耳，在彼，则曰此异端也。大而观之，其犹贵贱偶人，经界太虚，是非日月之尧也，是皆不悟自心之妙而增益其戏论耳。①
>
> 圆融者，一切诸法，但是一心。染净融通，无障无碍。②

所以憨山认为，所谓异端只是各自卫道设定藩篱的结果，三教圣人本来一理，完全可以相互宽容融通。

进一步来看，王阳明对"异端"的思想观念持如此宽容姿态，为各种思想的创新提供了巨大的思想空间，王阳明后来正是从此出发提出了"学贵自得"等创新之论。王阳明认为杨墨老释等虽"与圣人之道异"，但仍有可肯定之处，即由于它们"犹有自得"。他说：

> 今世学者皆知宗孔孟，贱杨墨，摈释老。圣人之道，若大明于世。然吾从而求之，圣人不得而见之矣。其能有若墨氏之兼爱者乎？其能有若杨氏之为我者乎？其能有若老氏之清静自守，释氏之究心性命者乎？吾何以杨墨老释之思哉。彼于圣人之道异，然犹有自得也。③

王阳明认为，只要学有自得，虽为异端，犹胜于支离琐碎之俗儒。若其本无自得，虽口称孔子，何足以为实学。故此王阳明并不讳言其他思想学说的价值。他说：

> 夫杨、墨、老、释，学仁义，求性命，不得其道而偏焉，固非若今之学者以仁义为不可学，性命之为无益也。居今之时而有学仁义，求性命，外记诵词章而不为者，虽其陷于杨、墨、老、释之偏，吾犹且以为

---

① 憨山著，梅愚点校：《老子道德经解》，崇文书局 2015 年版，第 161 页。
② 憨山著，梅愚点校：《老子道德经解》，第 164 页。
③ 《别湛甘泉序》，《王阳明全集》卷七，第 230 页。

贤，彼其心犹求以自得也。夫求以自得，而后可与之言学圣人之道。①

他还认为，就陆象山的易简觉悟之说来看：

> 易简之说出于《系辞》；觉悟之说，虽有同于释氏，然释氏之说亦自有同于吾儒，而不害其为异者，惟在于几微毫忽之间而已。亦何必讳于其同而遂不敢以言，狃于其异而遂不以察之乎？②

正是有了这种难能可贵的宽容异端的观念，才使王阳明身上充满了崇尚自由思考、反对独断权威的开放精神。他明确提出，任何人不能凭一己之私见以垄断天下之公理，他说：

> 夫道，天下之公道也。学，天下之公学也。非朱子可得而私也，非孔子可得而私也。天下之公也，公言之而已矣。故言之而是，虽异于己，乃益于己也。言之而非，虽同于己，适损于己也。③

这样一种自由宽容、反对权威的开放精神，实蕴含有一种圣凡平等观念，故对于是否是异端的标准，王阳明的观点是十分开放、前卫的，完全不同于儒家的传统观念。如《传习录》中记载："或问异端。先生曰：'与愚夫愚妇同的，是谓同德；与愚夫愚妇异的，是谓异端。'"④ 按照儒家传统或一般人的观念，衡量是否是异端的标准应该是高高在上的圣人等权威。但王阳明却大胆地以低贱的愚夫愚妇为标准，这不仅抹去了圣人和权威的神圣性，抬高了普通人的主体地位，而且表现了其主张圣凡平等的可贵精神。王阳明甚至进一步主张凡人即可为圣人，他不但肯定门人所说的"见满街人都是圣人"的说法，还明确强调："此亦常事耳，何足为异。"⑤ 人人

---

① 《别湛甘泉序》，《王阳明全集》卷七，第231页。
② 《王阳明年谱》一，《王阳明全集》卷三十三，第1232页。
③ 《传习录》中，《王阳明全集》卷二，第78页。
④ 《传习录》下，《王阳明全集》卷二，第107页。
⑤ 《传习录》下，《王阳明全集》卷二，第116页。

可以通过明德而成圣，故满街尽是圣人，则人类于人格及精神生活上完全平等，不复有高下尊卑之别，亦再难以做定于一尊的价值评判，自然也就难以简单地以"正统"或"异端"之类的价值评判去看待不同的思想观念。这样也就在客观上为人们独立人格的培养以及思想的自由发展和创新提供了广阔的空间。

（2）是非之辨

王阳明中后期对三教的包容态度还在其是非之辨中得到更明确的表现，而是非之辨又可以进一步引向同异之辨。由于王阳明认为作为本体的心体、良知具有"无"的本质规定，"良知本体原来无有，本体只是太虚"[1]。这实际上意味着良知是一种超越任何具体规定性的存在，故此王阳明说："性无定体……性之体，原是无善无恶的。"[2] 王阳明在晚年的四句教中又称之为"无善无恶是心之体"[3]。讲"心之体"的"无善无恶"，是指心体的"虚无""太虚"的本质，是强调其具有超越具体的善恶等规定性的特点。而正是心体、良知本体的这种超越性特点，使其在是非问题上也具有超越性，即也具有无是无非的特点。就如王龙溪所说的："虚寂者心之本体，良知知是知非，原只是无是无非。"[4] 正因为如此，黄宗羲根据王龙溪《滁阳会语》把王阳明晚年"居越以后"作为其思想发展的最后的、最成熟的一个阶段，说他"所操益熟，所得益化，时时知是知非，时时无是无非，开口即得本心，更无假借凑泊，如赤日当空而万象毕照"[5]。也就是说，王阳明通过"致良知"而达到的"无是无非"境界，正是其晚年所达到的"化境"。无论"无善无恶"还是"无是无非"，都是王阳明在形上层次上描述的最高本体的"虚无""太虚"的超越性质：

> 心之本体原无一物，一向着意去好善恶恶，却又多了这分意思，便不是那廓然大公。《书》所谓"无有作好作恶"，方是本体。[6]

---

[1] 《王阳明年谱》三，《王阳明全集》卷三十五，第1306页。
[2] 《传习录》下，《王阳明全集》卷三，第115页。
[3] 《传习录》下，《王阳明全集》卷三，第117页。
[4] 《别曾见台漫语摘略》，《王畿集》卷二，凤凰出版社2007年版，第464页。
[5] 黄宗羲：《姚江学案》，《明儒学案》卷十，第181页。
[6] 《传习录》上，《王阳明全集》卷一，第34页。

既然本体是无善无恶、无是无非，自然也是通明莹彻、流行无碍，表现出无所执、无所累、无内外、无意必、率性而行、自然而化的特性。此即王阳明所谓"道无方体，不可执着"[①]"义理无定在，无穷尽"[②]"性无定体，论亦无定体"[③]。王阳明从这种本体观出发，还进一步指出作为大本达道的本体具有不可言说性，即难以通过一般的经验、知识、言说等方式获得直接的认识和把握。为此，只能诉诸认知主体的切己体认、亲身实践这种内在化的进路，才能获得对本体的真知。王阳明说："此亦须你自家求，我亦无别法可道"[④]，"此须自心体认出来，非言语所能喻"[⑤]。对此，王阳明还以"哑子吃苦瓜，与你说不得。你要知此苦，还须你自吃"[⑥]作喻。既然本体为不可言说之域，而必须以自家体认、自我证悟获得，那么这实际上是以这种内在化的路径否定了一切外在性的是非、价值判断的终极意义，王阳明说：

> 尔那一点良知，是尔自家的准则，尔意念着处，他是便知是，非便知非，更瞒他一些不得。[⑦]
>
> 良知原是完完全全的，是的还是它是，非的还它非，是非只依着它，更无有不是处。这良知还是你的明师。[⑧]

是非的标准不是任何外在的东西，而是自己内在的"良知"，因而完全是"尔自家的准则"。正是根据这一观念，王阳明大胆地打破当时思想学术上"此亦一述朱，彼亦一述朱"，盲目地尊孔守朱的僵化局面，提出对权威不盲从、不迷信，勇于以自己的头脑进行独立思考的主张。如前述他曾经说过的：

---

① 《传习录》上，《王阳明全集》卷一，第 21 页。
② 《传习录》上，《王阳明全集》卷一，第 12 页。
③ 《传习录》下，《王阳明全集》卷三，第 115 页。
④ 《传习录》下，《王阳明全集》卷三，第 109 页。
⑤ 《传习录》上，《王阳明全集》卷一，第 23 页。
⑥ 《传习录》上，《王阳明全集》卷一，第 37 页。
⑦ 《传习录》下，《王阳明全集》卷三，第 92 页。
⑧ 《传习录》下，《王阳明全集》卷三，第 105 页。

> 夫学贵得之心，求之于心而非也，虽其言之出于孔子，不敢以为是也，而况其未及孔子者乎？求之于心而是也，虽其言之出于庸常，不敢以为非也，而况其出于孔子者乎？ ①

以充分凸显出自我主体性之"心"，而不是以外在的孔子等圣人、权威作为裁定是非的最高标准，这不仅体现了王阳明所追求的"为己之学"与俗儒及各种外道所追求的"为人之学"的根本分野，而且表现了他对传统的价值判断方式的彻底颠覆，也表现了王阳明所具有的大胆可贵的批判精神。在王阳明看来，任何经典都只是历史地形成的，是人心活动的外在记录，并非神圣不可怀疑的绝对权威。他说："六经者非他，吾心之常道也。……六经者，吾心之记籍也，而六经之实则具于吾心。" ② "盖四书五经，不过说这心体，这心体即所谓道" ③，"五经亦只是史。史以明善恶，示训戒" ④。说"五经只是史"、只是"吾心之记籍"，不但开了后来"六经皆史"及现代"一切历史都是思想史"的先河，而且把被历代儒者奉为至高圣明的经典从神坛上拉了下来，恢复了其作为人类自我身心活动的记录及启示的本色。尤其是王阳明充分肯定了"吾心"的地位高于六经，并把"吾心"这一主体的自我认识和价值判断当作一切是非的最终裁决者，这种观念不仅在价值维度上肯定了"吾心"（良知）的本体—主体地位，体现了阳明学良知本体论的认知维度与价值维度的统一性，而且在思想和实践的双重层面上有力地解除了千百年来的专制集权社会及其正统意识形态对人这一自我主体的禁锢，推动了明末清初思想启蒙和社会解放运动的兴起，在历史上具有重大意义。正如张学智从明代哲学史角度对王阳明所做的评价："这种大胆藐视一切权威，惟以自己的良知为是非判断标准的精神，通过阳明弟子的推阐，对晚明思想解放是起了推动作用的。它的直接结果是造成了一批狂士，这些狂士敢于抨击旧有的权威，敢于怀疑一切神圣不可侵犯的东西。

---

① 《传习录》中，《王阳明全集》卷二，第76页。
② 《稽山书院尊经阁记》，《王阳明全集》卷七，第254～255页。
③ 《传习录》上，《王阳明全集》卷一，第14页。
④ 《传习录》上，《王阳明全集》卷一，第10页。

这对打破旧有教条，开创新的学术局面是有积极意义的。"[1]

对非此即彼的绝对权威的否定和自作主宰的自我主体地位的高度肯定，必然带来超越一元论的多元价值观及开放精神的出现。在前述《稽山承语》中，王阳明晚年对"三教之分"的看法已明确强调三教同源的观点，认为三教"其初只是一家"，后来三教"各求自尽"，乃至"各道其道"，遂有相分，"去其藩篱仍旧是一家"。[2]三教既同源、三间共一厅，自然难以绝对的是非相判，而且不得不承认各自在一定范围内的合理性及其多元化的价值取向，不然就谈不上"儒、佛、老庄皆吾之用"。根据这一观念，从更广泛的意义上说，不惟三教，就是于一切思想学说而言，也莫不是如此。也就是说，既然没有至高无上的绝对权威和终极标准，那么也就不存在绝对的是非，也不存在绝对的同异。而这才是真正开放的精神状态，也是高度自信的胸怀气度。因此，在王阳明那里，一切是非、同异、得失皆可以且不难予以超越。王阳明指出：

> 道固自在，学亦自在，天下信之不为多，一人信之不为少者，斯固君子"不见是而无闷"之心，岂世之谆谆屑屑者知足以及之乎？[3]

又说：

> 君子之学，岂有心于同异？惟其是而已。吾于象山之学有同者，非是苟同；其异者，自不掩其为异也。吾于晦庵之论有异者，非是求异；其同者，自不害其为同也。假使伯夷、柳下惠与孔、孟同处一堂之上，就其所见之偏全，其议论断亦不能皆合，然要之不害其同为圣贤也。若后世论学之士，则全是党同伐异、私心浮气所使，将圣贤事业作一场儿戏看了也。[4]

---

[1]　张学智：《明代哲学史》，北京大学出版社 2000 年版，第 109 页。

[2]　《阳明先生遗言录》，《王阳明全集》（新编本）卷四十，第 1611 页。

[3]　《传习录》中，《王阳明全集》卷二，第 79 页。

[4]　《答友人问》，《王阳明全集》卷六，第 209 页。

"君子之学"首先是"成己之学",是以真理的追求为目标,而不是要刻意地标新立异或党同伐异。在王阳明看来,一切只要出之于"心",以自我的良知作为认识和行为的准则,自然不难达到"时时知是知非,时时无是非"的化境。为此,王阳明以自己亲历的思想过程予以说明,他说:

> 先儒之学,得有浅深,则其为言亦不能无同异。学者惟当反之于心,不必苟求其同,亦不必故求其异,要在于是而已。今学者于先儒之说苟有未合,不妨致思。思之而终有不同,固亦未为甚害,但不当因此而遂加非毁,则其为罪大矣。……某之于道,虽亦略有所见,未敢尽以为是也;其于后儒之说,虽亦时有异同,未敢尽以为非也。朋友之来问者,皆相爱者也,何敢以不尽吾所见!正期礼之于心,务其真有所见其孰是孰非而身发明之,庶有益于斯道也。若徒入耳出口,互相标立门户,以为能学,则非某之初心,其所以见罪之者至矣。[①]

对人"不必苟求其同,不必故求其异",对己"未敢尽以为是,未敢尽以为非",这种对是非同异的宽容、开放态度及对自我观点的客观评判原则,显示了一个伟大思想家超越世俗价值的精神境界。

当然,在本体层面上对是非的超越,并不是要否定一切是非,把是非同异完全抹杀掉,相反,王阳明实际上还是承认在具体的思想行为中存在着"不得不辩"的是非同异问题,如圣学与佛道之间、心学与朱子学及世儒之学之间的"毫厘千里之分",就是阳明经常思考和强调的问题。王阳明曾一再地指出,佛老二氏之学初旨与夫子之道相近,"皆求尽其心也""其始亦非欲以乱天下也""然犹有自得也",可以说就此而言,它们与圣学"相去毫厘耳"。[②]这也是它们值得肯定之"是",与圣学之"同"。但是由于佛老在虚无的本体上掺杂了主观意愿,即追求个人长生及解脱的自私自利之心,从而"外人伦、遗事物""不可以治家国天下",最终与圣学形成了"千里之别",这就是佛老之"非",与圣学之"异"。这也就是张元冲

---

① 《书石川卷》,《王阳明全集》卷八,第 269 ~ 270 页。
② 参见《重修山阴县学记》,《王阳明全集》卷七,第 256 ~ 258 页;《山东乡试录》,《王阳明全集》卷二十二,第 860 ~ 863 页。

向王阳明问学时所总结的："二氏与圣人之学所差毫厘，谓其皆有得于性命也。但二氏于性命中著些私利，便谬千里矣。"[①] 在王阳明以前的儒学传统中，尽管儒道佛三教合流已成事实，很多儒家学者也对佛道多有吸收，但在公开场合还是不愿承认对佛道的吸收，反而往往以"判教"的立场来坚持儒学的"正统"地位和佛道的"异端"身份。但是王阳明却毫不掩饰自己出入佛道数十年的经历和对佛道的某些合理性的肯定和吸取，不仅不盲从于传统的是非同异偏见，反而旗帜鲜明地提出了自己全新的是非同异之说，发挥了大胆革新传统，引领时代新风的巨大作用。

不过，王阳明在是非同异问题上的看法，归根结底体现了一种深刻的辩证观念，即他既不认为存在着绝对的是非同异的标准，反对任何外在的、一成不变的绝对权威，同时他也不主张把是非同异问题完全相对化，不赞成无原则的乡愿行为。实际上，王阳明只是强调要把一切是非同异的认识、判断都放到作为主体的自我的最真实的存在境域中去做切己的体认、觉悟和实践，如此是非同异问题才可以得到最切实、最直接也最简单的把握。这种在最真实的生命存在的境域中所获得的切己的体认、觉悟和实践，就是王阳明所尊崇的良知，其功夫就是致良知。所以这样一种良知，自然是能知是知非的，王阳明指出：良知只是个是非之心，良知知是知非，"盖良知只是一个天理自然明觉发见处，只是一个真诚恻怛，便是他本体"[②]。从这些说法来看，再结合王阳明晚年的"四句教"，如果说王阳明从接利根之人来讲"人心本体原是明滢无滞的"，即"无善无恶、无是无非"的，那么若从"有习心在、本体受蔽"之人来看，则仍存在一个为善去恶、知是知非的功夫和过程，即"致良知"。因之"致良知"就是要在主体自我的最真实的生活中、最具体化的存在境域中获得"真诚恻怛"的体认、"真切笃实"的功夫。正如王阳明所说："良知只是个是非之心，是非只是个好恶，只好恶就尽了是非，只是非就尽了万事万变。"[③] 也正因为如此，良知作为是非之道，"此道至简至易的，亦至精至微的"，因为"良知即是'易'，其为道也屡迁，变动不居，

---

① 《王阳明年谱》三，《王阳明全集》卷三十五，第 1289 页。
② 《传习录》中，《王阳明全集》卷二，第 84 页。
③ 《传习录》下，《王阳明全集》卷三，第 111 页。

周流六虚，上下无常，刚柔相易，不可为典要，惟变所适"。^①真实的生活世界变动不居，故须惟变适从，不可固执，不可蹈虚，其精微至妙，唯有通本达道之人才可掌握，故此王阳明说："是非两字是大规矩，巧处则存乎其人"^②，"此知如何捉摸得？见得透时便是圣人"^③。对这种是非同异的精微至妙的体常尽变，实际上最终达到了"无是无非"与"有是有非""同异有无"的统一。正如王龙溪发挥阳明上述谈"规矩"的话头时所说的："良知二字，是彻上彻下语，良知知是知非，良知无是无非；知是知非即所谓规矩忘是非而得其巧，即所谓悟也。"^④凡人皆有是非，凡事皆需规矩，知是知非、循规蹈矩，应是最普遍的日常生活世界的状态。然而，真正的理想境界应是从此出发而能上升至知是知非而忘是非、从心所欲而不逾矩的"化境"，也是对立统一的"通"之圣域。古人训"圣"为"通"，《说文解字》："圣，通也"^⑤，又《白虎通·圣人》云："圣者，通也"，正是表达了具有最智慧的人必能通达，无所挂碍，能知是非同异、进退显隐之道。这也就是王阳明所说的"见得透时便是圣人"之意。对于这种"通"的"化境"，《稽山承语》中记载的王阳明有一为人改句的故事颇生动可以说明：

> 或问："裴公休序《圆觉经》曰：'终日圆觉而未尝圆觉者，凡夫也；欲证圆觉而未极圆觉者，菩萨也；具足圆觉而住持圆觉者，如来也。'何如？"曰："我替他改一句：终日圆觉而未尝圆觉者，凡夫也；欲证圆觉而未极圆觉者，菩萨也；具足圆觉而住持圆觉者，罗汉也；终日圆觉而未尝圆觉者，如来也。"^⑥

"未圆觉者"与"圆觉者"、"凡夫"与"如来"在一定层面上是有区别的，犹如有是非同异之别；然而在王阳明的"见得透时"的圣域中，它们又是可以相"通"的，"终日圆觉而未尝圆觉"的圆觉之功，竟就是圣凡一体之

---

① 《传习录》下，《王阳明全集》卷三，第 125 页。

② 《传习录》下，《王阳明全集》卷三，第 111 页。

③ 《传习录》下，《王阳明全集》卷三，第 125 页。

④ 黄宗羲：《浙中王门学案》，《明儒学案》卷十二，第 249 页。

⑤ 段玉裁：《说文解字注》，上海书店出版社 1992 年版，第 592 页。

⑥ 《阳明先生遗言录》，《王阳明全集》（新编本）卷四十，第 1615 页。

境。而这其中所体现的，不仅仅是在是非同异领域上"通"的化境，而且也是儒者对佛、道两家智慧的会通融摄，诚如冯友兰在对王阳明的评判中所说的："新儒家比道家、佛家更为一贯地坚持道家、佛家的基本观念。他们比道家还要道家，比佛家还要佛家。"① 也正是有这样一种三教会通融摄的观念做主导，王阳明中后期与其说是执着于三教的是非同异，不如说是更着意于超越三教的是非同异而追求从中获得自我的受用、"自得"。王阳明说："大要出于良知，便各为说何害？……良知同，更不妨有异处。"② "今世学者……其能有若老氏之清净自守、释氏之究心性命者乎？彼与圣人之道异，然犹有自得也……彼其心犹求以自得也。夫求以自得，而后可与之言学圣人之道。"③ 在王阳明看来，无论是三教的同异之判，还是一般的是非之辩，都只有转化为自我在最真实的生活中、最具体化的存在境域中通过"真诚恻怛"的体认、"真切笃实"的践履而获得的受用、"自得"，才是"可与之言学圣人之道"，否则都会陷于"各是其是之弊""自私自利之偏"，最终囿于"小道"，难达"大道"。

（3）内外之辨

既然"通"为大本达道之圣域，那么，如何能达到真正的"通"呢？这又涉及王阳明"致良知"的另一个重要的功夫问题，即内外之辨问题。王阳明说："功夫不离本体，本体原无内外，只为后来做功夫的分了内外，失其本体了。如今正要讲明功夫不要有内外，乃是本体功夫。"④ 在王阳明那里，本体与功夫是不可分离的，因为作为本体的良知已由纯粹的形而上的超验世界的设定物转化为构建人的自身的意义世界中的存在，具有本体—主体的双重特性，所以良知本体的规定总是关联着主体自身的认识和实践的建构活动（功夫），或者说离开了主体的认识和实践过程（功夫）是难以避免把良知本体规定为虚寂的本然存在的，而这样的本体显然不是王阳明的良知学所追求的。黑格尔说："一切问题的关键在于：不仅把真实的东西

① 冯友兰：《中国哲学简史》，第 272 页。
② 《传习录》下，《王阳明全集》卷三，第 112 页。
③ 《别湛甘泉序》，《王阳明全集》卷七，第 230～231 页。
④ 《传习录》下，《王阳明全集》卷三，第 92 页。

或真理理解和表述为实体，而且同样理解和表述为主体。"① 这种客体与主体的统一在王阳明的良知学那里，就表现为良知既是本体又具有主体性的双重特性，是一体之道。正由于是一体之道，所以本体是功夫中的本体，功夫是本体中的功夫，本体与功夫并无主客、内外之分，这就是王阳明所说的功夫不离本体、本体原无内外，功夫亦不要有内外之意。王阳明说："夫理无内外、性无内外，故学无内外。……理一而已。"② 这样，在王阳明看来，由于良知本体是一体之道，只要人们能真切地认识良知本体，便不可能有内外之分。或者说不能达到"内外两忘"，就是还未真正认得良知本体是一体之道。王阳明说："此只是认良知未真，尚有内外之间。……认得良知头脑是当，去朴实用功，自会透彻。到此便是内外两忘，又何心事不合一？"③ 这就是"合内外之道"④。可见，道的一体性本质决定了本体与功夫不相离、内与外不可分。能"通"此"合内外之道"，即为圣学、入圣域，否则难免入"小道"、为异端。

从这种"合内外之道"的基本立场出发，王阳明展开了对佛道二教及世儒之学的批评。王阳明发现佛道之弊，正是只注重对本体的内在体验涵泳而忽视了向外践履事功上的扩展，造成了功夫上"务内遗外"的局限。王阳明指出："盖圣人之心，无人己，无内外，一天地万物以为心；而禅之学起于自私自利，而未免于内外之分。斯其所以为异也。"⑤ 在王阳明看来，老氏也和释氏一样尽性至命以求合于道，然而他们都"独其专于为己，而无意于天下国家"，"外人伦、遗事物，以之独善或能之，而要之不可以治家国天下"，因此他们都难免陷于内外之分，割裂了本体与功夫、形上与形下的"彻上彻下"的一贯之道，"终不似圣学之全"。同样，以朱熹为代表的宋代理学为了建立一种以具有普遍性、超越性的本体品格的理为中心的形上学体系，过于重视对外在的、绝对的宇宙本体的形上追问，使其格物致知功夫更倾向于向外探求客观化事物及其知识，不仅造成了理与物、天

---

① 黑格尔：《精神现象学》上卷，贺麟、王玖兴译，商务印书馆 1981 年版，第 10 页。
② 《传习录》中，《王阳明全集》卷二，第 76 页。
③ 《传习录》下，《王阳明全集》卷三，第 105 页。
④ 《传习录》中，《王阳明全集》卷二，第 76 页。
⑤ 《重修山阴县学记》，《王阳明全集》卷七，第 257 页。

与人的二重化世界，以至于"正是这一点，在一定意义上构成了朱熹理学体系的致命痼疾"①，而且也进一步形成了将本体与功夫相剥离、忽视主体的内在能动作用的"务外遗内之弊"。王阳明主张"心即理"，反对朱熹"析心与理而为二也"②，并因此批评朱熹"外吾心以求理"的外求之误。王阳明说："晦庵谓：'人之所以为学者，心与理而已。'……是其一分一合之间，而未免已启学者心理为二之弊。"③因此王阳明在龙场悟道后，"始知圣人之道，吾性自足，向之求理于事物者误也。"④王阳明认为，朱熹的格物致知功夫之所以有陆九渊所讥的支离琐碎之弊，其根本原因就在于朱熹在本体论上把世界二重化导致功夫论上的内外分裂；由于不懂得"夫物理不外于吾心"，只一味地"外吾心而求物理"⑤，以致形成了"务外遗内之弊"。也就是说，在王阳明看来，朱熹的格物致知功夫的根本失误就在于其抛弃自家自足之性，"外吾心以求理"，将天理当作一个先于并超然于万物的超验性存在，一个在人的存在之外的本然世界，最终未能消除天与人尤其是外在天理与个体存在之间的紧张和对峙，达到贯通天人、融合主客的"合内外一体之道"，这客观上为王阳明对朱学的批判和超越埋下了重要的伏笔。

此外，王阳明还把内外之辨从佛道二教及宋儒进一步引向了世儒之学。王阳明对"世之儒者"十分反感，常常予以批评，而且他在批评世儒时往往把它与佛道二教进行对比："世之儒者妄开窦径，蹈荆棘，堕坑堑，究其为说，反出于二氏之下。宜乎世之高明之士厌此而趋彼也！此岂二氏之罪哉！"⑥王阳明认为，圣人之道坦如大路、简易明白，但世儒却因喜自是其是，各为辨析，言多以乱，以至"支离决裂，旋复淹晦"⑦，反而不如二氏高明。究其根源，乃是世儒虽无佛道"务内遗外"之弊，却有"务外遗内"之病，只知"外务讲求考索，而不知本诸其心"，自然难以穷理达道。王阳明批评道："彼释氏之外人伦，遗物理，而堕于空寂者，固不得谓

---

① 杨国荣：《王学通论——从王阳明到熊十力》，第12页。
② 《传习录》中，《王阳明全集》卷二，第45页。
③ 《传习录》中，《王阳明全集》卷二，第42页。
④ 《王阳明年谱》一，《王阳明全集》卷三十三，第1228页。
⑤ 《传习录》中，《王阳明全集》卷二，第42页。
⑥ 《朱子晚年定论》，《王阳明全集》卷三，第127～128页。
⑦ 《朱子晚年定论》，《王阳明全集》卷三，第127～128页。

之明其心矣；若世儒之外务讲求考索，而不知本诸其心者，其亦可以谓穷理乎？"① "学之不明，皆由世之儒者认理为外，认物为外。"② 可以说，只知"外务讲求考索，而不知本诸其心"的内外剥离之弊，不只是世儒有之，而且也是一般读书人最普遍的积弊，如老子所说的"为学日益，为道日损"，就与王阳明这里所批评的只知向外索求而不知向内返观的情况相似，也可说一切抛弃自家自足之性、自我内在丰富资源，丧失自我主体性的内在价值，只会一味地向外追求各种知识、技能、财富、名望、权力、地位等外在性价值，使其与自我身心的存在、性命的关切相脱节，这不仅会使内在的自我生命极度萎缩成为单向度的存在，而且也使那些外在的价值无所附丽而成为毫无意义的死寂之物。

总的来看，王阳明既反对佛道的"务内遗外"之弊，也批评宋儒及世儒的"务外遗内"之病，而主张"合内外之道"。之所以能够无分内外，根本在于"道一而已"。正是由于道一而已，故理无内外、性无内外，学亦无内外。王阳明对此曾详加阐述：

> 学岂有内外乎？……讲习讨论，未尝非内也；反观内省，未尝遗外也。夫谓学必资于外求，是以己性为有外也，是义外也，用智者也；谓反观内省为求之于内，是以己性为有内也，是有我也，自私者也：是皆不知性之无内外也。③

此正如《中庸》所谓"性之德也，合内外之道也"。尽管从功夫的次第而言，有先内后外、内主外从之序，但这只是一种立体达用的构架，并无上下轻重之分。在王阳明那里，是内不必非外，反观内省不必遗弃讲习讨论之功，着意于纲领本原之约不必脱略于支条节目之详，求理于心不必沉溺于枯槁虚寂之偏而不尽于物理人事之变。④ 内外不但不可分，反而是一体之道、彻上彻下一贯之理。王阳明相信，察明此点，正是圣学与二氏、世儒

---

① 《与夏敦夫》，《王阳明全集》卷五，第179页。
② 《传习录》中，《王阳明全集》卷二，第77页。
③ 《传习录》中，《王阳明全集》卷二，第75～76页。
④ 参见《传习录》中，《王阳明全集》卷二，第77页。

等不同之处，不可不辨。

（4）人己之辨

综上所述，王阳明中后期通过其异端之辨、是非之辨、内外之辨，归根到一点，就是要达到对同异、是非、内外等局限性的超越，实现"道一而已"的通境和圣域。而要实现这种超越，还有一个最重要的步骤就是要进一步解决人己之辨问题。

在阳明心学的思想视域中，要通过人己之辨进一步实现"道一而已"的通境和圣域，具体可以展开为以下两方面的问题。

首先是"视人犹己"的"有我"之境。如前所述，王阳明认为，道一无二，三教为一。实际中之所以有诸教之分，乃因于"各道其道"："人但各以其一隅之见，认定以为道止如此，所以不同。"①也就是说，正是由于执着于己见，"其为习熟既足以自信，而条目又足以自安"，造就了"各就其一偏之见"，乃至形成为不同之教，此正所谓"仁者见之谓之仁，知者见之谓之知，释氏之所以为释，老氏之所以为老"②，因此，若能超越一己之偏，无分人己，则三教可为一教；或者说如视他人之长若己之长，视他人之教若己之教，则无三教之隔、各家之争。前述《稽山承语》中曾引述王阳明答人问"三教同异"时说：

> 道大无外，若曰各道其道，是小其道矣。心学纯明之时，天下同风，各求自尽。就如此厅事，元是统成一间，其后子孙分居，便有中有傍。又传渐设藩篱，犹能往来相助。再久来渐有相较相争，甚而至于相敌。其初只是一家，去其藩篱仍旧是一家。三教之分，亦只似此。共初各以资质相近处学成片断，再传至四五则失其本之同，而从之者亦各以资质之近者而往，是以遂不相通。名利所在，至于相争相敌，亦其势然也。故曰："仁者见之谓之仁，知者见之谓之知"。才有所见，便有所偏。③

---

① 《传习录》上，《王阳明全集》卷一，第21页。
② 《寄邹谦之》，《王阳明全集》卷六，第205～206页。
③ 《阳明先生遗言录》，《王阳明全集》（新编本）卷四十，第1611页。

人们从一己之私出发，"各道其道"，"才有所见，便有所偏"，"渐设藩篱"，"遂不相通"，而有"三教之分"。然而在王阳明看来，"心学纯明之时，天下同风"，三教本同源，"其初只是一家，去其藩篱仍旧是一家"。要恢复作为一家之道，关键是要撤去区分人己的"藩篱"，使其"精神流贯、志气通达"，最终达到"道一无二"之境。

而要实现如此境界，并不能诉诸外在的因素，归根结底还是要靠自我主体的作用。因为"己"作为认知和行为的主体，在阳明学中不仅是"身体"、体悟的基础和出发点，更是真实存在的本体，故而又可称之为"真己"。然而，正由于是"真己"，"己"不仅仅是个体的"一己"，而且是"推己及人""修己以安人"的主体。由己"及人""安人"都使"一己"具有了超越性和开放性，即超越了自我中心主义的局限，向外部的整体性存在世界开放，使之"成己"而又"成物"、立己而又立人，最终打通了"人己之分、物我之间"，达到"视人犹己"，万物一体的"大同"境界。王阳明说：

> 夫人者，天地之心，天地万物本吾一体者也。生民之困苦荼毒，孰非疾痛之切于吾身者乎？不知吾身之疾痛，无是非之心者也。是非之心，不虑而知，不学而能，所谓良知也。良知之在人心，无间于圣愚，天下古今之所同也。世之君子，惟务致其良知，则自能公是非，同好恶，视人犹己，视国犹家，而以天地万物为一体。[①]

从"己"（"吾"）出发，以"吾身"为万物之身、以"吾心"为天地之心，推己及人、"视人犹己"，"能见善不啻若己出，见恶不啻若己入，视民之饥溺犹己之饥溺，而一夫不获若己推而纳诸沟中者"[②]，充分发挥"己"的主体性作用，"克其私，去其蔽，以复其心体之同然"[③]。这种"圣人之心以天地万物为一体""视人犹己"的主体性作用所体现的，无疑是"修己""成己""克己"的最高成就，这也就是王阳明所说的"使天下之人皆

---

① 《传习录》中，《王阳明全集》卷二，第 79 页。
② 《传习录》中，《王阳明全集》卷二，第 79 页。
③ 《传习录》中，《王阳明全集》卷二，第 54 页。

知自致其良知，以相安相养，去其自私自利之蔽，一洗馋妒胜忿之习，以济于大同"①。因为己克己之私、去己之偏，故亦消除是非、同异、内外、人己之别，不仅三教同流、万法归一，而且可进一步臻于"天下古今所同""天地万物一体"的"大同"境界。而这样一种从一己的自我主体出发推扩至天下古今、天地万物的"大同"境界，正可称之为儒学所推重的"有我之境"。②

其次是"无人己之分、无物我之间"的"无我之境"。如前所述，在王阳明乃至整个儒学的视域中，一己之我虽然是主体和出发点，但他从来不是纯粹的个体或与他人分隔的孤立的个体，而是存在着己与人、自我与群体的通感共鸣的一体关系。正如弗朗索瓦·于连指出的，儒学传统中个体自我的"恻隐之心"并不是从自我的感受出发的，而是从自我所感受到的自我中的他人出发的。③据此进而言之，这种一己之我不是悬空的、孤寂的、枯槁的，而是与天、地、人、物这一有机整体一气贯通的，是无限整体中的一部分，因此他又可以消融于这一整体之中，使"有我"实等于"无我"，成为某些学者所谓的"无我的自我"④。对此，王阳明自己曾有明确的论述，他说："圣人之学以无我为本。"⑤又说："诸君要常体此，人心本是天然之理，精精明明，无纤介染着，只是一个无我而已。……古先圣人许多好处也只是无我而已。"⑥"无我"不是指取消物质形态上的"一己之我"，而是指在精神意念和价值取向上完全消解了自我与他人的界限，不执着于任何分别，"无纤介染著"、无有无、无善恶、无是非、无同异、无内外、无人己，不着一毫意思，不涉一分安排，完完全全是一个"无"的境界。这种无的境界，已真无"己"的人为痕迹、"我"的私欲障碍，可谓

---

① 《传习录》中，《王阳明全集》卷二，第81页。

② 陈来认为："儒家主于'有'的境界"，如儒学传统中所说的"'万物皆备于我矣'（孟子）、'视天下无一物非我'（张载）、'仁者以天地万物为一体，莫非己也'（程颢），有我之境也"。（参见陈来：《有无之境——王阳明哲学的精神》，第5页）

③ 参见弗朗索瓦·于连：《道德奠基：孟子与启蒙哲人的对话》，宋刚译，北京大学出版社2002年版，第77页。

④ 郝大维、安乐哲：《汉哲学思维的文化探源》，施忠连译，江苏人民出版社1999年版，第26页。

⑤ 《别方叔贤序》，《王阳明全集》卷七，第232页。

⑥ 《传习录》下，《王阳明全集》卷三，第125页。

冯友兰所称天地境界中的"大无我"而"有大我"①。王阳明曾以天比喻此种境界：

> 比如面前见天，是昭昭之天，四外见天，也只是昭昭之天。只为许多房子墙壁遮蔽，便不见天之全体，若撤去房子墙壁，总是一个天矣。不可道眼前天是昭昭之天，外面又不是昭昭之天也。于此便见一节之知即全体之知，全体之知即一节之知，总是一个本体。②

无我之境因一切差别对立已全部消除，人们真正能从各种局限、纷争、是非、得失中得到解脱，真正获得大自在、大洒脱、大自得，如庄子所说的从"相濡以沫"进入到"相忘于江湖"③，达到洞见全体，归本一道的自在境界。在这种自在境界中，不惟三教合一，万物亦为一体。王阳明曾如此描绘此种境界：

> 当是之时，天下之人熙熙皞皞，皆相视如一家之亲。其才质之下者，则安其农、工、商、贾之分，各勤其业以相生相养，而无有乎希高慕外之心。其才能之异若皋、夔、稷、契者，则出而各效其能，若一家之务，或营其衣食，或通其有无，或备其器用，集谋并力，以求遂其仰事俯育之愿，惟恐当其事者之或怠而重己之累也。故稷勤其稼，而不耻其不知教，视契之善教，即己之善教也；夔司其乐，而不耻于不明礼，视夷之通礼，即己之通礼也。盖其心学纯明，而有以全其万物一体之仁，故其精神流贯，志气通达，而无有乎人己之分，物我之间。④

在王阳明所描绘的这一理想世界的图景中，无论职业、才质、事务上的差异，还是礼乐文明、族群、教化、思想宗派上的不同，都未能造成彼

① 冯友兰：《三松堂全集》第 4 册，河南人民出版社 1986 年版，第 636 页。
② 《传习录》下，《王阳明全集》卷三，第 95 页。
③ 《庄子·大宗师》。
④ 《传习录》中，《王阳明全集》卷二，第 54 ～ 55 页。

此的隔阂，反而"相生相养""集谋并力"，"视如一家之亲"。在这样"心学纯明"的世界中，三教关系自然也就不言而喻了。总之，突破种种"己"的局限，抑制各种自我中心主义的膨胀，走出思想观念上的价值一元论及独断论取向，使之"精神流贯，志气通达，而无有乎人己之分、物我之间"，则三教乃至一切存在均可归于"一道"。"道一无二"既是三教乃至万物相生相养又相融相通的万有世界，更是三教乃至万物无分别，"心学纯明，而有以全其万物一体之仁"的一体之境。不难看到，王阳明所构建的如上万物一体境界，不仅蕴含了他对三教关系乃至一切存在的理想状态的期望，而且也展示了他在思想上融会三教精神后所达到的超越境界。

　　正如陈来所认为的，从中国文化史上看，如果说有我之境是以儒家为代表的强调社会关怀和道德义务的境界的体现，那么无我之境则是佛道所代表的注重内心宁静平和与超越自我的境界。而"王阳明的意义在于，他既高扬了道德的主体性，通过'心外无理'、'致极良知'、'仁者与物同体'，把儒学固有的'有'之境界推至至极，又从儒家的立场出发，充分吸收佛道的生存智慧，把有我之境与无我之境结合起来，以他自己的生命体验，完成了儒学自北宋以来既坚持入世的价值理性，又吸收佛道精神境界与精神修养的努力"[1]。实际上，从更广阔的思想层面上来看，王阳明的"万物一体""道一而已"的终极关怀已在昭告着他通过融摄三教而最终超越三教的终极追求。因为对于王阳明来说，自从龙场悟道获得"吾性自足"的深刻启示之后，其中后期不仅认识到"道一而已"，而且相信"道是吾自有之物"，而"儒、佛、老庄皆吾之用"。儒、佛、道由于其内在的普遍性而成为"同道""一道"，更由于其通过自我身心性命的受用（"吾之用"）而转化为"吾性"之"自得"，因之成为仅仅是成就自我的自得之学、圣学之全的思想资源或渡津桥梁。正如荒木见悟指出的，晚明三教一致论"不是串同三教，也不是凑集三教之长，而是超越三教，从根本源头重新认识三教"[2]。对此，王阳明有诗可证："吾心自有光明月，千古团圆永无缺。山河大地拥清辉，赏心何必中秋节。"[3] 在融合汲取三教的基础上超越三教，最终

① 陈来：《有无之境——王阳明哲学的精神》，第5、8页。
② 荒木见悟：《明末清初思想与佛教》，廖肇亨译，上海古籍出版社2010年版，第124页。
③ 《中秋》，《王阳明全集》卷二十，第793页。

成就自己简易广大的良知之教，这正是王阳明在中国思想史上成为深刻独特的"这一个"的基本思想路径。

不过，在王阳明的万物一体论中也存在着一个不可避免的难题，即其一体化的理想愿景与普遍化落实的"厚薄"之间的悖论。尽管王阳明把万物一体的理想愿景在普遍实施过程中出现的"厚薄"问题归结于"不可逾越"的"良知上自然的条理"[①]，然而如何保障由"不忍"变为"忍"只是在"不能两全"的"不得已"情境下的"非常态"选择，而不会演变为在迫不得已的两难处境不复存在时仍会出现的"恒久态"，如何保障在以宗族血缘关系为基础的传统"熟人社会"中具有合理性的作为"良知上自然的条理"的"厚薄"，在以更普遍地要求公平公正的"陌生人社会"中仍具有合理性，这些都是仅靠道德自觉的"不忍"所难以有效化解的悖论，也是有待我们继续探索的理论和实践的双重难题。不过，王阳明的万物一体论也暗含着走出上述悖论的某些有益趋向。万物一体意味着万物是平等的、多元共存的有机共同体。就思想文化层面而言，多元共存的有机共同体必定是一个开放的生态化体系，而一个多元、开放的体系正是思想文化生生不息、富有活力和创新的内在根源。就此而言，这种生态化的有机共同体不仅是王阳明所推崇的万物一体的理想世界图景，而且也是阳明学自身在历经数十年的"遍求百家"、"出入佛老"、融摄三教的基础上最终充满活力和创新精神、成为思想史上一座少有的高峰的内在根源。

当然，进一步来看，"万物一体"与"道一而已"这两大命题在王阳明的思想视域中既有基本面相上的共同点，又有具体侧重点上的区别，是王阳明中后期三教观乃至一切思想的两个相辅相成的重要维度。"万物一体"论展示了王阳明对多元宗教及不同思想传统的宽容、包涵、开放、平等的态度，甚至有一定程度的多元宗教参与及对话的倾向，表现了王阳明勇于

[①]《传习录》记载：有学生问"大人与物同体，如何《大学》又说个厚薄？"先生曰："惟是道理，自有厚薄。比如身是一体，把手足捍头目，岂是偏要薄手足，其道理合如此。禽兽与草木同是爱的，把草木去养禽兽，又忍得。人与禽兽同是爱的，宰禽兽以养亲，与供祭祀，宴宾客，心又忍得。至亲与路人同是爱的，如箪食豆羹，得则生，不得则死，不能两全，宁救至亲，不救路人，心又忍得。这是道理合该如此。及至吾身与至亲，更不得分别彼此厚薄。盖以仁民爱物，皆从此出，此处可忍，更无所不忍矣。《大学》所谓厚薄，是良知上自然的条理，不可逾越，此便谓之义；顺这个条例，便谓之礼；知此条理，便谓之智；终始是这条理，便谓之信。"（《传习录》下，《王阳明全集》卷三，第108页）

破除一切僵化、功利、肤浅、拘执的局限，构建一个开放、多元、"相生相养"、共生共荣的有机共同体的理想追求，具有文明共生的多元主义的价值取向，对传统思想文化、宗教的现代性转化及创新都不无重要的启发意义。"道一而已"论则显示了王阳明晚年的良知学更强调了如何在多元宗教及思想传统的参与和融会中保持终极性的自我认同问题。也就是说，在王阳明深入佛道以及其他思想传统时，始终力求创造并保持自己的"自得之学"，并以这种简易广大的大本至道作为自身思想的基本立场，同时也相信它是其他一切宗教及思想所归宗的大本至道。王阳明说，"道一而已。论其大本一原，则六经、四书无不可推之而同者"①，"天下之道一而已矣，而以为有二焉者，道之不明也"②。"盖良知之在人心，亘万古，塞宇宙，而无不同。"③ 这就是王阳明所称的"精一之学"④"一体之学"⑤。而这种"精一之学""一体之学"中所透露出来的强烈的文化主体性意识和本位意识，对文化的普遍性与个性及地方性的关系的思考，不但为王阳明自身解决了其以良知学范围三教、归宗于终极认同的合法性难题，而且也为当代全球化背景下较好地处理普遍性、全球性与地域性、本土性的关系，寻求地方性知识传统中所蕴含的普遍性价值，实现传统向现代的创造性转化等问题，都提供了值得吸取借鉴的重要思想资源。

---

① 《王阳明年谱》二，《王阳明全集》卷三十四，第 1280 页。

② 《山东乡试录》，《王阳明全集》卷二十二，第 861 页。

③ 《传习录》中，《王阳明全集》卷二，第 74 页。

④ 《传习录》中，《王阳明全集》卷二，第 76 页。

⑤ 《阳明先生遗言录》，《王阳明全集》（新编本）卷四十，第 1625 页。

第二章 良知本体论

王阳明在哲学上最大的思想创设就是提出了其独特的"良知"学说，并进行了系统建构。然而，王阳明对良知学说的构建，除了吸取传统儒家的思想资源之外，还积极地援引道家的形上思辨，使其良知学说在融摄儒道及佛教三教的基础上达到了宋明理学的形上学高峰，具有深刻的理论意义和广泛的思想影响。

一、本体重建

1. 儒家形上学的构建

（1）本体论的两个基本维度：认知维度和价值维度

作为既富有智慧和理性，又具有行动能力的人类，除了关注自己的日常生活世界外，总是不能避免对自己安身立命之根基及生命存在之意义的形上追问，而此种形上学层面上的追问正构成了哲学存在的深层根据。从最初对万物始基的追寻到后来对存在本体的探索，都表现了人类在哲学层面上对自己安身立命之根基及生命存在之意义的这种不懈追问。虽然随着西方学界"悬置本体论""后形而上学"等提法的出现，形上学在当代似乎被视为已经终结或应该终结的历史现象。然而，形上学的消亡与否，并不仅仅取决于哲学家的拒斥或疏离。就哲学形态而言，人对世界的把握总是难以离开形上学。对此，康德早已明言："世界上无论什么时候都要有形上学"[①]；就实然形态而言，则"所有的人或多或少都涉及形上学"[②]。海德格尔

[①] 康德：《任何一种能够作为科学出现的未来形而上学导论》，庞景仁译，商务印书馆1982年版，第163页。

[②] Kant, *What Real Progress Has Metaphysics Made in Germany Since the Time of Leibniz and Wolff?* Abris Books Inc., 1983, p. 51.

说："形而上学就是一种超出存在者之外的追问，以求回过头来获得对存在者之为存在者整体的理解。"[1] "形而上学是包含人类认识所把握的东西之最基本依据的科学。"[2] 哲学的这种形上追问，在理论上主要表现为从两个基本维度展开人类对存在问题的终极关怀：一是世界从整体上是否有，或者有什么样的更高的存在统摄着它；二是与这种存在本体相关的人的存在的终极意义。显然，它们所呈现的哲学视域，很大程度上就是休谟所区分的"事实"与"价值"的不同进路，它们以康德所言的"我们头上的星空和心中的道德律"为典型象征。前者主要关注对客观世界整体的存在根据及其本质特征进行的追问，后者侧重于对人的存在的终极价值和意义的探讨。从这个角度来说，本体论所展开的以上两个基本维度又可以称为认知维度和价值维度。也就是说，实际上，本体论不仅是通常所认为的具有认知层面上的自然属性——它主要回答作为世界存在的根本性质"是什么"（to be）的实然问题，而且要回答世界存在"应怎么样"（ought to be）的应然问题，也就是它要探讨世界相对于人类主体的需求表现怎样的特性，具有怎样的意义等价值属性问题。

当然，本体论的这两个基本维度必须在其展开过程中予以融合，而不能各自孤立地挺立、拓展。否则，前者会由于过度追求外在性存在的知识的确定性、必然性而漠视了"我们心中的道德律"；而后者则会由于缺乏甚至拒斥形上学的思考将存在的终极本体连同"我们头上的星空"一起消解掉。因为归根到底世界的存在终究是一元的而不是二重化的，是统一的而不是分离的。由此形上学本体论的两个基本维度也必须实现有机的辩证统一。正是由于这一原因，传统本体论一般都包含上述两个基本的维度，其所极力推扬的本体不仅仅是外在的自然世界的本体，同时也是一切社会和人生的意义和价值的最内在最终极的根据。这样，本体论实际上还是和人生论、价值论紧密地结合在一起的，可以说，哲学家们对形上本体的深切探究，已不是单纯出于对宇宙自然的科学兴趣和对绝对实体的本体玄思，也出于改变人类生存状态和为人生寻求意义的终极性关怀，使本体论所关

---

[1]　海德格尔：《路标》，孙周兴译，商务印书馆 2001 年版，第 137 页。
[2]　海德格尔：《海德格尔选集》上卷，孙周兴译，生活·读书·新知三联书店 1996 年版，第 84 页。

注的存在世界最终呈现为一个属人的意义世界。所以事实上，本体论的这种二维结构涉及的就是对存在的统一形态的理解问题。因为从实质上说，对存在的理解无法悬置人自身的存在，"从终极的意义上看，存在之成为问题，是以人的'出场'为前提的。""形而上学论域中的存在，本质上表现为人与人化的存在或人与人的世界。"① 正是在这一意义上，存在的世界最终是统一的而不是二重化的。本体论的这种二维结构就是对存在的这种统一形态的理论反映。只是就不同的哲学家或哲学流派来说，本体论的这两个基本维度往往会在展开过程中有所侧重和偏好，从而形成各自本体论的思想重心及其理论特色。相比较而言，这一特点在中国传统哲学本体论中比西方传统本体论中体现得更加突出，而在传统儒家形上学的演变过程中表现得尤其典型。

（2）传统儒家的本体论关怀

早期儒家主要着意于道德伦理和政治的思考，从而就在形上学层面产生了明显的侧重和偏好。孔子罕言天道，"不语怪力乱神"，还责问"未能事人，焉能事鬼？""未知生，焉知死？"等。这正是这种思想倾向的一种反映。可以说，传统儒家终极关怀的视域始终主要是人类自身的现实生活世界，尤其是人类生活的伦理—政治的领域。因此，早期儒家虽然也有形而上的终极关怀，但是他们的形上学关怀也主要是一种指向人类的道德生活世界的终极关怀，即对康德所言"心中的道德律"进行追问，其所侧重的是对人的存在的终极价值和意义的探讨。从这个角度来说，早期儒家本体论所展开的主要维度可以视为价值维度。有些学者把他们的这种形上追求称为一种"道德形上学"是不无道理的。加上他们用以实现其伦理—政治理想的主要方法就是内圣外王之道，即注重从自我的内在修养出发达成外在的伦理秩序和政治秩序，如此，其"修、齐、治、平"的整个伦理—政治的理想蓝图乃构建于自我的"修身"或个体的"内圣"这一基本前提之下，从而就使儒家的"内圣外王"之道充满了个体的体验性、主体的情感性的特点。正如李泽厚指出的："从孔子起，儒学的特征和关键正在于它建筑在心理情感原则上。王阳明所谓《大学》古本，强调应用'亲民'来

---

① 杨国荣：《道论》，北京大学出版社 2011 年版，第 11 页。

替代朱熹着力的'新民'也如此。但这样一来，这个所谓道德本体实际上便不容否定地包含有感性的性质、含义、内容和因素了。"[①] 另有学者认为："孔孟原儒学实际上涉及的，主要是家族制社会体制下世俗的日常心理情感问题。这种日常心理情感是自然的，自发的，不必依赖于'知'。……故孔孟儒学实未开出知识论，当然更不可能借助知识论或对知识论的破斥来建构形上学。"[②] 孔孟原儒这种把自己的伦理—政治主张直接诉诸人们的日常心理情感的做法，固然可以使它能"更平实地符合日常生活，具有更普遍的可接受性和付诸实践的有效性"[③]，但是，孔孟儒学的这种可接受性既然是直接付诸每个个体的心理情感的认同，那么它的普遍性便仅仅是依恃于以亲族纽带为中心的"熟人社会"的体制结构而存在的，而不是借助知识论从突破了亲缘关系的"陌生人社会"的体制结构中真正普遍性存在的综合概括中获得的，因而，它本质上仍然是个别的、随机的、不稳定与不可靠的，其所谓"更具有普遍性"的追求仍极易落空。因为知识论的考察首先涉及的就是人与物、主体与客体的二分性问题，并由此进一步展开为一般与个别、共相与殊相、原因和结果、必然与偶然、绝对与相对、无限与有限等的区别与联系问题。然后由这些问题的开显才可以引发真正属于形上学或本体论的探析。而伦理道德及其政治理想一旦不具有真正的普遍性的品格，也就意味着缺乏超越性精神，从而会影响其作为至高的、绝对的、规范的导向意义和价值，这显然是儒家所不愿看到的结果。而且，这种普遍性品格的不足还会进一步导致原始儒学在形上学建构上的某种先天性缺陷和漠视，以至孔门弟子发出了"夫子之文章，可得而闻也；夫子之言性与天道，不可得而闻也"[④] 之叹。荀子也说："唯圣人不求知天。"[⑤] 然而，就像人类总是不能避免自己对康德所谓的"我们头上的星空和心中的道德律"的关注一样，孔孟儒学固然更热衷于"心中的道德律"并对其进行了一些重要的探讨，但这种探讨如果缺乏对整体性的存在本体的深入思考做基础，

---

① 李泽厚：《中国古代思想史论》，人民出版社 1985 年版，第 262 页。

② 冯达文：《中国哲学的本源——本体论》，广东人民出版社 2001 年版，第 232 页。

③ 李泽厚：《中国古代思想史论》，第 21 页。

④ 《论语·公冶长》。

⑤ 《荀子·天论》。

就难免显得单薄，无法抵挡进一步的思想拷问。因此，后世儒家们的一个重要的理论使命就是要在形上学建构上做出重大的修补，以夯实其理论体系的形上学基础。如在儒家经典中，《中庸》率先触及了纯粹的形上学问题，它所说的"天命之谓性，率性之谓道，修道之谓教"，就把孔子所不愿多谈的"天""天命"等赋予了绝对至上的意味。被学界认为是思孟之间的郭店楚简《五行》以"形于内"与"不形于内"的分疏初步构建了一个"天人合一"的形上学体系。《易传》进一步提出了"形而上者谓之道，形而下者谓之器"的形上学命题，对"形而上"与"形而下"做出了意义深远的根本分疏："道"是对千差万别的具体事物的本质属性的抽象，器是指各种各样的具体事物，因而，道是整体性的、综合性的、抽象的、根本性的，是一切事物的根源、终极依据，具有形而上的性质，是本体；器是具体性的、分殊性的、感性的，是形而下之用。这种形而上与形而下的明确分疏，已开启了进一步探讨一般与个别、整体与个体、绝对与相对等本体论问题的初步门径。虽然正像陈鼓应教授所强调的，《易传》的形上学思想显然受到了道家思想的重要影响①，但由于其所蕴含的浓厚的儒家伦理和价值观取向，使它对以后的儒家思想产生了不可忽视的影响。宋明儒学的形上学建构正是把它作为了一个重要的思想资源纳入了自己的理论视野。

然而，由于儒学形上学传统本身的薄弱，再加上从汉至唐儒学发展经历了由"独尊"到衰落的过程，儒家形上学系统的构建任务始终没能完成。汉唐之际，起始于"罢黜百家"后受到独尊的儒学最后却面临了"学绝道丧"的局面，个中原因，固然有佛道思想的巨大冲击，但汉唐儒学自身的理论缺陷仍是相当重要的因素。而汉唐儒学的一个最大缺陷就是其仍然如原始儒学一样缺乏具有普遍性品格和超越性精神的本体意识。汉唐儒学虽然曾经试图填补儒学在形上学上的欠缺，但其所建立的以元气生化流行为基础的宇宙论是十分粗疏的，根本无法与具有较精致、系统的形上学体系的佛道学说相抗衡。如以老庄为代表的先秦道家已构建起了中国哲学史上第一个系统的形上学本体论体系，经过魏晋玄学的继承发展，道家本体论达到了中国古代本体论的高峰，对中国传统形上学产生了深刻重大的影响。

---

①　参见陈鼓应：《〈易传〉与老、庄》，《老庄新论》，上海古籍出版社1992年版。

隋唐以来在中国迅速发展的佛教也具有自己的一套庞大、系统而精致的佛学理论，特别是其拥有"极乎高深"的形上学思想体系。具有形上学体系的佛道学说对于缺乏深厚的形上学传统和精致的世界观理论的汉唐儒学来说，实构成了一种巨大的挑战和不小的吸引力。所以，"自王弼注老易，开六朝玄学之先，于是一般学者，咸以研精老易为一时风气，以为儒学浅薄，不若老庄；老庄浮诞，不若佛理；于是舍儒学老，舍老学佛，这便成了当时学术思想上的普遍趋势。老佛学说因而大兴，竟夺孔子的地位"①。这种情况，诚如程颐所认识到的：汉以后的儒学"只为于己道实无所得，虽曰闻道，终不曾实有之"。因此，难免使"儒者而卒归异教"②。张载也有对汉唐儒学的类似批评："以为知人而不知天，求为贤人而不求为圣人，此秦汉以来学者大蔽也。"③可见，汉唐儒者只埋首于经书的章句训诂之学以致不知天、不求圣，表现出对具有普遍性品格和超越性精神的漠视。因此，在这个意义上的确可以说，"汉唐儒学的凋敝不振，不能不说是与其对具有普遍性品格和超越性精神的本体意识的漠视密切相关的"④。

　　但是，儒学不可能甘居于这种不利的地位。此时的传统儒学实际上面临了一个重大的时代课题，即在思想文化上受到了佛道学说的如此严重的挑战之后，如何收拾人心、统一信仰、重建儒学，从而恢复以儒家道德信仰为核心的大一统的伦理—政治秩序。所以自唐中叶以降，韩愈、李翱以及宋初的一些学者们就揭橥复兴儒学宗脉的旗帜，至两宋时期，传统儒学已逐渐演变成为一种"新儒学"，并日益扩大其影响。这种思想转变的出现，固然有其外在原因，如上述宋代社会和思想界日趋强烈的对统一性的社会政治秩序和文化规制的追求、对超越一切的绝对原则（普遍性）的祈望⑤，但其最内在的一个原因，就在于佛道思想对其产生的强烈刺激以及儒学家对佛道思想的深入吸收和改造。具体来说，一方面，儒学家力图从历史的维度上描绘出一个儒学传承的正统谱系，构建起一个儒学的"道统"；

①　王治心：《中国宗教思想史大纲》，东方出版社 1996 年版，第 99 页。

②　《入关语录》，《二程集》上，中华书局 2004 年版，第 156 页。

③　《张载传》，《宋史》卷四百二十七，台北鼎文书局 1981 年版，第 12724 页。

④　丁为祥：《张载虚气观解读》，《中国哲学史》2001 年第 2 期。

⑤　参见葛兆光：《中国思想史》第二卷第二编第一节，复旦大学出版社 2000 年版。

另一方面他们更着力于从理论的维度上建立起一个足以与佛道相抗衡的新儒学理论体系。所以，尽管从形式上看，他们的理论关怀仍然以传统儒学修身立命的信念为依归，但实际上，他们的思想内容已悄然发生了一种重要的转移，即他们无不对孔子所罕言的"性与天道"问题产生了浓厚的兴趣，纷纷对以"道"或"理"为本体的形上学及其相关哲学概念（如太极、理气、动静、体用、知行等）进行了深入的论辩，努力进行新的形上学体系的构建，表现出一种对形上学的强烈诉求。

"有宋理学之宗祖"周敦颐著《太极图说》《通书》，通过对《周易》阴阳哲学原理的阐发，结合道家本体论思想和儒家道德人文主义理想，从太极到人极至最后成圣，不仅提出了一个具有形上学意义的宇宙生成论的模型，而且力图沟通天道之理与人心性命，为宋代理学的儒学复兴建立了一个形上学的理论基点。宋代理学的集大成者朱熹则为宋儒的这种形上学构建提供了一个最重要的体系。朱熹以"理"为最高的宇宙本体，朱熹说："未有事物之时，此理已具。少间应处，只是此理"。"事物虽大，皆形而下者；理虽小，皆形而上者。"[①]在朱熹看来，"理"作为宇宙间最高的存在本体，是超越于一切具体事物的绝对的、客观性的存在，它并不依赖于具体事物的存在。朱熹认为理固然是有事物与之相对应的，但是即使未有事物具显时，其理也已具在。例如车未行时，车行有辙之理早已存在；还未有实际的君臣父子，君臣父子的忠孝伦理却已经存在。所以朱熹虽然以"理一分殊"之论来阐释理与事物之间的理事无碍、一理能摄万事、万事都包含一理的本体观，但是又强调理与事物终究有形而上与形而下之别。他说："理也者，形而上之道也，生物之本也；气也者，形而下之器也，生物之具也。……其理器之间，分际甚明，不可乱也。"[②]

总的来看，以朱熹为代表的宋儒对形上学的理论构建是对传统儒学在形上学建构上的先天性缺陷和不足的重要补充和完善，使自己构建的新的形上学体系具有了普遍性的品格，从而达到了一个较高的思想水平。但是，

---

① 《朱子语类》卷七十五，中华书局1986年版，第1936页。
② 《答黄道夫》，《晦翁先生朱文公文集》卷五十八，《朱子全书》第23册，上海古籍出版社、安徽教育出版社2002年版，第2755页。

由于以朱熹为代表的宋儒本体论主要关注对客观世界整体的存在根据及其本质特征进行的追问，更偏重于对客观普遍性之思索，所以其本体论所展开的主要是一种认知维度，从而又造成了自身的某种理论局限。

2. 宋儒重建形上学的特点

总的来看，宋儒在三教合一的思想倾向下重建形上学的努力，呈现出了一些基本的共同点。

（1）出入佛老、归本儒学

考察宋代理学家思想形成和演化的过程，我们可以发现几乎绝大多数人都有"出入佛老"的经历。的确，在隋唐以后三教合一的呼声日益高涨的情势下，吸收异端思想特别是老佛之学以构建自己的理论体系已成为宋儒普遍的"路径依赖"。像被后世公认为"粹然孔孟渊源"的周敦颐，其基本思想中融摄儒道、"合老庄于儒"①的特征就十分明显。据《宋史·道学传》记载，张载在其思想形成过程中，曾经历过"访诸释老、累年穷究其说"的阶段。二程也有与张载类似的钻研佛老的思想经历，如程颢"泛滥于诸家，出入于老释者几十年"②，并承认"佛老其言近理"③。至于宋代理学的集大成者朱熹，其思想理论之所以能达到如此的高度和规模，与他在以儒学为本位的立场上能汇纳众流，特别是能对他之前的儒、道、佛三家思想都进行深入的钻研、系统的综合和批判的吸收，从而超越它们是分不开的。全祖望说："善谈朱子之书者，正当遍求诸家，以收去短集长之益。若墨守而屏弃一切焉，则非朱子之学也。"④研究朱子思想必须"遍求诸家"，正是朱熹为学汇纳众流、"不墨守而屏弃一切"的体现。正因此，社会上广泛流传的"以佛治心，以道修身，以儒治国"的说法也几乎成了宋以后士大夫们的共识。可以说，宋代儒学之所以能在理论构建和思想水平上都达到了公认的极高水平，与它以佛道思想作为重要的思想资源予以批判的考察和吸收，从而对其自身的哲学基础做了重新奠定有着极为密切的关联性。

---

① 《濂溪学案下》，《宋元学案》卷十二，《黄宗羲全集》第3册，浙江古籍出版社2005年版，第627页。
② 《明道先生行状》，《二程集》上，第638页。
③ 《亥八月见先生于洛阳所闻》，《二程集》上，第138页。
④ 《晦翁学案上》，《宋元学案》卷四十八，《黄宗羲全集》第4册，第816页。

对此，容肇祖说："说理学的来源，我们可先明白理学是什么？胡适先生解说道，理学挂着儒家的招牌，其实是禅宗道家道教儒教的混合产品。其中有先天太极等等，是道教的分子；又谈心说性，是佛教留下的问题；也信灾异感应，是汉朝儒教的遗迹。但其中的主要观念却是古来道家的自然哲学里的天道观念，又叫作'天理'观念，故名为道学，又名为理学。这是一种溯源分析的解说，很是确实的。"[①] 而陈寅恪对程朱之学与佛教关系的如下剖析，未尝不可以也看作是对整个佛道与宋代儒学关系的剖析：

> 佛教于性理之学（Metaphysics）独有深造，足救中国之缺失，而为常人所欢迎。惟其中之规律，多不合于中国之风俗习惯。故昌黎等攻辟之。然辟之而另无以济其乏，则终难遏之。于是佛教大盛。宋儒若程若朱，皆深通佛教者，既喜其义理之高明详尽，足以救中国之缺失，而又忧其用夷变夏也。乃求得两全之法，避其名而居其实，取其珠而还其椟。采佛理之精粹以之注解四书五经，名为阐明古学，实则吸收异教。声言尊孔辟佛，实则佛之义理，已浸渍濡染。与儒教之宗传，合而为一。此先儒爱国济世之苦心，至可尊敬而曲谅之者也。[②]

陈氏这里所言"中国之缺失"者，就是前面提到过的具有普遍性品格和超越性精神的形上学本体论，而程朱之学正是采用形上学独有深造的佛道之精粹，"以之注解四书五经，名为阐明古学，实则吸收异教"。正是由于受到佛老思想旨趣的影响，富有超越精神的玄风理趣引得宋儒纷纷沉浸于浓厚的形上学兴趣之中，重新复活了士人中清议与清谈的风气。他们选取佛老中包含着形上学的许多极富抽象性的要素，如有无、动静、体用、心性、虚实、无极太极、已发未发、本末、一多等尽其所能地加以发挥，在努力保持这些范畴和理论的原有形而上韵味的同时，又强调了佛老归虚、"吾学"虚实合一的价值取向，试图使自己所构建的形上学体系能够包容佛老哲学中的形上学趣味和方法，同时又有所超越；通过对传统儒家经典做出新的阐释，既

---

① 容肇祖：《明代思想史》，台北开明书店 1962 年版，第 3 页。

② 刘正：《陈寅恪史事索隐》，上海书店出版社 2014 年版，第 100 页。

"言圣人所未言"，又终能合于道，最终达于虚实相贯、有无相即、体用本末融通无碍的圆满性。显然，在宋儒的这些形上学探寻中，无论是在对儒家经典的新阐释中所体现出的"新"的因素，还是对新的形上学体系的构建，都大量地吸收借鉴了道家哲学及佛学的概念、体系结构和方法论的内容，从而使自己构建的新的形上学体系达到了一个新的理论高峰。

而宋儒们这种出入佛老的动机和出发点，有的固然是由于受佛老的吸引而自觉不自觉地浸淫其间，有的却是出于对佛老的对抗情绪。如钱穆说："北宋儒学崛起，儒术复兴，理学家长处在能入虎穴得虎子，兼采道释有关宇宙人生原则方面，还本儒学，加以吸收或扬弃。"[①] 即通过吸取其思想资源而对抗当时风行的佛老之学，以维护和重建儒学的权威。宋儒出于捍卫儒学道统的需要，往往在吸取佛老的形上学和方法时，要辟斥佛老为异端，特别反对其外人伦、非礼法的道德取向。宋儒理学在运用其新构的学说批评佛学和道家哲学时，一方面确实指出了佛道家哲学尤其是佛学中的内在矛盾，例如指出佛学中"无执"与逃避伦常实际行为之间的矛盾，从而抨击了佛老否定人伦礼法规范的观念根基——空无性。另一方面，显示了宋儒的基本宗旨仍然本于传统儒家注重伦理实践与道德教化的立场，其目的仍然是希望维护"圣学"的权威，以此对抗佛老学说对形上学话语权的长期垄断，力求为儒学注重人伦德性的实践学说重新奠定一个稳固的形上学基础。所以从思想史上看，宋代理学作为儒学发展的新阶段与新形态，能够利用佛老等异质资源开拓创新而又不失其本旨，这正是它能获得成功的重要原因。诚如刘述先总结的："儒者之借佛老之说，取舍之间，极有分寸，绝非自弃其立场者。而运用之妙，存乎其人。"[②] 不过，无论出于何种情况，理学家最后往往都返归于儒家的基本价值观，形成一种以儒学为本位的融合三教之学。这也正是理学之为理学的原因。

总之，就理学与佛教、道家哲学之间的关联来看，理学兼采道释之长，尤其是注重在形上学方面对道释义理的吸收，而弃其与儒家伦理相悖之说，有力地推进了新时期儒家哲学面貌的革新和发展。应该说，理学所实现的

---

① 钱穆：《孔子与论语》，第 176 页。
② 刘述先：《朱子哲学思想的发展与完成》，台北学生书局 1981 年版，第 420 页。

这种学术整合创造性地回应了时代的挑战，是一次成功的以儒学为主体的思想变革运动。

（2）尊道抑佛、儒道融合

尽管宋代理学家在三教合流的思潮中长期出入佛老、兼采道释之长，但实际上，理学家对道、释的态度并不均等，总的来说，理学家都有较普遍的尊道抑佛的倾向。而造成这一现象的原因，恐怕主要是由于儒道两家都是本土的学派，它们在发展过程中相互交锋、相互交融的历史十分漫长，许多思想观念早已相互融合、吸收和互补，有一些价值观已趋于一致或接近，正因此，宋儒们在辟佛老时，主要是反对佛教弃人伦、反礼法的思想主张，而主要不是针对道家道教。而反过来说，相比之下，他们也更多的是吸收了道家道教的思想影响，"所以，道统意识很强却又急于发展儒家思想并以它平治天下的理学家，在吸收佛道二家思想时，相对而言，比较着重道家、道教哲学，对佛教的空无出世思想则多有批判，如二程说'道家之说更无可辟'。朱熹也有重道轻佛的倾向并为此作了多方面的论证"①。这一点在周敦颐和朱熹身上反映得很突出。周敦颐从道士陈抟间接得到《太极图》，虽然做了部分修改和新的解释，但其《太极图说》的思想深受道教内丹学的影响，具有浓厚的道家道教色彩。可以说周敦颐基本上是站在道家道教的立场上来融合儒道二家的。而"综观朱熹的一生，早年企慕成就仙道，中年则孜孜矻矻地研究道家、道教的典籍，以研究邵雍、周敦颐和《易》学的思想为契机，将道家、道教哲学中的内容融合进自己的学术体系中，晚年仍然研读注解道教经典《阴符经》和《周易参同契》，进一步把道家、道教思想融进自己的思想体系中来，修正、论定自己的哲学思想。这说明道家、道教思想是透入其骨髓并伴随他整整一生的。由此看来，在情操上，断言朱熹是儒风道骨并不为过；在学术思想上，断言其哲学体系深受道家、道教哲学影响似乎也不为过"②。

从理论内容上来看，宋儒也是以吸收道家为主。这可以从两个方面得到体现。首先是宋儒对《易》的重视。从历史上来看，《易》本来既不是儒

---

① 孔令宏：《朱熹哲学与道家道教》，第 28 页。
② 孔令宏：《朱熹哲学与道家道教》，第 21～22 页。

家的，也不是道家的，但又都先后成了儒道两家的经典，可以说《易》实际上是中国古代思想文化的一个基本源头。许地山说："《易》是中国宗教与思想的源头"，"道家思想的渊源也与儒家一样同出于《易》"。[①] 至于后来的《易传》则是儒道融合的典型产物。《易传》中的伦理道德学说体现了儒家的价值取向，但其整个理论构架、思维方式、基本范畴等则主要是属于道家的或是来自道家的思想元素。所以《易传》是通过汲取融摄了道家哲学而建立起其形上学体系的。宋儒都十分重视研究易理，这样就自觉不自觉地通过《易》这个中介与道家发生了密切的联系，并由此为其形上学的构建提供了重要的思想资源。韦政通指出：

> 茂叔（周敦颐）的思想，和尧夫一样，有道家（包括道教）的背景，因为他们对易学都下过很深工夫，唐、宋间的易学，主要是由道教在发展，李观、王安石、邵雍、周敦颐，在不同程度上，使这方面的研究，重新接上儒家传统，成为宋代心性学家建立形上学的先声，这一点在对付佛教方面有重大的意义。[②]

邵雍、张载、二程、朱熹等理学家均对易学有浓厚的兴趣，而且大多吸取了道家道教的易学思想，使《易》成了宋代理学家们援道入儒的重要中介。如朱熹最为推崇邵雍的象数易学，而邵雍的象数易学又具有鲜明的道家道教色彩，所以朱熹"悟彼立象意，契此入德门"[③] 而建构起来的哲学体系不能不打上儒道融合的深刻印记。

其次是中国传统形上学的主要概念和范畴，如无、有、道、器、无极、太极、气、精、虚、实、动、静等，大多渊源于道家。宋儒出于构建形上学的需要，大都把"理"提升为最高的本体范畴，但这种本体观念正是儒道融合的产物，因为最早将"理"提升到本体论层面的是唐代道教重玄派

---

① 许地山：《道教史》，华东师范大学出版社 1996 年版，第 178、179 页。

② 韦政通：《中国思想史》下册，台北水牛出版社 1980 年版，第 1056 页。

③ 《斋居感兴》，《朱子全书》第 20 册，第 362 页。

代表人物成玄英。① 成玄英继承了道家哲学中历来重视"理"的本体意蕴的传统，将"理"进一步提升到与"道"并列的高度，赋予了"理"以最高本体的意蕴。同时，他依循《易传·说卦》中"穷理尽性"的命题，视性为道，亦即理的内在化，试图将传统心性论引入本体论。成玄英在"理"的诠释上的重大突破，为程朱理学开辟了一条崭新的方向。②

宋明理学中对于"理"范畴的诠释有了更重大的突破，并成为此时期哲学的核心议题，这尤其表现在程朱理本论的体系中。而程朱理本论的哲学体系，仍是在承继了从老庄到成玄英在"理"范畴诠释上的相关理路基础上形成的。张岱年说："伊川的'理'之观念，实是古代道家之道之变化。"③ 谢良佐《上蔡语录》中引述程颢语："吾学虽有所受，天理二字却是自家体贴出来。"④，实则"天理"一词始于《庄子》，郭象注《庄子》又加以阐发。程颢言"天理"，显然难以排除《庄子》以及郭象注《庄子》之影响。陈鼓应通过系统地考察"理"范畴的历史演变和诠释进路，明确指出：

> 至程朱理学，"理"成为哲学体系的核心。程朱继承了老庄在道气问题上的论点，并援引老庄道—德模式，同时直接继承成玄英理在气先的理气关系论，以及"穷理尽性"的理路，试图由本体之理来证成原始儒家道德学说的普遍有效性。
>
> （所以）"理"范畴的理论模式，从庄子到程朱乃循着同一思想脉络的发展。宋明理学本体与心性的结合，乃历代道家理论发展的总结，透过这一思路，方能掌握宋明理学体系的这一核心概念。⑤

总的来说，宋代理学试图由本体之理为儒家伦理提供深厚的形上学基础，以证成儒家伦理的普遍有效性。此举不但填补了原始儒学形上学理论的

---

① 一直以来，学者多以为"理"为本体论最高范畴始于二程，经汤一介、李大华等论证，才澄清了提升"理"为本体论最高范畴乃始于成玄英。参见陈鼓应：《"理"范畴理论模式的道家诠释》，载景海峰编：《传薪集》，北京大学出版社 2004 年版，第 436 页。

② 参见陈鼓应：《"理"范畴理论模式的道家诠释》，载景海峰编：《传薪集》，第 436～439 页。

③ 张岱年：《中国哲学大纲》，中国社会科学出版社 1982 年版，第 58 页。

④ 《传闻杂记》，《二程集》上，第 424 页。

⑤ 陈鼓应：《"理"范畴理论模式的道家诠释》，载景海峰编：《传薪集》，第 445、427 页。

不足，而且在形上学体系的构建方面取得了很大的成就，达到了中国传统哲学形上学的一个新高峰。无论从历史上看还是从思想理论的内在成分上看，宋代理学这种形上学理论的深刻重大的突破，是借助于三教融合的长期演变特别是对道家道教本体论学说的充分融摄和创造性的转变而实现的。陈鼓应说："大体而论，无论称为理学或道学，其哲学议题上主要依循孔孟儒家论题；然而其形上体系的建构，无论是理气关系或道器关系之论点，则是立基在老庄道论上。"① 当然，由于受正统观念和儒学立场的影响，理学对道家道教的吸收不可能是字句上的直接引用和理论观点上的照搬，而是着重从形上学理论的基本原理，从对构建形上学体系的主要范畴的重新诠释，逻辑思路的展开、一般的方法论原则和独特的思维方式等方面进行融摄和转化。所以，虽然有不少宋儒都在表面上攻斥佛老，但实际上还是无法割断其形上学的探究与佛老的关系，诚如叶适对程颢的批评："攻斥老、佛至深，然尽用其学而不自知。"② 甚至不少理学家尽用老佛之学是颇有自知的，但他们表面上仍要摆出一副激烈地、不妥协地排斥老佛的姿态，实际上表现了一种希望为儒学思想重获思想界的绝对主导地位而不懈努力的态度。

3. 朱熹形上学的理论缺陷

如上所述，宋明儒学之所以能够成为中国哲学史上思想发展的一个高峰，就在于宋明儒学的本体论借助于对儒释道三教的充分融摄和创造性转变而填补了原始儒学形上学理论的不足，并在形上学体系的完整构建方面取得了重大成就，最终实现了本体论的认知之维与价值之维的统一，达到了中国传统哲学形上学的新高度。而无论从历史还是逻辑上看，宋明儒学这种形上学理论上的深刻重大的突破，都是通过从朱熹到王阳明的形上学演进特别是阳明学本体论所实现的重大的本体论转向实现的。而这也正是王阳明哲学不同于朱熹哲学，并且深刻地推动了中国哲学的近代变革和转型的主要之处。

传统儒学本体论和其他传统本体论一样都具有两个基本维度，即认知

---

① 陈鼓应：《"理"范畴理论模式的道家诠释》，载景海峰编：《传薪集》，第 439 页。
② 叶适：《习学记言序目》，中华书局 1977 年版，第 752 页。

维度和价值维度，只是在其具体的展开过程中在不同时期不同思想家那里往往会有不同侧重和偏好，从而形成不同思想重心及理论特色。早期儒家主要着意于道德伦理和政治的思考，从而在形上学层面产生了明显的侧重和偏好。从这个角度来说，早期儒家本体论所展开的主要维度又可以视为本体论的价值维度。以朱熹为代表的宋儒通过融摄三教特别是对道家形上学的融摄实现了儒学本体论的重建，对传统儒学在形上学建构上的先天性缺陷和不足做了重要补充和完善。宋儒不但补充和深化了其儒学本体论的认知维度，而且在一定意义上重建了儒家形上学的价值之维，最终初步实现了本体论的认知之维与价值之维的统一，使新的形上学体系具有了较为普遍的品格，从而达到了中国哲学史上形上学思想发展的一个高峰。然而，由于其种种限制，宋儒借助于对道释的吸纳而建构起的一个个形上学体系终究还不够圆融畅达，存在着深刻的理论缺陷。而这些理论缺陷正是后来王阳明批判宋儒形上学的主要论域。

首先，从宋代哲学的主要形态朱子理学来看，其形上学理论的一个最大缺陷就是未能建构起一个真正贯通天人、圆融主客的形上学体系。朱熹的理学体系是一个典型的以理为中心的形上学体系。朱熹充分肯定了理的普遍性、超越性的本体品格，要求把普遍之理与作为具体事物的特殊现象区别开来。朱熹认为，理作为具有普遍性、超越性品格的本体并无形迹可言，理不是若实有一物在眼前，直接在那里呈现着的某种具体事物。因此理是超越于人及万物的普遍性、绝对性的存在："若理，则只是个净洁空阔底世界，无形迹，它却不会造作"①，即理本身作为具有绝对性的存在，是无形迹、无情感、无意志的，类似于佛道的"空""无"，但它又不是绝对空无一物，不是纯粹的空理，而是有实际内容的实理，即一种"有"，这样作为本体之理实际上是"有""无"辩证统一的根本性存在。朱熹说："'上天之载，无声无臭'，是就'有'中说'无'；'无极而太极'，是就'无'中说'有'。"②朱熹认为，无极而太极，无极之中，万象森列不可谓之无矣；太极本无极，则太极之体，冲漠无朕，不可谓之有矣。所以，朱熹批评那

① 《朱子语类》卷一，中华书局1986年版，第3页。
② 《答陆子静》，《晦庵先生朱文公文集》卷三十六，《朱子全书》第21册，上海古籍出版社、安徽教育出版社2002年版，第1574页。

种"闻人说有即谓之实有，见人说无即以为真无耳"的"偏见之病"①，指出"天下之理，至虚之中，有至实者存；至无之中，有至有者存"②。这种从"有""无"辩证统一的角度理解存在本体的思想，显然汲取了佛道的本体论思想。朱熹以此强调了理作为本体所具有的超越时空、囊括万物、贯通天人的普遍性、超越性和终极性的特质。朱熹说："合天地万物而言，只是一个理。"③"至于天下之物，则必各有其所以然之故与所当然之则，所谓理也。"④"所以然"即是决定某物之所以为某物的内在本质或规律，"所当然"则是规范人的活动的各种准则（主要是道德准则）。理以"所以然之故"与"所当然之则"囊括万物、贯通天人正是其所具有的普遍性、超越性和终极性的特质的反映。可见，理作为朱熹理学所概括出来的最高的思辨抽象物实际上就是宇宙的根本法则，是一切存在的终极本体。这样一个理概念的提出，表明宋代儒学的形上本体论已经在汲取融合儒佛道本体论思想的基础上达到了当时本体思辨的最高水平。

　　但是，由于朱熹把理、物分割为对立的两个世界，所以世界终究被当作是一种二重化的存在。在朱熹那里，理虽然具有"同"的普遍性品格，却只是"同于理"而不同于气，即理绝然不同于具体事物："同者，理也，不同者，气也。"⑤"将物便唤做道，则不可。""若便将那形而下之器作形而上之道，则不可。"⑥理作为"所以然"与"所当然"的统一体，它无可置疑地居于绝对支配地位。所以，在朱熹看来，理的普遍性和绝对性特质就表现为："就具体事物而言，每一个对象都一无例外地受普遍之理的制约，就人的行为而言，主体的每一举止，均必须遵循表现为纲常的当然之则。"⑦这样，朱熹在正确地肯定了形上之理的普遍性、根本性的同时，又将之绝对化，割裂了形而上之道、理与形而下之物、气的内在统一性："若以物为

① 《答陆子静》，《晦庵先生朱文公文集》卷三十六，《朱子全书》第21册，第1569页。
② 《朱子语类》卷十三，第232页。
③ 《朱子语类》卷一，第2页。
④ 《大学或问》，《朱子全书》第6册，第512页。
⑤ 《朱子语类》卷一，第9页。
⑥ 《朱子语类》卷六十二，第1496页。
⑦ 杨国荣：《王学通论——从王阳明到熊十力》，第9页。

道，则不可……物只是物，所以为物之理者，乃道也。"① 在这里，朱熹显然忽视了"道"（理）固然不能归结为某一特殊现象、混同于具体之"物"，但它也并不外在于具体之物、脱离于各种特殊现象而存在。而朱熹这样做实际上把整个世界划分成了两个不同的世界：一个是形而上的理本体世界，它净洁空阔而超然于万物，故此说它"只是一个净洁空阔的世界，无形迹"。它超然外在于物而又决定物。另一个则是形而下的物质世界，它有形有迹，依存于理。然而物终究只是物，它并不内在地构成为理的一部分。所以理、物被分割为对立的两个世界。这一点，在朱熹的"理一分殊""月印万川"说中表现得尤为明显："自其末以缘本，则五行之异本二气之实，二气之实又本一理之极，是合万物而言之，为一太极而已也；自其本而之末，则一理之实，而万物分之以为体。"② 即一理散为万物而万物则本于一理，理并不是作为客观的本质或规律而内在于万物之中，而是作为超验的本体显现于万物之上，恰似一月而印于万川。不难看出，世界在这里最终还是被二重化了。所以，正如杨国荣指出的："朱熹虽然力图以理散为物，物本于理来沟通二者，但由于他一再强调理的超验性，因而始终未能真正在理论上把这二重世界统一起来。正是这一点，在一定意义上构成了朱熹理学体系的致命痼疾。"③

由于朱学将世界二重化以及强调理的超验性，使形上之理成了外在的绝对实体和先于并超然于万物的超验本体，其对具体万物的支配作用具有外在的强制性，正如朱熹自喻的"如人跨马"。所以这"理"实为由天达人的"天理"，它更多地呈现为一个在人的存在之外的本然世界，表达了朱熹在为其理学体系所构造的抽象世界中对外在的宇宙本体所做的形上追问。它在客观上造成了朱熹形上学未能真正贯通天人、圆融主客的后果。而这不能不说是朱熹形上学体系所隐含的一个根本性的内在矛盾和理论缺陷。王阳明在对朱学由信而疑之后发现的朱学"析心与理为二"④ 的弊病正是针对这一点而言的。梁漱溟也认为朱子学说在理论思维上的"严重缺失盖在

---

① 《朱子语类》卷五十八，第 1363 页。
② 《通书注》，《朱子全书》第 13 册，第 117 页。
③ 杨国荣：《王学通论——从王阳明到熊十力》，第 11～12 页。
④ 《传习录》中，《王阳明全集》卷二，第 45 页。

情理、物理两者相混不分上"①。因为物理是客观存在的，而情理则存乎主观、得之于内省，两者大不相同。但朱子不仅将两者混为一事，而且重于物理的外向探求，难免不能达于思想的本质层面。

其次，朱熹理学未能真正构建完整的天人合一的形上学体系也进一步造成了其本体论的认知维度与价值维度的矛盾甚至脱节。有学者认为："朱子理学体系的天人不合一的矛盾主要表现在两个方面：一是宇宙论理路与人性价值论（核心价值）理路的矛盾；二是作为天人合一之理——仁的内涵解释的不一致的矛盾。"② 这确是有见地的看法。不过，笔者以为这两个方面的矛盾实际上只是同一个问题，即本体论所展开的两个维度即认知维度和价值维度的矛盾。朱熹理学虽然由于其重视对外在的、绝对的宇宙本体做形上追问，从而充实、强化了儒学本体论从认知维度对本体的涵泳、体认，极大地提高了儒家形上学的思辨水平，但是，朱熹理学显然没有也不愿意把他这种对宇宙本体的形上之思贯彻于人类社会的价值世界，从而造成了其形上学体系中宇宙论理路与人性价值论理路的内在矛盾。而造成这种矛盾的正是朱熹理学受儒家道德主义价值取向影响的结果。因为就朱学体系中宇宙论理路与人性价值论理路的矛盾来看，如果按照朱熹理学天人合一的逻辑予以贯通，那么其人性价值论方面的理路就应与宇宙论理路一致。朱学的这种矛盾性在对仁的本体论诠释中得到典型体现。仁本来是传统儒学的一个基本概念，主要是爱人、人伦的道德意义。从汉代儒学开始了由天地万物之生而言仁的传统，宋代理学家则进一步把仁看作天地之性、万物之本，使仁成为具有本体意义的范畴。他们不仅用"生之理"诠释"仁"，认为"生之性便是仁"③，而且把《易传》中"生生之谓易""天地之大德曰生"与仁学结合起来，认为"生生之谓易，是天之所以为道也。天只是以生为道"④，强调从生物运动、生生不息的观点看待宇宙自然的发展，把自然世界和人类社会都看作是一个有机连续的生命流行、变化不息

---

① 梁漱溟：《试论晦庵朱子在儒家学术上的贡献兼及其理论思维上的阙失》，《梁漱溟全集》第7卷，山东人民出版社2005年版，第466页。

② 王国良：《明清时期儒学核心价值的转换》，安徽大学出版社2002年版，第85页。

③ 黄灵庚等主编：《吕祖谦全集》第2册，浙江古籍出版社2008年版，第9页。

④ 《河南程氏遗书》卷二，《二程集》上，第29页。

的整体性过程，此即为"万物一体之仁"。这种以仁释理，以仁为天地万物的本体的观念，是宋代理学的一个思想创新。朱熹虽然基本继承了宋代理学家开始将仁天道化、本体化、形上化的倾向，使仁不仅仅只有伦理的内涵，而且赋予其生生、生物、生生不息的本体意义。朱熹说："仁者天地生物之心。"[①]"仁是天地之生气"，"只从生意上说仁"[②]，"名之曰仁，见得都是生意"[③]，肯定了生生不息之仁为天地之性、为自然之本；但是朱熹却没有把这种天道化、本体化、形上化倾向的仁学本体论进一步贯彻到底，承认生生不息之仁也应是人的本性，并进一步承认人的生命流行、生命存在的绝对价值。所以朱熹不但没有把自然之仁扩展到人身上，反而把人之仁的内涵退回到了单纯的伦理道德意义上去，以爱释仁，仁即伦常。朱熹反复强调以仁为"心之德，爱之理"[④]。他说："仁包四德"[⑤]，"在天地则块然生物之心，在人则温然爱人利物之心，包四德而贯四端者也"[⑥]。由于朱熹已不自觉地以原有的道德之爱代替宇宙大化之生生的仁的含义，以至朱熹重提"克己复礼为仁"，认为"当其私欲解剥，天理自是完备"[⑦]，"做到私欲净尽，天理流行，便是仁"[⑧]。最终把伦常之理提升为人的存在本性、宇宙大化之理，并试图反过来以此作为约束和规范宇宙自然和社会人生的根本准则。正因为如此，朱熹是不赞成程明道所说的"万物一体之仁"的，认为仁者与物同体之说，乃"使人含糊昏缓而无警切之功"者，因此他也很少谈天人合一。实际上这也反映了朱熹尚未能真正从贯通天人的角度来理解仁。韦政通指出：朱熹"若贯通着天人言仁，就没有理由反对明道'同体'之说"[⑨]。而朱熹之所以不认同与物同体之说，很大程度上是由于他在价值观层面上固守了儒家传统伦理道德观的基本取向。因为仁作为天道讲"万物一体、与物同体"的基本精神就在于尊重和确认宇宙万物中每一个主体的

---

① 《孟子或问》，《朱子全书》第 6 册，第 923 页。
② 《朱子语类》卷六，第 119 页。
③ 《朱子语类》卷六，第 113 页。
④ 《朱子语类》卷二十，第 474 页。
⑤ 《朱子语类》卷六，第 118 页。
⑥ 《晦庵先生朱文公文集》卷六十七，《朱子全书》第 23 册，第 3280 页。
⑦ 《朱子语类》卷六，第 119 页。
⑧ 《朱子语类》卷六，第 117 页。
⑨ 韦政通：《中国思想史》下册，第 1159 页。

内在价值，而这就需要进一步承认天地万物的多样性、平等性。如把天人合一的逻辑贯彻到底，这也就意味着需要更进一步承认人类本身也应该和天地万物一样具有多样性、平等性的内在价值。但是这种结论显然是朱熹无法接受的（也包括程明道，因为程明道也没有明确讲到过这一层次的思想）。受时代的局限，朱熹始终坚持君臣父子的伦理等级秩序是千古不易之道，朱熹说："臣之事君，犹子之事父，东西南北，惟命之从，此古今不易之理也。"[①] 以今日的观念看来，朱熹对社会伦理的这种看法，当然是太缺乏批判性的反省，而他既然要把传统的等级伦常秩序当作千古不易之天理，自然难以接受从万物一体到万民平等的彻底的仁学本体论的价值观。朱熹的这种观念表现了其在正确地肯定了形上之理的普遍性、根本性的同时，又将之绝对化，从而割裂了形而上之道与形而下之物、天理与人道的内在统一，完全消解了此前贯通天人的形上学努力，不但把天道与人道、天理与人欲打为两橛，而且进一步使之成为对立的两极。朱熹理论体系中明显存在着的这种宇宙论理路与人性价值论理路的矛盾，不单反映出其理论存在着结构性断裂，也反映出其虽然在本体论层面上大量吸取了道释的思想因素，但在价值观层面上还是从融合三教返回到了独守儒宗的道德保守主义立场上，造成了其本体论价值之维的失衡。

再次，朱熹理学存在的上述问题，不仅表现了其理论内容存在着的结构性断裂和儒家道德保守主义的价值取向，而且也存在着形上学方法论上的偏差。譬如，朱熹虽然主张理气统一，但实际上他对理气还是做了严格地区分：一个是形而上的理本体世界，它净洁空阔而超然于万物，故此说它"只是一个净洁空阔的世界，无形迹"。它超然外在于物而又决定物。另一个则是形而下的物质实在世界，它有形有迹，依存于理。然而物终究只是物，它并不内在地构成为理的一部分。所以理、物还是被分割为对立的两个世界，从而导致世界的二重化。由于把世界二重化，所以才有朱熹对天理人欲的严格区分。本来按天人一体的观念来看，既然天理自宇宙之理出，人欲从气出，理在气中，那么其顺理成章的天理也在人欲中，天理包含人欲，人欲体现天理，天理与人欲相互共存不能分离。然而，正是由于

---

① 　张伯行编：《濂洛关闽书》卷十七，商务印书馆 1937 年版，第 287 页。

受到儒家道德保守主义根本立场的影响，朱熹在人性价值观方面却不顾方法论上的自相矛盾，坚持把天理与人欲当作对立的两极，天理与人欲不仅被相互剥离，而且被看作势不两立、非此即彼的关系：天理所以不明，全是由于人欲所障，只有革除人欲才能使天理显现。由于人欲的存在必然会遮蔽天理，所以灭得一分人欲，存得一分天理；一旦人欲净尽，犹如拨云见日，天理尽存。天理流行，也就能够成就其所理想的道德圣贤境界了。这样朱熹自然就主张要"存天理、灭人欲"，从儒家的道德保守主义走向了极端的禁欲主义，从而导致天人关系的彻底分裂和对立。

　　更值得注意的是，在朱熹的形上学中，朱熹还十分强调理是形而上之本、气是形而下之料，理为主导，气则从属，这种上下主从的关系是不可混乱、不可改变的。依照此逻辑展开，在朱熹的整个理学体系中，不但理气具有这种上下主从的关系，其他两两相对的范畴也具有上下主从关系，如天理人欲、道器、公私、义利、王霸等。其中天理、道、公、义、王道等范畴总是居于主宰、支配的地位，而与之相对应的人欲、器、私、利、霸道等范畴则处于从属、消极的地位。朱熹说："天地之间，有理有气。理也者，形而上之道也，生物之本也；气也者，形而下之器也，生物之具也。……然其理器之间，分际甚明，不可乱也。"① 这样，朱熹根据他对理气等关系的看法把世界图景分成形而上与形而下两个系统，即一个以理为中心的居于优先地位的形而上的理本体世界和一个以气为主的居于从属地位的形而下的实在世界。不但如此，朱熹还进一步强调必须存理灭气，因为形而上的理本体世界是一个净洁空阔而超然于万物的善的世界，而另一个则是有形有迹、容易受到具体存在和世俗物欲污染遮蔽的恶的世界，这样就应该努力恢复、保存和扩展形而上的善的世界，改造、遏制和消灭形而下的恶的世界。朱熹所谓格物致知，实际上就是一个人通过穷理尽性、发明天理的格物之功，实现涤除物欲、拨开气禀所拘的过程。显然，朱熹这种观念是一种典型的非此即彼的一元论思维方式和方法论，它是无法满足一个深刻的形上学体系所需要的丰富性和包容性的，更没能懂得对立统一的辩证法原则对于理解本体论所具有的重要意义，尤其是没有真正将

---

① 《晦庵先生朱文公文集》卷五十八，《朱子全书》第 23 册，第 2755 页。

《易》的"借自然以明人事"、发天道以建人文的天人合一逻辑理路，道家的有无统一纯任自然的本体意识等推广融会到形上学的体系构造和社会人生的价值肯认之中去，因而未能臻至贯通天人、融合主客之境域，以实现本体论所展开的认知维度和价值维度的统一。就像陆九渊所批评的："天理人欲之言，亦自不是至论，若天是理，人是欲，则是天人不同矣。"[1]这种方法论上的偏差特别是其非此即彼的一元论不能不说是朱熹乃至整个宋代儒学一个重要的理论失误，是宋明理学走向僵化保守的主要思想根源。

最后，朱熹方法论上的失误也进一步体现了其本体功夫上的缺陷。在朱熹理学中，对至高无上的本体究竟如何体认和把握？对此，朱熹提出了格物致知说。朱熹的格物致知说认为本体之理虽是超验的，但它仍可显现于万物之中，一如月印万川，而通过即物穷理，即对"一草一木，一昆虫之微"，都"逐一件与他理会过"，通过泛观博览，参研推究，对事物做广泛考察，达到对每一事物的"铢分毫析"，最终才能把握至理。朱熹理学强调的这种格物致知功夫固然有注重探求客观事物和运用理性分析工具的优点，但也不免具有烦琐哲学的倾向，甚至流向离行言知、耽于经册的训诂辞章之学，难怪被陆九渊讥为"支离事业"。而后起的王阳明对朱熹的另一重批评也首先是针对其"支离决裂"之弊而发，并进一步考察了朱学所以支离的原因。在他看来，正是朱学将穷理仅仅囿于知而使之与行相分离这一特点，导致了其产生支离决裂之弊："专以穷理属知而谓格物未尝有行，非惟不得格物之旨，并穷理之义而失之矣。此后世之学所以析知行为先后两截，日以支离决裂而圣学益以残晦者，其端实始于此。"[2]王阳明所批评的朱学的知行相离、琐碎决裂之弊，直接导致了王阳明在离弃朱学，转而建立自己的理论体系后，首先力倡知行合一说。所以，从理论指向上分析，王阳明的知行合一说实际上更多地应对了朱学本体功夫论上的不到位即本体功夫相剥离之弊，而提出了自己的本体功夫的统一观。因为如果说在朱子那里，性是理，是形而上的道，是本体；心则不然，它虽然具有灵明，但属形而下者，可以知道、体道，却不是道，所以功夫与本体不能合

---

[1]　《语录上》，《陆九渊集》卷三十四，中华书局1980年版，第395页。
[2]　《传习录》中，《王阳明全集》卷二，第48页。

一。那么在王学那里，心理之间是不存在形而上与形而下的区别的，它们就统一在良知上。良知既是理，又是对理的知觉、意识，因而本体与功夫是合一的。

另外，朱熹理学强调的格物致知功夫注重向外探求客观事物及其知识，不免又会有"务外遗内"之弊，忽视了主体的内在能动作用。而王阳明把本体与功夫统一在良知上，实际上是突显了作为主体的人的能动作用，要求把人的思想认识从理学烦琐的训诂释经和外向求知中解放出来，倡导了"是非审之于己"的思想自由之风，更为人们通过自我努力构建一个能够彰显自己的生命价值的意义世界指出了方向。

当然，从理论旨趣上看，朱熹理学从整体上说还是以探讨人与自然的关系、人在宇宙中的地位的学说为其形上学追求的，特别是就其思想主旨而言，也是力图探讨人生的意义与价值的学说，也就是探讨什么是理想人生，如何实现理想人生的学说。因此，朱熹的形上学并非纯粹的自然形上学，它也力图贯通天人以为社会人生提供一个意义的世界。甚至不少研究者也认为朱熹理学是以天人合一为中心的典型学说。的确，上达天理、下开人文、体用一源、成己成物，本是儒家精神题中应有之意。但宋儒在上达天理之时，却由于过于强调本体的涵泳而未能落实于人伦日用，真正打通天人的分际，在努力纠正汉唐儒学徒知用于世而不知有本的弊端的同时，又陷入了另一种有体无用、求本舍末的矫枉过正局面。正如钱穆指出的："然有宋一代之理学家，则尽讨论本原，而忽略了历史人事，则亦终为规模未大也。"[1] 显然，以朱熹为代表的宋儒的这些形上学之弊，逻辑地构成了王阳明形上学体系产生和演进的重要理论前提。

4.阳明学的本体论转向

从前述思想史的演进逻辑上看，王阳明的本体论是在对宋儒本体论建构的基础上进一步做了重要的发展、补充和完善。同时，它也具有不同于宋儒的本体论取向，实现了本体论上的重大转向。

如前所述，以朱熹为代表的理学虽然在佛道思想的刺激及影响下构建

---

[1]　钱穆：《朱子新学案》下册，巴蜀书社1986年版，第1604页。

起了一个庞大的形上学体系，但是由于他过于强调理作为本体的普遍性、超验性和绝对性，致使其本体论具有浓厚的客观本体论倾向，表现为过于注重追求外在性存在的知识的确定性、必然性的认知维度，而忽视了与人的主体性存在相关联的价值维度的重要意义。尽管朱熹也一再地试图沟通理与心、天道与人伦，但终究未能消除天人之间特别是外在天理与个体存在之间的紧张和对峙。因而如何消解这种紧张和对峙，比较好地统一这二重化的世界，是朱熹始终无法彻底解决的理论难题，也是宋儒在形上学理论的建构上给后人遗留下的历史性课题。

这样，无论是从历史还是逻辑上看，从朱熹到王阳明的形上学演进，实际上都需要一个重大的本体论转向，即向本体论的认知维度和价值维度相统一转向。进一步来看，这种本体论转向主要体现为如下四个具体层面的问题并成为基本的转向路径。

一是人如何体认外在天理的问题。从儒家形上学的发展过程上看，宋儒处于形上学构建的第二大阶段，他们的主要使命是在吸纳道释等思想成果基础上回应来自道释的形上学挑战，弥补传统儒学在形上学建构上的先天性缺陷，构建一个以天道观为中心的理学本体论。所以宋儒学说重在构建"天理"的本体地位，表现在理论形态上，就是通过对理与气、无极与太极、天地之性与气质之性等基本问题的辨析，确立起天理的至高无上和绝对权威的地位，也因此造成了天人关系上"天理"一头独大的思想格局。这种思想格局虽然有其局限性，但对于宋儒来说，他们已完成了他们的历史使命。阳明学无疑是在继承了宋儒所构建的本体论基础上发展起来的，因此它的主要使命不再是构建"天理"，而是如何体认这个"天理"，即如何由天达人，使外在的天理内化为人的道德自觉和良知的问题。也就是说，要让具有外在超验性的普遍天理不再以强制性的律令形式"命"我，消除其异己性、他律性，而转化为具有主体自觉的道德意志和道德行为，从而真正消解外在天理与个体存在之间的紧张和对峙。所以阳明学所关心的形上学主题是理与心、动与静、已发与未发等关系问题，这显然已与宋学不同。这种形上学主题的转换从一个重要方面表明了从朱熹到王阳明已发生了由"理"到"心"、由"天理"到"良知"的本体论内涵的根本转向，形上学本体不再仅仅是存在本体，也是价值本体。

王阳明对如何体认外在天理问题的解决，即如何由天达人，使外在的天理内化为人的道德自觉和良知的问题，实际上走的就是一种内在化的思想进路。譬如王阳明以"心外无理"的命题彻底否定了程朱对"理"的客观的、超验的解释，重新将此"理"安顿于人"心"之中。因为如果说朱子说"理"主要是讲"物理"，只是兼及"性理"；那么王阳明所讲的"理"首先是在"性即理"意义下严格规定了的"性理"，此"性理"是紧扣在心上讲的，故也可以直接讲"心即理"。这样，阳明学从宋儒注重外求的"道问学"转换到了注重内省的"尊德性"。当然，在形上学方法上，到底是注重求之于外物还是内心自觉，在宋儒内部就已有争论。这就是朱熹和陆氏兄弟之间的"尊德性"和"道问学"之争。这个辩论实际上是关系到对"天理"的体认把握到底是求之于外，还是求之于心的问题。"尊德性"强调对"天理"的体认主要求之于内在心灵的体验，"道问学"则强调主要求之于外在知识的明理。总的来看，宋儒中虽有"尊德性"的呼声，但基本上还是以"道问学"为主要特征，表现出宋儒以求外物之理为途径求证本体的形上学路径。而明代阳明学，则以"尊德性"为主旋律，使形上学的关注焦点聚集在体悟内心的良知是否与天理同一、如何同一等内在化进路上，即追求揭橥"良知"，直指本心，使个体通过内在化的进路获得对普遍本体的内在认同和把握。王阳明通过自己多年格物致知的实践发现，人们如果只是一味地向外求索，只关注于外在的普遍之理，或只追求对外部世界一事一物的认识，而不能将其转化为主体的内在价值规范和道德意志，达到内外的统一贯通，那么外在的普遍之理、规范之道与人这一主体就是分离的，具有异己的、强制性的特征。只有普遍之理内化于主体，才能摆脱这种强制性和异己性，从而达到圣人之境，体会"孔颜乐处"。据此，王阳明认为朱熹那种格物致知的道路是行不通的，因此舍弃了朱熹以外在性为主的认识方法。[1] 他提出的"心即理""圣人之学，心学也"的口号，一再地要求的"求诸心""于心体上用功"[2]，都是指出了这样一条内在化认识

---

① 除了在认识论层面上的意义之外，朱熹哲学在更广阔的思想层面上，可以说也具有割裂内圣外王的统一，转向内在化的倾向。这里所谓的"内在化"是指偏重于内在道德心性的修养、以追求道德人格的内在超越为主的道德取向，从而导致把传统儒学简单地化约为"内圣之学"的哲学倾向。

② 《传习录》上，《王阳明全集》卷一，第14页。

进路。这种从心上体认的内在化进路与从文义、事物上求知的外在化进路相比，从心上对道体的体悟，更多地表现为一种主体在身心一体、内外统一后所达到的内在境界，而后者则更多地表现为由外在的语义的辨析和逻辑关系的分疏所形成的知识图谱。可以说，阳明心学的内在化进路表明了其认识论在认识的对象和内涵上，已由单纯对外在的语义、文本和事物的对象性认识，转向以对主体自我的体认、内在本质的证悟为主的内在化过程。从历史上来看，中国哲学对这种通过内在化进路实现的主体境界的追求，具有长远的传统，并且早已成为一条具有深广意域的内在超越路径。

二是如何致力于构建一个属人的意义世界问题。针对朱子将天人打为两橛之弊，与之同时期的陆九渊就明确地反对其"天是天，人是人"的观念，陆九渊所提出的"心即理"命题背后，就含有对朱熹将外在天理与人的存在对立起来的批评。陆九渊的"心即理"命题不同于朱熹的形上学意蕴在于它不仅把"心"提升到了与"理"等同的本体地位，而且力图构建一个以心为中心的意义世界："宇宙便是吾心，吾心即是宇宙。"在陆九渊的这个意义世界中，不仅心、理为一，就是"情、性、心、才，都只是一般物事"①，完全取消了形上形下、体用内外的区别，形成为一个贯通内外、流行天地的心体世界。但陆九渊这个"心"，更多地还是一个抽象化的观念性主体，是超离于个体的上下古今、人人所同的道德意识，即"本心"，因之它未能真正贯通作为主体的个体存在状况及其真实的日常生活世界。这样，陆九渊的这一思路虽然更多地关注到了人的主体性价值，却还不是以个体生命的存在及其生活为基础的价值本体论。

此后，陆续有学者沿着这一思路将形上学的思考目标定位于进一步融合本体与现象、彼岸与此岸、必然与自由的冲突和紧张，构建一个属人的意义世界。而王阳明无疑是这一思想路向上的集大成者。"王阳明将存在的考察限定于意义世界，与程朱从宇宙论的角度及理气的逻辑关系上对存在（being）作思辨的构造，确乎表现了不同的思路：它在某种意义上可以看作是一种本体论的转向。"② 在王阳明看来，本体存在并不是一个纯粹的本然

---

① 《语录下》，《陆九渊集》卷三十五，第 444 页。
② 杨国荣：《心学之思 —— 王阳明哲学的阐释》，第 97～98 页。

世界，因为本然世界是一种自在存在，是人通过外在化的知识性探求无法完全涉及和确证的。王阳明主张"心即理"，以心为本体，实际上就是明确地肯定了本体与主体的内在联系，肯定了本体世界是一个由主体的活动构造的具有超越性的意义世界。[①] 同时他又认为"心外无理"，"意之所在便是物"，并强调在这样一个本体世界中天地万物一体的特性，显然这里的理、物、天地万物都并非指作为本然存在的自在之物，而是指显现于人的主体性经验和能动性活动中、具有一定的意义形态的对象性存在。尽管这种对象性存在并不在实存的意义上依存于人，但是其存在的意义和价值却是通过人的存在及其活动而得到彰显的。所以虽然王阳明也不可避免地具有先验设定色彩的"本体论承诺"，但是他对抽象的形上学本体问题显然缺乏强烈的兴趣，反而表现出对超验本体的本然之域的某种疏离。这在王阳明批评朱熹的"外吾心以求理""析心与理而为二也"[②] 中就有着典型的反映。因此，在王阳明那里，世界存在既有一个"是什么"的实然问题，更有一个"应怎样"的应然问题。王阳明用"山中花树"的例子说明了任何事物在实然形态上都是一种物物不分的混沌存在甚至是毫无意义的死寂之物。而正是人的知觉、体验和活动赋予它们精神和生气，从而获得了价值和意义，构成一个属人的意义世界。事实上，人所追求的不仅仅是一个纯然的物质实体世界，更是一个由自身所创造的意义世界。宇宙万物对人而言也不仅仅是一种客观的实然世界，而且还是一种有意义的对象世界，是被人理解并赋予了价值与意义的属人世界。由注重外在的天理流行的世界转向注重由内在的心灵体验所构筑的意义世界，这不能不说是本体论在价值维度上的一个重大转向，体现了本体论的认知维度和价值维度的统一。

三是如何确立起主体性的维度。如前所述，由于朱熹强调理先于并超然于万物的超验性，更多地呈现为一个在人的存在之外的本然世界，使形上之理成了外在性的绝对实体，从而造成了世界的二重化，表明了朱熹形上学不仅未能真正贯通天人、圆融主客，而且造成了天人、主客的对立。这正是朱熹形上学体系所隐含的一个根本性的内在矛盾和理论缺陷。也正

---

① 参见拙文：《意义世界的构建——阳明学本体论的价值之维》，《哲学研究》2010 年第 11 期。
② 《传习录》中，《王阳明全集》卷二，第 46 页。

是在这一点上，王阳明在经历了早年"遍求考亭遗书读之"、格物致知、"循序致精"①后，逐渐对朱子学由信而疑，最终发现"析心与理为二"②是朱子学最大的弊病。王阳明说："晦庵谓：'人之所以为学者，心与理而已。'……是其一分一合之间，而未免已启学者心理为二之弊。"③因此阳明在龙场悟道后，"始知圣人之道，吾性自足，向之求理于事物者误也"④。"尔那一点良知，是尔自家底准则"⑤，抛弃自家自足之性，"外吾心以求理"，将天理视为在心体之上的超验本体，正是寻求天理的根本"理障"。正因此，王阳明主张要拆除这些"理障"，并由此进一步消除朱熹把作为普遍规范的天理与主体意识割裂开来的错误："心即性，性即理，下一'与'字，恐未免为二"⑥。此处之性，即指主体的道德意识。王阳明认为，理不在心之外，而在心之中："夫物理不外于吾心，外吾心而求物理，无物理矣。"⑦在王阳明看来，作为自在之域的本然世界是我们无法了解和确定的，我们所能够接触和确证的只是与我们的存在发生着关联的具体存在。这样的作为客体的具体存在，通过人这一个主体呈现其存在及其意义，而它本身作为本体所包含的理就存在于这种主客关系中，王阳明说：

> 我的灵明，便是天地鬼神的主宰。天没有我的灵明，谁去仰他高？地没有我的灵明，谁去俯他深？鬼神没有我的灵明，谁去辩他吉凶灾祥？天地鬼神万物离却我的灵明，便没有天地鬼神万物了。⑧

"我的灵明"作为天地万物的主宰，其实是一种主体性作用的体现。这种主体性作用主要表现在"仰他高""俯他深""辩他吉凶灾祥"的意义之域，表明这一意义世界的构建离不开主体的参与，人自身的主体性存在和

---

① 《王阳明年谱》一，《王阳明全集》卷三十三，第 1223～1224 页。
② 《传习录》中，《王阳明全集》卷二，第 45 页。
③ 《传习录》中，《王阳明全集》卷二，第 42 页。
④ 《王阳明年谱》一，《王阳明全集》卷三十三，第 1228 页。
⑤ 《传习录》下，《王阳明全集》卷三，第 92 页。
⑥ 《传习录》上，《王阳明全集》卷一，第 15 页。
⑦ 《传习录》中，《王阳明全集》卷二，第 42 页。
⑧ 《传习录》下，《王阳明全集》卷三，第 124 页。

作用推动了天地万物由本然的存在转化为意义世界中的存在，此即王阳明所谓"他的天地万物"①。因此，王阳明在谈到"山中花"时指出："你未看此花时，此花与汝心同归于寂。你来看此花时，则此花颜色一时明白起来。便知此花不在你的心外。"②王阳明认为必须将外在的普遍之理、规范之道转化为主体的内在价值规范和道德意志，达到内外的统一贯通，从而消除其所具有的强制性和异己性，主体以一种内在化的进路获得对普遍本体的内在认同和把握。从这一意义上说，王阳明所主张的"心即理"就表明了心与理、主体与客体不仅并非彼此悬隔，反而是相互融合、一体两面的关系，即具有本体—主体双重属性。对这种本体—主体双重性的确认，是王阳明的心学本体论对程朱的理学本体论的一个重要革新，兴起了中国传统哲学自明代中期所开始的一种主体性转向。而这种主体性转向，不仅空前地挺立了人在意义世界中的主体性地位，而且高扬了中国传统社会所十分稀缺的自作主宰、勇于担当的主体性精神，充分肯定了人的存在价值和个体生命的意义，对于明清近代启蒙思潮的发展具有重要的推动作用，是王阳明在本体论上的一个重要贡献。

王阳明所构建的具有本体—主体的双重性的本体论，表明其对世界存在的关注已经从本然形态问题转化为现实形态问题。王阳明认识到，作为世界存在的现实形态，具有本体—主体的双重性的本体存在不是预设的、现成的，而是具有生成的性质，它更多地表现为从本然形态向现实形态不断转化、生成的过程。成中英认为，在中国哲学中，"重要的是'本体'一词应被看作具有由本到体的创化意义"。也就是说，所谓本体必须放在一个发展的创化过程中来理解，是一"由本到体以致用的过程"。③譬如王阳明认为"忠""孝"这些理，它们无疑要具体地体现在臣子对君父的真诚事奉关系中；离开了事君、事父这些具体的实际活动，也就无所谓真正的"忠""孝"了。④显然，这是一个由抽象存在到具体存在、从本然形态向现实形态不断转化的过程。在这一过程中，一方面，主体通过对象化活动化"天之天"为"人之天"、

---

① 《传习录》下，《王阳明全集》卷三，第 124 页。

② 《传习录》下，《王阳明全集》卷三，第 107～108 页。

③ 成中英：《近三十年中国哲学的发展与中国哲学智慧的挑战》，载《儒家文化研究》第五辑，生活·读书·新知三联书店 2012 年版，第 18～20 页。

④ 《传习录》上，《王阳明全集》卷一，第 2～3 页。

"自在自然"为"人化自然",从而不断地生成着对象化的意义世界,并且通过这种对象化的意义世界的生成不断展示和确证着人的本质力量,使本体—主体的双重属性得以真正确立。另一方面,本体世界通过这种对象化活动不断地融合其本体—主体的双重属性,获取其现实性的品格,从一种本然形态转化成为一种现实形态,并因此在对象化世界中得到敞开和澄明。

四是如何提升主体性的境界。阳明学的良知本体论所确立起的主体性维度使其形上学的关怀主题由注重外在的天理流行的世界转向了注重由内在的主体性精神所构筑的意义世界和价值境域。这实际上已经涉及主体性的境界问题,意味着王阳明不仅仅探讨了世界存在"是什么"的实然问题,更进一步关注到了世界存在"应怎么样"的应然问题。因为尽管心体作为本体具有自主性、主体性,但它显然不是一个小我、一己之私心,而是"消磨私意"之后具有普遍性品格的"良知",是拔除"蔽塞"之后的广大澄明之境。正因此王阳明设定人与万物一体,天理即心体,而此心体既是本体又是主体。这种本体与主体的一体性,其意义既表现于《中庸》所谓"赞天地之化育""与天地参"和王阳明自谓的"体用一源""仁者与天地万物为一体"的存在境域,因之在存在的本体领域得以确认天人之间的本质同一性以及一切存在的终极本源性,又保证了本体之终极价值具有可经验性、实践性,使含普遍必然之理、当然之则的道德理性落实到现实的经验境域之中,使心之体发而为物之用。王阳明提出要立体以达用,强调要真正确立作为普遍的道德理性之体,就是要"立其天地万物一体之体";要践行的淑世济民之用,就是要"达其天地万物一体之用"。王阳明说:

> 明明德者,立其天地万物一体之体也;亲民者,达其天地万物一体之用也。故明明德必在于亲民,而亲民乃所以明其明德也。①

阳明又说:

> 大人者,以天地万物为一体者也,其视天下犹一家,中国犹一人

---

① 《大学问》,《王阳明全集》卷二十六,第 968 页。

焉。若夫形骸而分尔我者，小人矣。大人之能以天地万物为一体也，非意之也，其心之仁本若是，其与天地万物而为一也。①

人与天地万物是一个有机系统，同属于一个统一的世界，如此便是一气流通的，天地万物之间并没有间隔，人与人、人与万物之间也没有间隔，共同组成一个有机整体的一体存在，"是合心与理而为一者也"②。所以，王阳明"心即理"的意义首先就在于其在存在的本体领域确认了天人、人人、万物之间的本质同一性。阳明说："夫圣人之学，心学也，学以求尽其心而已。……圣人之求尽其心也，以天地万物为一体也"；"心尽，而家以齐，国以治，天下以平"。③可见，王阳明追求的根本理念，正是要使社会有机地整合为一个和谐的共同体。王阳明特别强调"天下之人皆相亲如一家之亲"④。在这个社会里，所有的人就像一家人一样，几乎没有疏远遗漏之处，仁者能以良知之心将仁爱关切施达于所有人。所以，王阳明甚至进一步超越了"人类中心主义"之仁，将己之"良知"推及于万物、自然：

> 君臣也、夫妇也、朋友也，以至于山川、鬼神、鸟兽、草木也，莫不实有以亲之，以达吾一体之仁，然后吾之明德始无不明，而真能以天地万物为一体矣。⑤

王阳明"化天理为良知"，把普遍性的道德理性原则扩展到万物、自然的世界，确立"良知"为包括人和自然万物、贯通一体的最高本体，从存在本体论的形上学高度，不仅论证了"亲民"的内在必要性，而且阐明了以"良知"统摄万物于一体的整体观，达到了一种类似老庄"以道观之"的超越性境界。

阳明心学的如上特质表现了其力图打通形而上与形而下、知与行的二元对立，追求具有超越品格的普遍性原则与具有入世精神的日常生活世

---

① 《大学问》，《王阳明全集》卷二十六，第 968 页。
② 《传习录》中，《王阳明全集》卷二，第 45 页。
③ 《重修山阴县学记》，《王阳明全集》卷七，第 256 ～ 257 页。
④ 《传习录》中，《王阳明全集》卷二，第 54 页。
⑤ 《大学问》，《王阳明全集》卷二十六，第 969 页。

界的统一，因此强调知行合一，"知之真切笃实处，即是行；行之明觉精察处，即是知，知行工夫本不可离"。"真知即所以为行，不行不足谓之知。"[①] 阳明心学的这一思想特质，体现了王阳明始终注重实学和事功，将成己与成物、学思与生活实践扣得极为紧密的思想取向。这种思想取向既使阳明心学不同于将形上与形下分别为二从而导致道器、理气、性心、体用脱落为两截的朱熹形上学，也使阳明心学不同于陆九渊心学。陆九渊心学虽然已经关注到了人的主体性价值，但那更多的是一种抽象化的观念性主体，还未能真正贯通于作为主体的个体存在状况及真实的日常生活世界。从这个意义上说，王阳明反对"吾心"与"物理"的分隔，反对本体与现象世界的二重化及其对立，主张"心外无理""心外无物""意之所在便是物"，并且进一步强调"知行合一""体用一源""立体达用"，即是表示了一种不同于朱陆的本体论的追求。而这种本体论追求正是通过肯定客体的本然世界以对象性存在进入了人的意义世界的构建境域，展示了其中所蕴含的昂扬的主体性精神和真实的日常生活世界，使认知之维和价值之维在阳明学的良知本体论中达到了一体圆融之境。同时，这样一种本体论的追求也引导人们从对象化世界的敞开和澄明中进一步反观人自身的存在，把自我意义的追问融合于"仁者与天地万物为一体"的存在境域的实现之中，这既是一种"无我之境"，又是一种由小我上升为"大我"的"有我之境"，真正体现了一种既高远又切实、既上天又入地的有无统一、人己不分、成己成物、万物一体的理想境界。

总之，从朱熹到王阳明的形上学演进，从历史和逻辑两方面实现了一个重大的本体论转向，即向本体论的认知维度和价值维度相统一的转向。王阳明对良知本体的阐发，从多个具体层面真正消解了朱熹等宋儒在形上学理论的建构上所无法解决的二重化世界的紧张和对峙。可以说，王阳明的良知本体论不但深化了本体论的认知维度，而且塑造了良知本体的意义世界，实际上也在一个新的基础上重建了儒家形上学的价值之维，最终较彻底地实现了本体论的认知之维与价值之维的统一。阳明心学在融摄三教的基础上不仅提供了一幅独特的形而上的世界图景，而且展示了其所蕴含

---

① 《传习录》中，《王阳明全集》卷二，第 42 页。

的昂扬的主体性精神和丰沛的意义世界，表现了一种不同于宋儒的本体论取向，达到了宋明儒学的形上学高峰，对于极大地推动中国哲学及思想文化的近代变革和转型具有深刻的理论意义和广泛的思想影响。

二、心之本体

如上所说，王阳明的本体论实现了从"理"到"心"、由"天理"到"良知"的重大转向。那么，王阳明为什么能够实现这种本体论转向呢？我认为这与王阳明充分地融摄了道家的形上智慧有着重要的内在关系。因为王阳明尽管在中后期与"外人伦弃世务"的老释有着不同的旨趣，但他仍然称许老释的思辩"高博""犹有自得"①，明确承认儒道佛"三间共为一厅"的思想格局，这无疑是表示可以吸取道佛的思想资源为其所用。而王阳明中后期这种立足儒门、融摄道家智慧的思想特质首先在其形上学上有典型表现。

1. 心外无理

我们说过王阳明的形上学是在接过朱熹形上学的逻辑结论之后进一步展开和完善的。朱熹建立了天理的绝对权威的本体地位，王阳明并不反对朱熹的这一结论，王阳明的问题是，在肯定天理的绝对本体地位之后，我们如何体认这一外在的天理？对此，王阳明最早曾采用了朱熹的方法。朱熹的方法就是"格物穷理"。朱熹特别发挥了《大学》"欲诚其意者，先致其知；致知在格物，物格而后知至"的"格物致知"之旨，称"言欲致吾之知，在即物而穷其理"②，朱熹强调"穷理"，"穷"可以训释为对形上学本体之理的追根究底。那么如何追究呢？朱熹认为"众物必有表里精粗，一草一木，皆涵至理"，通过格草木等物的方法而追究形上学本体之理。这样，朱熹所谓的格物致知，实际上就是即物穷理，即通过对一事一物所含的天理的认识，达到致知的目的。但事实上，朱熹的"格物穷理"方法存

---

① 《别湛甘泉序》，《王阳明全集》卷七，第230页。
② 《大学章句》，《朱子全书》第6册，第20页。

在两个重大的困难：其一是一事一物都要去穷究，如何能穷究得尽？朱熹热衷于对这种草木万物的格物穷理，难怪要被人讥为"支离琐碎"。其二是按照朱熹的思路，在主体之外去求异于主体之心的草木事物之理，这如何可能？主体竭其心思，去穷格事物，但如果用单纯的视觉感官去接触事物，所得到的只是事物的形状、颜色、大小等表象，而这些外在的表象并不是隐藏在物象之后的事物之理。也就是说，用"格物致知"的方法如何穷究得理？这仍是一个有待解决的难题。王阳明青年时代就一直被此难题困扰。因他曾遵循朱熹的"格物穷理"之法，与朋友一起去格竹子之理而遇挫：

> 因指亭前竹子令去格看，钱子早夜去穷格竹的道理，竭其心思，至于三日，便致劳神成疾。当初说他这是精力不足，某因自去穷格，早夜不得其理，到七日，亦以劳思致疾，遂相与叹圣贤是做不得的，无他大力量去格物了。[①]

主体虽然竭尽心力去穷格客体（竹子）之理，但因通过这种主体之"格"即视觉感官的接触，所获得主要是竹子外在的表象，而难得竹子之理，所以王阳明他们遇挫也是必然的。后来在多年后，王阳明又据朱熹"居敬持志，为读书之本；循序致精，为读书之法"的指示，试图照此求得对客观普遍之理的理解把握，可惜又归于失败。[②]

王阳明虽然几次格物失败，但其认识却得到了发展，即由最初怀疑自己的能力有限，学不成圣人，到后来怀疑朱熹格物穷理方法的有效性，使"物理吾心终若判而为二"[③]，到最后认识到"乃知天下之物，本无可格者，其格物之功，只在身心上做，决然以圣人为人人可得，便自有担当了"[④]。这个根本的觉悟发生在王阳明被贬贵州龙场之后，"忽中夜大悟格物致知之旨"[⑤]，史称"龙场悟道"。这次悟道说明了他的思想已真正与朱熹"求理于

①　《传习录》下，《王阳明全集》卷三，第120页。

②　参见《王阳明年谱》一，《王阳明全集》卷三十三，第1224页。

③　《王阳明年谱》一，《王阳明全集》卷三十三，第1224页。

④　《传习录》下，《王阳明全集》卷三，第116页。

⑤　《工阳明年谱》一，《王阳明全集》卷二十二，第1226页。

事物"的追究途径的决裂，而重建"圣人之道，吾性自足"①的"只在身心上做"的思维路径。对此王阳明有一详细说明：

> 晦庵谓："人之所以为学者，心与理而已。心虽主乎一身，而实管乎天下之理，理虽散在万书，而实不外乎一人之心。"是其一分一合之间，而未免已启学者心理为二之弊，此后世所以有专求本心，遂遗物理之患，正由不知心即理耳。夫外心以求物理，是以有暗而不达之处，此告子义外之说，孟子所以谓之不知义也。心一而已，以其全体恻怛而言谓之仁，以其得宜而言谓之义，以其条理而言谓之理，不可外心以求仁，不可外心以求义，独可外心以求理乎？②

循着这条思维路径，王阳明认为，理原本完全地在我心中，而不在外在事物（竹子）之中。而按照朱熹的思路方法，在主体之外去求异于主体之心的草木事物之理，自然难有成效。所以王阳明认为朱熹哲学之偏，就在于心外求理，"而未免已启学者心理为二之弊"。

总之，"析心与理为二"是王阳明经过从格竹子之理失败到龙场悟道的长期摸索而最终发现的朱熹"格物穷理"的一个根本错误。王阳明的意思是：朱熹从心外去追究形上学本体之理，是穷究错了门道，是得不到理的。的确，从理论取向上分析，朱熹的本体论思路在强调理的普遍必然性的同时，更多地将理本体与超验性联系起来，而对理的经验内容未予以应有的注意。与之不同，王阳明在强调本体应有其普遍必然性、先验性（得之于天）的同时，不仅并未将关注之点转向超验性，反而试图沟通先天与经验，肯定本体的可经验性存在性质。当王阳明的门生陈九川问如何才能达到稳当快乐处，王阳明的回答是："尔却去心上寻个天理，此正所谓理障。"③心之上的理，是超验之理；以心之上寻理为理障，可以看作正是针对朱熹的批评。阳明在这里抓住了一个正确的认识问题：对具有普遍性品格的天理的体认，不能不与主体的理性能力、感性存在状况相关联。朱熹形上学正

---

① 《王阳明年谱》一，《王阳明全集》卷三十二，第1226页。
② 《传习录》中，《王阳明全集》卷二，第42～43页。
③ 《传习录》下，《王阳明全集》卷三，第92页。

是由于在形而上的理性本体与形而下的感性实在、外在先验天理与内在现实心性、伦理道德知识与伦理道德实践之间，即客体天理与主体心理之间存在着分裂和脱节，才产生了难以解脱的内在矛盾，并导致王学的兴起。所以，与朱熹心上寻理的超验进路相异，王阳明在肯定心体具有先天的普遍必然之理的同时，又将其与经验内容和感性存在联系起来：

> 夫物理不外于吾心，外吾心而求物理，无物理矣；遗物理而求吾心，吾心又何物邪？心之体，性也，性即理也。故有孝亲之心即有孝之理，无孝亲之心即无孝之理矣；有忠君之心即有忠之理，无忠君之心即无忠之理矣。理岂外于吾心邪？①

正由于"心外无理"②，王阳明才要求对理的把握要从心体出发，达到对外在天理的体认，即把这种认识看作是一个由内而外的扩充过程，而不是像朱熹一样强调是一个由外而内的灌输过程。

朱、王的上述致思路径的差异，可以从他们对"格物致知"一词的不同诠释反映出来。王阳明说：

> 若鄙人所谓致知格物者，致吾心之良知于事事物物也。吾心之良知，即所谓天理也。致吾心良知之天理于事事物物，则事事物物皆得其理矣。致吾心之良知者，致知也；事事物物皆得其理者，格物也。③

朱熹是讲"格物致知"，即从外物之理到内心之知的问题，他的立脚点是外物；其局限正如王阳明所指出的："朱子所谓格物云者，在即物而穷其理也，即物穷理是就事事物物上求其所谓定理者也。是以吾心而求理于事事物物之中，析心与理而为二矣。"④而王阳明是讲"致知格物"，所反映的致思路径与朱熹正好相反。王阳明"致知格物"是以自我的良知去"正"万事

---

① 《传习录》中，《王阳明全集》卷二，第42页。
② 《传习录》上，《王阳明全集》卷一，第15页。
③ 《传习录》中，《王阳明全集》卷二，第45页。
④ 《传习录》中，《王阳明全集》卷二，第44～45页。

万物，立脚点是放在主体身上，表现的是一个由内而外的主体外化过程。

理本体作为最具有普遍性的"当然之则"，当然是需要在人类理性的活动中得到体认和阐发。实际上，主客体始终处于相互生成、相互演进的过程中。在这一意义上说，理本体与感性存在之间确有不可忽视的关联性。马克思曾批评费尔巴哈不懂得主客体相互生成的关系："他没有看到，他周围的感性世界绝不是某种开天辟地以来就直接存在的、始终如一的东西，而是工业和社会状况的产物，是历史的产物，是世世代代活动的结果。"① 马克思这里所强调的是，对于人来说，外部感性世界并不是既成的、先天的存在，而是形成、展开于主体参与的现实活动过程之中，是人的实践活动的产物，因此，它不是先天的自在世界，而超越了先验的抽象之域，力图在主客体的相互生成和互动中达到对客观世界（包括本体存在）的历史的、较为现实的理解。王阳明声言"心外无理"，就其拒绝承认有独立于主体之外的客体这一层意思来说，确包含有积极的理论意义，是对朱熹将本体之理抽象化，使之陷入由先验走向超验之弊的一种反拨。正如杨国荣指出的，王阳明把本体"理解为先天形式与经验内容、理性与非理性的统一，确乎表现了不同的思路，它对于化解超验与经验、理性与非理性、道心与人心的紧张，限制理性的过度专制，无疑具有不可忽视的理论意义。从明中叶后及晚期思想的演进来看，王阳明的以上思想对注重个体存在、反叛本质主义的思潮，确实也产生了重要的影响"②。

2. 心即理

既然"心外无理"，那么"理"在何处？或者说，既然否定了外在于心之理，那么"理"是什么呢？

对此，王阳明明确主张："心即理。"所谓"理"，不在于外部的存在中，而就在人自有的心体之中，他说：

> 心即理也。天下又有心外之事，心外之理乎？③

---

① 《德意志意识形态》，《马克思恩格斯选集》第一卷，人民出版社1995年版，第76页。
② 杨国荣：《心学之思——王阳明哲学的阐释》，第78页。
③ 《传习录》上，《王阳明全集》卷一，第2页。

　　或问："晦庵先生曰：'人之所以为学者，心与理而已。'此语如何？"曰："心即性，性即理，下一'与'字，恐未免为二。"①

　　心即理也；学者，学此心也；求者，求此心也。②

　　"龙场悟道"使王阳明领悟到了"圣人之道，吾性自足，向之求理于事物者，误也"③，那么，反身而求理于心就是自然而然的了。此即所谓"心即理"。可以认为，对心与理关系的不同理解是阳明心学能够脱离朱熹理学的首要原因。因为在心与理的关系上，阳明心学与朱熹理学遵循了不同的理路。朱熹理学虽承认"心与理一"，但他不仅承认心外有理，而且强调"天理"外在于并且高于"人心"；而王阳明所说的"心理为一"，却完全否认心外有理，主张"心外无理"，心之本体即是理。王阳明的"心理为一"说彻底排除了外求物理的必要性，只承认内求于心的自我体认、自我觉悟，从而建立了一种比朱熹理学更为彻底地返回于儒学传统的本体论。

　　王阳明本体论上的这种变化，表明了他在经过格物实践的失败后彻底放弃了朱子学道路；后又经过出入佛老、归本周程的心路历程后，在生存境界的体认和成圣方法的探索方面获得了巨大的成就，体现了王阳明在更高的一个理论层面上对道家道教思想的吸收。如就王阳明的"心即理""心外无理"等基本命题来说，既有儒学传统的影响，也有明显的道教印痕。如全真教王重阳所说的"心本是道，道即是心，心外无道，道外无心"④。若把"道"与"理"字互换，与王阳明所说几乎没什么差别。而王阳明借助这种思想上的综合和创新，也进一步解决了他一直没能解决的形上学理论的根本问题，即对终极存在的认识如何突破朱熹理本论的阶段，达到对"圣人之道"即对人生的终极意义的真正领悟。因此王阳明对"圣人之道"的追问，实际上并不仅仅涉及格物问题，还在深层次上牵涉心与物、心与理、性理与物理、方法与目的、知识与实践、存在与本质、本体与现象等

---

①　《传习录》上，《王阳明全集》卷一，第 15 页。

②　《传习录》中，《王阳明全集》卷二，第 51 页。

③　《王阳明年谱》一，《王阳明全集》卷三十三，第 1228 页。

④　王重阳：《重阳真人授丹阳二十四诀》，载张继禹主编：《中华道藏》第 26 册，华夏出版社 2004 年版，第 393 页。

形上学的一系列复杂关系，从而成为王阳明的本体论转向及其心本论哲学体系建立的一个根本契机。

由"心外无理""心即理"的基本命题所标志的王阳明本体论转向的具体内涵，首先就体现在王阳明把一般的"理"或"天理"理解为道德本体"至善"，也就是性或性理。他说："心即性，性即理"，"心之体，性也，性即理也"，"心之本体即是天理"；又说"至善者，性也"，"至善是心之本体"，"至善只是此心纯乎天理之极便是"。①王阳明把心之本体首先看作是"至善"这一道德本体，体现了儒家伦理地位的优先性。而"至善"作为道德本体的理论预设，实蕴含了两方面的意义：一方面至善作为心之本体是生命的终极存在，另一方面至善作为道德实践的最终目的是生存的终极意义。这两方面意义的展开正是传统形上学的两个基本维度。而王阳明的形上学理论也正是在对这两个基本维度的认识上最终突破了朱熹理本论的局限，达到对"圣人之道"即生命的终极存在及其意义的真正领悟。

然而，王阳明在理论上是如何以这种极具主观色彩的道德本体取代较具客观色彩的理本体，从而确立了心体的本体地位的呢？我认为，道家形上学中的体用一源、万物一体的整体观和天人合一观是王阳明本体论实现上述重大创获的重要思想资源和方法论依据。对此，我们可以从王阳明对心之本体的两方面论证中或显或隐地看出其影响。

一是心物同体。

王阳明首先拿来论证心之本体的论据就是"心物同体"，即心与物统一。《传习录》中记载：

> 问："人心与物同体，如吾身原是血气流通的，所以谓之同体。若于人便异体了。禽兽草木益远矣。而何谓之同体？"先生曰："你只在感应之机上看，岂但禽兽草木？虽天地也与我同体的，鬼神也与我同体的。"②

---

① 《传习录》上，《王阳明全集》卷一，第 15、33、27、25、2、3 页。
② 《传习录》下，《王阳明全集》卷三，第 124 页。

王阳明继续说：

> 人的良知就是草木瓦石的良知，若草木瓦石无人的良知，不可以为草木瓦石矣。岂惟草木瓦石为然，天地无人的良知，亦不可为天地矣。盖天地万物与人原是一体，其发窍之最精处，是人心一点灵明。风霜露雷，日月星辰，禽兽草木，山川土石，与人原只一体，故五谷禽兽之类皆可以养人，药石之类皆可以疗疾。只为同此一气，故能相通耳。①

人与天地万物是一个有机系统，同属于一个统一的世界，如此便是一气流通的，天地万物之间并没有间隔，人与万物也没有间隔，共同组成一个有机的世界。"是合心与理而为一者也。"② 所以，王阳明"心即理"的意义首先就在于其在存在的本体领域确认了天人之间的本质同一性。阳明说：

> 夫心之体，性也；性之原，天也。能尽其心，是能尽其性矣。③
> 心即道，道即天，知心则知道、知天。④

显然，在王阳明的心物关系的阐述中已蕴含有关本体与万物、一与多、一般与特殊、本与末等形上关系的思考。而在历史上这方面的思想资源更多是来自道家而不是儒家。正如冯友兰指出："用现代哲学的话说，道学的中心问题仍然是关于一般和特殊的问题。'理'是一般，'气'或'器'是特殊。就这一点说，道学是玄学的发展和继续。所谓'形而上'和'形而下'的分别，也就是一般和特殊的分别。"⑤

　　早在老子那里，道作为超越一切具体事物的终极本体，实际上并不脱离万物的具体存在，而是就体现于万物的具体存在之中，因而道实为有与

---

① 《传习录》下，《王阳明全集》卷三，第 107 页。
② 《传习录》中，《王阳明全集》卷二，第 45 页。
③ 《传习录》中，《王阳明全集》卷二，第 43 页。
④ 《传习录》上，《王阳明全集》卷一，第 21 页。
⑤ 冯友兰：《中国哲学史新编》第五册，人民出版社 1988 年版，第 156 页。

无、一与多、本与末的统一体，所以老子一方面说道是"视之不见""听之不闻""搏之不得"的"无状之状""无物之象"①，另一方面又说："道之为物，惟恍惟惚。惚兮恍兮，其中有象；恍兮惚兮，其中有物。"②

庄子进一步深化了老子的上述思路。庄子从"道"与"物"、"无"与"有"、"有用"与"无用"、"本"与"末"、"大"与"小"等对立关系的思辨中丰富了道的本体内涵。例如，在道与具体物质形态的关系上，庄子一方面提出了"物物者非物"的重要命题，强调万事万物的终极性存在根据不能是具体的"物"，而只能是超越于具体物质形态的"非物"，但庄子又认为，"物物者与物无际"③，即这个超越性的道并非真的独立自存，而是遍存于一切对象之中，即使低微污秽之物，亦与道无间隔，因此，才有庄子"天地一指也，万物一马也""道通为一"④的说法。在庄子看来："天地虽大，其化均也；万物虽多，其治一也。"⑤因而不仅万物之间是平等的、相通的，就是道与万物之间也是"道通为一"的整体。所以，王阳明所说的"只为同此一气，故能相通耳"的结论与《庄子·知北游》中说的"通天下一气耳"有着相呼应的关系。王阳明从道家哲学中所继承的这种形上学传统是很富有自己的理论特质的。从哲学史上看，西方传统的形而上学认为形而上的本体是真实的，而形而下的现象是虚幻的，但"中国哲人讲本根与事物的区别，不在于实幻之不同，而在于本末、原流、根支之不同"⑥，中国传统形上学只讲本根先于和优于枝末，不讲本根与现象之真假虚实。就此而论，道家形上学实典型地体现了中国传统形上学的这一特质。道家形上学的这一特质，没有西方哲学中本体与现象、客体与主体等二元世界的分隔问题，以整体统合的眼光来把握存在本体与具体存在的关系。王阳明能够消除世儒"析心与理而为二"之弊，也正是这种理论特质的体现。

二是心为主宰。心与物的关系、天地万物之间的关系，并不完全是一个平面上的、均等的，而必有一个主导方。再进一步来看，心与物的统一、

---

① 《老子》第十四章。

② 《老子》第二十一章。

③ 《庄子·知北游》。

④ 《庄子·齐物论》。

⑤ 《庄子·天地》。

⑥ 张岱年：《中国哲学大纲》，中国社会科学出版社 1982 年版，第 9 页。

"天地万物一体"的最内在根源又是什么呢？在道家看来，"道通为一"的关键就在于道是宇宙一切存在的泉源和动力，内蕴着生命特质。由于道家形上学没有分隔本体与现象、客体与主体、天与人，所以道家不仅确认天与人、自然与社会之间有内在的关联性和统一性 —— 如老子讲"法自然"、庄子讲"天地与我并生，万物与我为一"①，而且肯定此种统一体是一个生生不已的生命过程，是一个大化流行的生命世界。而这种生命世界的最根本的创生动力就来自道。老子说："大道泛兮，其可左右，万物恃之以生"②，"天下万物生于有，有生于无"③。这些是说"道"或"无"作为形而上的本体，其最大特性和功能就在于其创造性，就是不断地创造，使万物生生不息，所谓"天地之间，其犹橐籥乎！虚而不屈，动而愈出"④，而这一无穷无尽造化的功能完全出于自力而且自然，是无心无为的，所以老子赞美这种自然造化的伟大说："万物作焉而不辞，生而不有，为而不恃，功成而弗居。"⑤

庄子说："万物一府，死生同状"⑥，"万物皆出于机，皆入于机"⑦，宇宙的一切都是自然的"造化"或"物化"的结果。方东美认为，老子的道论表明："实则老子本人参透道体，认为是生生之源，周行宇宙，溥溥和同，虚而不竭，动而愈出，无一处失道之本体，无一处缺道之妙用。这个大道真正是普遍流衍的生命。"⑧

正由于道家把道本体理解为生命，把宇宙的本质看作是普遍生命的存在及其过程，所以道家认为宇宙的这种生命本质与人类社会的生命存在具有同质性，因之两者是可以相通的，人的生命存在与宇宙万物的生命存在构成为一个统一的、整体性的有机世界、生命世界。从形上学的理论特点来看，道家这种强调应以整体统合、有机发展的眼光来把握存在本体，把

① 《庄子·齐物论》。
② 《老子》第三十章。
③ 《老子》第四十章。
④ 《老子》第五章。
⑤ 《老子》第二章。
⑥ 《庄子·天地》。
⑦ 《庄子·至乐》。
⑧ 方东美：《中国人生哲学概要》，台北问学出版社 1980 年版，第 59 页。

本体与万物的关系看成是本末、源流、根枝的关系，突出了包括人和万物在内的存在世界的整体性及其蕴含的内在生命的本体观，是一种生命本体论。

道家这种生命本体论精神同样充沛于王阳明的思想之中。王阳明首先发现"盖天地万物与人原是一体"①，而其中，就有一个可以涵盖天地万物的"灵明"。此灵明不仅是独一无二的，是充塞于万物的，而且它是"实现原理"，一切存在皆依此灵明而生灭，所以它实际上就是生成一切的总根源、是最根本的生命力。

王阳明说："你看这个天地中间，什么是天地的心？"对曰："尝闻人是天地的心。"曰："人又什么教做心？"对曰："只是一个灵明。"曰：

> 可知充天塞地中间，只有这个灵明。人只为形体自间隔了。我的灵明，便是天地鬼神的主宰。天没有我的灵明，谁去仰他高？地没有我的灵明，谁去俯他深？鬼神没有我的灵明，谁去辨他吉凶灾祥？天地鬼神万物，离却我的灵明，便没有天地鬼神万物了。我的灵明，离却天地鬼神万物，亦没有我的灵明。如此便是一气流通的，如何与他间隔得？②

从这里可以看出，在王阳明看来，人与天地万物、心与物虽然是同体的，具有同质性，"感而遂通"，但在这种相互同体的关系中，只有"心"作为主宰可以支配天地万物甚至鬼神的存在："天地间活泼泼地，无非此理，便是吾良知的流行不息。"③"良知即是天植灵根，自生生不息。"④此正谓"人者，天地万物之心也；心者，天地万物之主也。心即天，言心则天地万物皆举之矣"⑤。"心虽主乎一身，而实管乎天下之理，理虽散在万事，而实不外乎一人之心。"⑥因此王阳明所称的心、灵明、良知，实是作为能生万物的

---

① 《传习录》下，《王阳明全集》卷三，第107页。
② 《传习录》下，《王阳明全集》卷三，第124页。
③ 《传习录》下，《王阳明全集》卷三，第123页。
④ 《传习录》下，《王阳明全集》卷三，第101页。
⑤ 《答季明德》，《王阳明全集》卷六，第214页。
⑥ 《传习录》中，《王阳明全集》卷二，第42页。

总根源、一切存在的生命本体，与老子所说的"道"的特性和功能是一样的。老子说：

> 昔之得一者，天得一以清，地得一以宁，神得一以灵，谷得一以盈，万物得一以生，侯王得一以为天下正。其致之，天无以清将恐裂，地无以宁将恐发，神无以灵将恐歇，谷无以盈将恐竭，万物无以生将恐灭，侯王无以贵高将恐蹶。①

道既与万物同体，是为"有"，又超越于万物的具体存在而成为"无"，正因此它才能成为统摄万有、囊总一切、无物不经的"宗主"，是"至寡"的"一"，而这"一"可以驭"多""寡"，可以统"众"。这也正是庄子所谓"道通为一"、王阳明所说"理一而已"所具有的本体论意义。

王阳明又主张："天地万物一体为仁"，天地万物之所以能够整合而为一体并且生生不息，就在于其具有"仁"的特质。"仁"的特质就是生命，仁是生命之源、生物之心。王阳明指出："仁是造化生生不息之理，虽弥漫周遍，无处不是，然其流行发生，亦只有个渐，所以生生不息。"②因此，王阳明在这里把具有生生之德的仁理解为本体性存在，实是充分肯定了人与万物一切存在的总根源就在于其内蕴的不息的生命力。对于这种生命本体，王阳明有时又用"精灵"一词来加以形容，如："良知是造化的精灵，这些精灵生天生地，成鬼成帝，皆从此出。真是与物无对。人若是复得他完完全全，无少亏欠，自不觉手舞足蹈，不知天地间更有何乐可代？"③王阳明此处对"造化本体"的描述与庄子的形容就十分类似了。庄子说："夫道，有情有信，无为无形，可传而不可受，可得而不可见。自本自根，未有天地，自古以固存。神鬼神帝，生天生地。"④此一有情有信，无为无形的道，岂不正是阳明所说的"造化的精灵"？此一"完完全全，无少亏欠"的造化本体，不但是天地鬼神皆从此出的根源，也是足以使人在证悟此本体后

---

① 《老子》第三十九章。
② 《传习录》上，《王阳明全集》卷一，第 26 页。
③ 《王阳明：传习录》下，《王阳明全集》卷三，第 104 页。
④ 《庄子·大宗师》。其中"道可传而不可受"句中的"受"与"传"二字原文互倒，据王叔岷校改。

乐不可支，融入造化的根由。用庄子的话讲就是悟得"天地与我并生，而万物与我为一"的道理，当下即可达到"与天地精神相往来"的境界，从而享受到逍遥游之乐。

3. 体用一源

如果说在王阳明的形上学中"心"的本体地位是通过"心外无理""心即理"等观念而得到确立的，那么王阳明的如上思路通过吸收道家的体用学说而得到了进一步的深化和展开。对此，李廷机曾有过生动准确的描述。李廷机认为，虽然在陈献章那里，"心"的本体地位被初步确定了下来，但在陈献章的思想体系中，心本体"犹隐然与应感二之也"，即心体与物用之间尚有间隙，没有达到体用一源之境。只有到了王阳明这里，这种间隙才被彻底消除。王阳明经过青年时期的探索与反思，至中年以后：

> 于百难万变中，豁然有悟于学之妙机，以为天下之道，原自吾本心而足也。于是揭人心本然之明以为标，使人不离日用而造先天之秘，……自是天下学道者，浸知显微之无间，体用之一源。①

王阳明认为，心有体用两个方面，其体为理、灵明；其用为物、万事。用由体而产生，产生之后又与体合而为一，这就是所谓"人心与天地一体，故上下与天地同流"②。王阳明以心为体的意蕴，一方面由于心为本体，在心与理的贯通融合中，理不离心，心统摄理；另一方面心又是主体，从主体意志角度而言是体，称为"心体"，理是心的体现、表现、功能，即是用。然而理从社会法则、伦常公理角度而言，亦是体。所以，心与理即体即用，体用一源，显微无间。王阳明说："心也，性也，天也，一也。"③"夫人者，天地之心，天地万物，本吾一体者也。"④"人心是天渊。心之本体无所不该，

---

① 陈献章著，孙通海点校：《陈献章集》下附录四，中华书局1987年版，第928页。
② 《传习录》下，《王阳明全集》卷三，第106页。
③ 《传习录》中，《王阳明全集》卷二，第86页。
④ 《传习录》中，《王阳明全集》卷二，第79页。

原是一个天。……心之理无穷尽，原是一个渊。"①"即体而言用在体，即用而言体在用，是谓体用一源。"② 王阳明曾一再地引用程颐的"体用一源，显微无间"③ 来说明其体用不二，即体即用的思想：心作为本体虽然无所不该，却往往至微无形，虚涵如渊，它必得借万物的发用流行得以显现。所以体用的这种显微关系表明了本体与现象并不是二重世界，而是相互融合，不可分离的。不过，王阳明在晚年认为，"心即理"说还有失于笼统而未能"洞见全体"，因而在他晚年较成熟的本体论构架中，他首先把"心即理"改为了"良知即天理"。也就是说，他把主要是以道德义理为核心的良知上升到本体的高度，宣称良知是万物赖以存在的根据，而天地万物俱是良知的发用流行，良知和万物即是体和用的关系，二者相即不离。

从思想史上看，王阳明上述体用一源的思想可以上溯到道家。道家在历史上最早开始在形上学层面上关注体用问题，并逐渐使之成为道家形上学中的一个重要内容。老子之道以无为本，有无统一，就是强调道作为万物存在的根据，其道体是虚无的、无限的，但虚而实有、无中生有，可以有生化之用。老子所十分重视的道之"德"，就是强调要让道体的特性功能发挥出其作用，如他说"反者道之动，弱者道之用"④ 就体现了一种隐含的体用思想。庄子本体论对老子思想的一个重要发展就在于他对本体之道与具体事物之间的统一性进行了深入的辨析，当其提出"物物者与物无际"的命题和以"周""遍""成"等概念来描述道的遍在性，道与万物的"显微无间"、融通无际时，不仅表达了其万物平等的自然主义精神，也显示了其体用一源、体用不二的形上学思想倾向。道家的这一思想倾向在魏晋道家王弼那里得到了巨大的推进。王弼首次在形上学层次上明确提出了"体""用"这对范畴，并着重从"无""有"关系理解体用，以"无"为体，以"有"为用。王弼认为："夫无不可以无明，必因于有。""必有之用极而无之功显。"这是说，"无"作为虚无本体，它自身无以体现自身，必须通过它的功用"有"而体现自身。并且只有把"有之用"发挥到极致，

---

① 《传习录》下，《王阳明全集》卷三，第95～96页。
② 《传习录》上，《王阳明全集》卷一，第31页。
③ 《易传序》，《二程集》下，第689页。
④ 《老子》第四十章。

"无之功"才能充分显示出来。王弼还最先以这一"体""用"关系的原理来阐发本体与物象的关系。他指出二者的关系是"万物虽贵，以无为用；不能舍无以为体也"①。在王弼看来，正因为"以无为体"，才决定了"无之为用"，万有就是"无"之本体的表现。但若没有"无之功"便不可能有"有之用"，因为"有"再丰富茂盛，也只是"无"这一本体的体现，故不能舍体求用，而是要抓住本体。因此"无"和"有"、"体"和"用"是统一的，"体用不二"。

道教的道本论继承和发展了老庄和王弼以体用观来论证本体论的思想方法。像葛洪《抱朴子内篇》中本体与万物的体用关系很显然来自于老子，他说："天得一以清，地得一以宁，人得一以生，神得一以灵"，"春得一以发，夏得一以长，秋得一以收，冬得一以藏"。②而王玄览辄以"印之本字"喻道，以"泥中字"喻万物，借此表明道与万物是体和用的关系："持一空符，以印诸有"，"万物禀道生。万物有变异，其道无变异……将印以印泥，泥中无数字而本印字不减，本字虽不减，复能印多泥，多泥中字与本印字同"。③其他如成玄英也认为道是万物赖以存在的根据，道和万物是体用的关系。他还大谈"从本降迹""而为化用"的本迹论，把本迹视作体用范畴。李荣也提出道是体用一源、体用兼备的，世界的万有及其运动变化都是道体之用。他还以理释道，并且把理看成是宇宙万物借以存在的根据。④

如果我们将道家道教的"道"与"物"的关系，和心学的"心"与"物"的关系进行比较，就不难发现二者在方法论上的相似性。例如，道家体用学说的特点是突出体，这一点为王阳明所吸收。因为"在体用问题上，王阳明更倾向于以道家的'无'与'有'分论体用，他所理解的体是虚灵明觉而无实体的'心'，他所理解的用是有形有体之物。心体与物用是统一的，有体便有用，有用必有体，两者不可能相互脱离，这种关系就

---

①　王弼著，楼宇烈校释：《王弼集校释》，中华书局1980年版，第94页。

②　葛洪著，王明校释：《抱朴子内篇校释》，中华书局1985年版，第323页。

③　王玄览：《玄珠录》，载张继禹主编：《中华道藏》第26册，第5、11页。

④　参见何静：《论阳明心学对道教的融合》，《宁波大学学报》（人文科学版）2006年第1期。

叫做'体用一源'"①。王阳明说:"盖体用一源,有是体即有是用,有未发之中,即有发而皆中节之和。今人未能有发而皆中节之和,须知是他未发之中亦未能全得。"②他以虚灵之"心"为体,以有形之物为用,认为心体与物用是统一不可分的,即"体用一源";但体用关系不是并列的,而是先有未发之中即心体,而后才有中节之和即物用,因而是体决定用。这种思路与道家的重"体"倾向又是一致的。不过,王阳明虽然重"体",却并未轻"用",因为尽管就心物之间的逻辑关系来说必先有心体,而后才有物用,但是从心体到物用的转化是通过"意"的作用实现的,而"意"的发动者是"心","心之所发便是意",而"意之所用必有其物",物是心意作用的产物,故"心外无物"。王阳明强调心体要通过"意"的发用而显现为物,即是认为心体所代表的先天的道德理性、道德准则等必定要最终落实为各种伦常日用,否则便毫无意义。可见,不仅王阳明的体用学说在理论渊源上可以上溯到道家,在理论特点上同于道家,而且正是这种源于道家的体用学说帮助他论证了"心即理"这一心学的根本命题。

王阳明常以"太虚"为喻,来说明良知本体与万物的这种体用关系,而在这方面更能反映其与道家体用学说的联系。"太虚"概念本源于《庄子·知北游》,表示一种广漠虚空的无限存在,后渐有本体之义。王阳明说:

> 良知之虚,便是天之太虚;良知之无,便是太虚之无形。日月风雷山川民物,凡有貌象形色,皆在太虚无形中发用流行,未尝作得天的障碍。……天地万物,俱在我良知的发用流行中,何尝又有一物超于良知之外,能作得障碍?③

王阳明认为,良知即道,其性质如同太虚。然而"太虚"虽为虚体,"太虚"之中,却又何物不有,而无一物能为太虚之障碍。所以王阳明喻良知本体为"太虚",即意谓本体为"虚体",具有无限的空间可以涵蕴万物,

---

① 李霞:《道家与中国哲学》明清卷,第67页。
② 《传习录》上,《王阳明全集》卷一,第17页。
③ 《传习录》下,《王阳明全集》卷三,第106页。

使天地万物无一物能不被此太虚所包容，此正是虚体之大用的体现，又是道家哲学的基本理旨。王阳明之说实与道家言异而旨同：

> 有只是你自有，良知本体原来无有，本体只是太虚。太虚之中，日有星辰，风雨露雷，阴霾殪气，何物不有？而又何物得为太虚之障？人心本体亦复如是。太虚无形，一过而化，亦何费纤毫气力？[①]

王阳明认为，良知无方体，无穷尽，周流六虚，变动不居。语大天下莫能载，语小天下莫能破，廓然与太虚同体。这正与道家所说的道本体相同：本体非实有，即"无"，即"虚"；但"虚"并非绝对的空无，而是能够涵蕴万物的"虚体"，即"无有"；本体正由于为"虚体"而具有无限的空间可以涵蕴万物，"无"因此"无有"以为大用。道家的这些体用学说丰富了王阳明的体用之辨，使其进一步阐明了良知作为一切存在的根本依据的本体地位，及天地万物的运动变化只是良知之用的展现，同时也揭示了其中蕴含的本末、一多、有无等形上学关系的辩证原理。

王阳明由此本体论上的体用一源观还进一步引申出了其本体功夫论上的体用不二、立体达用的思想构架。

如上所述，由于王阳明设定人与万物一体，天理即心体，所以此心体既是本体又是主体。这种本体与主体的一体性，其意义既表现为《中庸》所谓"赞天地之化育""与天地参"，孟子所谓"上下与天地同流""万物皆备于我"，庄子所谓"天地与我并生、万物与我齐一""道通为一"，以及王阳明自谓的"体用一源""仁者与天地万物为一体"的存在境域，因之在存在的本体领域得以确认天人之间的本质同一性以及一切存在的终极本源性，又保证了本体之终极价值具有可经验性、实践性，使含普遍必然之理、当然之则的道德理性由以落实到现实的经验境域之中，使心之体发而为物之用。显而易见，此体用一源观实际上也是一有机的整体。

前文指出，朱熹以"形而上"与"形而下"来区分体用，认为体是形而上者，用是形而下者，形而上之体起主导作用，形而下之用居被支配地

[①] 《王阳明年谱》三，《王阳明全集》卷三十五，第 1306 页。

位。王阳明不同意朱熹在体用问题上的形而上下之说，认为这样将体用分为两截是不合理的。他说："若论圣人大中至正之道，彻上彻下，只是一贯，更有甚上一截下一截？"① 王阳明的这种思路与道家注重存在本体的有机整体性倾向是一致的。王阳明还用树根和枝叶的关系来说明这一点："未种根，何枝叶之可得？"同样，"体用一源，体未立，用安从生？"② 循着这一逻辑，可以说，"种根"自然可以得"枝叶"，"体立"则可求"达用"，体用完全融合为一，不复有二。王阳明说："体即良知之体，用即良知之用，宁复有超然于体用之外者乎？"③ 由此可见，良知之学体用一如、立体达用、彻上彻下，它不仅追求本体上的心物同体、体用一源，更强调道德实践和经世致用上的知行合一、内圣外王之旨。王阳明称："夫圣人之学，心学也，学以求尽其心而已。……圣人之求尽其心也，以天地万物为一体也"；"心尽，而家以齐，国以治，天下以平"。④"外心以求理，此知行之所以二也。求理于吾心，此圣门知行合一之教。"⑤ 无论体用还是知行，其之所以能合一不二，首先是由于"本体原是如此"⑥，这正是阳明学之宗旨。正因此，王阳明还以这种明显承袭了道家的"体用不二"的思想反过来批判了道释等在现实人生中割裂体用，只顾内修不管外用、不管家国天下的行径："佛老之空虚，遗弃其人伦事物之常，以求明其所谓吾心者"⑦；"失之虚罔空寂，而无有乎家国天下之施者……二氏之流是矣"⑧；"二氏自私其身"⑨。尽管王阳明对道释的这种批评仍不免有偏，但其立言宗旨却不乏合理性。王阳明说：

> 明明德者，立其天地万物一体之体也；亲民者，达其天地万物一

---

① 《传习录》上，《王阳明全集》卷一，第 18 页。
② 《传习录》上，《王阳明全集》卷一，第 32 页。
③ 《传习录》中，《王阳明全集》卷二，第 63 页。
④ 《重修山阴县学记》，《王阳明全集》卷七，第 256～257 页。
⑤ 《传习录》中，《王阳明全集》卷二，第 43 页。
⑥ 《传习录》上，《王阳明全集》卷一，第 5 页。
⑦ 《象山文集序》，《王阳明全集》卷七，第 245 页。
⑧ 《亲民堂记》，《王阳明全集》卷七，第 251 页。
⑨ 《王阳明年谱》三，《王阳明全集》卷三十五，第 1289 页。

体之用也。故明明德必在于亲民，而亲民乃所以明其明德也。①

王阳明依据其立体达用的逻辑构架，强调要把普遍的道德理性和内在的心性修养与淑世济民的实践活动统一起来，而不能脱落为两截，使道德良知仅限于个体内心的范围，成为只追求个体解脱的工具或空虚、抽象的教条，使之能够实现儒者的体用不二、知行合一、内圣外王的理想追求。

三、有无之辨

我们知道，王阳明的本体论实现了从"理"到"心"、由"天理"到"良知"的重大转向。那么，王阳明为什么能够实现这种本体论转向呢？我认为这首先与王阳明充分地融摄了道家的形上智慧有着重要的内在关系。在王阳明对良知本体的阐发中，通过对道家有无之辨思想的吸收，不但深化了对良知本体的内涵的理解，而且展示了有无之间良知本体的多样性品格。同时，它也不可避免地蕴含了不同的理论取向之间的内在紧张和矛盾性，从而为王门后学的不同衍化甚至分裂埋下了理论的伏笔。

1. 无善无恶心之体

王阳明后期思想在其经历宸濠之变和归越隐居讲学之后，发生了一些重要的变化，这种变化的结果可以王阳明晚年提出的"无善无恶心之体，有善有恶意之动，知善知恶是良知，为善去恶是格物"这一著名的四句教为代表。四句教是王阳明于嘉靖六年（1527）受命起征思田前夕对于大弟子钱德洪和王龙溪关于他的学术宗旨的争论的一个调停和最后告白，史称"天泉证道"。《传习录》记载了这段有名的对话：

> 丁亥年九月，先生起复，征思田。将命行时，德洪与汝中论学。汝中举先生教言曰："无善无恶是心之体，有善有恶是意之动，知善知恶是良知，为善去恶是格物。"德洪曰："此意如何？"汝中曰："此

---

① 《大学问》，《王阳明全集》卷二十六，第968页。

恐未是究竟话头。若说心体是无善无恶，意亦是无善无恶的意，知亦是无善无恶的知，物亦是无善无恶的物矣。若说意有善恶，毕竟心体还有善恶在。"德洪曰："心体是天命之性，原是无善无恶的，但人有习心，意念上见有善恶在，格致诚正修，此正是复那性体功夫。若原无善恶，功夫亦不消说矣。"是夕，侍坐天泉桥，各举请正。先生曰："我今将行，正要你们来讲破此意。二君之见正好相资为用，不可各执一边。我这里接人原有此二种：利根之人直从本原上悟入，人心本体原是明莹无滞的，原是个未发之中，利根之人一悟本体即是工夫，人己内外一齐俱透了。其次不免有习心在，本体受蔽，故且教在意念上实落为善去恶，功夫熟后，渣滓去得尽时，本体亦明尽了。汝中之见是我这里接利根人的，德洪之见是我这里为其次立法的。二君相取为用，则中人上下皆可引入于道。若各执一边；眼前必有失人。便于道体各有未尽。"既而曰："已后与朋友讲学，切不可失了我的宗旨：无善无恶是心之体，有善有恶是意之动，知善知恶的是良知，为善去恶是格物。只依我这个话头，随人指点，自没病痛，此原是彻上彻下功夫。利根之人世亦难遇，本体功夫一悟尽透，此颜子明道所不敢承当，岂可轻易望人。人有习心，不教他在良知上实用为善去恶功夫，只去悬空想个本体，一切事为俱不着实，不过养成一个虚寂。此个病痛不是小小，不可不早说破。"是日德洪汝中俱有省。[①]

对话的当事人钱德洪等辑录的《王阳明年谱》及龙溪门人据龙溪口述而成的《天泉证道纪》也记载了这件事，不过词句稍有不同。因此，尽管当时及后来的学者对王阳明"四句教"的思想主旨及真伪等史实有所争论，使之竟成了王门的一大公案，但如果综合各种史料来考察分析，"天泉证道"及"四句教"的史实还是清楚可信的。[②] 就四句教本身的内容来看，它不仅涉及有无之辨，形成王门弟子中所谓的"四无说"与"四有说"的论争，

①　《传习录》下，《王阳明全集》卷三，第117～118页。
②　如陈来通过对有关"天泉证道"的记载及史料进行分析，就证明了《传习录》、《王阳明年谱》中所记"四句教"及相关史实的可靠性，其论证颇有说服力。（参见陈来：《有无之境——王阳明哲学的精神》，第194～203页）

从而引起王门后学的分化，而且由之衍生出来的本体与工夫、心体与性体等问题都关系着阳明思想的终极关怀和根本宗旨，成为晚明清初思想界的重要话题。四句教正如王阳明自谓的"此为一切宗旨"[①]，具有晚年定论的性质，在很大程度上可以成为了解王阳明后期思想发展的重要路径。

四句教中，引发最大争议的当然是首句"无善无恶心之体"。事实上，解决围绕四句教及王阳明晚年思想的大部分争论的关键也是对首句的理解，因而四句教首句可看作是王阳明晚年思想的核心命题。而要深入准确地理解王阳明的这一无善无恶之辨的内在蕴涵，则不能不把它放入王阳明后期的整个思想背景和生活背景中予以把握，特别是其融摄三教的致思取向和大起大落、大进大退、百死千难的人生际遇无疑构成了其主要思想的特有背景和言说脉络，而对其的理解诠释，正是要去追寻由这些交织而成的制约因素影响下的王阳明后期思想所呈现出的特有风貌。

如前所述，王阳明的本体论是在批判和继承朱子学的基础上构建的。王阳明反对朱熹在本体论上的纯知性的、客观化的致思取向，以"心"为"理"，主张"心即理"，突出了"心"的本体地位。这样的确对消除朱熹"析心与理为二"的弊端，重建儒家形上学的价值之维具有决定性意义。但由此也带来了王学对"心"的主体性、道德性内涵的过度诠释问题，使贯通天人、体用一源、有体有用的形上学精神还未能彻底落实，有无、本末、体用等相统一的本体追求还未达真正的圆融之境。如心的普遍性与个体性之二重向度的统一性证明，"心之主宰"地位的阐释等，若没有一定的本体高度，显然难有说服力。正是由于意识到了自身理论的这种不足，王阳明后期以"良知"说"心体"，并通过吸收道释有无之辨中的丰富思想资源，实现了本体论的认知之维与价值之维的统一，深化了有无、本末、体用等形上学问题的辨析，使本体论思想呈现出了不同的风貌和特色，达到了一个新的发展阶段和理论高度。而这些情况正可以在阳明的四句教中得到反映。

在中国哲学史上，"有""无"及其相互关系历来是最重要的本体论问题，这在本体论思想最发达的道家哲学中有典型反映，而与道家思想有着

---

① 王世贞：《新建伯文成公守仁传》，《王阳明全集》（新编本）卷五十四，第 2279 页。

深厚渊源关系的阳明学本体论，自未例外。作为王阳明晚年思想定论的四句教更是通过融摄儒道的有无之辨，以对"无善无恶"的理解为核心，向我们进一步展示了良知心体的"有""无"二重性及其存在论和境界论的不同向度。这些将在下文的具体分析中予以说明。

2. 崇无执有

首先，王阳明以一种崇无执有的态度看待良知本体。

四句教中的"心之体"指心之本体，阳明又常称之为心体、良知、本心。如果说本心、良知在孟子处更多地还是内在于自我的一个向度，那么在经过象山"宇宙便是吾心，吾心即是宇宙"[①]的过渡环节后，以"心即理"为内涵的良知到阳明处已经既是自我的本原，又成为他人、天地万物这一连续性存在的本体。在这个意义上，阳明学的良知学不仅不再严分心、理，认为心即理，良知即天理，而且不再严分心、性，而认为良知即是心体与性体，"心之体性也，性即理也"[②]。实际上，在王阳明那里，心体、良知作为本体，本来就是无分形而上与形而下、主体与客体、天与人、内与外而成为贯通整合宇宙内一切存在的终极依据和最高法则，是无所不包、囊括一切的最高存在。这样一种本体，作为最大的有，在内涵上要突破一切具体的规定（因为规定即局限），而应蕴含着无限的有、无限的可能性。因而这个本体也可以说是"无"，也可以说是"有"，这实际上涉及了从形上学层面上对有、无关系的辨析。从概念上分析，"'有'是一个最概括的名，因为最概括，它就得是最抽象。它的外延是一切的事物，它的内涵是一切事物共同有的性质。事物所有的那些非共同有的性质，都得抽去。外延越大，内涵越少。'有'这个名的外延大至无可再大，它的内涵也就小于无可再小。它只可有一个规定性，那就是'有'。'有'就是存在。一切事物，只有一个共同的性质，那就是存在，就是'有'。但是，没有一种仅只存在而没有任何其他规定性的东西，所以极端抽象的'有'，就成为'无'了，这就叫'异名同谓'。'有'是它，'无'也是它"[③]。以这种观念理解王阳明

的良知本体，其正是有无统一、以无驭有的存在本体。王阳明一再地指出心之本体的"无"的特性："良知本体原来无有"①，"从有以归于无，复还本体"②。正因为本体本是"无"，所以"复还本体"才是"归于无"。所谓"无善无恶是心之体"，主要不是指伦理道德意义上的不分善恶，而是指超越善恶等具体规定性的存在本体，它是最大的有，有无限的可能性，因而也就是无具体规定性的"无"。然而这个"无"又不是绝对的空无，不是非存在，而是蕴含有最大可能性的"有"，所以是似无而实有，即试图以一种无形、无规定性、无具象性的方式表示良知作为本体的最根本的实在性、最重要的存在性。总之，正是这种无形而实有或者说"无之有"成为真正的本体。在天泉证道中，对于王畿将四句教理解为"四无说"，王阳明不仅不反对，反而表示"四无之说为上根人立教"。王阳明相信，虽然能懂得这种以无为本、有无合一的人极难得，但能透悟此道的，唯有上根之人。

> 若悟得心是无善无恶之心，意即是无善无恶之意，知即是无善无恶之知，物即是无善无恶之物。盖无心之心则藏密，无意之意则应圆，无知之知则体寂，无物之物则用神。③

所以，王阳明强调："上根之人，悟得无善无恶心体，便从无处立根基，意与知物，皆从无生，一了百当。"④正因此，王阳明肯定四无之说是"传心秘藏"，久所欲发，含蓄到今，甚至说"今既已说破，亦是天机该发泄时，岂容复秘！"⑤可见王阳明对"四无说"是充满了倾心和自信的。

当然，如上所说，这个"无"并不是绝对的空无，而只是用这种否定性的方式来表示极端抽象的"有"，即没有任何规定性的无限可能性、最大最根本性的存在，因此在这个意义上说，"无"和"有"不是隔绝的、分裂为二的，而是有无合一、即无即有的，最大的有就是无，最大的无与最大

---

① 《王阳明年谱》三，《王阳明全集》卷三十五，第 1306 页。
② 《天泉证道纪》，《王畿集》卷一，第 2 页。
③ 《天泉证道纪》，《王畿集》卷一，第 1 页。
④ 《天泉证道纪》，《王畿集》卷一，第 2 页。
⑤ 《天泉证道纪》，《王畿集》卷一，第 2 页。

的有是相通的。或者如黑格尔所说：绝对的肯定就是绝对的否定，反之亦然。[①] 实际上，这种既推崇"无"，又执着于"有"的有无统一的本体观，是从道家到宋明理学所一脉相承的中国传统形上学的一个深刻之处。从理论逻辑上说，真正的本体作为一种理论预设，无疑既需要具有"无"的品格，又要求具有"有"的内涵，是一个有无的统一体。冯友兰在分析宋儒从道家那里继承过来的"无极而太极"命题时就指出了它所具有的典型的有无统一性。他在解释"无极"概念时说："每一个类都有它的规定性，'有'这个最大的类，因为无所不包，所以就不可能有什么特殊的规定性。它的规定性就是没有规定性。没有规定性，就没有什么可以成为标准，这就是无极。"他解释"太极"说："如果不把'有'作为一个类名，而作为一个集体名，'有'就是包括一切存在的东西的大集体，它包括一切的类。如果一切类的理也用一个集体名把它们包括起来，这个集体名就是太极。"[②]这样，"无极而太极"这个命题就是把这两方面的意思合起来。"而"字是说最高的概念"有"既是抽象概念，也是"具体的抽象"概念；既是空无一物的"无"，也是包含万理的"有"。也就是说，宋儒所讲的"无极而太极"就是讲表示存在的最高概念既是"有"也是"无"。这显然是按照道家本体论思辨逻辑所得出的结果，与《老子》对"道"的解释属同一路数。尽管王阳明并未讨论过"无极而太极"这一命题，但其提出的"无善无恶心之体"命题中关于良知本体无形而实有（理）、良知本体蕴含之理无具体规定性的思想与之实有异曲同工之妙，它们跟王阳明继承了道家关于无规定性的思辨确有关联。这正如王阳明高足钱德洪解释的："虚灵之体，不可先有乎善，……心无一善，故能尽天下万事之善。"[③]

　　正由于"无"和"有"不是隔绝的关系，而是有无合一、即无即有、彻上彻下的关系，加上本体工夫即体即用，故不可能崇无弃有，而是要崇无执有，以达到有无之间"正好相取，不可相病"[④]。至于王阳明所执本体之"有"的具体内涵，完全可以从王阳明平时所经常强调的"至善者心之

---

①　参见黑格尔：《逻辑学》上卷，杨一之译，商务印书馆 1981 年版，第 36、105 ～ 106 页。

②　冯友兰：《中国哲学史新编》第五册，第 163 页。

③　黄宗羲：《浙中王门学案一》，《明儒学案》卷十一，第 235 页。

④　《王阳明年谱》三，《王阳明全集》卷三十五，第 1306 页。

本体"①的本体观中找到答案。如果说"无善无恶心之体"是指出了良知本体所具有的"虚""无"的特性，那么"至善者心之本体"则指出了此良知本体的"虚""无"并非绝对空无，而是蕴含着至极之"有"，即"至善"。尽管王阳明一再地强调本体"无善无恶""无作好作恶"，但这并不意味着王阳明放弃了至善存在的本体论承诺，即至善实际上是作为王阳明本体论中的价值维度而被提出的一种理论预设，其本身不是一种简单的道德判断，而毋宁说是一种超道德的价值取向。王阳明说："不作好恶非是全无好恶，……谓之不作者，只是好恶一循于理，不去又着一分意思，如此即是不曾好恶一般。"②可见，至善只是"一循于理"之好、本然之良知，所以四句教中说"知善知恶是良知"。阳明在另一处又说："至善者性也，性元无一毫之恶，故曰至善。止之，是复其本然而已。"③这些表明在王阳明的本体视域中，至善作为本体论的理论预设是显而易见的。而它也的确成了王阳明有无合一的本体论构架的一个重要维度，"有"之为"有"的主要内涵。这样，王阳明对钱德洪将四句教概括为"四有说"，也未完全否定，而只是认为"四有之说为中根以下人立教"，且终须"从有以归于无，复还本体"。④

实际上，王阳明早在南都时期（正德十年）就已把"无善无恶"与"至善"统一了起来，他说："无善无恶者理之静，有善有恶者气之动，不动于气即无善无恶，是谓至善。"⑤这与王阳明后来在倡导四句教时的思想基本是一致的，也就是说，在王阳明看来，"无善无恶"是用否定性方法表述"心之体"，而"至善"是从肯定方面说明"心之本体"，它们所分别展示的"无"与"有"两种存在形态其实是本体的一体之两面，"同出而异名"，并不矛盾。所以，王阳明的"无"，同时也就是无规定性，也就是"有"，"无善无恶"根本没有取消良知本体的至善性的本体预设。正因此，钱德洪概括说："人之心体一也，指名善可也，曰至善无恶亦可也，曰无善无恶亦

---

① 《传习录》下，《王阳明全集》卷三，第97页。
② 《传习录》上，《王阳明全集》卷一，第29页。
③ 《传习录》上，《王阳明全集》卷一，第29页。
④ 《天泉证道纪》，《王畿集》卷一，第2页。
⑤ 《传习录》上，《王阳明全集》卷一，第29页。

可也。"①从这个意义上可以说:"阳明的主张既不是四无,也不是四有,却又在某一种方式下同时容纳了四无和四有。四句教本身是个有无合一的体系。"②

3. 有无之间

王阳明有无统一的本体观,并不是仅仅在其晚年的四句教中才形成的,而应为其中晚期较一贯的思想。因为有资料表明,王阳明类似四句教的有无思想较早就形成了,只是后来在四句教中,王阳明这方面的思想达到了更成熟、系统的程度。例如早在正德十年(1515),王阳明在南都时就与弟子薛侃明确地谈论过"无善无恶"问题。③同年王阳明所撰《见斋说》中更是对"无而未尝无""有而未尝有"的"有无之间"的本体存在状态做过深入的描述:

> (弟子刘观时)问于阳明子曰:"道有可见乎?"曰:"有,有而未尝有也。"曰:"然则无可见乎?"曰:"无,无而未尝无也。"曰:"然则何以为见乎?"曰:"见而未尝见也。"观时曰:"弟子之惑滋甚矣。夫子则明言以教我乎?"阳明子曰:"道不可言也,强为之言而益晦;道无可见也,妄为之见而益远。夫有而未尝有,是真有也;无而未尝无,是真无也;见而未尝见,是真见也。子未观于天乎?谓天为无可见,则苍苍耳,昭昭耳,日月之代明,四时之错行,未尝无也;谓天为可见,则即之而无所,指之而无定,执之而无得,未尝有也。夫天,道也;道,天也。风可捉也,影可拾也,道可见也。"曰:"然则吾终无所见乎?古之人则亦终无所见乎?"曰:"神无方而道无体,仁者见之谓之仁,知者见之谓之知。是有方体者也,见之而未尽者也。颜子则如有所立,卓而。夫谓之'如',则非有也;谓之'有',则非无也。是故虽欲从之,末由也已。故夫颜氏之子为庶几也。文王望道而未之见,斯真见也已。"曰:"然则吾何所用心乎?"曰:"沦于无者,

---

① 黄宗羲:《浙中王门学案一》,《明儒学案》卷十一,第235页。
② 陈来:《有无之境——王阳明哲学的精神》,第202页。
③ 参见《传习录》上,《王阳明全集》卷一,第29页。

> 无所用其心者也，荡而无归；滞于有者，用其心于无用者也，劳而无功。夫有无之间，见与不见之妙，非可以言求也。"[①]

　　在王阳明看来，天道无为无形，不可见不可言，"神无方而道无体"，可谓之"无"；然而"无而未尝无，是真无也"。但说其为"有"，又"即之而无所，指之而无定，执之而无得，未尝有也"。这种"有"，可以说是"夫有而未尝有，是真有也"。所以王阳明主张既不能"沦于无"，也不能"滞于有"，而是要在"有无之间"把握本体的存在之妙。这其中实充满了老庄的意味，处处好似老庄之言。这些材料表明了王阳明的四句教及其所蕴含的有无统一观并非如刘宗周、黄宗羲出于维护王阳明的儒者形象的需要而认为的为"阳明先生偶一言之"（刘宗周语）、"非阳明立之为教法也"（黄宗羲语）。相反，它既是王阳明深思熟虑的总结，是其"为学宗旨和晚年定论"，也是他几十年浸淫于道释思想的一个结果，是不能随意予以否定的。正如王阳明自己强调的，这是以后讲其学所切不可失之宗旨。[②]

　　对于这种"无而未尝无""有而未尝有"，身处"有无之间"的本体存在状态，王阳明还常用"虚""太虚"予以比喻。王阳明在"天泉证道"中说："良知本体原来无有，本体只是太虚。太虚之中，日月星辰，风雨露雷，阴霾殙气，何物不有？而又何一物得为太虚之障？人心本体亦复如是。"[③]王阳明认为良知本体就是太虚，具有无形而实有的特点，即如前面他言的良知本体"无而未尝无""有而未尝有"的特点。在《传习录》中，他还有类似的说法："良知之虚，便是天之太虚；良知之无，便是太虚之无形。日月风雷山川民物，凡有貌象形色，皆在太虚无形中发用流行，未尝作得天的障碍。"[④]"太虚"之"太"，是表示"虚"之极致。良知本体，只有虚至极致才足够含蕴万物，并能为不同境遇下万事万物的因应万变提供保证。对此，主张"四无说"的王龙溪自然极为认同并心领神会，他发挥

---

①《见斋说》，《王阳明全集》卷七，第 262 页。

②《传习录》下，《王阳明全集》卷三，第 117 页。

③《王阳明年谱》三，《王阳明全集》卷三十五，第 1306 页。

④《传习录》下，《王阳明全集》卷三，第 106 页。

说："良知之体本虚，而万物皆备"[1]，"不虚则无以周流而适度，不无则无以致寂而通感，不虚不无则无以入微而成德业"[2]。正因此，王龙溪也和王阳明一样，常常以"虚""空""寂""无"等来描述良知本体，无疑是表示这些概念之间具有互涵性的意义。他说："虚寂者心之本体，良知知是知非，原只是无是无非。无即虚寂之谓也。"[3]龙溪的这些论述，显然比王阳明对有无合一的论述更清晰明确，以至于唐君毅也指出：龙溪的良知为纯粹之知，既可谓至有，又可谓至无，因而较之王阳明更进一步。[4]不过，无论是王阳明还是龙溪的良知观，其崇无执有、有无合一的本体论特质都是十分突出的，对他们而言，"无"和"有"毫无疑问是构成良知本体两个不可分割的基本向度。

王阳明的这一本体观类似于道家以无为本、有无统一的本体论，所谓"良知之无"应是王阳明扬弃了老子的道之"无规定性"内涵的结果。老子说："道可道，非常道……无，名天地之始；有，名万物之母……此两者，同出而异名，同谓之玄。"[5]在老子看来，道要成为万物的存在依据就不能为具体的规定性所囿限。而道由于没有任何具体的规定性，它就蕴含着无限的可能性、无限的有。因而道可以说是无，也可以说是有。无、有俱是道的指称，两者是"同出而异名"。为此，老子还运用否定性方法，把道的规定性一层层否定掉，以突出其"无"的特性。老子认为，一般人只知道"有"的作用，却不知道"无"的用处。而事实上，"无"的用处要比"有"大得多，他举例说：

> 三十辐，共一毂，当其无，有车之用。埏埴以为器，当其无，有器之用。凿户牖以为室，当其无，有室之用。[6]

同样对于"道"或本体，许多人也只知道从肯定性方面去理解，把它

---

① 《答罗念庵》一，《王畿集》卷十，第235页。
② 《白鹿洞续讲义》，《王畿集》卷二，第47页。
③ 《别曾见台漫语摘略》，《王畿集》卷十六，第464页。
④ 参见彭国翔：《良知学的展开——王龙溪与中晚期的阳明学》，第49页。
⑤ 《老子》第一章。
⑥ 《老子》第十一章。

看作一种实在性的"有"、存在，但老子以为这是一种囿于日常经验的庸见，并不能真正达到对终极性的存在本体的把握。老子另辟蹊径，强调应从相反的方向即否定性的方面去理解本体，认为"道"是"无"。把"道"的根本特性规定为"无"，就意味着"道"作为最高的存在本体，其最高的规定性就是必须否定掉一切具体的有限的规定性。"道"只有不是任何东西，它才能成为一切的基础，才具有最大的普遍性、包容性、超越性。老子正是借此否定性思想表达了一种需要通过彻底否定以达到对终极存在的真正领悟的独特的形上学方法。对此，深受老子思想影响的海德格尔也认为，"无"是追问存在论的最根本问题。海德格尔说："无比不和否定更加原始。"① 因此，"从无生一切有之为有"，无是存在者之能以无相形而显现（存在）的条件和原因。乃至于"追问无的方式可看作追问存在者的标尺和标识"②。

这样我们就不难理解为什么老子始终不愿从正面的角度对"道"做肯定性的界说，而只从侧面对"道"做否定性的描述，如他说"道""无名""无形""无状""无象""无物""无为""不言""不争""不仁""不德"等，目的就是为了通过不断地否定掉"道"的具体性、有限性，以最终肯定"道"的普遍性、无限性和整体性。而且，从根本上说，"无"也好，否定性方法也好，它们都不是为了真正否定掉"有"而达于"空无"，而恰恰是为了最大限度地肯定"有"，即其含蕴万有的可能性。因此，在老子这里，有无其实是统一的。老子用以表示"无"的本字"無"字，其原始意蕴就是"似无而实有"。③ 而老子多次以"惚""恍"来形容"道"的性质，正是借以生动地描述"道"的有无统一的基本存在形态。老子说：

　　（道）绳绳不可名，复归于无物；是谓无状之状，无物之象，是谓惚恍。④

① 海德格尔：《形而上是什么》，转引自陈嘉映：《海德格尔哲学概论》，生活·读书·新知三联书店1995年版，第89页。
② 海德格尔：《形而上是什么》，转引自陈嘉映：《海德格尔哲学概论》，第88页。
③ 庞朴：《说"無"》，《稂莠集——中国文化与哲学论集》，上海人民出版社1988年版，第334页。
④ 《老子》第十四章。

> 道之为物，惟恍惟惚。惚兮恍兮，其中有象；恍兮惚兮，其中
> 有物。①

"恍惚"是描述似无却有之境的，"惚恍"是形容似有却无之境的，它们从不同的侧面展示了道本体在有无统一、有无相生的运动过程中的存在形态。② 对于老子本体论的这一理论特质，焦竑在其《老子翼》序中有过很好的说明。他说：

> 老子非言无之无也，明有之无也。无之无者，是灭有以趋无者也，其名为轮断；有之无者，是即有以证无者也，其学为归根。夫苟物之各归其根也，虽芸芸并作，而卒不得名之曰有，此致虚守静之极也。盖学者知器而不知道，故《易》明器即道；见色而不见空，故释明色即空；得有而不得无，故老言有即无。诚知有之即无也，则为无为，事无事，而为与事举不足以碍之，斯又何弃绝之有！③
>
> 老子亦不得已为未悟者言也，实非舍有以求无也。实非舍有以求无，则是有外更有，无安得为无？盖当其有时，实未尝有，此乃真无也。④

与主张"无之无"即"灭有以趋无"不同，老子申言"有之无"，即"有以证无""有即无"。老子的精神虽然重无，但并未弃有，而是讲有无圆融无碍。老子的这种以无为本、有无统一的本体观，成为道家形上学的一个重要传统，庄子、王弼等都坚持和深化了老子的这种有无之辨。王弼认为，"道者，无之称也"⑤，"天地万物皆以无为本"⑥。但王弼又认为道是"欲言无邪，而物由以成。欲言有邪，而不见其形"⑦。可见他所言的天下万物"以无为本"的"无"也即无规定性、无形而实有的意思。显然，王阳明的"无

---

① 《老子》第二十一章。
② 参见拙著：《智者的沉思——老子哲学思想研究》，杭州大学出版社1999年版，第105～107页。
③ 焦竑著，黄曙辉点校：《老子翼》，华东师范大学出版社2011年版，序第1页。
④ 焦竑著，黄曙辉点校：《老子翼》，第2页。
⑤ 王弼著，楼宇烈校释：《王弼集校释》，第624页。
⑥ 《王衍传》，《晋书》卷四十三，台北鼎文书局1977年版，第1236页。
⑦ 王弼著，楼宇烈校释：《王弼集校释》，第32页。

而未尝无","有而未尝有"的有无观与他所熟悉的这些道家思想有着极强的相似性，它们不可能不存在内在的承续关系。

此外，在老子那里，还可看到后来在王阳明那里也经常用到的"虚""太虚"之喻。说"道"是"无"，其意思主要是指从道本体的存在状态或存在形式来说，"道"不是实体性的，而是虚体的或虚状的。老子曾把"道"分别譬喻为"冲"（盅）、"玄牝"、"溪谷"、"风箱"等，目的都是为了说明"道"的这种虚无性质①。因此，老子说："致虚极，守静笃。"② 即把达到极致的虚静当作其根本追求。司马谈《论六家要旨》也说道家思想是"以虚无为本"，可见"虚"的观念在老学中的重要性。老子说：

> 道冲，而用之不盈，渊兮似万物之宗，湛兮似或存。③

"冲"应为"盅"，盅训虚，与盈正相对，器虚也。"道冲"即是形容"道"状是"虚"体的。这个虚体之"道"，又曾被老子进一步比喻为风箱，"虚而不屈，动而愈出"④，正因其"虚"才含藏着不竭的能量和创造性。这正如山谷一样，虽然是虚空状的，却为大量水源的汇聚之处，可以蕴含深厚的、多种多样的物质。可见，"虚"具有"深藏"的意思。据载老子曾说："良贾深藏若虚，君子盛德，容貌若愚。"⑤ "深藏若虚"与那种"浅实而盈"是正相反的。正因此，老子又喜欢用"谷"来比喻"道"之虚体："上德若谷"⑥ "为天下谷，常德乃足，复归于朴"⑦。这里的"谷"正是象征道的谦下涵容、虚以纳物的特点的。在老子看来，能具备这种胸怀的人可称为"上德"之人。由此可见，老子所说的"虚"并不是绝对的空无所有，而是一种大有之中的"无"，如器具中的"中空"。"中空"是为了虚以纳物，因而"虚"体现了"有"与"无"的统一。从中国古代思想史上看，

---

① 参见《老子》第四章、第五章、第六章等。
② 《老子》第十六章。
③ 《老子》第四章。
④ 《老子》第五章。
⑤ 《史记·老子韩非列传》。
⑥ 《老子》第四十一章。
⑦ 《老子》第二十八章。

只有道家道教才最先在形上学层次上如此重视"虚"的本体意义，所以，前述王阳明对"虚""太虚"的本体意义的阐述与道家道教之间的思想联系应该是很自然的。王阳明对此也有过明确的肯定："仙家说到虚，圣人岂能虚上加得一毫实？佛氏说到无，圣人岂能无上加得一毫有？"①阳明认为，圣人之学与老释一样，也认为本体是虚、无的。当然，我们也应看到，王阳明在接受道家"虚"的思想影响的同时，也对其有些不恰当的批评，如他认为道家已把道的所有具体内涵都抽空了，使虚、无变成了绝对的空无，造成了有所"偏"，"于圣人之道异"。王阳明说：

> 　　但仙家说虚，从养生上来，佛氏说无，从出离生死苦海上来，却于本体上加却这些子意思在，便不是他虚无的本色了，便于本体有障碍。圣人只是还他良知的本色，更不着些子意在。良知之虚便是天之太虚，良知之无便是太虚之无形。②

王阳明认为，虽然释老认为本体是虚、无，但由于他们出于自私自利的目的，因而那不是本真的、廓然大公的虚无。作为本体的良知，不能像释老那样拒绝万事万物，而是应容纳、顺应它们。因此，阳明认为道之虚、无绝非空无，反而是具有确定的内涵的，这就是作为伦理道德规范和义理的"至善""天理"，即王阳明所说的"至善是心之本体""良知即是天理"。尽管道家既不在本体论上把本体之虚看作绝对的空无，也没有在现实中真正不理世务、遗世独立，但王阳明的上述批评无疑体现了其坚守道德至上主义立场的儒者本色。因为王阳明之所以不赞成道家把道的所有具体内涵都抽空，使虚、无变成绝对的空无，造成有所"偏"，就在于道家的虚、无之道具有更纯粹的形上学的旨趣，而王阳明的虚、无之道则具有作为最高伦理道德规范和义理意蕴的确定内涵——"至善"。在王阳明看来，这虽然只是道家"于圣人之道异"的毫厘之处，却是有可能造成儒道之间千里之别的关节处。

---

① 《传习录》下，《王阳明全集》卷三，第106页。
② 《传习录》下，《王阳明全集》卷三，第106页。

　　总的来看，虽然不能说王阳明的良知本体论的构建及其主要内涵是属于道家的路径，仍然体现了其立足儒学、归本儒家的基本立场，但是，不容忽视的是，在王阳明对良知本体的阐发及其方法中，通过对道家有无之辨思想的吸收，不但深化了对良知本体的内涵的理解，而且展示了"有无之间"良知本体的多样性品格。同时，它也因此不可避免地蕴含了不同的理论取向之间的内在紧张和矛盾性，从而为王门后学的不同衍化甚至分裂埋下了理论的伏笔。

第三章　意义世界

王阳明从"心即理""心外无物"及有无统一、体用不二的心本体观出发，企图消除心与物的二元对立。之后，他以"良知"替代"心"，突出了本体的主体性向度，像庄子那样"搁置"客观性的知识探求，而重在探寻存在世界中所蕴含的价值和意义，这不但开启了他疏离本然世界以及构建意义世界的形上学之旅，并且由此使作为终极存在的本体—主体的双重性也得到了进一步肯定，最终使"心体"真正回归到一种他理想的精神家园。这样，王阳明通过有无之辨不但深化了其本体论的认知维度，而且塑造了良知本体的意义世界，丰富了良知本体的多样性品格，实际上重建了儒家形上学的价值之维，最终实现了本体论的认知之维与价值之维的统一。阳明心学不仅提供了一幅独特的形上世界的图景，而且展示了其所蕴含的昂扬的主体性精神和丰沛的意义世界，表现了一种完全不同于宋儒的本体论取向。至此，认知之维和价值之维、本体论与价值论在阳明学的富有特色的一体圆融的良知本体论中实现了交融。

一、意之所在便是物

尽管王阳明的本体论是"接着"宋儒说的，其心本体仍不免具有先验构造的理论预设意味，它肯定了心之本体作为先天"几希"端绪的存在，并因之"天地以位，万物以育"①，但是，王阳明并不认为这种本体存在是一个纯粹的本然世界，因为本然世界是一种自在存在，是人所无法涉及和确证的。所以王阳明不仅对具有理论预设性质的太极、天理等抽象的形上学本体问题很少表现出强烈的兴趣，而且在他否定朱熹的格物论的同时，还进一步否定了朱熹外在性的理本体，代之以"心体""良知"，实从另一面显

---

① 《书朱守乾卷》，《王阳明全集》卷八，第 279 页。

示了其本体论的取向。因此，如果说王阳明始终没有完全放弃对本体的先验设定的"本体论承诺"，从而最终走出传统本体论的局限，那么王阳明强调的"心即理""心外无物"及有无统一、体用不二的心本体观，则又表现了对超验本体的某种疏离，不愿意悬空地构想一种超验的、与人的主体性经验和意向性活动无关的本然之域。王阳明批评朱熹的"外吾心以求理""析心与理而为二也"①，也就是否定了把理视为超验性存在的本体追求。在王阳明看来，人所面对的世界，总是与人的存在及其活动有着不可分离的关系：

> 人的良知，就是草木瓦石的良知。若草木瓦石无人的良知，不可以为草木瓦石矣。岂唯草木瓦石为然，天地无人的良知，亦不可为天地矣。②
> 心之所发便是意，意之本体便是知，意之所在便是物。③
> 物者良知所知之事也④
> 意之所用，必有其物，物即事也。如意用于事亲，即事亲为一物；意用于治民，即治民为一物；意用于读书，即读书为一物；意用于听讼，即听讼为一物。凡意之所用，无有无物者，是有意即有是物，无是意即无是物矣，物非意之用乎？⑤

这里的"天地""物"显然并非指作为本然存在的自在之物，而是指显现于与人的关系中，即在与人的主体性经验和意向性活动的关系中所展示出的对象性存在。这种对象性存在虽然并不在实存的意义上依存于人，而其存在的意义和价值却是通过人的存在而得到彰显。也就是说，天地万物作为本然存在的自存之物，它们的本然状态就是原始的混沌无分状态（如庄子所言的"未始有封"状态），无所谓意义或者说它们本身并不具有独立的意义，它们的意义总是相对于人而言的，也可以说是由人这一主体赋予的，"意之所在便是物"，"有是意即有是物"就表明了此"物"完全是心体

---

① 《传习录》上，《王阳明全集》卷一，第46页。
② 《传习录》下，《王阳明全集》卷三，第107页。
③ 《传习录》上，《王阳明全集》卷一，第6页。
④ 《阳明先生遗言录》卷下，《王阳明全集》（新编本）卷四十，第1606页。
⑤ 《传习录》中，《王阳明全集》卷一，第47页。

的外化、对象化的产物，也是主体赋予此对象的意义的过程。对此，王阳明曾用一种诗意的方式予以了阐释：

> 先生游南镇，一友指岩中花树问曰："天下无心外之物，如此花树，在深山中自开自落，于我心亦何相关？"先生曰："你未看此花时，此花与汝心同归于寂。你来看此花时，则此花颜色一时明白起来。便知此花不在你的心外。"①

说花自开自落，就是指花作为本然存在时的状态，这种本然存在固然不决定于人心的作用，但也因此不具有审美意义，而是"同归于寂"。花的鲜亮色彩及其审美意义，只是在人对其审视时才敞开，就此而言，山中花树所呈现的丰富的审美意蕴是在与人的关系中得到展示的，整个世界的意义也是通过人的存在予以澄明的。王阳明这一观点与海德格尔对此在世界的说法十分相似。海德格尔说：此在在其存在的本质中是形建世界的（Weltbildend）。"形建"有多层意义：让世界发生，随着世界给予自己一种原始的形象，这种形象并非切实地把捉住一切公开的存在者，然而却恰恰充当着一切公开的存在者的范型（Vorbild），而各个此在本身也属在其中。如果存在者或最广义上的自然找不到机会进入一个世界，那它们就没有任何方式可以成为公开的。② 只有当此在"闯入存在者，存在者才有可能公开自身"③，使存在者拥有一个世界，海德格尔称此即为"此在的超越"。在一定程度上可以说，海德格尔通过"此在的超越"所构建起来的存在者的世界，也就是一个意义世界。所以海德格尔在《存在与时间》里提出了这样一个真理的定义："'真在'（真理）必须被理解为揭示着的存在，……'是真'（真理）等于说'是进行揭示的'。"④

这种关于存在的真理并不是传统真理观中关于"认识和对象相符合"

---

① 《传习录》下，《王阳明全集》卷三，第 107～108 页。
② 海德格尔：《根据的本质》，转引自陈嘉映：《海德格尔哲学概论》，生活·读书·新知三联书店1995年版，第 110 页。
③ 海德格尔：《根据的本质》，转引自陈嘉映：《海德格尔哲学概论》，第 110 页。
④ 孙周兴编译：《海德格尔选集》，上海三联书店 1996 年版，第 3 页。

的客观性的体现，而更多地是成为被表象者"被揭示着的"关系和意义性的存在。正如王阳明在另一个地方所说：

> 我的灵明，便是天地鬼神的主宰。天没有我的灵明，谁去仰他高？地没有我的灵明，谁去俯他深？鬼神没有我的灵明，谁去辩他吉凶灾祥？天地鬼神万物离却我的灵明，便没有天地鬼神万物了。①

我的灵明作为天地万物的主宰，主要是在"仰他高""俯他深""辩他吉凶灾祥"的意义上说的，也就是驱使了天地万物由本然的存在转化成了意义世界中的存在。显然，在王阳明那里，这一意义世界的构建离不开主体的意识活动，是与人自身的存在密不可分的。所以，王阳明在回答门人提出的"天地鬼神万物，千古见在，何没了我的灵明，便俱无了？"的问难时做了如下回答："今看死的人，他这些精灵游散了，他的天地万物尚在何处？"②与弟子们仍囿于宇宙论的视野关注人之外的本然意义上的存在不同，王阳明从心本体论的视角出发，消除了心与物的二元对立，把它们纳入了统一的存在序列之中，而这种心体与万物难以截然分离的存在状态，正是一个属人的意义世界。

王阳明的如上思路，在其"心即理"的本体论基本命题中得以确切体现。所谓"心即理"，首先是强调"心外无理"，即否认外部世界本身具有"理"的意义，唯有人心才具"理"的意义，所以，人心就是理。实际上，"心即理"的命题强调的是并不存在独立于心之外的抽象之理，理必须存在和体现于心与外部世界的关系中，或者说，人心所具之理的显现，不能离开它与外部世界的联系。譬如"忠""孝"这些理，它们必然要具体地体现在以心事君、以心事父的活动中；离开了事君、事父这些实际活动，也就无所谓"忠""孝"了。因此，王阳明进一步提出"此心在物则为理"③，"致吾心良知之天理于事事物物，则事事物物皆得其理矣"④。这里

---

① 《传习录》下，《王阳明全集》卷三，第124页。
② 《传习录》下，《王阳明全集》卷三，第124页。
③ 《传习录》下，《王阳明全集》卷三，第121页。
④ 《传习录》中，《王阳明全集》卷二，第45页。

"此心""吾心"是主体，事物是客体。事物之所以成为事物，是因为它们存在于我们的感觉经验的范围之内，并与我们发生了关系，正如吾人事亲之事，即是存在于吾人与吾人之亲的关系之中。求理必求之于这种主客体的关系之境域，而不能求之于悬空抽象之思辨。在这种主客体的关系境域中形成的世界，并不是实体意义上的本然存在，而是由主体作用于客体所发生的一定的事物所构成的意义世界。它可以说就是由心本体所创造出来的世界。而这里所谓创造，实际上并不是创造了一个本然的实体世界，而是创造了一个意义世界，也可以说就是赋予世界以意义。意义总是相对于人而言的。人之为人，并不是生活在一个纯然的物质世界里，而是生活在一个由自身所创造的意义世界里。所以人所面对的存在问题，实际上是一个存在意义问题，它不仅仅反映着一般的心物关系，而且更体现着人与世界的价值关系。进而言之，在王阳明看来，人生"在世"的最重要使命，并不是要去获取多少对世界的客观认识，而是要立足本心、无待于外，以积极自觉的姿态不但去创造和丰富自己生命存在的价值和意义，而且进一步通过自我的活动而赋予对象世界以意义，最终构建起一个真正属于自己的意义世界。这实际上是一个心的世界，王阳明以此来反抗理的世界。以朱熹为代表的理学家们所要建立的是一个天理的世界，他们从自然和儒学经典中抽象出一个天理，以此作为绝对权威来约束规导人的思想和生活，使人的生活世界从属于理的世界。而王阳明不满于生活在这样一个超验的理世界之中，欲建立一个从自我的本心出发，自作主宰、从属于人自己的心的世界。这对于解放自我、挺立人的主体性维度，无疑具有重要的启蒙作用。

二、主体性的维度

如果说从程朱理学中走出来的阳明学在本体论上较之程朱理学所实现的革新、升进，其核心可归结于由"理"本体到"良知"本体的转换，那么，"良知"本体与"理"本体的一个主要差异就是在肯定了本体的普遍性的同时，突出了本体的主体性，把人及其意识看作既是本体又是主体，王阳明所说的"心即理""心即道""心外无物""心外无理""人者，天地万物之心也；心者，天地万物之主也"①，都是为了从根本上颠覆程朱理学的本体论理路而提出的一种全新的本体观，即对人的这一本体—主体的双重属性的肯认。也就是说，在王阳明看来，人就是造化天地万物的主体，整个宇宙的产生、发展和变化都只不过是人的精神的发用流行。而人的这种主体精神，在王阳明看来就是孟子所谓的"良知"。因此，王阳明认为，"良知"不仅是天地万物的本源，而且也是天地万物的主体。他说："良知是造化的精灵，这些精灵，生天生地，成鬼成帝，皆从此出，真是与物无对。"②王阳明认为，人作为主体不仅在世界中存在而且是世界之一部分，因此它与天地万物间存在着生成论意义上的同体性。更重要的是，它还是"造化的精灵"、主宰天地鬼神的"灵明"，因而它还能"生天生地、成鬼成帝"，构造着世界。这样一个世界并非指外在的客观世界，而是指前述由主体的活动所构造而成的具有超越性的精神世界。说这样一个世界是由人及其良知造化主宰的，也并非指其在实存意义上皆因主体而存在，而应更多地是指天地万物皆依赖于主体而被认知，而形成的一个相对完整的意义世界。正因为如此，王阳明思想的一个基本出发点和立足点，就是把整个宇宙看作是一个价值性和意义性存在。这就是说，如果没有主体的认识活动，便没有天地万物的观念；世界将是一个物物不分的混沌存在。任何事物，如果不能被人所知觉、体验，都将是一种毫无意义的死寂之物，也就是说，如果没有主体，便不能赋予天地万物以意义。这样，世界不仅因为人而有了精神和生气，而且因为人而获得了价值和意义，构成为一个属人的意义世界。基于这样一种前提，宇宙万物对人而言就不仅仅是一种客观存在，而且还是一种有意味的存在，是被人理解了的、被人赋予价值与意义的对象物。

朱熹理学为了强调天理的超验性而往往离开人自身的存在去考察存在，尤其忽视天理的普遍性规范与主体的个体性规定的融合问题。与这一倾向不同，王阳明主张把个体感性生命的存在及其意识经验作为本体的心体所应内含的基本取向和重要维度，蕴含了心学本体论相异于理学本体论的重

---

① 《答季明德》，《王阳明全集》卷六，第214页。
② 《传习录》下，《王阳明全集》卷三，第104页。

要转向。正如杨国荣指出的："依据心学的这一思路，人只能联系人的存在来澄明世界的意义，而不能在自身存在之外去追问超验的对象；质言之，人应当在自身存在与世界的关系中，而不是在关系之外，来考察世界。从构造形而上的终极本体（理、太极）到关注存在（existence）过程中呈现的意义世界，这种转换在逻辑上对应于从超验的本质向个体存在的回归。"①

进一步说，王阳明的这种本体论转向打通了先天本体与感性存在的隔绝，不仅在很大程度上为以后扬弃超验本体提供了逻辑基础，而且具有了初步的存在先于本质的原始存在主义倾向，为明中晚期注重个体性和个体存在、反对本质主义和理性主义的思潮的兴起起了重要的推动作用。

王阳明的以上看法，包含了一定的理论合理性，也与现代西方的一些重要思潮相类似。海德格尔认为，存在不是既定的、现成的，而是通过存在者而存在的。这种合理性的根源就在于王阳明的本体论同时又是主体论。王阳明主张"心即理"，以心为本体，明确地规定了本体的主体性维度。可以说，王阳明在本体论上的一个重要贡献就是极大地推进了自明代中期开始兴起的哲学的主体性转向。王阳明将外在性的精神实体"天理"改造成了主体的内在尺度，其"心外无物""心外无理"显然是在形上学层面上断然拒绝了对外在的客观性本然存在的单向追问，而把思考的目标锁定在了主体自身。因为既然天理是人的内在尺度，那么体认"天理"的对象就并不在外界而是来自人的内心。王阳明说："天理在人心，亘古亘今，无有始终；天理即是良知。"②"天即良知也"，"良知即天也"。③ 把原本外在的至高无上的天理移植入人的内心，等同于人的内在心性，这无疑极大地肯定和抬高了人的主体性地位。王阳明甚至在此基础上进一步得出了与康德"人为自然界立法"相似的结论，他说："人者，天地万物之心也；心者，天地万物之主也。心即天，言心则天地万物皆举之矣。"④"心虽主乎一身，而实管乎天下之理，理虽散在万事，而实不外乎一人之心。"⑤"我的灵明便是天

---

① 杨国荣：《心学之思——王阳明哲学的阐释》，第 7 页。

② 《传习录》下，《王阳明全集》卷三，第 110 页。

③ 《传习录》下，《王阳明全集》卷三，第 111 页。

④ 《答季明德》，《王阳明全集》卷六，第 214 页。

⑤ 《传习录》上，《王阳明全集》卷二，第 42 页。

地鬼神的主宰。"①就是说，天下万物的理，是由人心统管着的，散在万事之中的理，是由一人之心所包容的。人存在于天地万物之间，不仅要为自己做"主"，而且还要为天地万物做"主"，因为他通过自己的生命活动不仅赋予了自己的生命存在以丰富的意义和价值，而且也赋予了天地万物以独特的意义和价值。这就充分显示了人的主体性作用。这种对人（人心）既是本体又是主体的双重属性的确立，反映了心学本体论内在逻辑展开的必然要求，也体现了王阳明的心学本体论对程朱的理学本体论的一个重要革新。这种本体论上的革新所推动的主体性转向，空前地挺立了人的主体性地位，高扬了在专制等级社会和纲常名教束缚下人们稀缺的对人的存在价值、个体生命的意义的肯定和自作主宰、勇于担当的主体性精神，对于明清近代启蒙思潮的发展具有重要的意义。

不过，如果我们同一般人一样以为王阳明哲学的最重要贡献仅仅就在于他重新发现了"心"的重要性（以心为本体），确立了人的主体性地位，这种认识其实是很不够的，也是容易发生偏颇的。因为就确立人心的本体—主体双重性而言，陆象山已开其端绪。然陆象山构建的以心为本体的意义世界，蕴含两方面的理论缺陷。一是把心与理一作为一种先验存在的理论预设，从而在实际上取消了外部世界的任何意义。在陆九渊那里，心与天理，是绝对的同一体，他说："盖心，一心也；理，一理也；至当归一，精义无二，此心此理，实不容有二。"②也就是说："人心至灵，此理至明；人皆有是心，心皆具是理。"③这样，陆九渊对心与天理的同一不仅缺乏必要的论证，而且试图完全取消人与外部世界的联系。陆氏弟子袁燮曾阐发"心即理"说："此心此理，贯通融会，美在其中，不劳外索。"④实际上，陆氏这种"心与理一"更多的主要是通过内心的自我体验获得的，它所获得的仅仅是人的自我完善，而未能真正解决人与外部世界如何圆融同一的问题，也未能赋予这个世界以任何积极的意义。因为他直接宣布我心之理即天理，对我心的发现就是对世界的意义的体认，犹如佛教所说心生一切

① 《传习录》下，《王阳明全集》卷三，第124页。
② 《与曾宅之》，《陆九渊集》卷一，第4～5页。
③ 《杂说》，《陆九渊集》卷二十二，第273页。
④ 《袁燮序》，《陆九渊集》附录一，第536页。

法生，心灭一切法灭，境由心造，把客观存在看作是一种近于恶的无限性的存在，否定了外在的客观存在对人的生活世界的意义，最终也不能从根本上回答人自身存在的意义。二是陆九渊据此建立起来的主体性难以得到真正的张扬。陆九渊的本体论取向完全取消了形上形下、体用内外的区别，使其本体成为一个绝对同一的心灵世界，表现了强烈的唯我论和独断的唯意志论倾向。而这样一种倾向不仅不会增强，反而会妨碍其主体性的真正挺立，因为如果人仅仅屈从于外部世界固然不足以成为主体，但如果人彻底排斥了外部世界则同样难以成为完整的主体，因为这意味着彻底否定人类通过改造外部世界而完善自我存在状况的意义。可以想象，一个不健全的主体是难以建构起一个健全的属人的意义世界的。

比较而言，王阳明哲学虽然也潜伏着由提高心的地位到高扬人的主体性直至提倡自我中心论和唯意志论这样一个逻辑演化趋势，如他所明言的"我的灵明便是天地鬼神的主宰"，似乎就已表现出这种端倪。但由于王阳明同时又说："离却天地鬼神万物，亦没有我的灵明。如此便是一气流通的，如何与他间隔着？"[1] 所以，王阳明实际上并没有否认天地万物作为自在之物的本然存在。他只是强调它须以对象性存在进入人的意义世界的构建，因为若无这一对象，心体的作用也就无从展开。事实上，心体并不能完全在对象世界之外去凭空构造一个意义世界。正因此，王阳明讲心物同一、万物一体，讲"心无体，以天地万物感应之是非为体"[2]，强调"吾儒养心，未尝离却事物，只顺其天则自然就是功夫"[3]。亦含有在一定程度上承认对象世界的先在性以及心体对对象世界的某种依存性之意。另外，主体在意义世界的构建中始终处于主导地位，"你未看此花时，此花与汝心同归于寂"。由本然的存在转化而成的意义世界中的存在，总是与每个人的具体存在相联系，实际上总是表现为"他的"世界，因之在他的生命终结时，"他的"意义世界也就不再存在，王阳明关于人死后"他的天地万物尚在何处？"[4] 的反诘正是表明了这一点。总之，在王阳明的意义世界中，心

---

① 《传习录》下，《王阳明全集》卷三，第124页。
② 《传习录》下，《王阳明全集》卷三，第108页。
③ 《传习录》下，《王阳明全集》卷三，第106页。
④ 《传习录》下，《王阳明全集》卷三，第124页。

与物、主体与客体早已成为一种互动性的生成关系。和陆九渊相比，王阳明的心本体并不是一个完全排斥外部世界的纯观念性主体，其主体论也并没有走向强烈的唯我论和独断的唯意志论路向。所以，王阳明的"心"并不是一己之私心，主体也不是"偶然性的个人"，王阳明一再强调"心之本体"不能"为私欲所蔽"，"着不得一念留滞，就如眼着不得些子尘沙"。①因之要"消磨私意"，拔除"蔽塞"，"渣滓浑化"。这些都是意在说明作为主体不能是纯粹的个体，而应具有普遍性的品格。大概也正是由于要更好地维护主体的这种普遍性品格，王阳明晚期才以"良知"替代"心"的概念，以使良知有可能超越个体性、主观性和经验性，突显个体存在所应承担的社会责任，认同群体价值，抑制和避免以自我为中心的价值取向。为此，王阳明甚至进一步提出了"无我"说："圣人之学，以无我为本，而勇以成之。"②"无我"所强调的是不执着于一己之私和自我中心，要求在群己、人我、心物关系中从一己走向整体、从封闭走向开放、从自我走向万物一体的意义世界。至此，在王阳明的良知学的视界中，其本体论在维护了良知作为"天然自有之则"的先天性以及由此获得的永恒性与普遍意义的同时，也充分彰显了对主体的个体意志及自我选择、自我行动的肯定，高扬了人的主体性，肯定了主体在价值世界中的核心地位，从而统一了良知本体所具有的感性存在与理性原则、个体生命与类的普遍本质之间的双重品格，重新圆融了被宋明理学支离了的世界图案。不过，以心说性的逻辑发展终究无法超越心的个体性、主观性和经验性的局限，蕴含了主体作为个体冲破理性本质而彻底走向感性存在的逻辑可能，从而引发在王阳明那里还是潜伏着的内在矛盾。这一点在泰州学派的极端化发展中得到了体现。

王阳明从上述的本体—主体观出发，对虽然注意到了人的主体性存在，但只一味内求，逃避世事、遁迹世外，缺乏社会关怀和道德责任的佛老提出了批评，认为它们这样无异于悬空去寻求纯个人的、精神性的解脱，实不免于"有偏"，其最大的弊端是会把人导向"私意""虚寂"，于真正的主体性的挺立无关："释氏要尽绝事物，把心看作幻想，渐入虚寂去

---

① 《传习录》下，《王阳明全集》卷三，第 124 页。
② 《别方叔贤》，《王阳明全集》卷七，第 232 页。

了。"① 所以佛老都有"自私自利、将迎意必"之病。② 这些批评，对于道家特别是道家后学和道教而言，不能说没有一点道理，因为就道家道教总体来看，的确是有一些过于追求虚静恬淡、自然无为、个体解脱的倾向。但具体到不同的思想家而言，则又各有不同。就主体性思想来看，庄子哲学可视为中国哲学史上第一个真正的主体性哲学。如果说老子哲学较重客观的、宇宙论的意义，庄子则将其渐渐下落，并向内收，而使之主要成为人的一种主体性精神，一种人生的内在精神境界。换言之，庄子并不否认外在世界的客观性，他只是否认对这种本然的客观世界作纯知识性探求的意义，他说："吾生也有涯，而学无涯。以有涯随无涯，不亦殆乎？"③ 因而庄子主张"搁置"这种客观性的知识探求，而侧重去探寻客观世界中所蕴涵的价值和意义。因此，在庄子那里，也和后来的王阳明一样，天地万物对人而言就不仅仅是一种客观存在，而且还是一种有意味的存在，是一种意义和价值结构。也可以说，人的"在世"过程，正是通过自身的存在和活动而赋予天地万物以价值和意义的过程。在本体论上，庄子以自然为本，肯定自然为最高原则，并认为自然也是人的本性。但庄子认为，自然不是一成不变的，反而是"无动而不变，无时而不移"④。人面对这种存在，拒变不行，等变也不行，而是要主动地纵身于万变之流，与之俱化冥合，以求得身心的大自由、大自在、大解脱，真正自作主宰、自作担当。庄子由此空前地突出了人的主体性作用，并因之建构起一个"乘天地之正，而御六气之辩（变），以游无穷者"⑤，"独与天地精神往来"⑥ 的理想境界。这样一种理想境界，既是庄子所表达的价值视域，又是主体所开发出的一个意义世界。从比较的视角看，王阳明与庄子在肯定本体—主体的本体论结构，提升人的主体性价值等方面，实有极多的相似性。只是相比较而言，王阳明十分强调主体在其所开发出的意义世界中作为绝对主宰的地位，而庄子则不仅不突出这一点，反而主张主体在纵身于自然万变之流中与之俱化冥

---

① 《传习录》下，《王阳明全集》卷三，第106页。
② 《传习录》中，《王阳明全集》卷二，第66页。
③ 《庄子·养生主》。
④ 《庄子·秋水》。
⑤ 《庄子·逍遥游》。
⑥ 《庄子·天下》。

合所获得宇宙一体、万物欣然的大自由、大自在。当然，不知为何，王阳明似乎很少提到庄子，因而我们难以确定他所受到庄子思想直接影响的程度。不过，就更广泛的层面来看，王阳明无疑是会受到源远流长的中国古代哲学的形上学传统的影响。

与仅仅注重沉思对象客体的本然存在的西方传统形上学不同①，中国传统哲学中的形上之思并不单纯指向本然的实体世界，而总是更多地关注世界之"在"与人自身存在的关系，指向一个属人的意义世界的构建。因而中国传统哲学的形上之思展开的主要是一种存在与价值、本体论与价值论相统一的形上学路向。当然，这一意义世界的构建又是力图在本体层面上进行的，是要导向一个以形上本体为根基的统一的世界图景中去的。因而这种意义世界中展示的价值论维度与一般的价值论又有所不同。另外，它也显示了在中国传统形上学中，本体论问题与价值论问题不仅无法截然相分，而且它们的融合统一恰恰是中国传统形上学一个最重要的内在特质。甚至可以说，一切本体论最终就是价值论，这就是中国传统形上学的实质。譬如在道家哲学中，"道"作为本体既指天道之"必然"，又指人道之"当然"，"道"是贯通于天人的。道论作为对世界的追问方式，并不仅仅在于揭示存在的必然法则，而且更在于发现、把握人自身如何"在"的方式，以理想性的规范、类型展示着人的在世的"当然"根据，从而构建一个富有主体性精神的意义世界或属人的价值境域。儒家哲学在吸纳、借鉴道家形上学的基础上，进一步将天地的演化和存在与人的价值创造联系起来，明确强调应以人化的存在方式为对象世界的应有形态。《中庸》认为："道不远人。人之为道而远人，不可以为道。""道也者，不可须臾离也，可离非道也。"② 这就是说，道并不是与人相隔绝的存在；若离开了人这一主体的为道过程，道难免只是抽象的思辨对象，而无法呈现其真切的实在性及其意义。因此，《中庸》又进而提出了人能"与天地参"的思想："唯天下至诚，……则可以赞天地之化育；可以赞天地之化育，则可以与天地参

---

① 西方形上学的这一传统在近代的康德哲学那里已出现了转机，康德哲学中既有涉及何为存在及如何把握存在的自然形上学，也有以对人的存在和价值关怀为主题的道德形上学，可惜后者在康德那里还停留在一种形式的体系，对人的感性的实践活动及其意义还缺乏真正的了解。

② 《中庸》第十三章、第一章。

矣。"① 人以自己的真诚努力可以参与对象世界的价值实现过程，使其以人化形态获得存在及其展开。与此类似，荀子虽然是以肯定天人之分闻名，但他也同样提出了人与天地参的观念："天有其时，地有其财，人有其治，夫是之谓能参。"② 在这里，天地泛指对象世界，"治"是人变革对象的实践活动，这种实践活动同时也是人的价值创造的过程。而所谓"能参"，不仅表明人的主体性活动与天地之间的相关性，而且意味着人与天地共同构成了作为现实存在的这个世界。换言之，人通过积极的主体性活动参与并融入了现实世界的形成过程，使对象世界由本然的存在转化为打上了人的印记的存在，从而能合乎人的合理需要并获得价值和意义。可以说，这样一种贯通天道与人道，化"必然"为"当然"，强调从"天之天"到"人之天"的形上学演进路向，已体现、凝聚为中国古代主流哲学中道家和儒家所共有的形上学传统，并在宋明理学中得到了进一步的发展和体现。自然，阳明学作为其中的一个重要思潮，也是这种儒道形上学传统融会创新的一个典型产物。

三、境界形上学

王阳明所着力构建的以良知本体为核心的意义世界，并非纯粹外在的客观世界，而是蕴含了主体的活动作用及其价值向度的精神世界，因此它不仅涉及一般的本体论问题，也体现了人的精神境界的问题。或者说，它实际上是如牟宗三所说的不仅是"实有形态的形上学"，更是"境界形态的形上学"。③ 这种境界形上学既阐明了良知本体作为真实不虚的终极存在的地位，又突显了心体所具有的自主性、主体性、超越性的品格，体现了良知本体的"有无合一"的二重结构。在王阳明看来，既然良知是宇宙天地之间一切存在的最高本质和终极根源，那么它自然也是人类的存在及其价值的最终依据，是能够提供人类生活及主体性地位的价值尺度和超越现实生活世界的自由意境。显然，王阳明构建这样一种

---

① 《中庸》第二十二章。

② 《荀子·天论》。

③ 牟宗三：《中国哲学十九讲》，上海古籍出版社 1997 年版，第 98 页。

境界形上学，主要目的不是对良知本体的宇宙论或知识论的诠释追求，而是力图借此实现一种主体的自我解放和内在超越，使"心体"真正回归到一种理想的精神家园。

王阳明的心学本体论之所以是一种境界形上学，首先与其对良知本体概念的理解分不开的。综观王阳明的良知本体观，他实是将本体作为"合内外之道"，故其良知之学，也是"精一之学"。① 由此，王阳明强调了良知作为本体的合有无、无内外、一动静等圆融为一的特点。关于王阳明对本体之合有无的看法前面已有阐述，这里再就其本体的内外、动静等统一观做些阐述。王阳明认为，良知本体的存在本来就是唯一的、圆融的，因而无物我之分、内外之别。他说："理一而已"，"理无内外，性无内外"。② "本体原无内外。"③ 同样，良知本体在本质上是静的、寂然不动的，因为生生之理，妙用无息，而常体不易，所以"常体不易者而谓之静"④。在这个意义上讲，"心之本体固无分于动静也"⑤。理主静而能兼赅动静，"静未尝不动，动未尝不静"⑥。"动中有静，静中有动"，"动而无动，静而无静"。⑦ 所谓"动静一理也，一理隐显而为动静"⑧。总之，在王阳明那里，道有而未曾有，无而未曾无，道是有无的统一体。同样，道亦无动静内外而浑然一体。然而，这种合有无、无内外、一动静等浑然一体的特点，使本体并不仅仅限于本然存在境域，更延伸到属人的意义世界。这里正体现了王阳明形上学本体论的重要转向，即本体论的价值维度的转向：其本体不再仅仅是自然本体，更是价值本体；形上学的关怀主题由注重外在的天理流行的世界，转向了注重由内在的心灵体验所构筑的意义世界和价值境域。可以说，这也正是王阳明形上学的一个独特贡献和思想革新。在王阳明看来，上述意义世界实际上是一种人化世界呈现为化本然世界为意义世界的过程。这样

---

① 《传习录》中，《王阳明全集》卷二，第76页。
② 《传习录》中，《王阳明全集》卷二，第76页。
③ 《传习录》下，《王阳明全集》卷三，第92页。
④ 《传习录》中，《王阳明全集》卷二，第64页。
⑤ 《传习录》中，《王阳明全集》卷二，第64页。
⑥ 《传习录》下，《王阳明全集》卷三，第91页。
⑦ 《传习录》中，《王阳明全集》卷二，第64页。
⑧ 《传习录》中，《王阳明全集》卷二，第64页。

一种人化世界，既表现为天人关系上的一体无间，更展示为人的一种主体境界。也就是说，它更多地涉及将本然的存在状态转化为人的精神境界问题。显然，在王阳明那里，这是一个更主要更有意义的问题。这种境界形上学既阐明了良知本体作为真实不虚的终极存在的地位，又凸显了心体所具有的自主性、主体性、超越性的品格，体现了良知本体的"有无合一"的二重结构。在王阳明看来，既然良知是宇宙天地之间一切存在的最高本质和终极根源，那么它自然也是人类的存在及其价值的最终依据，是能够提供人类生活及其主体性地位的价值尺度和超越现实生活世界的自由境域。可见，王阳明构建这样一种境界形上学，主要目的不是对良知本体的宇宙论或知识论的诠释追求，而是力图借此实现一种主体的自我解放和内在超越，使"心体"真正回归到一种理想的精神家园。

其次，阳明学的这种境界形上学也是对中国古代哲学形上学传统的继承。如前所述，在中国传统哲学中，与仅仅注重沉思对象客体的本然存在的西方传统形上学不同，形上之思从来并不单纯指向本然的实体世界，而总是更多地关注世界之"在"与人自身存在的关系，从而形上学的目标更多的是指向一个意义世界的构建。中国传统形上学的这一特点，也规定了其在形上学论域中的思考，必然会沿着一种关于存在与价值、本体论与价值论相统一的形上学路向的展开。在中国传统形上学的视域中，"道"作为本体展示了对世界的两种基本追问方式，既揭示了存在的必然法则、天道之"必然"，又揭示了面对这种存在的必然法则人自身如何"在"的方式、人道之"当然"内涵，从而体现了一种中国文化所特有的贯通天人之"道"。道家所谓天人合一，《中庸》所认为的"道不远人"、人"与天地参"等思想，都是这种贯通天人之"道"的观念呈现。也就是说，人们不仅在形上学层面上关注客观世界存在的必然法则，而且更注重于根据形上学层面存在的必然法则去发现、把握人自身如何"在"的方式，以理想性的规范、类型展示着人的在世的"当然"根据，从而构建一个富有主体性精神的意义世界或属人的价值境域。可以说，这样一种追求从"天之天"到"人之天"，化"必然"为"当然"，强调应以人化的存在方式作为对象世界的应有形态的形上学演进路向，已经成为一种贯通天道与人道的中国古代哲学的形上学传统。它不仅深刻地影响了宋明哲学包括阳明学的形上学观念的形成，而且也在其中得到了进一步融会创新性的发展。

那么，王阳明的心学本体论所体现的形上境界，究竟是一种什么样的境界形态呢？杨国荣认为："观念形态的意义世界具体展开为世界图景、价值图景及精神之境"。它们分别涉及对于"是什么"（人所理解的存在）、"意味着什么"（世界对于人的价值意义）和"应当成为什么"（对人自身存在意义的关切）的追问。"是什么"指向事实层面的规定，"意味着什么"主要指向价值层面的意义探寻，"应当成为什么"则主要涉及人的精神境界的追求。这样来看，王阳明所着力构建的以良知本体为核心的意义世界，不仅是对"意味着什么"的价值探寻，更进一步体现了对于"应当成为什么"的精神境界的追求。

王阳明的心学本体论所体现的形上之境界，首先表现为一种天人"无对"、万物一体的境界。王阳明认为人与天、良知与万物之间表现为一种"无对"的关系。他坚决反对"析心与理为二"之弊，明确主张"精一之理"，认为世界一体无间，"无前后内外而浑然一体者也"[①]，"人心与天地一体，故上下与天地同流"[②]。而且正是由于本体世界的一体无间，才有天地万物生生不已。不过，这种天人"无对""一体"的观念，并非王阳明首倡，它显然与道家的"道通为一"的整体观极有渊源，阳明甚至直接引道教学理予以说明：

> 夫良知一也，以其妙用而言谓之神，以其流行而言谓之气，以其凝聚而言谓之精，安可以形象方所求哉？真阴之精，即真阳之气之母，真阳之气，即真阴之精之父。阴根阳，阳根阴，亦非有二也。苟吾良知之说明，则凡若此类皆可以不言而喻。不然，则如来书所云"三关七返九还"之属，尚有无穷可疑者也。[③]

王阳明认为良知是一体圆融的，即使道教所谓的元神、元气、元精，

---

① 《传习录》中，《王阳明全集》卷二，第64页。
② 《传习录》下，《王阳明全集》卷三，第106页。
③ 《传习录》中，《王阳明全集》卷二，第62页。

也是良知本体的不同呈现方式。正是本体世界的一体无间，才有天地万物生生不已而又常体不易："人心与天地一体，故上下与天地同流。"① 当然，这种强调在本体层次上的一体圆融观，道家既早已有类似观念，程颢、朱熹也已有相关思想，如程颢提出的"天人本无二"②，"仁者以天地万物为一体"③，"仁者，浑然与物同体"④ 等思想，就颇为王阳明所认同，体现了中国传统哲学中普遍推崇的本体论上的有无相即的超越境界。从理论层面上来看，王阳明认同"天地万物为一体"思想的论据首先就是其"心物同体"观，即心与物统一的观念。王阳明说：

> 人的良知就是草木瓦石的良知，若草木瓦石无人的良知，不可以为草木瓦石矣。岂惟草木瓦石为然，天地无人的良知，亦不可为天地矣。盖天地万物与人原是一体，其发窍之最精处，是人心一点灵明。风霜露雷，日月星辰，禽兽草木，山川土石，与人原只一体，故五谷禽兽之类皆可以养人，药石之类皆可以疗疾。只为同此一气，故能相通耳。⑤

人与天地万物是一个有机系统，同属于一个统一的世界，如此便是一气流通的，天地万物之间并没有间隔，人与万物也没有间隔，共同组成一个有机整体的世界，"是合心与理而为一者也"⑥。所以，王阳明"心即理"的意义就在于其在存在的本体领域确认了天人之间的本质同一性："故其精神流贯，志气通达，而无有乎人己之分，物我之间。比之一人之身，目视耳听，手持足行，以济一身之用。"⑦ 王阳明以人的"良知"统摄万物于一体，实际上是要求由己之"良知"推及于人、物、自然和社会：

① 《传习录》下，《王阳明全集》卷三，第 106 页。
② 《河南程氏遗书》卷六，《二程集》上，第 81 页。
③ 《明道学案》上，《宋元学案》卷十三，《黄宗羲全集》第 3 册，浙江古籍出版社 2004 年版，第 671 页。
④ 《河南程氏遗书》卷二，《二程集》上，第 16 页。
⑤ 《传习录》下，《王阳明全集》卷三，第 107 页。
⑥ 《传习录》中，《王阳明全集》卷二，第 45 页。
⑦ 《传习录》中，《王阳明全集》卷二，第 55 页。

> 君臣也、夫妇也、朋友也，以至于山川、鬼神、鸟兽、草木也，
> 莫不实有以亲之，以达吾一体之仁，然后吾之明德始无不明，而真能
> 以天地万物为一体矣。①
>
> 大人者，以天地万物为一体者也，其视天下犹一家，中国犹一
> 人焉。②

在王阳明看来，仁者将天地万物都看作自身的一部分，自然就没有了物我之别、人己之分，普天下之人皆如一家，天下之物皆如一身，形成为一个和谐有机、休戚与共的存在整体。

其次，阳明学的形上境界，也是一种"成己"与"成物"相统一的境界。一般而言，"成己"意味着自我通过多方面的发展而走向自由、完美之境，"成物"则是通过变革世界而使之成为合乎人性需要的存在。境界本来侧重于表示人的精神世界所达到的状态，因此它更多地涉及人对自我存在的期许，表达了对人自身存在意义的关切，即对于"应当成为什么"的追问。从这一意义上看，阳明学对如上这种形上境界的追求，可以说是一种"成己"之学。然而，任何一种具有较高境界追求的"成己"之学，其对自我存在的期许总是要求不断提升自身存在的意义和价值，从而不断超越自我，走向对更为广阔的世界存在的意义和价值的关切，这样就又进入了一种"成物"的追求。阳明学也不例外。阳明学并不是单纯追求"成己"之学，更是追求"成物"之学。王阳明"天地万物一体为仁"的思想就是这样一种典型。王阳明以"天地万物一体"为仁者的最高追求，要求仁者要以"天地万物一体"作为自我存在的意义和价值的终极关切，"为仁"正是体现了对这种人的存在价值的理想和使命的自觉意识。如前所述，王阳明主张人作为本体—主体，应该以积极自觉的姿态，不但去创造和丰富自己生命存在的价值和意义，而且进一步通过自我的活动而赋予对象世界以意义，从而最终构建起一个真正属于自己的意义世界。这种着力于把意义世界的构建与人的自觉意识及实践活动密切联系的追求，正凸显了王阳明在

---

① 《大学问》，《王阳明全集》卷二十六，第 969 页。
② 《大学问》，《王阳明全集》卷二十六，第 968 页。

意义构建中超越自我的实践品格。王阳明强调的"知行合一"思想，亦体现了相同的旨趣，即不仅要有自我的认识，更应该将这种认识外化为行动。因此，王阳明告诫弟子："良知也者，是所谓天下之大本也；致是良知而行，则所谓天下之达道也。"①"致良知"要求不仅要体认到这种天地万物一体的境界，更要自觉地在行动上予以实践，达到"立体达用"的效果。王阳明说：

> 自格物致知至平天下，只是一个明明德，虽亲民亦明德事也。明德是此心之德，即是仁。"仁者以天地万物为一体"，"使有一物失所，便是吾仁有未尽处"。②

仁者能以良知之心将仁爱关切达于万事万物，没有疏远遗漏，没有物我之别、人己之分，普天下之人皆如一家，天下之物皆如一身，真正达到"以天地万物为一体"，如此"仁者"境界，不就是"成己"与"成物"相统一的境界吗？而这样一种境界又无疑是王阳明理想的形上境界的实现形态。王阳明从整体观和一体论出发，以"立体达用"的逻辑构架表达了其理想的社会模式。他说："明明德者，立其天地万物一体之体也；亲民者，达其天地万物一体之用也。"③ 这是王阳明哲学从个体的理想境界通向经世事功的一座主要桥梁，王阳明据此将道德修养与实践事功、亲民践行统一了起来，通过立"明明德"之体，以达"亲民"之用，希望实现体用不二、知行合一、内圣外王的最高理想。这样，王阳明所追求的"内圣"的道德诉求，就必然地内含了"外王"的经世有为的实践指向。

---

① 《书朱守乾卷》，《王阳明全集》卷八，第279页。
② 《传习录》上，《王阳明全集》卷一，第25页。
③ 《大学问》，《王阳明全集》卷二十六，第968页。

第四章　致良知

　　阳明心学虽以"心"立说，但由于其以"良知"释"心"，故其心学实为良知学。王阳明将良知提升到了本体的层面，使良知既成为其心体重建的形上学基础，又构成意义世界所以可能的根据。因此，有关良知和致良知的思想自然成了王阳明心学最基本的思想，是其成熟期思想的一个核心理念。王阳明曾说："吾良知二字，自龙场以后，便已不出此意，只是点此二字不出。"[①] 又说："吾平生讲学，只是'致良知'三字。"[②] "良知之外，别无知矣。故'致良知'是学问大头脑，是圣人教人第一义。"[③] 这意味着，如何理解和把握良知和致良知的思想，是解读和阐释阳明心学的一个基本内容。

一、不可言说之域

　　在古希腊文化中，哲学本是"爱智慧"之学。但经过柏拉图和亚里士多德，哲学从热爱智慧转向了追求普遍知识，这一方向性的转变长久地影响了此后西方哲学的基本形态。整个西方哲学史成了一部追求普遍知识和绝对真理的历史。特别是在形上学领域，西方哲学的"知识学"追求形成了本质与现象、理念世界与经验世界的两分，把变动不居、纷繁复杂的现象看成是"偶然的存在"或"非存在"，而只有从中抽象出来的理念或本质才是真实的"存在"。相应地，对于那些现象性的"非存在"只能形成"意见"，只有对于本质性的"存在"才能形成"知识"，形上学正是关于存在之本质或者说是"真实"之本体的学说，是一套本体论的知识体系。西方

---

① 《传习录拾遗》，《王阳明全集》卷三十二，第 1170 页。
② 《寄正宪男手墨二卷》，《王阳明全集》卷二十六，第 990 页。
③ 《传习录》中，《王阳明全集》卷二，第 71 页。

哲学的这种"知识学"路径，虽然在近现代哲学中有所改进，甚至被海德格尔批评为执着于"所是"而遗忘了"是"，是对真实的存在状况的遮蔽和遗忘，但就整个西方哲学形态来说，却并没有发生根本的改变，实证主义、分析哲学等现代西方哲学流派的产生只是表现了它们仍在以不同的形态在传统的路径上滑行。

与西方传统哲学将形上学列入知识对象不同，中国传统哲学不但极少把形上学列为知性的对象，而且大都怀疑和反对从知识学进路上对形上学问题的探讨。在这方面道家尤为突出。老子认为，本体之"道"虽然是客观存在的，甚至可以说是最真实的存在，但由于其"恍兮惚兮""周行而不殆"的性质和作为本体的无限性、超越性的特点，又使这种存在不能等同于具体的实物，而是一种有无统一、虚实相生而又以无为本的存在。这样的虚无之"道"作为本体存在，当然是"视之不见，听之不闻，搏之不得"，不是知觉的直接对象，无法进入人的一般认识领域。所以老子说："道可道，非常道；名可名，非常名。"①，强调"道隐无名"②，"大音希声，大象无形"③。老子已认识到并反复强调，"道"作为形而上的存在本体，不能受具体形象、具体属性的局限，它不属于日常经验世界中的存在物，因而它不能借助于感官经验性的认识方法来把握。然而，它也不能借助于理性的认识方法。它既不能用定义的方法从更高的概念导出（没有比它更高的概念了），也不能用较低的概念来描述，也就是说，我们无法用理性、概念等去达到它、穿透它，也无法用语言传达它；不然，一落言筌，便成有限，便失去了"道"的真貌。正因此，老子才把道规定为"无名之朴"④，说"道""不可道"，"道无名"，"道"是超验的、不可言说的。但是，本体之"道"的不可定义性并不意味着可以取消它的意义，反而更显示出它具有不寻常的意义。所以，老子不得不用某种特殊的方式对"道"有所言说，于是只好"著书上下篇，言道德之意五千余言"，并勉强给它一个"道"的

---

① 《老子》第一章。
② 《老子》第四十一章。
③ 《老子》第四十一章。
④ 《老子》第三十七章。

称号。① "道"只是无名之名。总之，老子对可言说与不可言说之域做了明确的划界。在老子看来，"玄之又玄"的本体是人类的认知和名言（概念和逻辑）所不能羁络的，即在人类认识的视界之外。维特根斯坦认为存在着一些神秘的不可言说的领域②，老子之"道"就如维特根斯坦所说的那个"不可言说的领域"。而可言说之域则主要限于日常的经验世界，指向知识性的"为学"过程。庄子对可言说与不可言说之域也做了区分："可以言论者，物之粗也；可以意致者，物之精也。言之所不能论，意之所不能察致者，不期精粗焉。"③ 所谓不可以言论、不能以意致者，也就是形而上之道。在庄子看来，道是无界限的整体，对之言说则有所分，"道未始有封，言未始有常"④，因而一般名言难以达到对道的把握。所以庄子说："至言去言"⑤，"言无言"⑥，"荃者所以在鱼，得鱼而忘荃；……言者所以在意，得意而忘言"⑦。庄子在这里不仅认为"言"具有作为工具的外在性，而且确认了名言与"至言"、"意"所包含的事物内在之理的距离，以及后者对前者的分离性、独立性，强调了本体之域的不可言说性。《易传》也提出了"言不尽意"的主张，但它又认为"立象以尽意"，肯定了"意"可以通过某种形式化之"象"予以传达。王弼等魏晋玄学家进一步通过言意之辨否定了名言对"达意"的意义："言者所以明象，得象而忘言；象者所以存意，得意而忘象。"⑧ 这里王弼把庄子的言意之辨与《易传》的意象之辨结合起来，在一个更广泛的视域上强调了把握普遍原理必须以放弃名言作为前提。道家哲学这种不仅没有把形上学当作知识学对象，反而强调本体之道的不可知、不可言说性的思想，在中国传统思想观念中影响极大，如禅宗就深受其影响。此外它也在整个东方的思想文化中具有典型性。在东方宗教和哲学中，作为至上者的终极实在大都被看作是不可定义、不可言说的，因之主要是

---

① 参见《老子》第二十五章。
② 参见维特根斯坦：《名理论（逻辑哲学论）》，张申府译，北京大学出版社 1988 年版，第 88 页。
③ 《庄子·秋水》。
④ 《庄子·齐物论》。
⑤ 《庄子·知北游》。
⑥ 《庄子·寓言》。
⑦ 《庄子·外物》。
⑧ 王弼著，楼宇烈校释：《王弼集校释》，第 609 页。

从否定性方面而不是肯定性方面来领悟。如在古印度教教义和神话里，最终的实在 ——"梵"—— 被认为是所有事物的灵魂或内在的本质。它是无限的，超越所有的概念；它既不能用理智来理解，也无法用语言去描述。"梵没有开始，至高无上，既超越是，又超越不是。""至高无上的精神是无法理解的，是无限的、无源的，是无法推理的，也是不可思索的。"[①] 对于这种相当于老子所说的"无"的至上者，只能用否定性的词句进行表达。

显而易见，王阳明在认识与存在关系问题上继承了中国古代"道不可言说"的认识论传统。王阳明说："道不可言也，强为之言而益晦；道无可见也，妄为之见而益远。夫有而未曾有，是真有也；无而未曾无，是真无也；见而未曾见，是真见也。"[②]"善即吾之性，无形体可指，无方所可定，夫岂自为一物，可从何处得来者？"[③] 王阳明的这些说法和老子的"道可道，非常道；名可名，非常名……"，"道隐无名"，"（道）视之不见，听之不闻，搏之不得"的看法是十分相似的，也和庄子的"道不可闻，闻而非也；道不可见，见而非也；道不可言，言而非也。知形形之不形乎！道不当名"[④] 的说法很相似，也就是说，王阳明像老庄一样，明确地把"道"或本体看作是不可言说之域，强调心体不是言说的对象。

王阳明不仅是如此主张的，也确实是如此做的。王阳明虽然具有丰富的创新性思想，但其一生却很少著述，其代表性名作《传习录》只是由学生们记录下的问答语录和他与别人的论学书信集，况且其生前只出版了三册《传习录》中的第一册。王阳明一生对《大学》措意颇深，早年即有新解；后来在不同时期，王阳明围绕它又有过发挥；在晚年更是经常性地予以回顾；可以说王阳明对《大学》是有一番自己的极系统的创新性理解的，而且他对朱子的批评也在很大程度上可以说是集中于对《大学》的重新发明。然而，如此重要的师门教典、"传心秘藏"，门人曾一再要求笔录成书，王阳明却不同意，以为"吾此意思有能直下承当，只此修为，直造圣域。参之经典，无不吻合，不必求之多闻多识之中也"，对这些思想，

---

① 参见卡普拉著，灌耕编译：《现代物理学与东方神秘主义》，四川人民出版社1984年版，第64页。
② 《见斋说》，《王阳明全集》卷七，第262页。
③ 《与王纯甫》，《王阳明全集》卷四，第155页。
④ 《庄子·知北游》。

"此须诸君口口相传，若笔之于书，使人作一文字看过，无益矣"。① 在王阳明看来，《大学》及他对《大学》的理解阐释中，已包含了"尧舜之正传""孔氏之心印"，即圣人之道的根本奥秘、成圣追求的终极性方向，无须再诉诸浩繁的经典和文本的阐述。所以，王阳明实际上是拒绝把求道看作是文字言说等知性活动的。即使是蕴含其晚期思想宗旨的"四句教"，王阳明也是长期蓄而不论，直到将征思田，才应相争不下的钱德洪、王龙溪之请给予阐明。王阳明自己说：直悟本体的四无之见，"我久欲发，恐人信不及，徒增踏等之病，故含蓄到今"②。所以，从这些事例确实不难看出，"在名言与心体的关系上，王阳明首先将心体理解为超乎名言之域（说不得）的本体"③。

那么，为什么"道"或"心体"是一个不可言说之域呢？王阳明所给出的理由也是十分道家化的。在道家那里，道作为"无状之状""无物之象"的"恍惚"之物，是一种有无统一体，没有确定的规定，或者说其根本内涵就是无规定性。而且，它还处在那种"变中有常""常中有变""周行而不殆"的无限运动中，因之相对于可以直接感知和把握的具体存在而言，它是超验的、"不可道"的。同时，道家也强调道是一种无限的整体性的存在，而一般的认识方法只能认识有限的、局部性的东西，难以穿透和把握这种无限性、整体性的存在。王阳明也认为，心作为本体，具有"无定在，无穷尽"④的特性，"是理也，发于亲则为孝，发于君则为忠，发于朋友则为信。千变万化，至不可穷竭"⑤。因此，理"随时变易，如何执得？须是因时制宜，难预先定一个规矩在"⑥。王阳明深谙易、道，他把易、道思想融摄于一体，《易传》云："神无方而易无体。"⑦"良知即是《易》，'其为道也屡迁，变动不居，周流六虚，上下无常，刚柔相易，不可为典要，唯变

---

① 《大学问》，《王阳明全集》卷二十六，第 973 页。

② 《天泉证道纪》，《王畿集》卷一，第 2 页。

③ 杨国荣：《心学之思 —— 王阳明哲学的阐释》，第 217 页。

④ 《传习录》上，《王阳明全集》卷一，第 12 页。

⑤ 《书诸阳伯卷》，《王阳明全集》卷八，第 277 页。

⑥ 《传习录》上，《王阳明全集》卷一，第 19 页。

⑦ 周振甫：《周易译注》，中华书局 1991 年版，第 233 页。

所适'。此知如何捉摸得？"①随时变易、变化无穷的本体既不拘于特定的形态，又不限于某一方面，而是表现为一个整体性的统一体，自然是执一漏万，不可捉摸。阳明认为"道一而已""万物一体"，所谓"心一而已。以其全体恻怛而言谓之仁，以其得宜而言谓之义，以其条理而言谓之理"②。人们通过言说、文本的方式所表现的理解、阐释过程，往往限于某些侧面，而难于把握变易万化、复合整一的心体。正是在此意义上，王阳明认为："心之精微，口莫能述，亦岂笔端所能尽已！"③"此处须信得本体原是不睹不闻的。"④这样王阳明明确否定了心体是言的对象。《传习录》上记载了王阳明与弟子对此的讨论：

> 问：道一而已。古人论道，往往不同，求之亦有要乎？
>
> 先生曰：道无方体，不可执着，却拘滞于文义上求道，远矣。如今人只说天，其实何尝见天！谓日、月、风、雷即天，不可。谓人物草木不是天，亦不可。道即是天。若识得时，何莫而非道！人但各以其一隅之见，认定以为道止如此，所以不同。⑤

王阳明致良知的终极目标就在于达到心之"全体之知"⑥，即知"道"，此亦所谓"精一之学"。然而王阳明在很多时候又认同老子之见，把"道""一"或者"心体"看作是"有若无，实若虚""物我不分""浑然为一""万物一体"之"本然"存在。正由于是这样一种"本然"存在，王阳明也像老庄一样把它看作是朴素未名、混沌未分的本原，因而是无内外、动静之别，寂然不动，无善无恶，不睹不闻的。对于这种本然存在，王阳明又常引道家的"虚体""太虚"喻之："良知本体原来无有，本体只是太虚。……太虚无形，一过而化。"⑦这又如胡宏所谓的作为最高存在范畴

---

① 《传习录》下，《王阳明全集》卷三，第125页。
② 《传习录》中，《王阳明全集》卷二，第43页。
③ 《答王天宇》，《王阳明全集》卷四，第164页。
④ 《传习录》下，《王阳明全集》卷三，第105页。
⑤ 《传习录》上，《王阳明全集》卷一，第21页。
⑥ 《传习录》下，《王阳明全集》卷三，第96页。
⑦ 《王阳明年谱》三，《王阳明全集》卷三十五，第1306页。

的"性体"，其存在方式是"浑沦于天地""博浃于万物""善恶吉凶百行具载""虽圣人无得而名焉"的"无定体"。① 近代学者章太炎认为胡宏的这一思想对王阳明的"性无善无恶"观有所影响。② 王阳明说良知为"未发之中"，也就是要强调其作为本体是"无前后内外而浑然一体者也"。③ 实际上，王阳明从形上学的高度肯定了人与人、人与万物是一个休戚相关的整体性存在，并进一步把这种整体性存在理解为物我不分的共生性结构，是人的生活世界的终极性存在。这即是"一体之仁"。这种"一体之仁"的性质，决定了它不是确定的"是什么"，而只能呈现为"怎么样"。这样，它自然不是知识性的语言、概念所能到达的领域，不是西方哲学中的逻辑分析对象，从而拒绝了经验科学意义上的理论性、分析性的认识。因为一切理论性、分析性的言说都难免呈对立的二元认识和片面的价值判断，从而分解对象性存在本身的整体性、共生性结构，破坏其浑然为一的本然状态。从这个角度来看，王阳明晚年"四句教"中讲"无善无恶心之体"，就是为了否定从概念化、分析性的逻辑语言和是非善恶的价值判断等知解理性的层面对心体的追索，破除固有的实在论观念对本体的遮蔽。对此，王龙溪有很好的阐发："天命之性，粹然至善，神感神应，其机自不容已，无善可名。恶固本无，善亦不可得而有也。是谓无善无恶。"④ 心之本体是天然纯粹、不杂不滞的"无名之朴"，是超越于后天的一切经验世界的存在，而善、恶等只是在后天的经验世界中才呈现的"对待之相"，因而必须予以破除，以复归心体的本然澄明状态，这也正是阳明心学通过致良知的工夫所要达到的目的："故夫为大人之学者，亦惟去其私欲之蔽，以自明其明德，复其天地万物一体之本然而已耳；非能于本体之外而有所增益之也。"⑤

王阳明的上述观点，一方面表明他看到了认识与存在之间的矛盾性和不等值性。早在老子那里，他就已经基于语言与存在之间的矛盾性和不等值性得出了否定人类知性的结论。他说："知者不言，言者不知"⑥，"信言

---

① 胡宏：《胡宏集》，中华书局 1987 年版，第 319 页。
② 章太炎：《訄书·王学》，载傅杰编校：《章太炎学术史论集》，中国社会科学出版社 1997 年版，第 310 页。
③ 《传习录》中，《王阳明全集》卷二，第 64 页。
④ 《天泉证道纪》，《王畿集》，第 1 页。
⑤ 《大学问》，《王阳明全集》卷二十六，第 968 页。
⑥ 《老子》第五十六章。

不美，美言不信。善者不辩，辩者不善。知者不博，博者不知"①。庄子也明确认为："泰初有无，无有无名"②，"天地有大美而不言，四时有明法而不议，万物有成理而不说"③。世界的存在与言说之间呈现为不同的存在方式，两者不可通约。世界作为总体性的存在总是呈现为一种普遍性，超越了各种"殊相"，但名言总是指向具体的事物的存在，以其殊相作为描述对象，故而难以达到对普遍存在的反映，这就是庄子所谓的"万物殊理，道不私，故无名"④。道家正是由此反对拘执于概念与逻辑去认识本体。同样，王阳明常常以哑子吃苦瓜为喻，说明以名言去把握心体所具有的局限性："哑子吃苦瓜，与你说不得。"⑤对心体的把握如果仅仅依赖于名言的辨析，言说越详则越容易疏离心体，所谓"牵制缠绕于言语之间，愈失而愈远矣"⑥。这也就是老子所谓"为学日益，为道日损""其出弥远，其知弥少"⑦之意。另一方面，王阳明实际上表达了对理性、语言等常规性认识工具和经验世界里的认知主体的怀疑和不信任，看到了认识的有限性和异化性。由于言说及认知主体的种种局限性，认知主体的言说及各种认知活动不但不是达"道"的有效工具，反而是人类认识本体的障碍，会遮蔽了"道"的存在真相，所以王阳明在某种程度上和老庄一样，把求道过程看作是一个"涤除玄鉴"的过程："知来本无知，觉来本无觉。"⑧"良知本无知。"⑨良知乃是"无知之知"，而这实须有一个"克治洗荡""扫除廓清"的工夫，所谓"必欲此心纯乎天理，而无一毫人欲之私，此作圣之功也"⑩。这里"克治洗荡""扫除廓清"工夫所去除的"人欲之私"，当然包括一己的私见、主观的认知和言说等常人的"物欲牵蔽"之累。唯其如此，才可以通过无言、无欲、无累恢复本体存在的澄明之境。所以王阳明反复强调致良知工夫"只是个物来

---

① 《老子》第八十一章。

② 《庄子·天地》。

③ 《庄子·知北游》。

④ 《庄子·则阳》。

⑤ 《传习录》上，《王阳明全集》卷一，第37页。

⑥ 《与道通书》，《王阳明全集》卷三十二，第1207页。

⑦ 《老子》第四十八、四十七章。

⑧ 《传习录》下，《王阳明全集》卷三，第94页。

⑨ 《传习录》下，《王阳明全集》卷三，第109页。

⑩ 《传习录》中，《王阳明全集》卷二，第66页。

顺应，不要着一分意思，便心体廓然大公，得其本体之正了"①。如果"却于本体上加却这些子意思在，便不是他虚无的本色了，便于本体有障碍。圣人只是还他良知的本色，更不着些子意在"②。由此看来，王阳明继承了道家否定性认识论传统，其要旨在于警醒人们不能偏执、拘泥和迷信于自我及他人的言说、认知，表现了对人类的语言及认知的有限性和异化性的清醒认识和深刻批判；要求人们不死于言下、不迷失于权威，勇于不断地探索认识自我和认识世界的新途径；树立对万物一体之存在的深层敬畏感和对人类包括语言等在内的文明异化现象的警惕性，无疑是富有启示作用的。

二、身心之学

道、心体之所以不属于言说之域，说与所说呈现为二元对待之势，就在于言说属于广义的知，侧重于对概念的辨析和经验性现象的描述，并且容易将这种辨析和描述所形成的意义系统当作具有独立性的对象。在王阳明看来，这种"知"由于外在于心体而只具有"口耳之学"的意义。对此种"口耳之学"，王阳明深以为弊：

> 今为吾所谓格物之学者，尚多流于口耳。况为口耳之学者，能反于此乎？天理人欲，其精微必时时用力省察克制，方日渐有见。如今一说话之间，虽口讲天理，不知心中倏忽之间已有多少私欲。盖有窃发而不知者，虽用力察之，尚不易见，况徒讲而可得尽知乎？今只管讲天理来顿放着不循；讲人欲来顿放着不去，岂格物致知之学？后世之学，其极至，只做得义袭而取的工夫。③

言说的描述和辨析如果不通过主体的存在来确证，就难免流于口耳之学。王阳明继承了传统儒家追求"成圣"的终极价值取向，而"成圣"是一种

① 《传习录》下，《王阳明全集》卷三，第99页。
② 《传习录》下，《王阳明全集》卷三，第106页。
③ 《传习录》上，《王阳明全集》卷一，第24～25页。

首先与个体的现实存在和内在的切身体验相关联的理想之境，王阳明以
"成圣"的理想之境作为终极追求，这意味着他必然会以此作为衡量一切认
知和行为的价值及有效性的主要标尺。外在的口耳之学显然难以达到"成
圣"的心体之域。追求"成圣"也可以说是以成己为目标，即成就自己的
内在德性以达至圣人之境，因而也可称之为"为己之学"；相反，停留于
外在认知和言说的"口耳之学"，则是"为人之学"，即为学不是化知识
为德性、实有诸己的过程，而是限于表面片面之知，甚至流于炫人文辞的
"务外近名之病"[1]。对此，王阳明一再强调要有为己之心："人有言古之学者
为己，今之学者为人。今之学者须先有笃实为己之心，然后可以论学。不
然，则纷纭口耳讲说，徒足以为为人之资而已。"[2]

　　既然"口耳之学"只能导向"为人之学"，那么"为己之学"所依凭的
就是与"口耳之学"相对的"身心之学"。王阳明曾明确地对"口耳之学"
与"身心之学"做过分疏："世之讲学者有二：有讲之以身心者，有讲之以
口耳者。讲之以口耳，揣摸测度，求之影响者也。讲之以身心，行著习察，
实有诸己者也。"[3]"吾契但著实就身心上体履，当下便自知得。今却只从言
语文义上窥测，所以牵制支离，转说转糊涂。"[4]"讲之以口耳"就会"只从
言语文义上窥测"，导致支离迷误；而"讲之以身心"，就须"著实就身心
上体履"，行著习察，这是两种把握存在本体的不同方式。显而易见，王
阳明充分肯定了"身心之学"。在王阳明那里，"从内涵上看，所谓身心之
学包含相互联系的两个方面。其一，与入乎耳出乎口不同，它以身体力行
为自悟的前提，将心体之悟，理解为实践过程中的体认（表现为'体'与
'履'的统一）；其二，体与履的目标，是化本体（心体）为内在的人格，
并使之与个体的存在合而为一"[5]。也就是说，王阳明之所以强调本体认识上
的"身心之学"，首先在于他要极力打破以往人们将说与所说二元对待的结
构，使心体与自我存在归于统一，并力图在这种统一中把握本体。在王阳

① 《与汪节夫书》，《王阳明全集》卷二十七，第 1001 页。
② 《与汪节夫书》，《王阳明全集》卷二十七，第 1001 页。
③ 《传习录》中，《王阳明全集》卷二，第 75 页。
④ 《答友人问》，《王阳明全集》卷六，第 208～209 页。
⑤ 杨国荣：《心学之思——王阳明哲学的阐释》，第 215 页。

明看来，试图仅仅通过书册之知、见闻之知等一切外在性的途径去窥测本体是徒劳的，不可能真正获得"良知"本体，而是只能得到某种"口耳之学"。只有从自我的真切存在中以自我的体验、实际的践履才能达到对本体的把握，这就是传统上所谓"体知"，也即王阳明所谓"身心之学"。王阳明还将此学称为"为己之学""精一之学"。因此，王阳明将身心上体履提到了更为突出的地位："区区格致诚正之说，是就学者本心日用事为间体究践履，实地用功，是多少次第、多少积累在。"①"体究"不是简单的思辩言说，而是着重于实践中的"悟"；"践履"也不是一般的盲目行动，而是化所"悟"为"实地用功"，把功夫指向自我的真实存在境域，并在此境域中切入和展开对本体的体悟和探究。总之，王阳明的"身心之学"是要强调以人的最初始的、真实的存在境域为一切德性和德行的内在根基，在对世界和自我的源初性的"切身理解"中达到"致良知"的本体追求。

王阳明对"身心之学"的追求始于其青年时期。王阳明很早就不满足于"举子学"，而追求"身心学"。特别是经过娄谅指点之后，王阳明更是常常"游心举业外"，努力于"圣学"，"学做圣贤"。所以在王阳明的青年时期，他一再地发生的诸如疏离"举业"、厌弃"时文"、"遍求百家"、"出入佛老"、喜谈养生、九华山访道、阳明洞隐居等经历和事件，都是他力图摒弃各种口耳之学、见闻之知和支离外道，而转向从自身境遇的真实体悟中达到对存在本体的"切身理解"，最终实现对身心的根本改造和升华，实现"成己""成圣"的终极目标。从这个角度说，青年王阳明"五溺三变"的思想历程及其成熟思想的形成，很大程度也可以看作是一个不断摆脱各种口耳之学等外道的束缚和迷误而构建起自己的"身心之学"的过程。

青年王阳明对"身心之学"的追求及其初步达成，可以其著名的"龙场悟道"为标志。对于王阳明的"龙场悟道"事件，虽然人们已从许多不同的角度进行了理解和阐释，不过笔者认为还有不够透辟到位之处，即还未能找到一个理解和阐释王阳明龙场悟道的最有效途径。杜维明在谈到这一点时指出："只有首先深入了解那时候阳明生命中的真正问题，然后才能

---

① 《传习录》中，《王阳明全集》卷二，第41页。

去追寻这种'大悟'的思想根源或起源，否则就是不得要领。"①的确如此。而要"深入了解那时候阳明生命中的真正问题"，就是要切入到王阳明贬谪龙场后最真实的生命境遇之中，从其对这一生活世界的切身感受、体验中去追寻这种"大悟"的思想根源。那么，王阳明在龙场首先遇到的生命中最重大的问题是什么呢？是生死问题。王阳明初到龙场时不仅要面对十分恶劣的生存环境，居无所，食无着，言语不通，病患相袭，而且连生命都难有保障，时时处于百死千难的危困之局中。正如前面说到过的，此时王阳明所面临的最大问题就是如何安顿一己之身心，舒解其人生的进退、生死之虑。所以《王阳明年谱》里记述王阳明"自计得失荣辱皆能超脱，惟生死一念尚觉未化"，"因念'圣人处此，更有何道'？"②此后，王阳明通过精研《易》理，整合儒道的思想资源，真正破除了"生死之念"，透悟了进退之道，并由此贯通天人，达到对天理、性命的彻悟。所以王阳明从对一己的生活世界的真实体悟出发，达到对贯通天人、融释全体的存在本体的大悟，即领悟到"吾性自足"，不假外求，只须在自己身心上用功，这就是其所谓"尽性至命之学"③，也是真正的"身心之学"。王阳明说："格物之功，只在身心上做，决然以圣人为人人可到，便自有担当了。"④从这个意义上说，王阳明的"身心之学"，就是所学要契合身心、笃实行为、知行合一。王阳明说："吾契但著实就身心上体履，当下便自知得。今却只从言语文义上窥测，所以牵制支离，转说转糊涂。"⑤王阳明之所以在龙场悟道后大力提倡"知行合一"，就由于"知、行合一"是典型的"身心之学"的要求，如阳明说："路歧之险夷，必待身亲履历而后知，岂有不待身亲履历而已先知路之险夷者邪。"⑥"食味之美恶，必待入口而后知，岂有不待入口而已先知食味之美恶者邪。"古人所谓"实事求是"，就是讲不临"实事"之真际，就不可能求出真真切切的"是"来。从存在主义观点看，不进入临

① 杜维明：《宋明儒学思想之旅——青年王阳明》，载郭齐勇、郑文龙编：《杜维明文集》第三卷，第133页。

② 《王阳明年谱》一，《王阳明全集》卷三十三，第1228页。

③ 《传习录》下，《王阳明全集》卷三，第108页。

④ 《传习录》下，《王阳明全集》卷三，第120页。

⑤ 《答友人问》，《王阳明全集》卷六，第208～209页。

⑥ 《传习录》中，《王阳明全集》卷二，第42页。

界状态，就不可能发现生存的真实境遇，也就无法看清楚存在的本质。

由以上论述可以看出，王阳明要从"口耳之学"转进到"身心之学"，实际上需要以下两个具体的扩展维度：一是切己体认，二是亲身实践。当然，这两个维度在其具体扩展的过程中是不可分割地紧密联系在一起的。

切己体认指向的是认知主体的内在之维，即强调通过主体自身的切身体验、感受、直觉等获得对本体的体认、自悟。面对友人学生问致知之功，王阳明说："此亦须你自家求，我亦无别法可道。"[①]"此须自心体认出来，非言语所能喻。"[②] 这里，王阳明明确提出了"体认"与"讲说"的不同："体认者，实有诸己之谓耳。非若世之想象讲说者之为也。近时同志，莫不知以良知为说，然亦未见有能实体认之者，是以尚未免于疑惑。"[③]

程明道曾说："吾学虽有所受，然天理二字，却是自家体认出来。"强调对天理的"体认"特性。而王阳明对此进一步提出："体认者，实有诸己之谓耳。"王阳明强调，人心之所以能体认"天理"，就在于天理本不是外在的，而是自己本来就有的，因它不能靠外在的讲说得来，更不是外来之学，"良知之外更无知，致知之外更无学"，良知本无内外，学更无内外，俱是本心之发用流行。王阳明说：

> 道无方体，不可执着，却拘滞于文义上求道，远矣。……若解向里寻求，见得自己心体，即无时无处不是此道。亘古亘今，无始无终，更有甚同异？心即道，道即天。知心，则知道、知天。又曰：诸君要实见此道，须从自己心上体认，不假外求始得。[④]

他曾为诗《有僧坐岩中已三年诗以励吾党》云：

> 莫怪岩僧木石居，吾侪真切几人如？
> 经营日夜身心外，剽窃糠秕齿颊余。

---

① 《传习录》上，《王阳明全集》卷三，第109页。
② 《传习录》上，《王阳明全集》卷一，第23页。
③ 《与马子莘》，《王阳明全集》卷六，第218页。
④ 《传习录》上，《王阳明全集》卷一，第21页。

俗学未堪欺老衲，昔贤取善及陶渔。

年来奔走成何事，此日斯人亦起予。[①]

虽然王阳明后期不再像早期一样喜欢教人学习静坐，甚至对纯粹的枯坐静修有所批评，但在这首诗中，王阳明对于坐岩枯僧的表彰，却是为了向学者说明不为世俗事务、感官享受和外在功名利禄所搅扰，而专注于自己的身心的重要性。可见，王阳明的"身心之学"首先是指不同于"世之想象讲说之为"的亲身体验达到的知，其目的不是指向"闻见之知"，而是丰富充实自我、成就自我、"实有诸己"的"德性之知"。

亲身体验、切己体认的一个基本前提是有"己"、有"身"。王阳明反复强调"身心之学"的"自家体认""自家解化"的性质，无疑是以自我的一己之身的存在作为基本前提的，所谓"哑子吃苦瓜"之喻及禅宗的"如人饮水，冷暖自知"讲的就是以自我的身体存在为基础的体验、体认，也可以说是"体之于身""以身体之"。当代学者杜维明称之为"体知"，也不无道理。[②]"体知"与王阳明所说的"体认"，实是一致的，都是指活生生的有血有肉的人所感受的具体经验。

"身心之学"既然首先是"体之于身""以身体之"的"体认""体知"，那么，这实际上充分肯定了"身"的重要作用和意义。可见阳明心学虽然以"心"为本体，但仍然重视"身"，主张回到"身"。王阳明说："无身则无心。"[③]"身"并不是被简单地看成是一个"躯壳"，而是被赋予了形而上的意义：身体是精神的基础和载体，借用现象学的语言来说，是形上本体"绽出""开显"自己存在、"在场"（present）的处所，天地万物、存在本体只有被"身"所"体"（embodiment），才能得以显现、在场。这种重视身体的作用和意义的传统，在中国早已有之。中文的"身体"，并不等同于英文的 body，英文中的 body 直指躯壳，了无深意。但在中国传统文化中，"身"往往和"己"可以互用，等于指身心一体的完整一己，即自我。《尔雅·释诂下》："身，我也"。又"朕、余、躬，身也"。在古汉语中，

① 《江西诗》，《王阳明全集》卷二十，第 776 页。
② 参见杜维明：《论体知》，载郭齐勇、郑文龙编：《杜维明文集》第五卷，第 329～378 页。
③ 《传习录》下，《王阳明全集》卷三，第 91 页。

"身"是指己身，指他人一般说"人"。所以，儒家的"修身"和"修己"是同义语，"身心之学"亦"为己之学"，相对于"言教"是为"身教"，等等。孔门提出"吾日三省吾身"，反映了对修身的重视，其仁学关注人与人之间的道德原则，其实还是以人身的存在为前提，因此其仁学强调"推己及人""己欲立而立人，己欲达而达人""己所不欲，勿施于人"，鲜明地肯定了一己之身在存在上的优先性。

在郭店楚墓出土的竹简中，"仁"字均写作"忎"，这似乎表明"仁"字的最初形构并非是人们所熟知的"从人从二"，而可能是"从身从心"。①由于在古汉语中，"身"指己身，"从身从心"之仁实际上首先表达的是对己身的爱，而不是人们从"从人从二"演绎出的对他人的爱，因为只有心中先有己身，能爱惜一己之身，从而去修己、成己、正身、行事，才能推己及人，立己以立人、达己以达人。这样一条由己而他、由内而外的仁者之路，虽然没有原来传统上理解的"仁者爱人"的路径来得直接，但却符合儒家伦理的一贯模式，正如子思所说："成己，仁也。"②荀子亦指出："仁者使人爱己"，"仁者自爱"。③这样，在儒家的仁学结构中，自然地建立起了贯通人己的桥梁，使爱人、成己不仅不复对立，后者还为前者提供了坚实的基础。正如徐复观指出的："于是对己的责任感同时即表现而为对人的责任感，人的痛痒休戚同时即是己的痛痒休戚，于是根于对人的责任感而来的对人之爱，自然与根于对己的责任感而来的无限向上之心，浑而为一。经过这种反省过程而来的'爱人'，乃出于一个人的生命中不容自己的要求，才是《论语》所说的'仁者爱人'的真意。"④所以，《周礼》提出了"反求诸于身"，《孟子》提出了"反身而诚"，实际上都已明确地把回归身体当作其道德诉求的基本出发点，"表明了中国古代哲学以身为本和回归身体这一极其鲜明的致学传统，表明了同倡'反求诸己'，中国哲学之'己'

---

① 《说文解字》除了释"仁"为"仁，亲也，从人从二"之外，还记录了"从千心"的古文仁"忎"。然对于"从千心"其义人们都不能确解。有学者认为，对照郭店竹简，所谓"忎"很可能就是仁的古字"忎"字的变形，这个看法有一定道理。

② 《礼记·中庸》。

③ 《荀子·子道》。

④ 徐复观：《释〈论语〉的"仁"——孔学新论》，《中国思想史论集续篇》，上海书店出版社 2004 年版，第 237 页。

却乃为身体之'己'而非西方哲学那种意识之'己'"①。同样，就哲学的致思取向而言，中国传统哲学不同于西方传统的以概念分析和逻辑辨析为特征的"反思"的哲学，而更多地体现了一种以切己体验、体之于身为特征的"反身"的哲学。

中国文化中的身体哲学传统在道家哲学中同样有突出体现。道家在中国思想史上以高扬个体生命的价值、维护自我存在的意义著称，这种"全生""贵生"的追求当然是以肯定一己之身的存在为基础的，即"保身""重身"。老子主张"贵大患若身"②。即要重视身体像重视大患一样。老子质问："名与身孰亲？身与货孰多？得与亡孰病？"③ 答案自然是不言而喻的。庄子也提出："夫天下至重也，而不以害其身，又况他物乎！"④，慨叹"今世俗之君子，多危身弃生以殉物，岂不悲哉！"⑤ 当然，道家强调对一己之身的保养、维护，也不是为了单纯的肉身的存在，而是为了保护这身体的本真之性，使之能"依乎天理""因其固然"⑥，复归于至道之境。为此，道家要求拒绝"五色""五音""五味""难得之货"的诱惑，放弃名位、权力、财富的争夺，扫除这些外在的一切蔽障，真正回归单纯、清静、质朴之身，"塞其兑，闭其门"，"致虚极，守静笃"。⑦ 这就是"全性保真"，也是"归根"。把一己之身看作"根"，把回归身体看作"归根"，显然赋予了身体超出物质存在的重要形上学意义，成为人安身立命之本和宇宙的万物造化之源。所以老子进一步以"身体"为基点提出了其伦理、政治理想："修之于身，其德乃真"⑧，"贵以身为天下，若可寄天下；爱以身为天下，若可托天下"⑨。老子重视修身，修身之后乃推其余绪而爱民治国。老子认为，只有真正能够珍重一己之身，爱惜一己生命的人，才能珍重他人的

---

① 张再林：《意识哲学，还是身体哲学——中国传统哲学理论范式的重新认识》，《世界哲学》2008年第4期。
② 《老子》第十三章。
③ 《老子》第四十四章。
④ 《庄子·让王》。
⑤ 《庄子·让王》。
⑥ 《庄子·养生主》。
⑦ 《老子》第五十二章，第十六章。
⑧ 《老子》第五十四章。
⑨ 《老子》第十二章。

生命，爱重别人的人生。并且，也只有这样的人，才可以放心地将天下的政治委任于他。这种从一己之身推及天下之身的政治逻辑，且不说其可行性，其普爱天下的情怀，完全是立基于自我之身的特点来看，不能不说是中国传统的身体哲学的典型。庄子不仅继承了老子的修身观，提出："谨修尔身，慎守其真，还以物与人，则无累矣。今不修之身而求之人，不亦外乎！"①更进一步将人的一己之身与天地万物勾连贯通，"同与禽兽居，族与万物并"②，"天地与我并生，万物与我为一"③，使一己的身体不再囿于一己之我，而是以一种"物我不分""道通为一"的方式与他人、天地万物都气息相通、融合一体，不仅使天地万物都不失为"我"的身体的延伸和扩展，从而可以以爱护一己之身、感同身受的态度去爱护万物，给万物最可贵的平等和自由。而且在这样一个世界里，自我的一己之身通过融入天地万物的宇宙整体性存在之中，不复为可朽的有限之身，而是以身生合一、物我一体的方式打开了一扇寓有限于无限的形上超越之门，成为个体生命实现永恒和超越的重要方式。

王阳明作为融摄儒道的思想巨子，其强调"体之以身""以身体之"的"身心之学"，自然也融摄了儒道的上述身体哲学的传统。王阳明也像先秦儒道一样重视"身"的优先性存在，并且把它看作是与禽兽草木、天地万物同体的感性存在。说："大人者，以天地万物为一体。"④可以说王阳明的这种仁者与万物一体的思想，既有来自程颢等宋儒的思想资源，也明显具有庄子等道家的色彩。只是相比而言，王阳明似乎更明确地肯定了一己之身同时作为主体在万物一体中的作用，前述王阳明在形上学上对属人的意义世界的构建，亦是以"我"这一活生生的能"感应之几"的主体为基点的，著名的"山中花树"的辩论就是一个例证。由此王阳明一再强调了为学须自身体认、"诚诸其身"："大抵此学之不明，皆由吾人入耳出口，未尝诚诸其身。譬之谈饮说食，何由见得醉饱之实乎？"⑤"夫道必体而后见，非己见道而后加体道之功也。"⑥这也是阳明龙场所悟的"吾性自足，不假外

---

① 《庄子·渔父》。
② 《庄子·马蹄》。
③ 《庄子·齐物论》。
④ 《大学问》，《王阳明全集》卷二十六，第968页。
⑤ 王阳明原著，施邦曜辑评：《与席远山》，《阳明先生集要》上，中华书局2008年版，第273页。
⑥ 《传习录》中，《王阳明全集》卷二，第75页。

求"的真谛：从一己之身的真实境遇及切己体验出发，深刻地追索自我存在的价值和意义，特别是通过对一己之身的生死存亡这一根本问题的破解，最终达到对人生的"终极性"问题的彻悟。可以说，如果没有对一己之身的深切关注，就难以得到对"圣人何为"的"成圣之道"的彻悟，因为后者的结论正是内在地设定在前者的逻辑之中的：成圣亦是一个成己的过程，而一己之身的挺立由此关乎人生终极意义的确立。此可谓之"身明"。启原在刻成王阳明年谱后评价道："阳明夫子身明其道于天下，绪山、念庵诸先生心阐此道于后世。"① 他在这里将"身明"与"心阐"相对举，表明了阳明学的"身明"特点，即它不是以"心"知解传扬的"心阐"，而是以"身"体知证明、"身体实践"② 的"身—体"哲学。③

当然，揭示阳明学的这一"身—体"哲学的特点，并不是要以"身"解"心"，以"身"替"心"，抹去其心学的特质，更不是要把"心"化约到纯生理的，作为机械、物质的身体这个层面上。实际上，王阳明历来强调身心一体，身心交养，他说：

> 耳目口鼻四肢，身也，非心安能视听言动？心欲视听言动，无耳目口鼻四肢亦不能。故无心则无身，无身则无心。但指其充塞处言之谓之身，指其主宰处言之谓之心，指心之发动处谓之意，指意之灵明处谓之知，指意之涉着处谓之物，只是一件。④

这里，王阳明明确地肯定了身、心的统一关系："无心则无身，无身则无心"，并且具体地从身、心、意、知、物几个方面论证了这种统一性。本来，身、心之间是存在着天然的紧张关系的。"身"作为感性层面的表征，"心"作为理性和道德层面的表征，无疑是每一个一己之身中紧张对立的两极。孟子所述"小体"与"大体"、"耳目之官"与"心之官"之间的对

---

① 《王阳明年谱附录二》，《王阳明全集》卷三十七，第1356页。
② 《传习录》中，《王阳明全集》卷二，第60页。
③ 关于阳明学及中国古代哲学中的身体哲学传统的一些具体讨论，可参见陈立胜：《王阳明"万物一体论"——从"身—体"的立场看》，华东师范大学出版社2008年版；张再林：《作为身体哲学的中国古代哲学》，中国社会科学出版社2008年版等。
④ 《传习录》下，《王阳明全集》卷三，第90～91页。

立和分野①，王阳明曾引述过的老子所谓"五味""五色"等感官诱惑与守根、守静、返朴之间的差异，正是个体内部身心二元结构的反映。相应地，儒道两家在历史上也留下了极为丰富的协调身心、贯通感性存在与道德理性的思想资源。李约瑟指出："中国人典型的世界观的一个最大特点就是根本不打算把精神和物质相分离。"② 也就是说，在中国传统哲学中，身体（body）、心灵（mind）和灵性（spirit）构成为一个整合的有机体，不可能绝对地予以分割。如前述孔子的"仁"正是从一个重要的纬度展示了人的心与身之间并不是作为人自身的内外之隔的不同，而可以统一为真实的自我存在的一个整体。这种观念无疑能够帮助我们避免"被心—物二元论或被认同区分世界的二元论又否定'精神'部分的实在性的行为主义者所遮蔽"③。所以，西方学者认为：相比于西方着重身与心、物质和精神二元论的主导性思想而言，"东方哲学在本质上是精神性的，而且把人类描摹为就是宇宙和终极神圣的表现，因此他们主要关注于内在自由的获得，即超越痛苦通向其神圣的体验。循此目标，东方思想家形成了丰富和挑战性的精神性技能"④。王阳明很好地继承了中国哲学的这一传统，注意把握个体生命中身心一体的结构性关系。王阳明自然认识到了身体感官与道德理性之间的冲突，他所批评的"从躯壳上起念"⑤，就是表示躯壳与心灵所代表的道德理性是分离和对立的。不过，实际上王阳明认为身心应是一体的。一方面，人的躯壳不是完全脱离心灵存在的，声色货利，那都是耳目口鼻这些身躯之外的事，它们不是要成全你的躯壳，而是害着你的躯壳。只有视听言动，以礼执之，"方才成得个耳目口鼻四肢，这个才是为着耳目口鼻四肢"⑥。"耳目口鼻四肢，身也，非心安能视听言动？"⑦ 因此身必须受心的主宰，人的感性活动须受道德理性的调节支配。如是习而久之，良知自作主宰，所谓

---

① 参见《孟子·告子上》。

② 约翰·默逊编：《中国的文化和科学》，浙江人民出版社1988年版，第23页。

③ Herbert Fingarette, "Response to Professor Rosement", *Philosophg East and West*, vol. 27, no. 4, 1978, p. 512.

④ Anees A. Shcikh and Kathrina S. Shcikh, *Healing East and West: Ancient Wisdom and Modern Psychology*, John Wilcy & Sons, Inc.1989, 1996, Introduction, pp. xx-xxi.

⑤ 《传习录》上，《王阳明全集》卷一，第31页。

⑥ 《传习录》上，《王阳明全集》卷一，第36页。

⑦ 《传心录》下，《王阳明全集》卷三，第91页。

"天君泰然，百体从令"①。另一方面，心也不能与身之四体感官分离，心要通过它们才能体现出来。因此，王阳明直截了当地说，知觉是心，"心不是一块血肉，凡知觉处便是心，如耳目之知视听，手足之知痛痒，此知觉便是心也"②。王阳明在与萧惠的对话中说得更明白：

> 这视听言动皆是汝心：汝心之视，发窍于目；汝心之听，发窍于耳；汝心之言，发窍于口；汝心之动，发窍于四肢。若无汝心，便无耳目口鼻。所谓汝心，亦不专是那一团血肉。若是那一团血肉，如今已死的人，那一团血肉还在，缘何不能视听言动？所谓汝心，却是那能视听言动的，这个便是性，便是天理。有这个性才能生。这性之生理便谓之仁。这性之生理，发在目便会视，发在耳便会听，发在口便会言，发在四肢便会动，都只是那天理发生，以其主宰一身，故谓之心。③

我们不能把心看作是一团血肉、一个解剖学意义上的具体器官，"心"要和身体的诸感官联系在一起才能发挥其作用，因此，王阳明说，你可以把心的发挥表现、心的可以观察的部分称作是心，即视听言动为心。而视听言动是通过人的身体感官表现出来的。因此，从这个角度来说，身心是联系在一起的，身是心的官能，心是身的主宰，身心互为表里、互相牵制。王阳明有一句极其明白的话说明这种身心关系："何谓身心之形体？运用之谓也。何谓身心之灵明？主宰之谓也。"④然而终究而言，身体需要心灵作为主宰，"身之主宰便是心"⑤。而心之所以能作为主宰，就在于"心"是超越于生理及一般心理的道德理性的表征，是天理的载体，"心也者，吾所得于天之理也"⑥。"心虽主乎一身，而实管乎天下之理"⑦，由此，王阳明进一步

---

① 《传习录》上，《王阳明全集》卷一，第30页。
② 《传习录》下，《王阳明全集》卷三，第121页。
③ 《传心录》上，《王阳明全集》卷一，第36页。
④ 《大学问》，《王阳明全集》卷二十六，第971页。
⑤ 《传习录》上，《王阳明全集》卷一，第6页。
⑥ 《答徐成之》，《王阳明全集》卷二十一，第809页。
⑦ 《传习录》中，《王阳明全集》卷二，第42页。

得出了其最重要的一个哲学结论："心即理也。"[1]在王阳明这里，肯定"心即理"，就是意味着将理性本质与感性存在统一于一体，赋予一己之身以本体—主体的双重属性。而这也使"心即理"作为阳明心学理论体系的逻辑基础，既是本体论的，也是认识论的，并且也是心学与理学的主要分歧点。王阳明早年遍读朱熹之书，终不得其门而入，根源即在于"物理吾心，终判为二"，龙场悟道，即是悟到了"心即理"的道理。王阳明批评朱熹说：

> 晦庵谓："人之所以为学者，心与理而已。"心虽主乎一身，而实管乎天下之理，理虽散在万事，而实不外乎一人之心。是其一分一合之间，而未免已启学者心理为二之弊，此后世所以有专求本心，遂遗物理之患，正由不知心即理耳。夫外心以求物理，是以有暗而不达之处，此告子"义外"之说，孟子所以谓之不知义也。心，一而已。以其全体恻怛而言谓之仁，以其得宜而言谓之义，以其条理而言谓之理；不可外心以求仁，不可外心以求义，独可外心以求理乎？[2]

朱熹之学谓"性即理"，而"心统性情"，心是"性"与"情"即"天理"与"人欲"的统一体。王阳明力图克服朱熹析心、理为二之弊，确立其"心即理"的立言宗旨。王阳明将"心"升华为伦理本体，"心"即是"全体恻怛"之"仁"，即是"得宜"之"义"，即是"条理"之"理"，心外无理。不仅"心外无理"，而且"心外无物"，"夫万事万物之理，不外于吾心"[3]。所以，"心也，性也，天也，一也"[4]。心之所以具有这一特性，乃其"虚灵不昧"的特质的体现："虚灵不昧，众理具而万事出。心外无理，心外无物。"[5]正由于"心"是自我的主体，又是宇宙的本体，所以，"外吾心而求物理，无物理矣"[6]。

在后期，王阳明为了能够更好地将理性思维之心与感性知觉之心统一

---

① 《传习录》中，《王阳明全集》卷二，第51页。
② 《传习录》中，《王阳明全集》卷二，第43页。
③ 《传习录》中，《王阳明全集》卷二，第46页。
④ 《传习录》中，《王阳明全集》卷二，第86页。
⑤ 《传习录》中，《王阳明全集》卷一，第15页。
⑥ 《传习录》中，《王阳明全集》卷二，第42页。

起来，王阳明用"良知"的全新范畴取代"心"的概念。他说："心者身之主也，而心之虚灵明觉，即所谓本然之良知也。"①"良知者，心之本体"②，"盖良知只是一个天理，自然明觉发见处，只是一个真诚恻怛，便是他本体"③。一方面，良知就是天理，具有宇宙本体的意义。而另一方面，良知又是天理在个人心中的体验、意识，因此良知又被称为"昭明灵觉"。正是良知所具有的这种"昭明灵觉"使它能超越个体性、主观性和经验性，构成社会规范与人们的行为准则的先天依据。正是在这个意义上，王阳明说："尔那一点良知，是尔自家底准则。"④总之，以道德理性灌注心灵，让良知成为个人的身体和日常行动的主宰，正气遍布身体，心灵指导肉体，这样就可以获得身心的和谐、安宁和自由，达到"无间于天人，无分于古今"⑤的本体境界，成为真正挺立的"真己"：

> 这心之本体，原只是个天理，原无非礼，这个便是汝之真己。这个真己是躯壳的主宰，若无真己，便无躯壳，真是有之即生，无之即死。汝若真为那个躯壳的己，必须用着这个真己，便须常常保守着这个真己的本体，戒慎不睹，恐惧不闻，惟恐亏损了他一些；……这才是有为己之心，方能克己。⑥

这个"真己"，王阳明又称为"真吾"，是良知的象征："夫吾之所谓真吾者，良知之谓也。"⑦王阳明所谓"真吾"，是先天的本真状态的我，是超越了个体私我和单面性自我的局限，而成为自我与无我、感性与理性、回归生活世界与实现无限超越相统一的真实无妄的存在主体。这样的"真己"，与道家所推崇的"真人"如出一辙。庄子的"真人"首先是在真实、自然的生活状态下的存在主体，是能够顺乎自然、忘我遗物、淡泊宁静、永葆

---

① 《传习录》中，《王阳明全集》卷二，第47页。
② 《传习录》中，《王阳明全集》卷二，第61页。
③ 《传习录》中，《王阳明全集》卷二，第84页。
④ 《传习录》下，《王阳明全集》卷三，第92页。
⑤ 《答徐成之》中，《王阳明全集》卷二十一，第809页。
⑥ 《传习录》上，《王阳明全集》卷一，第36页。
⑦ 《从吾道人记》，《王阳明全集》卷七，第250页。

自然纯真本性之人。当然，这样的"真人"也是得道、体道的天人合一之人。所以真人不仅是存在论上的终极本体——道的人格形态的体现，而且是认识论上的"真知"之域和价值论上的应然境界。正因此，庄子说："有真人而后有真知。"[①] 由于"真人"与道同体、与自然为一，是完整的、无遮蔽的本真状态，因之能以不断敞开的方式展示事物的本真状态，获得"真知"。可见，"就人自身之'在'而言，真人或至人无疑表现为理想的存在之境，而在庄子看来，走向这种存在形态，又以体道或得道为条件"[②]。实际上，由真人而至真知，表现了个体在真实的存在境遇中对本体之道的体悟，标示着可以通过提升人自身的存在形态而达到成就自我、进入超越之境。这实际上是一个身心一体、身心交养的过程。就此而言，王阳明与庄子无疑是相通的。王阳明的身心之学从存身、修身、体身出发，最终也是为了达到身心交养、养生与养德互济的"为己之学"。只是就庄子而言，其所"躬身求之"的"修身"[③] 之目标更多的是指向个体存在的自然而自由的超越境界；而就王阳明而言，则更多的是指向个体存在的伦常道德的超越境界。

总之，王阳明的身心之学在融摄儒道身体哲学的基础上，着力于克服身心关系上的二元论，把精神自由和对理性原则的追求与生命存在的切身感受统一起来，既充分注意到了个体生命中身心结构的一体性关系，又特别突出了内在的精神意志对身体的调节、控制、整合作用，强调了人的心灵自由的精神诉求等的价值导向意义。实际上，王阳明的身心之学"即是把作为生物存在的人，通过群体的批判的自我意识而创造地转化为真善美等人文价值的具体体现"[④]。对此，杜维明称之为"把文化密码建立在生物密码的基础上，而又彻底转化生物实质，使其具有丰富的文化内涵"[⑤]。这种把身体、心灵和灵性看作一个整合性的有机整体的观念，构成了了解中国人的传统生活及其思想的生物密码和文化密码，也对克服西方文化传统及现

---

① 《庄子·大宗师》。
② 杨国荣：《庄子的思想世界》，北京大学出版社 2006 年版，第 107 页。
③ 分别见《庄子·天地》《庄子·天道》。
④ 杜维明：《孔子：人的反思》，载郭齐勇、郑文龙编：《杜维明文集》第五卷，第 337 页。
⑤ 杜维明：《孔子：人的反思》，载郭齐勇、郑文龙编：《杜维明文集》第五卷，第 338 页。

代社会中普遍的身心二元化现象①，以身心两个向度相结合的方式，进行各种身体治疗和精神治疗的现代治疗学的根本变革等，都具有重要的启示作用。

三、内在化进路

要实现身心之学，其思想途径必然是一种内在化进路。

阳明心学虽以"心"立说，但由于其以"良知"释"心"，故其心学实为良知学。在认识论上，王阳明的良知学把"道"或"心体"看作是不可言说之域，实际上王阳明是要求从"口耳之学"转进到"身心之学"，极力打破以往人们将说与所说二元对待的结构，使心体与自我存在归于统一，并力图在这种统一中把握本体。进一步来看，王阳明的"身心之学"反对通过书册之知、见闻之知等一切外在性的途径去窥测本体，而是主张在实在自我的真切存在中以自我的体验、实际的践履达到对本体的把握，其思想进路显然具有内在化的性质。可以说，从认识的对象和内涵上，阳明心学的内在化进路已由对外在的语义、文本和事物的对象性认识，转向为对主体自我的体认、内在本质的证悟，从而使认识与人的存在相统一、本体与境界融为一体。而对这种通过内在化进路实现的主体境界的追求，又构成了一条历史悠久、意域深广的内在超越之路。这种以内在化进路为特征、追求内在超越的哲学传统，具有重要的价值和意义。而从思想史上看，阳明学这样一种具有内在化进路的身心之学的形成，既是唐宋以来儒、道、释三教合一的趋势不断朝着内在化方向发展演变的影响，也有宋明儒学自身演化的内在逻辑的推动。

儒道释三教合一的趋势在唐宋以来得到了突出的发展，并取得了许多实质性成效，这些成效之一就是促进了各自宗教或理论形态的改进和转型。在中国传统社会中，以专制集权为特征的皇权、以儒家学说为核心的意识形态和以掌控这一意识形态为己任的官僚士大夫往往结成三位一体的结构，

---

① 西方著名汉学家郝大维和安乐哲认为，西方思想迄今为止一直被诸如上帝—尘世、心—身、实在—表象、善—恶等二元对立观念所主宰，从而驱使人们做非此即彼的选择。（参见 David L. Hall and Roger T. Ames, *Thinking Through Confucius*, New York: State University of New York Press, 1987, p. 13）

对帝国时代的政治和思想文化生活起着支配作用。而在这样一种三位一体的结构中，官僚士大夫在其中几乎占了与皇权相对称的一极，有力地影响着那些试图成为上层士人信仰和官方意识形态的宗教和思想的价值取向。从历史上来看，出于趣味和理性的选择，"从很早以来，接受宗教的精神信仰而拒绝宗教仪式和方法，就成了拥有'知识'和象征'文明'的知识阶层的共同取向"①。这就导致那些试图进入上层士人信仰和官方意识形态领域的宗教和思想不得不向这种主流文化靠拢和屈服。在官方的或公开的场合上，在向士人特别是官僚士大夫的传播过程中，在写书成文的经典文献里，各种宗教都在有意地突显自己的理论性和超越性，把那些似乎追求清净生活和终极理想的形而上的、超越层面上的色彩作为可以夸耀于人的面目呈现出来，并极力与那些仪式性和实用性层面的技术相分离。这种情形在道教的演化过程中尤为典型。道教在其兴起和发展的早期阶段，充斥了大量的炼丹合药、斋醮祈禳、符咒沉埋等技术、仪式和方法，以至在唐人梁肃眼里，那些"化金以为丹，炼气以存身"的道教徒，不过是些"不思老氏损之之义，颜子不远之复，乃驰其智用，以符箓药术为务"的所谓"道流"。②但是，在上述官僚士大夫的价值取向和佛教冲击等影响下，道教在隋唐开始越来越关注形而上的精神性问题，如人的本性与生命、宇宙的本原与变化、个人的超越的可能性等，从而使道教的思想主流从对外在的丹术、知识的关注转向了对内在的心性、修养问题的追求。葛兆光指出：为了适应来自儒者与佛徒两方面的挑战，也为了适应上层士人的口味，在九世纪以后，至少在公开场合，道教中人不得不以清净养生作为信仰的标识，以玄虚的经典语言作为宗教的口号，以高调的超越俗尘作为修炼的理想，而那些召考符箓、斋醮祈禳、合药炼丹、合气过度等本来道教中相当重要的内容，就更加被"边缘化"，逐渐由主流变为支流，由显学而为秘密，由上层转向下层。③这种趋势促进了道教道性论、重玄学的产生发展，使道教迅速地朝着内在化方向演进。此后的内丹学和心性论的修炼方法和新信仰的转型，正是以此作为其哲学基础而产生的，并进一步成了全真道崛起的

---

① 葛兆光：《七世纪至十九世纪中国的知识、思想与信仰》，《中国思想史》第二卷，第245页。
② 梁肃：《神仙传论》，《全唐文》卷五一九，中华书局1983年版，第5277页。
③ 葛兆光：《七世纪至十九世纪中国的知识、思想与信仰》，《中国思想史》第二卷，第255～256页。

来自道教内部的逻辑前提。形成于金元之际的全真道，是对传统道教思想和修行模式与生活方式的重大突破，使道教认识论的内在化过程得到了进一步推展。全真道的修道功夫，首先就是心性功夫。全真教所倡导的苦修、禁欲甚至蜕形等修炼方式与生活方式，就是要通过对肉体和物质世界等此岸生活的否定，肯定修道功夫首要在内丹修炼、"性命双修"，从而极大地提升和突显了内在心性的价值。这样，原本在理论上处于"边缘"状态的道教，通过博取皇权统治者和官僚士大夫的认同而逐渐合法地进入了思想世界的中心地位，而且其理论内涵也发生了根本的转型，即以内在的心性修养、精神超越等宗教理想和终极关怀逐渐遮蔽了道教中本来一直是主流的实用知识和技术。道教的这种内在化发展，通过三教合一的作用，对宋明理学的演化产生了重要影响，宋明理学中心性论特别是心学学派的发展乃至在明代中后期曾一度占据了主流地位，正是这一影响的重要体现。这一点在道教对明代阳明学思想的影响中尤其明显。柳存仁指出："在整个中国思想史中，道教的势力之大，道教空气弥漫笼罩于上下各阶层、各方面，却没有比这三百年（指明代——引者注）更浓厚、更盛的了。""在明代思想中能够起重大作用、放一异彩的是受道教及禅家影响的、大批的提倡'王学'的人，……因为，道教影响实在是明代思想中的一个特色。且与宋学比较来说：其受过道教影响则同，其所受道教影响的深度及阔度，则远非宋代儒教所能望其项背。"[①] 而道教对明代阳明学影响的一个主要方面，就是其内在化倾向对阳明学的思想认识路径和修养方法等方面的影响，从而推动了阳明心学的内在化进路的拓展。

除了此种来自外部的思想文化上的影响之外，阳明学的内在化进路还有更主要的来自宋明儒学自身演化的内在逻辑的推动。本来，作为唐宋以来三教合一的重要思想成果，宋代儒学达到了中国古代思想史上的一个高峰，自有其强盛的思想活力，也不乏对当时的社会现实和思想文化生活的批评和诊断，它们大多是从对宇宙、社会和人生的切己体验和实际观察中得出的，具有一定的超越性和独立性。然而，随着宋朝统治者及士绅阶层对建立统一的社会生活秩序和伦理道德的同一性的强烈追求，儒学被推

---

① 柳存仁：《明儒与道教》，《和风堂文集》中册，第 814、818～819 页。

崇为官方的意识形态，以朱熹理学为代表的宋代儒学在宋元以后逐渐发生了变异。在意识形态化和世俗化的双重驱压下，理学往往被扭曲为知识文本、背诵条文和僵化的伦理规则，造成了"俾经术、理学、举业合一"的局面①，以至于"真儒之道渐见于吏治"②。这种理学的意识形态化、世俗化甚至"以儒为吏"的政治化和制度化，在发挥其社会作用的同时，也造成了对理学自身思想的限制和伤害。可以说，在宋元以后的理学发展历程中，"尽管表面上知识与思想合一，但是在权力的笼罩和利益的诱惑下，知识与思想的实用性已经压倒一切。于是，思想成了文本，文本蜕化成文字，文字仅仅作为符号供人背诵，背诵的意义在于交换，当这种知识与思想脱离了社会生活的思索和心灵境界的涵养，那么，它与它应当针对的社会生活就发生了分离，仅仅是一些空洞的教条就足够了。……表面看上去是儒家学说、程朱之学进入权力中心，实际上是儒家学说、程朱理学放弃了在政治权力之外的、相对独立的民间社会和士绅阶层的批评立场，也逐渐丧失了自我超越和不断更新的空间"③。从认识论层面上看，宋儒的意识形态化、政治化之后所带来的一个更大恶果是理学的思想成了文本，文本蜕化成文字，文字仅仅作为符号供人背诵之后，成了外在的空洞的知识、技术和工具，丧失了其内在的活力和意义。当然，这其中也还有宋代理学自身的原因。就宋代理学来说，它所建构起来的以理为本体的形上学体系虽然满足了儒学对本体的理论需要，弥补了儒家形上学的一些重要欠缺，并且由于其所具有的更大的普遍性品格而对理论和现实社会生活具有了更强的解释力和适应性，但由于朱熹过于追求泛观博览、即物穷理，认为从外部世界和经典文献中彻底求得"理"就可以至善达圣，所以在学术理路上表现为把"格物"当成是一种由外在的"知"达至内在的德性的"道问学"过程，导致过于倚重外在的"道问学"而轻忽内在的"尊德性"现象。这就必然造成在强调"理"的普遍性的同时瓦解了个体的主性。也就是说，在彰显"理"所代表的普遍性的价值和意义的同时，"致知"所需要的内在的"思"未免就被悬置起来了，能够承担道德责任的个体的主动性、自觉性等内在

---

① 程端礼：《弋阳县新修蓝山书院记》，《畏斋集》卷五，钦定《四库全书》本，三页 A。
② 程端礼：《送宋铉翁诗序》，《畏斋集》卷四，钦定《四库全书》本，二十二页 A。
③ 葛兆光：《七世纪至十九世纪中国的知识思想与信仰》，《中国思想史》第二卷，第 396～397 页。

的主体性品格就被边缘化了。

正因为如此，王阳明经过了早期对朱子学等理学的虔诚信仰和追求之后，在中后期痛苦地发现了其深蕴的弊病，明确了自己与朱子学等的根本不同。这种不同首先就表现在学术理路上朱子理学的外在化进路与阳明心学的内在化进路的对立，这也可以说是侧重于"道问学"与"尊德性"的不同。所以，王阳明一再地批评朱子等理学是"务外遗内"，只重外向驰求，徒为口耳之学，甚至只是文本教条的举子学，而不懂或忘了为学乃是为了追求成圣的"为己之学""身心之学"。为此，王阳明要把为学的目标、认识的对象坚决地调整过来，即是内在的"吾性""本心"或"良知"，而不是外在的天理、万物、事理，这就是王阳明在中后期所悟到的"圣人之学，心学也"①，故"吾性自足，不假外求"，"向之求理于事物者误也"。因为身心一体、心理合一，心外无理、心外无物，"致知"不是要追求外在于心灵的知识，"格物"也不是要在事事物物中找出其普遍的天理。相反，在王阳明看来，"致吾心之良知者，致知也。事事物物皆得其理者，格物也。是合心与理而为一者也"②。"故格物者，格其心之物也，格其意之物也，格其知之物也；正心者，正其物之心也；诚意者，诚其物之意也；致知者，致其物之知也。"③这样，王阳明不仅对朱熹所着重的"格物致知"、由外而内的认识路径做出了"致知而格物"、由内而外的新解，而且描绘了一条由身、心、意、知、物的层层推衍所组成的内在化进路：真知须来自主体一己之身的切己体认，但这种体认并不是简单的身体的感官经验，因为连获取知识的耳目口鼻四肢，也是由心灵控制的，所以人的内在之心是切己体认的根本。王阳明指出，身心一体，"无心则无身，无身则无心"，"指其充塞处言之谓之身，指其主宰处言之谓之心，指心之发动处谓之意，指意之灵明处谓之知，指意之涉着处谓之物"④。他认为，一切外在现象世界都应视为内在心灵的萌动与呈现，即所谓"心无体，以天地万物感应之是非为

---

① 《象山文集序》，《王阳明全集》卷七，第245页。
② 《传习录》中，《王阳明全集》卷二，第45页。
③ 《传习录》中，《王阳明全集》卷二，第76页。
④ 《传习录》下，《王阳明全集》卷三，第91页。

体"①。所有的知识、经验、感受，归根结底都是为了确立这个纯明澄澈的心灵，确立了这个纯明澄澈的心灵也就等于获得了真知，所以博学是使心灵中时时事事存天理，笃行就是不断地学习这种存天理。而且，既然人的知与行其实都在主体内在的一念之中，那么，良知发动，就是知也是行。"一念动处，便是知，亦便是行"②，他追问程朱的"格物"说，如果一草一木都有理，都要去一一格来，"天下之物，如何格得？"而且更为重要的是，"纵格得草木来，如何反来诚得自家意？"如果没有内在良知的萌生和发动，那么所谓知识也就不是真正属于心灵的知识，因为"心"和"理"本来就是同一的，所以，"若解向里寻求，见得自己心体，即无时无处不是此道。亘古亘今，无终无始，更有甚同异？心即道，道即天。知心，则知道、知天。又曰：诸君要实见此道，须从自己心上体认，不假外求始得"③。所以儒家的一切关怀都应当在护持心灵的澄明纯粹，努力清除一切蔽障："故欲修身，在于体当自家心体，常令廓然大公，无有些子不正处"，当一切都只是内在心灵的呈现和凸显时，所谓"知"与"行"就不再是两截，就都成了内心寻找良知、趋向澄明境界的过程。显然，王阳明为儒学所开辟的一个新的法门，就是一条内在性体验之路。在后期，王阳明还特别揭示出了"致良知"这一新的致知的内在化进路，并明确地将其与外在化进路相对举："随事体认天理，即戒慎恐惧功夫，以为尚隔一尘，为世之所谓事事物物皆有定理而求之于外者言之耳。若致良知之功明，则此语亦自无害，不然即犹未免于毫厘千里也。"④"以人之学，但当求之于内，而程朱格物之说，不免求之于外"⑤，这种"求之于外"之弊，正如阳明在另一地方所言的"理障"："尔却去心上寻个天理，此正所谓理障。"⑥王阳明相信，"近世格物致知之说，只一知字尚未有下落，若致字工夫，全不曾道著矣。此知行之所以二也"⑦。"致字工夫"之所以"全不曾道著"，主要在于它还是在"格物"

---

① 《传习录》下，《王阳明全集》卷三，第108页。
② 《传习录拾遗》，《王阳明全集》卷三十二，第1172页。
③ 《传心录》上，《王阳明全集》卷一，第21页。
④ 《寄邹谦之五》，《王阳明全集》卷六，第206页。
⑤ 《王阳明年谱》二，《王阳明全集》卷三十四，第1272页。
⑥ 《传习录》下，《王阳明全集》卷三，第92页。
⑦ 《与陆原静》，《王阳明全集》卷五，第189页。

上讲的，还是向外求的外在化进路，故难落到实处，即落实到内在的心体上寻找依据，此正所谓"去心上讨个天理"，还是与"圣门致良知之功尚隔一尘"。

王阳明对于构建此种内在化进路是有着充分自觉的，只是王阳明对这种自觉并不是一次性就达到了明确的认识，而是历经了一个漫长的演变过程。按照黄宗羲的说法，是经由道、释等思想影响后，"其学凡三变而始得其门"，此后又经"三变"，揭橥"良知"，直指本心，使个体通过内在化的进路获得对普遍本体的内在认同和把握。这种从心上体认的内在化进路与从文义、事物上求知的外在化进路相比，从心上对道体的体验领悟，更多地表现为一种主体的内在境界，"质言之，在王阳明的心学中，得道（悟道）主要不是对外在的超验本体的认识，而是表现为主体境界的形成与提升，这一思路可以看作是身心之学的逻辑展开"①。

从理论形态上看，王阳明"致良知"的这一内在化进路，固然是对朱熹等宋儒偏重于外在化的致思进路的一个反拨，但又未尝不是对历史上深厚的内在化思想传统的一个重要继承。可以说，中国历史上的儒、道、释均十分偏重于内在化的致思进路，由此也形成了十分丰富的内在超越的精神资源。而对这种通过内在化进路实现的主体境界的追求，在历史上又构成了一条在中国传统哲学中所普遍追求的历史悠久、意域深广的内在超越之路。汤一介认为："中国哲学与西方哲学的最大不同可能是它是以'内在超越'为特征的，不论是儒家、道家，还是中国化了的佛教，都是内在超越的哲学体系。"② 儒学本质上就是一种内圣之学，这种内圣之学强调人作为主体的内在作用具有决定性意义。儒家相信，人通过自身的内在道德修养就可达到超凡入圣。孔子讲"人能弘道，非道弘人"，道是由人发扬光大的，不是人靠了道就可以超凡入圣了，人的超凡入圣在于人对道的发扬光大。孔子又讲"为仁由己"，达到仁是靠自己，不是靠别人，靠自己内在的道德觉悟，而不是外在的知识、技能等。道家十分注重追求精神的自由。而人如何能达到一个自由的精神境界呢？道家认为关键就是不能执着于外在的东西，要通过自然

---

① 杨国荣：《心学之思——王阳明哲学的阐释》，第 221 页。

② 汤一介：《对中国传统哲学的哲学思考》，载谢龙编：《中西哲学与文化比较新论》，人民出版社 1995 年版，第 78～79 页。

无为、少私寡欲、返璞归真，不断地从外在世界中返回到自我的本真存在，以内在化进路实现对有限的生命和现实的无限超越。中国化的佛教，特别是禅宗也是如此，禅宗讲，"一念迷即众生"，一个念头迷误就入了凡俗，"一念觉是佛"，一个念觉悟了即是佛，完全靠自己内在的修养即可达到最高的精神境界。可见，中国传统哲学普遍都是以内在化进路实现内在超越。如果说以朱熹为代表的宋儒由于侧重于外在的"道问学"而显得有些偏离了这一以内在化超越为特征的哲学传统，那么阳明学异于宋儒的一个重要之处正在于其完全继承并进一步光大了这一中国哲学传统。

当然，在王阳明看来，世儒和道释都各有所偏，正如黄宗羲曾对其所做的深中肯綮的总结：

> 先生以圣人之学，心学也。心即理也。故于致知格物之训，……言致吾心良知之天理于事事物物，则事事物物皆得其理。夫以知识为知，则轻浮而不实，故必以力行为功夫。良知感应神速，无有等待。本心之明，即知；不欺本心之明，即行也。……言知行合一。而或者以释氏本心之说，颇近于心学，不知儒释界限，只一理字，释氏于天地万物之理，一切置之度外，更不复讲，而止守此明觉。世儒则不恃此明觉，而求理于天地万物之间，所为绝异。然其归理于天地万物，归明觉于吾心，则一也。向外寻理，终是无源之水，无根之木……先生点出心之所以为心，不在明觉而在天理。金镜已坠而复收，遂使儒释疆界，渺若山河，此有目者所共睹也。[①]

如果说王阳明对宋儒"向外寻理"的批评是由于世儒之偏，那么王阳明中晚期对佛老放弃社会的责任与人伦的关系而只图自我受用的批判，很大程度上是由于佛老所追求的内在超越过度执着于"静坐""养生"等纯粹主观性的、自我体验性的精神活动，只追求个体内在的自我解脱和修养，而不注重外在淑世济民的实践活动，这也正是他与佛老的一个根本不同之处。为此，王阳明甚至反对把超然自适看作是佛老的专利，因为他认为圣

---

① 黄宗羲：《姚江学案》，《明儒学案》卷十，第 182 页。

贤之学中也自有清心寡欲以怡神定志、超越自我不染世累之学。所以他在区分儒与禅时曾说：

> 盖圣人之学无人己、无内外，一天地万物以为心，而禅之学起于自私自利，而未免于内外之分，斯其所以为异也。今之为心性之学者，而果外人伦遗事物，则诚所谓禅矣；使其未尝弃人伦遗事物，而专以存心养性为事，则固圣门精一之学也，而可谓之禅乎哉？ [①]

其实，在王阳明看来，儒与禅的区别是如此，儒与道的区别又何尝不如此！因此在他看来，真正的圣学并不是只有在做心性修养的功夫时才可以超越世俗而安顿自我，待到用世济物、处于人伦之中时就又会失去了自我的受用，把两者分为不相干的两橛。因为倘若如此，便还不是圣门的"精一之学"。因此王阳明的"精一之学"，"要其指归，则'良知'即'道心'也，'致'即'精一'也，即周子之所谓'纯心'、程子所谓'定性'也。夫岂外诸儒而别立一门户耶？是故良知皆实理，致知皆实学，固非堕于空灵，一与事物无干涉，如禅家者流也" [②]。可见在王阳明那里，"致良知"的内在化的路径并不是纯粹的道德个体内在的自我修养和解脱，而与外在的"事上磨炼"特别是淑世济民的实践活动相脱节，反而是必须与"致吾心之良知于事事物物""事上磨炼"融合为一个统一的过程，如此合内外于一体，方是"致良知的实功"。

那么，中国哲学为什么会形成这种以内在化进路为特征、追求内在超越的哲学传统呢？我认为最根本原因就在于中国人已经用特别而自然的方式解决了对自身的有限性的超越问题，即以非宗教的路径实现了一般宗教所希望的超越有限而达至无限和永恒的追求。世界上包括基督教、伊斯兰教、佛教等在内的绝大多数宗教都把人与神、灵与肉、此岸与彼岸、有限与无限的分离和对立作为基本前提，强调现世的有限人生是痛苦的，只有超越此世，把人生的意义寄托于来世的天国和神灵的救赎，才能通向幸福

---

① 《重修山阴县学记》，《王阳明全集》卷七，第 257 页。
② 胡宗宪：《重刊阳明先生文录叙》，《王阳明全集》卷四十一，第 1594 页。

的彼岸，获得无限和永恒。然而走出蒙昧的中国先民很早就已认识到"天命靡常"，完全听命于天神未必靠得住，而只有尽人事以待天命，以自身的努力和德行去顺应和体现天意神旨，达到天人合一，才能超越自身的有限性，实现具有无限意义和永恒价值的人生。这种具有天命神学色彩的思想观念在中国文化的儒道两大主干思想中得到进一步发展和革新。儒家虽然还没有完全否定鬼神的存在，如孔子说的"祭神如神在""敬鬼神而远之"[①]还是承认有鬼神，但已强调首先应做好自己的人事，解决现实的人生问题，而无须关心鬼神问题。道家以"道"为万物之宗，是最高的存在本体，而"道"在"象帝之先"且"道法自然"[②]，即老子以自然之道否定了天、帝、神等最高人格神的存在，也剔除了天道的神圣属性，恢复了天的自然本性。同时，道家强调道作为最高的存在本体也是终极的价值本体，道器统一、"道在事中"，无论道本身的存在，还是其价值和意义的实现，都不在悬空于抽象之境、彼岸之域中，而在与天地万物融合为一的整体存在中，就在一草一木、一时一事的万千世界中，这样人所追求的"无限性"及其意义世界就不必诉诸来世或彼岸世界，而就在当下的现实存在中，在此岸的日常生活世界中。同样，人也不必求诸神获得超越，而人本身就兼具内在超越的本性，有限的现实人生也可以成就无限的人生价值。这显然是一条不同于宗教以解脱为外在超越路径的内在超越之路。

既然中国文化发现了人的命运和幸福不在神的手里和遥远的彼岸，而就在人自己手里和现实的生活中，那么疏离宗教信仰，积极投入现实人生，在世俗化的具体生活中寻求普遍性的意义和价值，在有限中实现无限，自然就是中国人的普遍选择了。在此观念影响下，中国人逐渐把关注的重心放在了"人"身上，尤其重视现实人生。这样，中国人普遍崇尚入世主义，重生乐生，珍视现实人生的生命价值，追求现实世界中的快乐和满足。他们不再纠结于肉体与精神的矛盾冲突，而是担忧"譬如朝露，去日苦多"，不能更多地享受现世的幸福，提倡"人生得意须尽欢，莫使金樽空对月"；他们不再恐惧于死亡的临迫，而是执着于此生，探索和应用各种方法与技

---

① 《论语·八佾》及《论语·雍也》。
② 《老子》第四章、第二十五章。

术去保身、养身、健身，努力颐养身心、延年益寿，乃至长生不老；他们不热望于彼岸的世界和死后的天堂，而是试图用自然和道德的方法为现实的人类社会及整个世界建立起理想的秩序，成为地上的天国。

中国文化中这种以内在化进路为特征、追求内在超越的哲学传统，具有重要的价值和意义。它不但有助于确立人的主体性，发挥人在认识和实践活动中的自觉性和主动性，而且有助于真正深入了解人类认知、精神活动的各种内在机理，揭示自我意识的奥秘。在以往的人类认识历史上，认知对象主要是外在的客体，而主体自身是一个长期未被认识甚至忽视的领域。在西方，虽然古希腊哲学就提出了"认识你自己"的目标，但真正的认识论转向是在近代的康德哲学那里才发生的。而现当代哲学更是进一步推进了这种转向，"其实质是从客体向主体转换，从一种以客体为中轴的主客体模式向以主体性为中轴的主体间性的转换，包括从物质性向精神性转换，从强调分化的定量模式向强调一体化的定性模式转换，以及从竞争到合作的转换"[1]。不过我们看到在中国传统哲学中早就呈现出了类似现当代哲学中的这种主体性转向趋势，无论道家还是阳明学，通过内在化进路开辟的主体性哲学以其丰富的思想资源和实践方法是完全可以为现当代哲学的主体性转向提供有益的启发的。尤其是其内在超越的境界追求明显带有中国传统知识分子在逆境中反思的痕迹，即在信仰遭到亵渎、身心受到摧残之际，努力回到原点、返归自然，顽强地凭内在的思想重建自己的信念和理想，以保持人格的崇高和独立思考的权利，体现了传统中国知识分子"为天地立心，为生民立命，为往圣继绝学，为万世开太平"的不屈不挠的生存意志和主体精神。因此，这种主体精神，也被认为是一种最具有中国哲学特质的"内在的人文主义"[2]。

当然，中国哲学传统中也存在过度内在化的倾向。就阳明学来说，虽然其"致良知"的功夫强调内在化进路，但它并不等于完全自我封闭，只一味地在自我的狭小圈子里求索，或只是"知"，不管"行"、不求证，不践履。相反，王阳明十分重视贯通内外，认为良知无分内外，故学无分内外。他强

---

① 乔治·F.麦克林：《多元文化社会中的宽容精神》，《新华文摘》2005年第8期。
② 参见成中英：《中国哲学的特性》，载刘小枫编：《中国文化的特质》，生活·读书·新知三联书店1990年版，第48页。

调学道不离日用、事功，要求知行合一，在实际生活世界、日常事务中去体悟、求道，就是要力图避免这种内外分割之弊。这与庄子努力打通形而上与形而下、道与万物的分隔之意是一样的。庄子和王阳明作为一代思想巨子，他们能对形而上与形而下、内与外的关系进行很好的拿捏把握，但其后学流风所及，就难免有上述流弊了。特别是其内在化进路而达到的内在的超越，体现了强烈的为道不为学的价值取向，极易把求道与求学、道德与知识、内修与外证等对立起来，以前者否定后者。这样的后果首先会在认识上混淆事实与价值。而事实与价值的不分难免会带来主观与客观的不分。因为价值是人类富有主观偏好的判断，而事实则是较客观化的东西。当一切认识都内在化以后，自然、客体也就会随之被主体化甚至道德化，这样，客观与主观的界限便消失了。而主观世界的过度扩张，便极易"侵吞"、遮蔽客观世界。在这种内在化的探索方式之下，当一个探索者要探索一件事物时，他的主观价值观念会被客观化、外化为物的属性。这样，认识该物，实际上就变成认识他心里原来就有的价值观念，这就很难取得纯粹的事实认识，并且也会影响到做出正确的价值判断和价值选择。尤其值得关注的是，通过过度的内在化进路而追求的内在超越，由于缺乏对外部存在和知识的敬畏，天人、主客之间的紧张关系不再成为相互制约和规范的力量，反而消融于人的"此心"之中，从而使主体性的内在超越极易流于主观的、无法确证的纯粹的自我体验性的精神活动，甚至有可能走向以人欲为天理的对超越的颠覆。尽管如前面所述，王阳明对于主体性的内在超越流于主观的、纯粹的自我体验性的精神活动如佛老的"静坐""养生"等多有批评和警惕，但是仍然难免某种过度内在化的倾向。正如李泽厚所说：

> 宋明理学本就有此问题。朱熹将"畏"释为"敬"，再变而为王阳明至刘宗周的"敬亦多余"，只需"诚意"即可。对超验（或超越对象）的上帝（"於穆天命"）的畏惧，既完全失去；管辖人心的"天理"便只在此心之中。此"心"虽分为"人心"和"道心"，但"道心"又不能脱离充满感性情欲的"人心"而存在。结果，"人心"反而成了更真实的根基。这就无怪乎王门后学几传之后，便走入以人欲为天理、由道德形而上学转到了它的反面——自然人欲论。因为，归根

到底，没有外在超越对象的"超越"，没有那个可敬畏的上帝，又能"超越"到哪里去呢？实际上，它只剩下"内在"，而失去了"超越"。而这"内在"，由于总与人的感性生命和感性存在相关联，它在根本上只是感性的、经验的，而不可能是超验或超越的，所以也就自然走向了人欲论即自然人性论。[①]

可见，中国哲学传统中存在的这种过度内在化的倾向会使"它只剩下'内在'，而失去了'超越'"，从而不仅会使针对主体的真正的自我认识乃至自我的内在超越难以实现，反而会扼杀人的主体性存在，沦为纯内心的自省和完善，完全弃绝外事，走向其初衷的反面。毕竟，任何正常的人在现实中都应该是内外统一、身心一体的人。任何背离这一点的人，都难免走向片面化。而这一点，从道家杨朱学派极度的自利主义，到王门后学中过度追求自我内修、自由适意而给肆意放纵、放弃社会伦理责任提供了方便之门的倾向中，都已呈现出其固有之弊。

四、知"道"的方法

面对不可言说之道，显然已无法用一般的认知方法去知"道"。因此，王阳明采用内在化的进路去知"道"："心即道，道即天；知心则知道、知天。"[②]而通过考察这些内在化进路中的具体方法，就不难理解王阳明"致良知"的许多独特内涵，也可以进一步发现阳明学在方法论上对道释思想的融摄和分判。而王阳明对自己"致良知"的这些方法也十分看重，认为是真学问："知此者方谓之知道，得此者方谓之有德；异此而学，即谓之异端；离此而说，即谓之邪说；迷此而行，即谓之冥行。"[③]

1. 否定性方法

在中国思想史上，老子是最早发现并成功运用否定性方法于形上学理

---

① 李泽厚：《己卯五说》，中国电影出版社 1999 年版，第 9～10 页。

② 《传习录》上，《王阳明全集》卷一，第 21 页。

③ 《与杨仕鸣书》，《王阳明全集》卷五，第 185 页。

论的构建和阐述的哲学家。老子否定性方法的深刻之处表现在他首先从否定性的角度认识形上学存在本体，肯定了本体的否定性本质并用否定性方法予以描述，如他把道规定为"无"，即赋予了道否定性的本质。老子说的"反者道之动""天下万物生于有，有生于无"①，这些著名命题都是表达了对道的否定性本质的理解。其次，老子在对道本体的否定性规定的基础上进一步以否定性方法来认识和阐释道本体。在老子那里，道是无法用一般方法认识和言说的，"道可道，非常道；名可名，非常名"②，"其出弥远，其知弥少"③，"知者弗言，言者弗知"④，整个求道、体道的过程表现为一系列否定"知"、消解"知"的非认知过程。只有把所有一般的"知识"完全剔除掉之后，由"有知"变为"无知"，才能获得"道"的"真知"。老子说："为学日益，为道日损，损之又损，以至于无为。"⑤ 对于"为学者"来说，求知过程就是知识的积累过程，具体知识积累得越多越好；而对"为道者"来说，由于对道的体验是与各种具体知识的多寡成反比的，具体知识越多就越遮蔽了道的真相，所以具体知识应日益减少才好，减之又减，直到一无所知、无所作为的程度。这种"损"的方法，实质上是老子强调应从负面、逆向来把握道，把体认道的过程看成是一个"进道若退""明道若昧"⑥的不断否定过程。"损"的方法，实是老子认识论中典型的否定性方法。老子相信，只有采用这种"损"的方法，否定掉各种"有知"，做到"绝圣弃智""绝仁弃义""绝学无忧"⑦之后，才能"见素抱朴"⑧"虚其心、实其腹"⑨，"涤除"一切成见、偏见、庸见，以空无虚寂的姿态为认识"道"的真知做准备。这也就是老子所说的"涤除玄鉴"⑩的过程。

---

① 《老子》第四十章。
② 《老子》第一章。
③ 《老子》第四十七章。
④ 《老子》第五十六章。
⑤ 《老子》第四十八章。
⑥ 《老子》第四十一章。
⑦ 《老子》第十九章。
⑧ 《老子》第十九章。
⑨ 《老子》第三章。
⑩ 《老子》第十章。鉴，通行本作"览"，据帛书乙本及高亨先生考证而改。鉴、览古通用，鉴与鑑同，即镜子。参见高亨：《老子正诂》卷上，清华大学出版社 2011 年版，第 18 ～ 19 页。

　　老子主张要用"损"的方法，把内心打扫得干干净净，清除心灵的各种蔽障，摒弃一切外在的知识，净化纷杂的欲念，以本明的智慧、虚无的心态、开放无碍的胸怀，使主体成为一面明亮光澈的镜子。人只有成为这样的镜子，才具备了观照万事万物背后的玄妙本质的条件。老子的上述思想，已明显地反映了他已具有以反求正、"通过否定达到肯定"的否定性形上学思想及否定性的哲学方法。我们看到，能够认识到存在本体的否定性本质并用否定性的方法来描述这种存在本体，是人类认识发展史上的重要里程碑，它标志着人类已能够从无限性、普遍性的抽象思维高度来把握存在本体。冯友兰曾把否定性的形上学方法称为"负的方法"，并指出，形上学有两种基本的方法，即正的方法和负的方法。正的方法的实质，是说形上学的对象是什么；负的方法的实质，则是说它不是什么，"一个完全的形上学系统，应当始于正的方法，而终于负的方法。如果它不终于负的方法，它就不能达到哲学的最后顶点"①。可以说，老子的形上学正是在哲学史上率先发现并运用了这种"负的方法"的一个典型，它也因之实现了哲学本体论思想上的一个重大进步。

　　老子的否定性方法作为一种具有中国特色的形上学方法论，在中国哲学史上的影响是十分深远的。这一方法不仅为庄子等先秦道家所继承，而且直接影响了魏晋玄学提出"得意忘言""言不尽意"等思辨方法，也影响了中国禅宗普遍推崇"不立文字""呵祖骂佛"等"负的方法"，使否定性方法成了中国传统哲学的一个总体性方法。

　　在宋明三教合一的思想背景下，王阳明所受道佛影响的一个极重要方面就是继承了它们的方法论，特别是其否定性方法。王阳明也和老子一样，把本体理解为具有否定性的存在。这在前面所述王阳明认为本体之"道无形""道无方体""无定在、无穷尽"是"太虚"，是有无的统一体等观点中已有阐明。在对本体的否定性理解的基础上，王阳明也明确提出应该进一步用否定性方法去认识这一本体："吾辈用功，只求日减，不求日增。减得一分人欲，便是复得一分天理；何等轻快脱洒，何等简易！"②"专涵养者

---

① 冯友兰：《中国哲学简史》，第 394 页。
② 《传习录》上，《王阳明全集》卷一，第 28 页。

日见其不足，专识见者日见其有余。"① 这"涵养"与"识见"上的分疏，与老子的"为道日损""为学日益"说法何等相似！使用减损的方法，就是要减少和排除各种外在的经验、见闻等，回到内在化进路上。

王阳明在回答弟子刘观时问"未发之中是如何？"时说："汝但戒慎不睹，恐惧不闻，养得此心纯是天理，便自然见。"刘观时请略示气象，王阳明说："哑子吃苦瓜，与你说不得。你要知此苦，还须你自吃。"② 之所以要用内在化的进路和否定性的方法就是因为"心即理""无心外之理，无心外之物""良知不假外求"③，"良知不假外求"是对外在的认知路径的否定。王阳明说："学者时时刻刻常睹其所不睹，常闻其所不闻，工夫方有个实落处。久久成熟后，则不须着力，不待防检，而真性自不息矣。岂以在外者之闻见为累哉！"④ 肯定本体功夫就是"不睹""不闻"，意味着不"以外在者之闻见为累"，这是一条否定外在肯定内在的进路，与老庄讲道是"无知之知"，非见闻、外求、为学之知，要求"涤除玄览"等是一样的。正因此，王阳明批评世儒不懂这种内在化进路："世儒惟不知此，舍心逐物，将格物之学错看了，终日驰求于外，只做得个义袭而取，终身行不著，习不察。"⑤ 王阳明坚决反对向外驰求的方法，认为只需内求。而内求的方法，就是"减"的否定性方法："只求日减，不求日增。""减"就是要把一切外在的经验、闻见、知识等都去除掉，以避免它们对本体的遮蔽。为此，王阳明直接借用了老子"涤除玄鉴"的思想，认为求道须先清理出内心之镜，使之明亮可照："圣人之心如明镜，只是一个明，则随感而应，无物不照。"⑥ "只怕镜不明，不怕物来不能照。讲求事变，亦是照时事，然学者却须先有个明的工夫。学者惟患此心未能明，不患事变之不能尽。"⑦ 要使心镜清明，必得有一个"扫除廓清"的工夫，所以王阳明反复要求"扫除荡涤，

---

① 《传习录》上，《王阳明全集》卷一，第 28 页。
② 《传习录》上，《王阳明全集》卷一，第 37 页。
③ 《传习录》上，《王阳明全集》卷一，第 6 页。
④ 《传习录》下，《王阳明全集》卷三，第 123 页。
⑤ 《传习录》上，《王阳明全集》卷一，第 29 页。
⑥ 《传习录》上，《王阳明全集》卷一，第 12 页。
⑦ 《传习录》上，《王阳明全集》卷一，第 12 页。

无复纤毫留滞"①。在王阳明看来，良知作为本体本来是清明的，只是"昏蔽于物欲"，故须予以否定扫除，以还其明：

> 良知即是未发之中，即是廓然大公、寂然不动之本体，人人之所同具者也。但不能不昏蔽于物欲，故须学以去其昏蔽。然于良知之本体，初不能有加损于毫末也。知无不良而中寂大公未能全者，是昏蔽之未尽去，而存之未纯耳。②

对于这种否定性方法，王阳明不仅在理论上如此主张，更在实践上实行。如他倡导的"静坐"、直觉等方法就是这种否定性方法的具体体现。特别是王阳明在"龙场悟道"中充分吸收了道家的自我否定的方法。这不仅表现为王阳明在刚到龙场时通过学习道家和禅宗的方法，努力保持内心的平静，不仅放下了名利得失毁誉的计较，更突破到了人生的底线——对生死的顾虑，达到对生死的超越和达观，实现了完全的自我否定。显然，这种"完全的自我否定确实不属于儒学传统"③，而更多地属于道家和禅宗的传统。

　那么，为什么用"扫除廓清"的否定性方法就能达到对本体的理解呢？因为这即是要复归于清纯、单一、"素朴"，"朴"的原始性、单纯性、简单性，要求扫除涤荡一切沉渣（陈见、旧识、规则等），用最简朴的方式回归于存在的本根。在某种意义上说，这也正是老子、庄子、海德格尔均以"诗性的说"来表达存在本体的重要原因。"诗性的说"是一种最简单的、质朴的说，是非概念的、逻辑的、认知性的言说。正如海德格尔引荷尔德林的诗云："这图景是如此地极端简朴、极端神圣，以至于人们在现实中，总是不敢将它描述。"当然，这种"诗性的说"并不表明其思想是不严格、不严密的。事实上，就像海德格尔在《关于"人道主义"的信》中所言，在诗性的思想中，"思想的严格不同于科学具有的那种人工的、或所谓概念的技术——理论的精确性。不仅如此，这种严格还在于，它让道说

---

① 《传习录》上，《王阳明全集》卷一，第23页。
② 《传习录》中，《王阳明全集》卷二，第62～63页。
③ 杜维明：《宋明儒学思想之旅——青年王阳明》，载郭齐勇、郑文龙编：《杜维明文集》第二卷，第137页。

（Sagen）完全保持在存在真理性的元素之中，并且让这种道说的多重维度的一重性（das Einfache，简朴性）起支配作用"①。诗性的思想是让思想回归于存在的真实生动的世界之中，减除掉各种用人工的技术性的概念、理论所做的反映，而以最简单、直接、纯朴的方式让其自身呈现出来的方式。王阳明减除掉各种外在的、人工的、有限的概念，以知识的否定性方法力图让良知本体回归于其所依恃的根和大地，恢复和展示其旺盛的、多样的、无限的生命活力和超越性境界。

2. 反观直觉

尽管王阳明与老子一样强调道的不可言说性，但他比老子更明确地承认知"道"的可能性：道只是无法通过言说、概念、文本等外在化途径进行认识，但这并不意味着是无法知的；道可以否定性的方法扫除各种外在的蔽障之后，通过内在化进路"反观内省""反观内照"，让心体自然呈现。

"反观内省""反观内照"作为王阳明的一个重要命题，应做进一步分析。首先是其"反"的方法。从身体哲学的立场出发，对道、心体、良知等形而上之本体，须"体之以身""以身体之"才能予以体认，而这种体认，正是"向里寻求"的内在化进路。为此，王阳明不厌其烦地强调：

> 夫万事万物之理不外于吾心，而必曰穷天下之理，是殆以吾心之良知为未足，而必外求于天下之广，以裨补增益之，是犹析心与理而为二也。夫学问思辨笃行之功，虽其困勉至于人一己百，而扩充之极，至于尽性知天，亦不过致吾心之良知而已。②

而要"致良知"，也就是要"反求诸其心"。③否则一味"外求"，不免"气

---

① 参见张祥龙：《海德格尔论老子与荷尔德林的思想独特性》，《中国社会科学》2005 年第 2 期，第 82 ～ 83 页。
② 《传习录》中，《王阳明全集》卷二，第 46 页。
③ 《传习录》中，《王阳明全集》卷二，第 46 页。

拘物蔽"、毫厘千里之谬。所以他提出"反观内省"①的方法，主张"反观
而内照，虚己以受人"②。他指出，自己主张"反观内省""反观内照"，就
是"在求放心"③，返回内在的本心，体认良知，这才是"有根本的学问"；
而朱熹等人主张在外在的事事物物上寻求，"却是无根本的学问"。正如
钱德洪所评论的："此学贵反求，非知解可入也。"④ 由此可见，"反"，犹
"返"也，所谓"反求""反观"，乃否定掉各种外在的"知解"，返回一己
之身，"体之以身""以身体之"，回归于内在化进路上的体认、体验之意。
而之所以需要做这种返求之功，实因"心即理""心外无理"，也就是说，
认识的对象并不外在于主体，主体与对象具有同一性。王阳明的身心之学、
万物一体论就是阐明了这种同一性的。正是这种同一性决定了"致良知"
的"反观内照"性质，实际上，这种"向里寻求"的反观具有明显的主体
的自我认识的特性。这种认识方法可能与老子的影响有关。老子认为"反
者，道之动"，道及万物都具有不断回归本根、返本复初的特性："万物并
作，吾以观复。夫物芸芸，各复归其根。"⑤ 因此，老子认为，只有在这种返
本归根的"反求"中才能真正达到对道的体悟 —— "明"，即如老子说的
"归根曰静，静曰复命。复命曰常，知常曰明"⑥。于是老子一再地提出了通
过内在化进路的"反求"，在返本复初的境界中获得对道的真知：

> 营魄抱一，能无离乎？专气致柔，能婴儿乎？涤除玄鉴，能无
> 疵乎？⑦
>
> 致虚极，守静笃。⑧
>
> 不出户，知天下；不窥牖，见天道。其出弥远，其知弥少。是以
> 圣人不行而知，不见而明，不为而成。⑨

---

① 《传习录》中，《王阳明全集》卷二，第76页。
② 《铭一首》，《王阳明全集》卷二十八，第1033页。
③ 《铭一首》，《王阳明全集》卷二十八，第1033页。
④ 《传习录》中，《王阳明全集》卷二，第71页。
⑤ 《老子》第十六章。
⑥ 《老子》第十六章。
⑦ 《老子》第十章。
⑧ 《老子》第十六章。
⑨ 《老子》第四十七章。

> 百姓皆注其耳目，圣人皆孩之。①
>
> 塞其兑，闭其门，终身不勤。②

对于自身的认识，不需要动用耳目之官向外搜寻，所以，要"塞其兑，闭其门"，返回并守持于质朴抱一、清静无疵、原始单纯的本真之己，自然无为，就可"不行而知、不见而明、不为而成"。老子的这种反求性的思维方式与其否定性方法是相一致的，在哲学史上有深远的影响。儒家也有类似的思维方式，如孔子的克己反求和孟子的"反身而诚"，都体现了这种以主体"向里寻求"的自我认识为基点的认识方法。而且，事实上，孔孟的这一方法也影响了王阳明，王阳明曾自述自己的为学经历云：

> 孔子告颜渊"克己复礼为仁"，孟轲氏谓"万物皆备于我，反身而诚"。夫克己而诚，固无待乎其外也。世儒既叛孔孟之说，昧于《大学》格物之训，而徒劳博乎其外，以求益于其心，皆入污以求清，积垢以求明者也，弗可得也。守仁幼不知学，陷溺于邪僻者二十年。疾疢之宇，求诸孔子、子思、孟轲氏之言，而恍若有见，其非守仁之能了。③

王阳明认为自己在"陷溺于邪僻者二十年"之后，终于发现了孔孟"克己反求""反身而诚"这一致良知的内在化进路。但据前文的分析表明，王阳明"陷溺于邪僻者二十年"所经历过的辞章、格物、佛老之学并不是完全没用的，对他后来形成上述反求的内在化致思路径仍有相当重要的影响，因为"从根本上说，儒道佛三家的思维方向都是内向性的"④。只是各家的具体特点不同。就道家来说，返回主体的目的是以此体认天道自然，要求同于自然，以天道引领人道；而就儒家而言，知天是为了知人，返回主体的目的是为了更好地认识自我，以扩充主体的自我境域、完善自我的德性，

---

① 《老子》第四十九章。
② 《老子》第五十二章。
③ 《别黄宗贤归天台序》，《王阳明全集》卷七，第233页。
④ 李霞：《道家与中国哲学》明清卷，第73页。

这是真正的自我认识、自我观照活动。这种差异反映了在对待自我和天人关系上的不同取向，会产生不同的身心之学。

其次是其"观"的方法。王阳明多次谈到"观""反观""善观"等，说明他是十分重视"观"这一方法的。

在古代哲学中，老子大概是最早使用"观"的方法的。"观"（"觀"）的原意是"观看"，它的字形是"雚"和"見"的结合，其最古形式应是一个鸟的象形，这种鸟或许是鹳，其双腿及脖子修长，便于从高处观看。因此，这个字的含义主要是居高以做观察，其目的无疑是及时了解周围的变化，从所得的征兆中得出预言。后来，由此义引申为对自然的观察。老子大概据此将"观"进一步改造、提升为一种重要的认识方法：①

> 常无，欲以观其妙；常有，欲以观其徼。②
>
> 致虚极，守静笃，万物并非，吾以观复。③

老子这里所说的"观"显然不同于一般的对具体事物的经验性观察，而是要"观妙""观徼""观复"，即"观"那种具有普遍性、本质性的东西。那么，老子的"观"具体是什么意思呢？王博认为，正像《老子》中许多词都是一名而兼有相反之义一样，"观"字也含有"视"和"示"两层相反的意思。④ 王博所说很有道理，只是未能联系老子的认识论做具体阐发。《说文》曰："观，谛视也。"段玉裁注云："凡以我谛视物曰观，使人得以谛视我亦曰观。犹之以我见人，使人见我皆曰视。"《尔雅·释言》云："观，示也。"因此，"观"一词实兼有"视"和"示"二义。这也就是说，《老子》

---

① 老子这种"观"的认识方法对道家道教都有重要影响，并使之成了一种重要的文化传统。譬如说，道教的庙宇一直称作"观"，即道观，这个事实是很有意思的。"道观"之"观"的名称大概源于老子所说的"观"，而其他宗教场所所用的一些名称如"寺""庙"等从来不用于道教的庙宇。这样，体现在今天"道观"这个普通的名称中的，乃是对自然界进行观察的古义，表示道教徒们把自己的庙宇看成是观察自然的观察站，对此，李约瑟在抗日战争时期登临中国南方一座高山顶上的一个古道观时就曾有过极深切的体会。李约瑟认为，道教在注重观察自然的经验方面是与道家传统相一致的，而且正是在这一意义上，"'察其所以'Cognoscere causas 就成了道家的座右铭"。（李约瑟：《中国科学技术史》第二卷《科学思想史》，科学出版社 1990 年版，第 61 页）

② 《老子》第一章。

③ 《老子》第十六章。

④ 参见王博：《老子哲学中"道"和"有"、"无"的关系试探》，《哲学研究》1991 年第 8 期。

中的"观",既有以我视物之义,又有以物示人之义。前者是从认识主体来
说的,如说"吾以观复"中之"观",就应作"视"解,即从主体自身出
发对认识对象(包括外物和主体自身)的"外观"和"内视"。而后者则
是从认识对象来说的,如"常无,欲以观其妙,常有,欲以观其徼"中之
"观",就应当作"示"讲,因为"道"不可自视,只能"示"人。而道怎
么"示"人呢?"'道'以'有''无'两种形式显示自己的存在,而这又
不过是作为客观对象的'道'在拆除各种遮蔽之后直接显示自身存在的本
真形态。""可见,老子的'观'并不是指身与物外的经验性观察,更不是
囿于主体自身的理性思辨,而是要把自身置于对象性存在之中或说'万物'
之中进行的直接观照。"① 老子对这种直观方法做过比喻性的说明,他说:

> 以身观身,以家观家,以乡观乡,以国观国,以天下观天下。吾
> 何以知天下然哉?以此。②

这是强调主体应以虚静无为、无知无识的无意识状态,沉潜于对象之中,
身与物化,在与天地万物同一的齐同境域中达到"以身体之""感同身受"
的内在体认。

老子这种"观"的方法,被王阳明所继承。王阳明提出要"善观""反
观",要求返回到事物的原点、深入事物存在的内部,回归认识的内在性维
度,以内在化进路获得以身体之的体认。因此,在文本上,王阳明的"观"
的方法,又常常与"视""见"等概念相联系。王阳明说:

> 夫人者,天地之心,天地万物本吾一体者也。生民之困苦荼毒,
> 孰非疾痛之切于吾身者乎?不知吾身之疾痛,无是非之心者也。是非
> 之心,不虑而知,不学而能,所谓良知也。……世之君子,惟务致其
> 良知,则自能公是非,同好恶,视人犹己,视国犹家,而以天地万物
> 为一体,求天下无治不可得矣。古之人所以能见善不啻若己出,见恶

---

① 拙著:《智者的沉思 —— 老子哲学思想研究》,第 151、153 页。
② 《老子》第五十四章。

不啻若己入，视民之饥溺犹己之饥溺，而一夫不获若己推而纳诸沟中者，非故为是而以蕲天下之信己也，务致其良知求自慊而已矣。①

阳明子曰："大人者，以天地万物为一体者也，其视天下犹一家，中国犹一人焉。若夫间形骸而分尔我者，小人矣。大人之能以天地万物为一体也，非意之也，其心之仁本若是，其与天地万物而为一也。岂惟大人，虽小人之心亦莫不然，彼意自小之耳。是故见孺子之入井，而必有怵惕恻隐之心焉，是其仁之与孺子而为一体也。孺子犹同类者也，见鸟兽之哀鸣觳觫，而必有不忍之心焉，是其仁之与鸟兽而为一体也；鸟兽犹有知觉者也，见草木之摧折而必有悯恤之心焉，是其仁之与草木而为一体也；草木犹有生意者也，见瓦石之毁坏而必有顾惜之心焉，是其仁之与瓦石而为一体也；是其一体之仁也，虽小人之心亦必有之。是乃根于天命之性，而自然灵昭不昧着也，是故谓之"明德"。小人之心既已分隔隘陋矣，而其一体之仁犹能不昧若此者，是其未动于欲，而未蔽于私之时也。及其动于欲，蔽于私，而利害相攻，忿怒相激，则将戕物圮类，无所不为，其甚至有骨肉相残者，而一体之仁亡矣。②

以上两段著名的段落中"视……犹""见……而必有"的语式，表述的意思是相似的，即通过"视人犹己""推己及人"的切身体验、反观内省而获得万物一体的生存论体认，从而在这种血脉贯通、知痛知痒的"一体化反应"中做出当下直接的道德选择。显然，这里的"视""见"都不是限于一般的感性认识，而是深入到对象的存在境域中，与其融为一体（这样就等于返回于自身）、"视人犹己"之后的一体之感受、内在之体验。可以说，这种"反观"既使主体摆脱了经验理智、功利欲望等的束缚，做到"不自见""不自是"③，不再限于一己之身的痛痒得失，而达到一体之仁，也使客体穿透了形式、现象等的遮蔽，以一种原始、本真的形态呈现出来。这样，"把他人、天地万物视为一体就意味着'委身'于这个'一体'，而

① 《传习录》中，《王阳明全集》卷二，第 79 页。
② 《大学问》，《王阳明全集》卷二十六，第 968 页。
③ 《老子》第二十二章。

不再仅仅限于一己的利益范围。这里牵涉到一个根本性的人生定向的转变：从以'个我'为中心转向以'一体'为中心。这不是一种知识论意义上的'转变'，而是生存论意义上的生存方式的转变，是意志论意义上的生存意志的转变"[①]。从以"个我"为中心转向以"一体"为中心，实际上意味着"视""见""观"的角度的转向，即在这种"视""见""观"中，认识主体将完全融入认识对象之中去，与之融为一体（表现为万物一体），消除了一切主体特征，泯灭了主客体之间的差别和距离，从而使认识"真知"成为一种在认识的主体与对象之间没有任何中间环节的直接观照，或者说是没有任何遮蔽之物的敞亮开放过程。这正是老子的"观"的方法所揭示的，实际上，这与其说是一个主体的认识过程，还不如说是"道"的本真存在状态的敞开展示过程，是对象存在的自我凸现、自我显示过程。这也就是"观"的"示"义，也是庄子反复所强调的"以道观之"的方法。庄子曾区分了"观"的种种类型并一一予以否定，最终肯定了"道观"的根本意义："以道观之"，就是要否定和超越声色、欲求、外物等一切蔽障，心不外驰，不滞于物，无是无非、无内无外，凝神抱一、专心无欲，在返归如婴儿般单纯清静的素朴状态中反观真实自然的存在本性，也由此展现生命存在中种种意蕴深广的价值境域。王阳明的"观""视""见"，由于其视角已从"个我"为中心转向了以"一体"为中心，所以也具有"以道观之"的性质，只是王阳明的"道"本质上乃是心之良知，具有浓厚的主体性和道德意义；而在道家，"道"乃"天道"，体现自然存在的本质。

再次是"照"的方法。上述"观"如何可能？这涉及"观"的一个重要条件，即清净无蔽。主体在与客体"一体"的境域中融合为一，感同身受、血脉贯通之后，将排除各种私欲、成见，扫除蒙蔽在客体之上的种种障碍，使主客、物我、人己一体之境如明镜一般无染、无蔽、无滞，这样自然就可以"随物见形"，直接观照，从而洞察本体，体现自然、简易的直觉思维方式。王阳明说：

> 其良知之体，皦如明镜，略无纤翳。妍媸之来，随物见形，而明

---

① 陈立胜：《王阳明"万物一体"论——从"身一体"的立场看》，第192页。

镜曾无留染，所谓"情顺万事而无情"也。"无所住而生其心"，佛氏曾有是言，未为非也。明镜之应物，妍者妍，媸者媸，一照而皆真，即是生其心处。妍者妍，媸者媸，一过而不留，即是无所住处。①

良知常觉常照。常觉常照，则如明镜之悬，而物之来者自不能遁其妍媸矣。②

圣人之心如明镜，纤翳自无所容，自不消磨刮。若常人之心，如斑垢驳蚀之镜，须痛磨刮一番，尽去驳蚀，然后纤尘即见，才拂便去，亦不消费力。③

经过"扫除荡涤"的工夫之后，良知之体"皦如明镜，略无纤翳"，而只有这样清净无蔽、光亮可鉴的镜子，才可以直接观照万物。而且，王阳明这里还有一个预设的前提，即镜子原本是明亮的，良知本体本来是单纯的、明白的，所以，王阳明还进一步强调了此镜"情顺万事而无情"，一照而皆真，一过而不留，无所住处，不偏一执的特点。王阳明在不少地方还一再地表达这类"扫除廓清""反观内照"的观点，如尝语学者曰："心体上着不得一念留滞。就如眼着不得些子尘沙。些子能得几多？满眼便昏天黑地了。"又曰："这一念不但是私念，便好的念头，亦着不得些子。如眼中放些金玉屑，眼亦开不得了。"④

王阳明的上述观点与老子"涤除玄鉴"思想是一样的。老子的"涤除玄鉴"论认为镜子之所以可以观照万物，是因为镜子本身就具有明亮可照的特性，即其前提是承认在"道"的原始、本真意义上是虚无、空明的，而在随后"道"的退化性演变过程中，却有一个被蒙蔽、遮盖的过程。故此老子要求"返本归根"、做追本溯源性的反求，以达到"见素抱朴"，复归于原始、本真的虚无、空明之道。老子曾称这种"道"的原理为"微明"⑤。张松如释"微明"为"虽幽微却显明"⑥。王纯甫释老子"微明"之义

---

① 《传习录》中，《王阳明全集》卷二，第70页。
② 《传习录》中，《王阳明全集》卷二，第74页。
③ 《传习录拾遗》，《王阳明全集》卷三十二，第1178页。
④ 《传习录》下，《王阳明全集》卷三，第121页。
⑤ 《老子》第三十六章。
⑥ 张松如：《老子说解》，齐鲁书社1987年版，第236页。

云：“能据其已然，而逆睹其将然，则虽若幽隐，而实至明白矣。故曰是谓微明。”① 这里王纯甫已明确地把老子的“微明”理解为是一个用追本溯源性的逆向反求方法“由幽微而显明”的过程，我以为是颇合老子本意的。

此外，孔子的“毋意、毋必、毋固、毋我”② 观念，道家的“虚静”“静观”和佛家的“虚明”“无执”等观念，特别是禅宗慧能以明镜作喻的偈语，在一定意义上可以说它们的意趣是一致的，即都强调主体应成为虚静纯洁、空灵明净的“镜子”，才能正确无误地反映出道本体的飘忽窈冥、精湛微妙。庄子说的“至人之用心若镜，不将不迎，应而不藏”③，也是形容主体的精神状态如能达到静明如镜，不染有一丝主观的成见和欲念，就可以如实地映显外物，以至小可以明察秋毫，大可以通观宇宙之本质和规律。而这大概就是老子、王阳明一再所说到的“明”的境界：“见小曰明”④“知常曰明”⑤。“圣人之心如明镜，只是一个明，则随感而应，无物不照；未有已往之形尚在，未照之行先具者。”⑥“曰：‘无所偏倚是何等气象？’曰：‘如明镜然，全体莹彻，略无纤尘染着’。”⑦“学者真见得良知本体，昭明洞彻。”⑧ 因此，王阳明称良知为“虚灵明觉之良知”⑨，总之，在老子、庄子、王阳明等人看来，用“虚心”“凝静”等方法对贪欲和智巧做洗净的工夫，可使心灵不被贪欲所蒙蔽，亦使精神不致被智巧所误导，从而可以使人的主体功能发挥出最自由、最富有创造性的作用。更可贵的是，上述反观内照思想已包含了类似现象学（Phenomenology）所主张的“回归事物本身”，让事物本身自己呈现出来的合理思想。它实际上是要求通过清净的修养功夫和否定性的方法去除各种预设的先决条件及认识的偏见，“剥落”所有不属于事物本身的东西 —— 既要使客体超升净化不带丝毫附加之物，也要使主体超升净化而不执着于任何认识的观念，彻底超越于常识的、功利的、

① 王纯甫：《老子亿》。
② 《论语·子罕》。
③ 《庄子·应帝王》。
④ 《老子》第五十二章。
⑤ 《老子》第五十五章。
⑥ 《传习录》上，《王阳明全集》卷一，第21页。
⑦ 《传习录》上，《王阳明全集》卷一，第23页。
⑧ 《传习录拾遗》，《王阳明全集》卷三十二，第1177页。
⑨ 《传习录》中，《王阳明全集》卷二，第47页。

理智的种种假象，让事物的本性能够一如其真地自然呈现，展示一种超然自得，无滞无累、自然真朴的澄明之境，正如王阳明诗云：

　　　　闲来心地如空水，静后天机见隐微。[①]

　　　　闲观物态皆生意，静悟天机入窅冥。道在险夷随地乐，心忘鱼鸟自流形。[②]

这种让良知本体在澄明之境中自我呈现的方法，典型地体现了东方哲学独特的自然主义哲学精神和直觉主义的思维方式，也具有神秘主义的色彩。

———————

① 《秋夜》，《王阳明全集》卷二十，第787页。
② 《睡起写怀》，《土阳明全集》卷十九，第717贞。

第五章　神秘主义

古典儒学富有实用理性主义的色彩，与具有非理性主义色彩的神秘主义似乎是不相容的。孔子"罕言天道""不语怪力乱神""敬鬼神而远之"的思想取向，尤其表明了这一点。然而，王阳明作为儒学大师，他的思想与性格却又表现出了一些不同的特点，其中明显地体现出了某些神秘主义的色彩。王阳明生性具有"豪雄"气质和狂者精神，从小即"豪迈不羁"，及长也率性任情，不愿循规蹈矩、拘泥末节，以"狂者"自任，如其精于兵术、善于征战、具雄才大略，面对险恶的政治危机和人生困境，展示了惊人的军事谋略、高超的政治技巧和狂放独立的人生态度。同时他也颇有文采，写诗作文，才情四射，具有鲜明的浪漫主义倾向。更值得注意的是，他的这种浪漫主义是与其神秘主义结合在一起的，"他的精神上和气质上的另一面是浪漫主义及神秘主义，他一生中几个重要转折点上都有僧人、道士、方外异人出现，他始终为道家的自然情趣所吸引，对道教怀有特殊的关怀和情感，他的内心生活中始终具有神秘主义的一面"①。所以陈来认为，从王阳明哲学与神秘主义的这种关系，可以进而确认古典儒学特别是宋明心学中包含有一种神秘主义的传统："很明显，以孟学标榜的宋明心学的发展，容纳了一个神秘主义传统。神秘体验不但是这一派超凡入圣的基本进路或工夫之一，而且为这一派的哲学提供了一个心理经验的基础。"②

这样看来，王阳明思想行为中的某些神秘主义特点，更多地表现为与孟学相承接的宋明心学一系的传统。日本学者佐野公治指出，与朱子学的那种"合理主义"的思想倾向相比，明代的学术思想（尤其是到了明末）

---

① 陈来：《有无之境——王阳明哲学的精神》，第3页。
② 陈来：《有无之境——王阳明哲学的精神》，第412页。

的一个主要特征就是"趋向于神秘主义"。[1] 柳存仁也指出：

> 前知之事，近代人研究之者固以之属于 parapsychology 之范围，然在东方哲学及宗教之范畴内言之，则惟释道二氏能言此事，儒门虽言至诚可以前知，不过有此一说，传统之圣贤学问，殊不论及此类之修养也。阳明因导引而亲此境，其所历纯系道家之修持经验，不言可喻。阳明因半生病肺，卒年五十七，而此时已三十一（俱旧历），大半生时间未尝离道教书籍。《年谱》颇言阳明之入道，即由求养生之道而起，其言自不无部分之理由。然若仅据此一端以论阳明之学问、行谊，则似未免漠视其家庭之世德背景及其个人对道教探究之积极的活动。二者实对阳明之思想，亦有若干贡献也。[2]

神秘主义（mysticism）总是和神秘经验或神秘体验（mystical experience）相联系的。所谓神秘体验，主要表现为通过一定的修持获得的一种突发的、特别直接的心理感受。而所有神秘体验都感受到主客界限和一切差别的消失，同时伴随着巨大的兴奋、愉悦和崇高感。一般来说，神秘体验大都是一种宗教性的体验，被教徒们认为是对宗教信仰的启示和经验验证。不过实际上，中国传统儒学虽然以理性主义为主导，但我们仍然可以发现中国传统儒学特别是宋明理学中包含有神秘主义的传统，而且它在类型上更多地属于内向性的神秘体验，主要体现在从孟子所开创的陆王一系的心学传统之中，并构成其之所以成为心学的一个重要路径。不过，宋明心学中这种神秘主义传统的形成，诚如前引柳存仁所见，主要并不是来自"传统圣贤之学问"，而是来自"道家之修持经验"，或至少是体现了儒道融合互摄的结果。

因此，笔者认为，就阳明心学中的神秘主义来说，其产生很大程度上与他所受到的老、释二氏的影响有关，此外，正如本书前面指出的，王阳明家族中具有的神秘主义文化传统无疑也给予他或多或少的影响。

---

[1]　转引自吴震：《阳明后学研究》，上海人民出版社 2003 年版，第 351 页。

[2]　柳存仁：《王阳明与道教》，《和风堂文集》中册，第 856 页。

一、先知

王阳明一生经历了许多神秘的事件，这为他提供了许多神秘体验的经验和素材，增强了其思想的神秘主义色彩。有关王阳明的具有神秘主义色彩的事件有很多，如其出生时的"仙人送子"故事；五岁时经道士指点才开口说话；十二岁在京师遇道士预言其将来必有大成，"结成圣胎"；十七岁成婚日入铁柱宫与道士"对坐"一夜，畅谈修炼养生之说；三十岁游九华山时拜访蔡蓬头等道士异人；被谪龙场驿赴任前在武夷山巧受铁柱宫道士点拨；等等。当然，王阳明的这些经历，只是为其思想涂上一层神秘主义的色彩，真正使王阳明具有较深刻的神秘体验的，还是其弘治十五（1502）年归越"筑室阳明洞"的隐居修炼生活。正是在阳明洞长达二三年的隐居修炼生活中，王阳明才在其思想和生命的深处获得了直接真切的神秘体验。《王阳明年谱》记载：

> 告病归越，筑室阳明洞中，行导引术。久之，遂先知。一日坐洞中，友人王思舆等四人来访，方出五云门，先生即命仆迎之，且历语其来迹。仆遇诸途，与语良合。众惊异，以为得道。久之悟曰："此簸弄精神，非道也。"又屏去。已而静久，思离世远去，惟祖母岑与龙山公在念，因循未决。久之，又忽悟曰："此念生于孩提。此念可去，是断灭种性矣。"明年遂移疾钱塘西湖，复思用世。[①]

----

① 《王阳明年谱》，《王阳明全集》卷三十三，第 1225～1226 页。按：关于阳明洞修炼之事，董谷也有类似记载，但董谷所记不仅年代不同，而且否认"能先知"为阳明习导引术所致。文曰："正德初，先师阳明习静于阳明洞，洞在南镇深山中。先生门人朱自浦、蔡我斋等数辈，自城往访焉。道遇先生家童，问以何往？对曰：'老爹知列位相公将至，故遣我归，取酒肴耳。'众异之，既至，问曰：'先生何以知某等之将至也？'先生曰：'诸君在途，某人敲冰洗手，某人刻竹纪诗，皆如目击。'众益大骇。盖无事则定，定则明，故能心通，岂他术哉？信蜀人董五经之事非诬矣。然非圣智之资未易吾也。"（《王阳明全集》（新编本）卷四十，第 1646 页）正德初年，王阳明应在京师，是年底因抗疏获罪，于第二年（正德二年）赴谪途中曾归越，但恐怕不可能也没心思去阳明洞静心修炼，所以董毅所记也是王阳明弘治十五年归越后的情况。况且在正德初年，王阳明在经历了前几年在阳明洞修炼，"渐悟仙、释二氏之非"后，已不再热衷于"先知"等道术。

会稽山阳明洞天本来就是富有仙道气息的山水胜地，王阳明"筑室阳明洞中，行导引术"，自然与阳明洞天的原有神秘气息水乳相融。徐爱的《赠陈世杰三首》把阳明洞的道教氛围描绘得十分生动：

> 登览卧龙山，奇峰四森列。江海奔回互，仰见阳明穴。穴中有仙子，扬言出云月。自称将帝命，仙籍恣披阅。姓名一一存，天机未敢泄。佳期不远时，群仙会属兹。天心谅无爽，有情当自期。[①]

王阳明在这种神秘的氛围里修炼，自然会获得奇佳的效果。史称他辟阳明洞后，"究极仙经秘旨，静坐，为长生久视之道，久能预知"[②]。而他在阳明洞中行导引术乃是其一生中最重要的道教修炼实践，也使他获得了许多重要的直接的神秘体验。

这类通过长期修持而出现的"先知"能力，其实并不唯王阳明独有。据程伊川在其文集中记载，王子真、董五经均能"先知"他去访之事，并预作安排。[③]王阳明曾请益过的娄一斋之师吴与弼，就曾力辞上谕归家，"盖先生知石亨必败，故洁然高蹈"；而一斋本人也曾预知科场有灾，避而未试，中途返乡，且能预知自己死期而提前与学生们诀别，等等。这些都是颇具神秘主义色彩的"先知"行为。它们也可以证明王阳明之先知，非不可能之事。道教中的神仙术、西方的《旧约》中都不乏关于先知的记载，它们或许都是基于这些人类特殊的神秘经验而做的夸大、神化的反映。不过，像萨满教、基督教、伊斯兰教等宗教中具有的先知概念，又是指对人类社会或自然界的大事有较早了解或能够准确预言的人。但是它又不同于算命，因为先知对未来的描述和预言之所以是准确的，就因为它来自于神的启示。

不过，对于一般人究竟如何修为乃能成为先知，中外文献上都很少有明确的记载。或许这属于禁忌之事，因为旧时代有此一说，以为人能先知而预言未来，是泄漏天机，必有天谴。因之即使能先知，也不可说破天机。

---

① 《赠陈世杰三首》，《横山遗集》卷上，《徐爱、钱德洪、董沄集》，凤凰出版社 2007 年版，第 12 页。
② 黄绾：《阳明先生行状》，《王阳明全集》卷三十八，第 1408 页。
③ 参见《传闻杂记》，《二程集》上，第 436 页；《河南程氏遗书》卷十八，《二程集》上，第 194 页。

另一种情况是把能先知当作"簸弄精神之非正道",不屑多说。佛教的最古老教诫中,也有"不得通致使命,咒术仙药,占相吉凶"之文,以为占卜、预言是预说吉凶祸福,皆属邪门外道。王阳明在阳明洞天习静修炼时,应已渐次得到相当的通力,以致能有先知,然而他"久之悟曰:'此簸弄精神,非道也'",旋即弃去。这也是以为此种先知终不属于正道,或如柳存仁所谓"传统之圣贤学问,殊不论及此类修养也"。既然是要摒弃之邪门外道,自然不屑再做如何修为的说明。

其实,与一般宗教僧侣的态度不同的是,一贯以理性主义精神为主导的儒家倒是试图给这种神秘的先知现象做出理性的解释。像前述董谷在记述王阳明在阳明洞修炼能先知预言之事时,就否认其为修习导引术所致,"盖无事则定,定则明,故能心通,岂他术哉?信蜀人董五经之事非诬矣。然非圣智之资未易言也"①。也就是说,只要坚持长期静心修持,"静久生明",就有可能获得神通。王阳明《传习录》中有一段师生的问答,说到了"静定"的功夫:

> 问:近年因厌泛滥之学,每要静坐,求屏息念虑,非惟不能,愈觉扰扰,如何?
>
> 先生曰:念如何可息,只是要正。
>
> 曰:当自有无念时否?
>
> 先生曰:实无无念时。
>
> 曰:如此却如何言静?
>
> 曰:静未尝不动,动未尝不静。戒谨恐惧即是念,何分动静?
>
> 曰:周子何以言"定之以中正仁义而主静"?
>
> 曰:无欲故静。是静亦定,动亦定的"定"字主其本体也。戒惧之念是活泼泼地。此是天机不息处,所谓"惟天之命,于穆不已。"一息便是死。非本体之念,即是私念。②

---

① 董毅:《碧里后集》,《王阳明全集》(新编本)卷四十,第 1646 页。

② 《传习录》下,《王阳明全集》卷三,第 91 页。

按上述说法，静定之后，便能发现"天机不息处"，能通天机，自是会有先知等神通。因此，这样看来，这其中似也没有特别不可思议之处。前述程伊川所记的王子真、董五经的故事中也说：

> 王子真佺期来洛中，居于刘寿臣园亭中。一日，出谓园丁曰："或人来寻，慎勿言我所向。"是日，富韩公来见焉，不遇而还。子真晚归。又一日，忽戒洒扫。又于刘丐茶二杯，炷香以待。是日，伊川来。款语终日，盖初未尝凤告也。刘诘之。子真曰："正叔欲来，信息甚大。"——又嵩山前有董五经，隐者也。伊川闻其名，谓其为穷经之士，特往造焉。董平日未尝出庵，是日不值。还至中途，遇一老人负茶果以归，且曰："君非程先生乎？"伊川异之。曰："先生欲来，信息甚大。某特入城置少茶果，将以奉待也。"伊川以其诚意，复与之同至其舍，语其款，亦无大过人者。但久不与物接，心静而明也。先生问于伊川，伊川曰："静则自明也。"①

程子又在与人问答讨论这一问题时说：

> 问：方外之士，有人来看他，能先知者，有诸？
> 曰：有之。向见嵩山董五经能如此。
> 问：何以能尔？
> 曰：只是心静。静而后能照。
> 又问：圣人肯为否？
> 曰：何必圣贤？使释氏稍近道理者，便不肯为。释子犹不肯为，况圣人乎？②

"静则自明""静而后能照"都是讲人的心静后，所具有的超乎寻常的洞察能力。只是伊川强调至于如何"静久生明"，徐梵澄曾在《陆王学述——

---

① 《传闻杂记》，《二程集》上，第436页。
② 《伊川先生语四》，《河南程氏遗书》卷十八，《二程集》上，第194页。

一系精神哲学》中从"心灵感应"的角度解说过王阳明等人的此种先知现象，颇为实在有趣且有几分道理，他说：

在山中罕触人事，而忽觉某人会来访，"消息甚大"，这可说是某种感应。现代则通一电话，远地消息便传达了，亦不必怎样多年修静。野狐无精，亦不能有何变怪，虽传说的荒诞神话在小说中层见迭出，究竟头脑稍有生物学常识的人，也只是付之一笑而已。——那么，"感应"是实有其事了。若以古喻言之，将两琴一置于堂，一置于室，"鼓宫宫动，鼓商商应"，是声波之震动交感。在科学上可能，在人理上可有。但这方面的道理，至今未能充分阐发，尚待多方的证明，研讨；徒有喻量，未能立宗。现代西方有从事于此事之研究者，称之曰"外副心理学"（parapsychology），该学尚未能成立。

先知与感应相联，则其作用必有能感与所感两方面。说"消息"，必是一方面有发此消息者，另一方面有接收此消息者。这中间以何物为传达的媒介或联系呢？

这是颇不容易弄明白的一问题。正因此，乃有精神哲学上的探讨。毋妨姑作这么一种说明。弥漫宇宙人生是一大知觉性，这知觉性之所表便是生命力。或者，如某些论者说弥漫宇宙人生只是一生命力，而这生命力之所表便是知觉性。两说是同一事，只是后说时时有无生命物一外在事实在相对，较难分说。毋妨假定知觉性是体，生命力的活动便是其用，体不离用，用不离体，此即宋儒之所谓"体一"。而各个人皆是此同一知觉性的中心点，各个人彼此不同，此即宋儒之所谓"分殊"。在人人皆有此共通之知觉性，共通的生命力，此之谓"气"。气有同（其震动度如声音震动之频率相同），则共鸣，乃相感。此即《易经》之所谓"同声相应，同气相求"。

于此我们又当假定凡人皆有一生命力的氛围，周绕全身。譬喻之说，是一光圈，不但是在头上，如宗教画像上往往作一大圆圈，塑像则作光焰等，而且包围全身体。这是看不见的，倘身体健康，心情爽直，思想纯正，则此氛围充实，此即孟子所谓"浩然之气"。"以直养而无害，则塞于天地之间"，正是描写此知觉性之遍漫，充塞宇宙。由此一中心发出的信息，很易传达到另一中心点，穿过那另一氛围而注入其前方知觉性中。譬喻说，同此一水，一波传到另一波，造成了相同的震动。当然，这程序还牵涉"意念"——在其高度与常度则为"志"——的问题。颇为复杂。心思知觉性之所在，即有生命力在其间，故曰"志至焉，气次焉"。——"次"是停止，即许书之"不前"义，居止于其处，居副，居第二位，倘此力强，如程子要看董氏，发此心思意念，当然不只是浮光掠影的一念而已，必定是有了种种心思准备，计划，这如同发出了一电报，而董五经感到了，所以说"信息甚大"。于董氏如此，于王子真亦如此，皆属真实。[①]

不过，虽然"静久生明"，能得先知，但无论修静还是先知，终不是王阳明追求的终极目标，他的终极目标是成圣。倘专意耽于静境，稍事接触外物，便一切皆乱了，显然无法达成圣境，明通之士，多是反对这种一味守静、隐遁的办法的，反要教人在繁华俗世中磨炼一番，不至于沉空滞寂。所以王阳明后来悟到不能专意于守静，"复思用世"。如徐梵澄所指出的：

> 今若有人偶值心境清明之时，瞥见或感知在远的一点什么，便起私意，妄想这是神通之力，如释家的天眼、天耳、他心通之类，自许先知，说出预言，惊世骇俗，此非"簸弄精神"而何？或不幸又时有所中，如赌徒偶尔赢钱，则其后果不堪设想。不是聪明误人，而是聪明人自误。——总之，习静，修定到了某一阶段，便有这种诱惑，有如耶稣所受的试探。最平稳安全之法，还是如阳明这经验所指，息息去私意，存天理；循此正道上达。[②]

正因此，王阳明意识到了这是"簸弄精神"的非道之功夫，要予以摒弃。一如程伊川所谓圣人之"不肯为"。不然，就有可能成为胡居仁批评娄一斋

---

① 徐梵澄：《陆王学述——一系精神哲学》，上海远东出版社1994年版，第86～87页。
② 徐梵澄：《陆王学述——一系精神哲学》，第88页。

所说的"儒者陷入异教者"。后来他又曾明确反对主静修养之法：

> 问立志。
>
> 先生曰：只念念要存天理，即是立志。能不忘乎此，久则自然心中凝聚，犹道家所谓结圣胎也。此天理之念常存，驯至于美、大、圣、神，亦只从此一念存养扩弃去耳。
>
> 问：宁静存心时，可为未发之中否？
>
> 先生曰：今人存心，只定得气。当其宁静时，亦只是气宁静，不可以为未发之中。
>
> 曰：未便是中，莫亦是求中工夫？
>
> 曰：只要去人欲，存天理，方是工夫。静时念念去人欲，存天理；动时念念去人欲，存天理，不管宁静不宁静。若靠那宁静，不惟渐有喜静厌动之弊，中间许多病痛只是潜伏在，终不能绝去，遇事依旧增长。以循理为主，何尝不宁静？以宁静为主，未必能循理。[①]

二、神秘体验

其实王阳明在阳明洞中修炼所得并非只有"先知"，还有其他的神秘体验。王龙溪曾述阳明在阳明洞天修习静坐而得神秘体验的经历：

> 究心于老佛之学，缘洞天精庐，日夕勤精修，炼习伏藏，洞悉机要，其于彼家所谓见性抱一之旨，非惟通其义，盖已得其髓矣。自谓尝于静中内照形躯如水晶宫，忘己忘物、忘天忘地，与空虚同体，光耀神奇、恍惚变幻，似欲言而忘其所以言，乃真境象也。及其居夷处困，动忍之余，恍然神悟，不离伦物感应，而是是非非，天则自见。[②]

此中"自谓"即指阳明自述其当时所得体验，龙溪那时还未成为阳明

---

① 《传习录》上，《王阳明全集》卷一，第11、13～14页。

② 《滁阳会语》，《王畿集》卷二，第33页。

门人，龙溪此说得自阳明，故谓阳明"自谓"，必为可信。由此可见王阳明也曾有过与天地万物为一体的神秘体验。

神秘体验必来自于"静定"的身心状态。身心不能静定，必不可能产生神秘体验。因此，无论王阳明或其他人在谈到其产生的神秘体验时，总是与静修或静定的状态有关。上述王阳明在阳明洞天的神秘体验就是在长期静坐修炼的基础上发生的，著名的"龙场悟道"也是在长时间终日默坐澄心、求诸静一后达到的。《传习录》里还记载了很多王阳明与弟子等讨论静坐功夫与觉悟本体的关系和方法等的记录。这也就是所谓"静久生明"。

王阳明在阳明洞修习静坐，以求体察默会之知、万物一体之念时，实际上，王阳明用这种静坐体认方法所得到的神秘体验，主要是指向主体的内观性体认，其目的是要消解封闭、狭隘的自我，使本然的生命得以契入真实的存在境域，即那种身与道合、主客互融的意义世界。所以，王阳明一直十分重视静坐体认的修炼，不但在阳明洞中长期修习，而且在"龙场悟道"中静坐体认也是起了主要的作用。《王阳明年谱》记王阳明谪居龙场时"日夜端居澄默，以求静一，久之，胸中洒洒。……忽中夜大悟"①。可见，阳明之所以能有"龙场悟道"的重大思想转变，实际上得益于静坐体认的修养工夫和方法。因此，在离开贵阳后的第二年，王阳明就正式提出以静坐澄心为施教方法。因为以静坐体认为施教方法可以让人摆脱日常琐事和文字概念的纠缠，直下显豁心体而达到对本然存在的领悟。按钱德洪的说法，王阳明在离开龙场后，从庐陵到巡抚南赣汀漳之间这一时期，其思想都可归之于默坐收敛、涵养未发。的确，王阳明庚午年（1510）赴任庐陵知县过辰州时曾教人静坐，癸酉年（1513）于滁州亦教人静坐。②但是，钱德洪等门人认为王阳明这一时期的静坐教法只构成其教法三变之一："居贵阳时首于学者为知行合一之说；自滁阳后，多教学者静坐；江右以来，始举'致良知'三字，直指本体，令学者言下有悟，是教亦三变也。"③把王阳明的静坐教法归之于某一阶段的施教之法，这是不符合实际的，所

---

① 《王阳明年谱》一，《王阳明全集》卷三十三，第 1228 页。
② 《王阳明年谱》一，《王阳明全集》卷三十三，第 1230、1236 页。
③ 钱德洪：《刻文录叙说》，《王阳明全集》卷四十一，第 1574 页。

以陈来对此一再予以批评。① 但陈来进一步否定王阳明静坐教法的意义,将默一收敛、涵养未发与省察内观、克治已发对立起来,认为前者属静坐工夫,后者则与静坐工夫无关,而王阳明在教法上也因此有了一个"由默坐澄心的未发工夫转而为克治省察的已发工夫"的阶段,静坐只是为省察克治阶段所做的准备,它的"直接目的是定心息念,省察克治即存天理去人欲,这是两个不同的阶段功夫"②。陈来的这一看法恐怕是过于强调王阳明不同思想之间的分际,正像有学者说的:"这一看法显然是不知道静坐作为一种内观的工夫,本来就可以涵盖未发、已发两个方面,不仅可以定心息念,而且可以省察克治,在内心世界体悟本有的'天理',并不断减损或纯化感性生命带来的'人欲'。"③

的确,王阳明的默坐澄心的静定功夫与省察内观的克治功夫并不是截然二分、相互孤立的两套功夫、方法,而是相互融合、互为助益的功夫和方法。所以,王阳明自己就从来没有认为教人静坐是施教之单独一法。王阳明过辰州时在龙兴寺教学者增强静坐工夫,但又特别警示说:"前在寺中所云静坐事,非欲坐禅入定,盖因吾辈平日为事物纷,未知为己,欲以此补小学收放心一段功夫耳。"④ 明确指出静坐只是补小学的入门之功而已。癸酉冬至滁阳提倡静坐时也是如此:"我昔居滁时,见诸生多务知释耳异同,无益于得,姑且教之静坐。一时窥见光景,颇收近效。久之,渐有喜静厌动,流入枯槁之病。"⑤

《传习录》上还有一段记录王阳明谈"静坐"之处颇为详细:

　　一日论为学工夫。先生曰:"教人为学,不可执一偏:初学时心猿意马,拴缚不定,其所思虑多是人欲一边,故且教之静坐、息思虑。久之,俟其心意稍定,只悬空静守如枯木死灰,亦无用,须教他省察

---

① 陈来:《有无之境 —— 王阳明哲学的精神》,第 326、327 页。
② 陈来:《有无之境 —— 王阳明哲学的精神》,第 328 页。
③ 张新民:《探寻真实的存在与存在的真实 —— 王阳明心学视域下的静定、立诚与格心》,载陈祖武主编:《明清浙东学术文化研究》,中国社会科学出版社 2004 年版,第 192 页。
④ 《与辰中诸生》,《王阳明全集》卷四,第 144 页。
⑤ 《传习录》下,《王阳明全集》卷三,第 104 ~ 105 页。

克治。省察克治之功，则无时而可间。"①

从以上材料可以看出，王阳明不仅没有教人以静坐为终极的目的，反而一再提醒静坐"非欲坐禅入定"，"只悬空静守如枯木死灰"，而且要防止"渐有喜静厌动之弊"，主张应以默坐澄心的静定功夫与省察内观的克治功夫相互融合、互为助益。王阳明弟子曾问："静时亦觉意思好，方遇事便不同，如何？"王阳明说："是徒知静养而不用克己功夫也。如此临事，便要倾倒，人须在事上磨，方立得住，方能静亦定，动亦定。"②实际上，王阳明的教法并不执于一端，而是主张因势利导，相宜为用，静定只是相宜的方法之一："日间工夫，觉纷扰则静坐，觉懒看书则且看书，是亦因病而药。"③所以，正如钱德洪在另一个地方说的：阳明在辰州，"始教学者从静入；恐其或病于枯也，揭明德亲民之旨使加诚意格物之功"④。这也就是说，如果单纯追求静定，恐怕会陷于空洞干枯。静定须有内容和目的，它不是入禅，也不是避世，而是要通过省察内观、存理去欲以达到学为圣人。将静坐息念与克治省察结合起来，以静定澄一的方式来求理、穷理、循理，以便从心体自身发现天理、觉悟良知，提升人生境界、实践道德人性，最终达到为圣这一终极目标。

我们看到，在思想路径上，王阳明曾按朱熹之说，去格竹之理；后又依其教，循序致精，但总是存在着"物理"与"吾心"判而为二的缺憾，因为朱子所开示的是道问学的外在进路，无法让阳明解决心与理的分离问题。为此，王阳明在朱学之外广涉各家、出入佛老，以求贯通之道。王阳明通过静坐等神秘主义的体验，最终发现了"心"的本体意义和价值，认识到"圣人之道，吾心具足"。换言之，理并不在心外，心即理，任何至高至上的天理、至圣至善之道，终不能脱离主体的内化体认和自觉践行。所谓格物并不是要去追逐外在于心灵的存在之知，因为获取这种知识的耳目

---

① 《传习录》上，《王阳明全集》卷一，第 16 页。
② 《传习录》上，《王阳明全集》卷一，第 12 页。此段为陆澄所录。据陈来推论，此段所录时间当于甲戌乙亥（1514～1515）之间。（参见陈来《有无之境——王阳明哲学的精神》，第 328 页）
③ 《传习录》上，《王阳明全集》卷一，第 11 页。
④ 钱德洪：《阳明先生年谱序》，《土阳明全集》卷三十七，第 1357 页。

口鼻也是由心灵控制和主宰的，一切外在现象都须纳入主体的意义世界的构建境域中才是有价值的，所以所谓静坐体认，最终是为了确认那个纯明澄澈的心灵的本体地位和作用，重建心物统一、内外一体的"身心之学"。当然，王阳明的这种"身心之学"实质上就是一种"内圣之学"，是一种统合主体身心的道德进路。可以说，这种道德化进路正是王阳明从"筑室阳明洞天"到"龙场悟道"这一思想过程中重新为儒学开出的一个最重要的心学法门。因此，王阳明在理论上终于一举既克服了一般儒者只流于章句训诂和道德教条而丧失了精神生活的内在价值的弊病，又克服了佛道虽注重精神境界与内心生活却又有割裂精神生活与社会伦理相关性的局限，特别是王阳明进一步从佛老中解脱出来，"渐悟老、释二氏之非"，明白自己终究不同于宋儒和老、释之根本处。牟宗三也说，在王阳明那里，"良知不只是个光板的镜照之心，而且因其真诚恻怛而是有道德内容者，此即阳明之所以终属儒家而不同于佛老者"[①]。

无疑，这是王阳明思想上的重大变革，更是儒学思想特别是宋明理学思想演变的一个重大变革，有此突破，才有了明代阳明学的独树一帜、卓然挺立。

对于王阳明来说，静定既是一种修养工夫，也是一种心性本体的境界，通过静定的修养工夫，可以证入形上的心性本体，洞见超越一切表象和有限的本体存在之域，而这一过程，也就是不断扫除私欲障蔽，从生命的源头觉悟其沛然涌出的本然的价值和意义的过程。王阳明在龙场论知行合一时说："使学者自求本体"；在常德、辰州提倡静坐澄心教法时说："使自悟性体，顾恍恍若有可即者"[②]；其意旨都在于要学者以静定的修养工夫达到本体的自觉体悟。可见，王阳明静坐体认的主要目的是扫除各种障蔽，恢复心体的本然之善，使人的主体世界在此道德觉悟的工夫中不断得到提升和拓展。因为在王阳明看来，内在心体本然之善必然会外化为外在事物之善，即通过这种内在本然之善的体验带动和转换为外在事物的价值与意义，并为它们提供源源不断的创造性活力。否则，如果连自己心体的纯然本善

---

① 牟宗三：《从陆象山到刘蕺山》，台北学生书局 1984 年版，第 218 页。
② 《王阳明年谱》一，《王阳明全集》卷三十三，第 1230 页。

也从未觉悟，又何能领悟生活世界的价值与意义，并在生活世界中从事价值和意义的创造呢？在日常世俗化、平面化的生活中，正是由于有种种私欲的主观障蔽，种种固执成见的思虑缠绕，人才会失落了纯然本善的心体，疏离了真实的存在世界，忘记了由现实通向美好正是需要实现人性超越的真正所在，从而茫茫然始终生活在主观妄执的非本然异化境地中。"所以在王阳明看来，静坐体认的目的主要是'觉'，'随他多少邪思妄念，这里一觉都消融了'。在成见扫除、障蔽化解的静一境域中，人当下就能对心灵的完善有一清楚自觉，当下就能契入生命的真实存在或存在的真实。"① 黄绾所作《阳明先生行状》中述"龙场悟道"经过：

> 公于一切得失荣辱皆能超脱，惟生死一念尚不能遣于心，乃为石廓，自誓曰：吾今惟俟死而已，他复何计！日夜端居默坐，澄心精虑，以求诸静一之中。一夕忽大悟，踊跃若狂者。②

依黄绾所说，王阳明悟道的主要方法就是端居默坐，澄心精虑，求诸静一，即以静坐的方法，去除内心一切思维欲念，使注意力完全集中在内心，以获得一种"吾性自足"的体验。而"吾性自足"的体验使王阳明确信一己之心体不仅是最本然的真实存在，而且是自我完满的内在本然之善，是超越性的内在道德进路的性体呈露，他的"忽大悟"和"踊跃若狂"更是神秘体验的基本特征。这表明了它的确是通过静坐体认获得的真实体悟，是一种契入生命本体真实感受到的精神喜悦。

三、儒学的神秘主义传统

这种以静坐内观为主的神秘主义，并不为王阳明所独有。实际上，由于儒、道、释三教合一的趋势日渐强烈，宋明时期的儒学在努力排斥道、释两家的出世主义等价值取向的同时，又充分吸取了道、释两家的精神修

---

① 张新民：《探寻真实的存在与存在的真实——王阳明心学视域下的静定、立诚与格心》，载陈祖武主编：《明清浙东学术文化研究》，第 195 页。
② 黄绾：《阳明先生行状》，《王阳明全集》卷三十八，第 1408～1409 页。

养和境界追求的丰富成果。因此，在吸收道、释两家中十分丰富的神秘主义思想的基础上，神秘主义方法在宋明儒学中已具有一定的普遍性，以至于形成了一种独特而重要的思想传统，诚如陈来所说的，乃是一种儒学的神秘主义传统。

宋儒提倡静坐，对于习静养气在身心修养方面的功效更是推崇备至。宋代理学的创始人周敦颐的《太极图说》云："圣人定之以中正仁义而主静，立人极焉"，把进入静定的状态看作人生所能达到的最高境界，故《四库全书提要》把周敦颐的哲学思想浓缩为一个"静"字："周子之学，以静为宗。"周子之后，程颢也常用静坐的修养方法："明道终日坐，如泥塑人。"[①] 程颢教弟子的为学之方，也强调"且静坐"[②]。实际上，在程颢那里，静坐不仅是一种修养方法，还是达到对宇宙本体的体认之途："觉悟便是信。静后见万物皆有春意。"[③] 程颐"见人静坐，便叹其善学"[④]。罗从彦、李侗"专教人默坐澄心，看喜怒哀乐之未发时作何气象"[⑤]。朱熹曾说："明道教人静坐，李先生亦教人静坐。"[⑥] 他认为："始学工夫，须是静坐。静坐本原已定，虽不免逐物，及收归来也，有个安顿处。"[⑦] "须是静坐，方可收敛"[⑧]，"须是静，方可为学"[⑨]，因此朱熹反对把静坐与读书分为"两途"[⑩]，他说："读书闲暇且静坐，教他心平气定，见得道理渐次分晓，这个却是一身总会处。"[⑪] 基于这样的观点，朱熹向他学生提倡"半日静坐，半日读书"[⑫]。正是由于两宋理学中被称为"道南学派"的程朱一派十分重视静坐体验，以至于静坐被他们一再地指认为是本派的真传宗旨。

李侗曾与朱子书云："某曩时从罗先生问学，终日相对静坐，只说文

---

① 黄宗羲：《明道学案下》，《宋元学案》卷十四，《黄宗羲全集》第 3 册，第 696 页。

② 黎德靖编：《朱子语类》卷一百一十四，第 2762 页。

③ 黄宗羲：《明道学案上》，《宋元学案》卷十三，《黄宗羲全集》第 3 册，第 687 页。

④ 黄宗羲：《伊川学案下》，《宋元学案》卷十六，《黄宗羲全集》第 3 册，第 778 页。

⑤ 黄宗羲：《晦翁学案上》，《宋元学案》卷四十八，《黄宗羲全集》第 4 册，第 833 页。

⑥ 《朱子语类》卷十二，第 216 页。

⑦ 《朱子语类》卷十二，第 217 页。

⑧ 《朱子语类》卷十二，第 216 页。

⑨ 《朱子语类》卷一百十六，第 2790 页。

⑩ 《朱子语类》卷十二，第 217 页。

⑪ 《朱子语类》卷十一，第 178 页。

⑫ 《朱子语类》卷一百十六，第 2806 页。

字，未尝一句杂语。先生极好静坐，某时未有知，退入堂中亦只静坐而已。先生令静中看喜怒哀乐未发之谓中，未发时作何气象。"[1] 所以，李侗向朱子传授的也是要从静中"体验未发"。朱子指出："李先生教人，大抵令于静中体认大本未发时气象分明，即处事应物自然中节，此乃龟山门下相传指诀。"[2] 可见，所谓道南一派的传承要旨，就是通过持久的静坐功夫获得"天下之大本真在有乎是"的神秘体验。陈来指出："道南宗旨在本质上看是直觉主义的，并包含着神秘主义。这种神秘主义在儒学中的建立，显然是来自禅宗和道教的影响。理学家多从禅宗修习，从道教养生，自然注意到这种心理体验。"[3]

不过，朱熹一派对静修工夫终是有所保留的。相比而言，儒学的神秘主义传统更多更突出地见之于宋明心学一系。心学大师陆九渊在修学上特别强调以静坐来发明本心。据他的弟子记载："先生谓曰：'学者能常闭目亦佳。'某因此无事则安坐瞑目，用力操持，夜以继日，如此者半月，一日下楼忽觉此心已复澄莹，中立窃异之。遂见先生。先生目逆而视之曰：'此理已显见。'"[4] 这说明陆九渊是有静坐体验，并在教学中将静坐作为一种体道明理的方法对学生进行引导的。朱熹说陆学的修养方法是"不读书，不求义理，只静坐澄心"。陈淳（北溪）曾激烈批评陆学说："象山教人终日静坐以存本心，无用许多辨说劳攘。"又说："浙间年来象山学甚旺，由其门人有杨袁贵显，据要津唱之，不读书，不穷理，专做打坐工夫。"[5] 朱、陈所言当有所据。看来陆象山是直截了当地将静坐工夫作为入道手段的。

象山的学生杨简的一段记录，讲述了自己静坐悟道的奇妙体验。他说：

> 某之行年二十有八也，居大学之理斋。时首秋，入夜，斋仆以灯至，某坐于床，思先大夫尝有训曰'时复反观'，某方反观，忽觉空洞无内外，无际畔，三才，万物，万化、万事、幽明，有无通为一体，

---

[1] 《延平答问》，《朱子全书》第13册，第322页。

[2] 《答何叔京二》，《晦庵先生朱文公文集》卷四十，《朱子全书》第22册，第1802页。

[3] 陈来：《有无之境——王阳明哲学的精神》，第405页。

[4] 陆九渊著，钟哲点校：《陆九渊集》卷三十五，第471页。

[5] 陈淳：《答陈师夏》，《北溪先生大全文集》卷二十三，钦定《四库全书》本，第7页。

略无缝罅。①

杨简正是从这种静坐中体验到了万物浑然一体的境界，感受到泯灭一切差别、界限之后的心灵的解放。

象山门下杨袁并称，袁燮，字和叔：

> 初先生遇象山于都城，象山即指本心洞彻通贯，先生遂师事而研精覃思，有所未合，不敢自信。居一日，豁然大悟，因笔于书曰："以心求道，万别千差。通体吾道，道不在他。"慈湖与先生同师，造道亦同。②

所谓"通体吾道，道不在他"，乃是证得心道通为一体。此种豁然大悟，虽未明说是从静坐中来，要亦是一种神秘体验，故可说与慈湖造道相同。

象山虽不以静坐体认为宗旨，但其心学无疑因凭借了静坐之功夫而创立和发扬，并据此益增其影响力。据《陆九渊年谱》所记，象山于十三岁时即已大悟，曰："宇宙便是吾心，吾心即是宇宙"，"宇宙内事乃己分内事，己分内事乃宇宙内事"③，一般人多从纯理性的角度来理解象山所说的这种省悟，往往难以做合理地说明。但我们若从神秘体验的角度来看，象山所说的实是超越了时间和空间、心与宇宙通合为一之后的一种证悟，一种本心洞彻之后所达到的与大化融合无际、更无天人内外之隔的体道心境。正因此，受其影响，象山之后儒门中的许多人直接就把静坐工夫当作了体道、悟道的重要法门，使得静坐成为儒门修行中必不可少的功夫，从而大大提高了静修工夫的地位和意义。

宋儒所开的神秘主义的传统在明代儒学家那里得到了更深入广泛的继承和发展，明儒对于习静养气较之宋儒有更深的体会，在涵养身心、付诸行事方面进入了更高的境界。明代儒学的神秘主义发展得最为充分，具有极典型的意义。

---

① 杨简：《炳讲师求训》，《慈湘遗书》卷十八，景印文渊阁《四库全书》本，第898页。
② 《絜斋学案》，《宋元学案》卷七十五，《黄宗羲全集》第5册，第1016页。
③ 陆九渊著，钟哲点校：《陆九渊集》卷三十六，第483页。

明代儒学的发展是一个从原先占正统地位的程朱理学逐渐转向以陆王为代表的心学系统的过程，而这一过程是从陈白沙开始的。黄宗羲说："有明之学，至白沙始入精微，其吃紧工夫，全在涵养。"① 陈白沙自述为学云：

> 仆才不逮人，年二十七，始发愤从吴聘君学，……如是者亦累年，而卒未得焉。所谓未得者，谓吾心与此理未有凑泊吻合处也。于是舍彼之繁，求吾之约，惟在静坐。久之，然后见吾此心之体，隐然呈露，常若有物，日用间种种应酬，随吾所欲，如马之御衔勒也。②

其弟子张东所叙其学曰：

> （白沙自见聘君归后）杜门独扫一室，日静坐其中，虽家人罕见其面。如是者数年，……忘形骸，捐耳目，去心智，久之然后有得焉。于是自信自乐。其为道也，主静而见大。③

这里所说的正是陈白沙通过静坐的修养方式所获得的一种内心体验。这种静坐体验在儒学神秘主义中具有典型意义，因为白沙以静坐屏除心中杂念，观未发之气象，以求"心体"之呈露，这正是典型的儒学神秘主义的路径。这也就是黄宗羲所概括的："先生之学，以虚为基本，以静为门户。"④ 所以陈白沙自己就说："为学须从静坐中养出个端倪来，方有商量处。"⑤ 甚至极其自信地断言："作圣之功，其在兹（静坐）乎！有学于仆者，辄教之静坐。"⑥ 由于陈白沙之学确如《明史》所说的"献章之学，以静为主"，所以白沙之学也可被称之为"主静之学"。白沙门人也都十分重视静坐的作用。张东所说："专静，久之理与心会，不必境之在目；情与神融，不必诗之出

---

① 黄宗羲：《白沙学案上》，《明儒学案》卷五，第78页。
② 黄宗羲：《白沙学案上》，《明儒学案》卷五，第81页。
③ 黄宗羲：《白沙学案下》，《明儒学案》卷六，第96～97页。
④ 黄宗羲：《白沙学案上》，《明儒学案》卷五，第79页。
⑤ 陈献章著，孙通海点校：《陈献章集》上，第133页。
⑥ 陈献章著，孙通海点校：《陈献章集》上，第145页。

口。所谓至乐至妙者，皆不假外求而得矣。"① 贺钦也说："为学之要，在乎主静，以为应事建功之本。"②

在明代儒学中，王阳明继陈白沙之后最为重视以静坐为主的神秘体验，阳明学因此成为中晚明儒学神秘主义传统中的主力军。王阳明爱徒和妹婿徐爱云：

> 吾始学于先生，惟循迹而行，久而大疑且骇，然不敢遽非，必反而思之。思之稍通，复验之身心。既乃恍若有见，已而大悟，不知手之舞、足之蹈，曰："此道体也，此心也，此学也。"③

徐爱对其如何"验之身心"的工夫语而未详，但他"恍若有见，已而大悟"，得见心体道体而至手舞足蹈，显然是一种神秘体验。在著名的"龙场悟道"事件中，王阳明在那种生死未卜、书本匮乏、无人对话的困境下，用以悟道的主要手段也是道家式的静坐功夫了："日夜端居澄默，以求静一；久之，胸中洒洒。……忽中夜大悟。"④ 这种通过"澄默静一"的"神秘体验"获得悟道的方法，王阳明意识到并进一步总结应用为"静坐"之法。因此，王阳明一离开龙场开始教学生"悟入之功"时，就明确提倡这一静坐功夫："兹来乃与诸生静坐僧寺，使自悟性体，顾恍恍若有可即者。"⑤ 此后，王阳明虽然对弟子提出要警惕"只悬空静守，如槁木死灰"⑥ 的静坐之弊，反对他们"徒知静养，而不用克己功夫"⑦，但是，王阳明所主张的"廓清心体，使纤翳不留，真性始见"的"克己之功"，何尝又未渗透"澄默静一"的静定功夫呢？这种"如明镜然，全体莹彻"的大本达道之境，显然是需要本体在保持"寂然不动"⑧ 的更高的静定状态才可以达到的。

---

① 黄宗羲：《白沙学案下》，《明儒学案》卷六，第 96 页。
② 黄宗羲：《白沙学案下》，《明儒学案》卷六，第 99 页。
③ 黄宗羲：《浙中王门学案一》，《明儒学案》卷十一，第 223 页。
④ 《王阳明年谱》一，《王阳明全集》卷三十三，第 1228 页。
⑤ 《王阳明年谱》一，《王阳明全集》卷三十三，第 1230 页。
⑥ 《传习录》上，《王阳明全集》卷一，第 16 页。
⑦ 《传习录》上，《王阳明全集》卷一，第 12 页。
⑧ 《周易·系辞上》。

　　王阳明弟子聂双江也以主静为修养功夫，"夫先生（按，指双江）之学，以归寂为宗，以致虚守静为入德不易之极"①。双江自己也曾明确指出："学惟主静，而自能该乎动也"②，把"主静"看作其为学的主要工夫。双江在嘉靖时曾入诏狱。《明儒学案》载：

　　　　先生之学，狱中闲久静极，忽见此心真体，光明莹物，万物皆备。乃喜曰："此未发之中也，守是不失，天下之理皆从此出矣。"及出，与来学立静坐法，使之归寂以通感，执体以应用。③

聂双江由静坐产生"通感"的体验，即"忽见此心真体、光明莹彻、万物皆备"的体验典型地表达了儒学神秘体验的内容。

　　王阳明的另一弟子罗洪先（念庵）力倡"主静"之学，被黄宗羲赞为"罗念庵之主静，此真阳明之的传也"④。他很赞赏聂双江的静坐体验方法，他自己为学也从此法入手："辟石莲洞居之，默坐半榻间，不出户三年，事能前知。"⑤他曾从黄陂山人方与时习静，并依其"圣学者亦须静中恍见端倪始得"的"息心诀"练习夜坐功夫。⑥罗念庵在谈到他的静坐的切身体会时，有一段极为精彩的论述：

　　　　未几入深山静僻，绝人往来，每日块坐一榻，更不展卷，如是者三越月，而旋以病废。当极静时，恍然觉悟此心中虚无物，旁通无穷，有如长空云气流行，无有止极；有如大海鱼龙变化，无有间隔，无内外可指，无动静可分，上下四方，往来古今，浑成一片，所谓无在而无不在。吾之一身乃其发窍，固非形质所能限也。⑦

①　尹台：《〈双江先生文集〉序》，载聂豹著，吴可为编校：《聂豹集》，凤凰出版社 2007 年版，第 612 页。
②　聂豹著，吴可为编校：《聂豹集》，第 294 页。
③　黄宗羲：《江右王门学案二》，《明儒学案》卷十七，第 372 页。
④　黄宗羲：《浙中王门学案一》，《明儒学案》卷十一，第 226 页。
⑤　黄宗羲：《江右王门学案三》，《明儒学案》卷十八，第 389 页。
⑥　黄宗羲：《江右王门学案三》，《明儒学案》卷十八，第 390 页。
⑦　黄宗羲：《江右王门学案二》，《明儒学案》卷十八，第 402 页。

罗念庵认为："静中隐然有物,此即是心体不昧处","此非静极,何以入悟"。① 通过习静养气达到"旁通无穷""无有间隔""上下四方,往来古今,浑成一片",这不就是超越时空获得的天人合一的永恒状态吗?这不就是庄子所说"天地与我并生,万物与我为一"以及"独与天地精神往来"的奇妙心理体验吗?我们从罗洪先的经历可以明显地看出佛道两家的静坐体验方法对阳明心学的深刻影响。

王艮(心斋)是阳明的又一著名弟子。他二十七岁始"默坐体道,有所未悟,则闭关静思,夜以继日,寒暑无间"。正是有这种长期的默坐静思,他在二十九岁那年终于获得了"心体洞彻"的神秘体验:

> 先生虽不得专功于学,然默默参究,以经证悟,以悟证经,历有年所,人莫能窥其际也。一夕,梦天堕压身,万人奔号求救,先生举臂起之,视其日月星辰失次,复手整之,觉而汗溢如雨,心体洞彻。记曰:"正德六年间,居仁三月半。"自此行住语默,皆在觉中。②

王龙溪作为王门后学,虽然不以"静中证悟"作为最高境界,但也承认王门中有此一悟法:

> 师门尝有三种教法:从知解而得者,谓之解悟,未离言诠;从静中而得者,谓之证悟,犹有待于境;从人事炼习而得者,忘言忘境,触处逢源,愈摇荡愈凝寂,始为彻悟。③

此外,据《明儒学案》记载,龙溪曾与罗念庵一起向黄陂山人方与时学习过静坐工夫。④ 从思想层面上来看,王龙溪受道教的影响是十分深的,在其养生理论和实践中,融摄了很多道教内丹学的成分。同样,王龙溪对静坐等体认工夫的认识,也深受道教内丹学的影响,如他认为:如欲静坐,

① 黄宗羲:《江右王门学案三》,《明儒学案》卷十八,第404页。
② 黄宗羲:《泰州学案一》,《明儒学案》卷三十二,第709页。
③ 黄宗羲:《浙中王门学案二》,《明儒学案》卷十二,第253页。
④ 黄宗羲:《江右王门学案三》,《明儒学案》卷十八,第390页。

须从"调息"做起。所谓"调息"是指不用意识、无思无虑，将"息"调至"绵绵密密""若存若亡"的境地，如此虽愚人亦可"立跻圣位"。[①]正如养生家所言："若人静坐，念不动心，息念忘情，气匀神调，久自成仙。"[②]所以王龙溪宣称："千古圣学存乎真息。"[③]"故以调息之法，渐次导之，从静中收摄精神，心息相依，以渐而入，亦以补小学一段工夫也。"[④]那么，为什么通过"调息"能使静坐等功夫达到了悟世界的目的呢？

宋末元初的著名道教人物俞琰，对于道教内丹术的调息炼气之功有相当精深的研究。他对于修炼实践中真气在体内运行的状况，以及由此产生的一些神秘的精神心理现象，曾做了极为详尽的描绘：

> （真气）穿两肾，导夹脊，过心经，入髓海，冲肺腧，度肝历脾，复还守丹田。当其升时，瀚瀚然如云雾之四塞，飒然如风雨之暴至，恍惚如昼夜之初觉，涣然如沉疴之脱体；精神冥合，如夫妇之交接，骨肉融和，如澡浴之方起。[⑤]

> 其和气周匝一身，溶溶然如山云之腾太虚，霏霏然似膏雨之遍原，淫淫然若春水之满四泽，液液然如河水之将欲解释。往来上下，百脉通融，被于谷中，畅于四肢，拍拍满怀都是春，而其象如微醉也。[⑥]

> 神凝气聚，混融为一，内不觉其一身，外不知其宇宙，与道冥一，万虑俱遗，溟溟滓滓。[⑦]

上述这些描绘清楚地表明：修炼实践中，真气运转，疏通百脉，犹如醍醐灌顶，春意融融，舒畅无比，从而在身心飘逸、神凝气聚之中，人们不期然感觉到个体与大自然混融为一，浑然一体。这就是修炼者内部的生理状况所引发的主观精神上类似所谓道家"天地与我并生，万物与我为一"

---

① 《天柱山房会语》，《王畿集》卷五，第119页。

② 《诸真圣胎神用诀·中央黄老君胎息诀》，载张继禹主编：《中华道藏》第23册，第326页。

③ 《留都会纪》，《王畿集》卷四，第97页。

④ 《答楚侗耿子问》，《王畿集》卷四，第101页。

⑤ 俞琰：《周易参同契发挥》上卷，载张继禹主编：《中华道藏》第16册，第284页。

⑥ 俞琰：《周易参同契发挥》中卷，载张继禹主编：《中华道藏》第16册，第314页。

⑦ 俞琰：《周易参同契发挥》中卷，载张继禹主编：《中华道藏》第16册，第301页。

的神秘体验。虽然俞琰把这种主观体验完全当作客观世界的一种实际状况来描绘是极其虚幻荒诞的，但毋庸置疑，在静修实践中人们往往会出现类似的心理现象，似应是一种真实可信的神秘体验经历。

有明一代的王门心学家及其后学大都擅长静修之道，并且从中感受到一种新的旷达的精神境界。像楚中王门弟子冀元亨就说过："赣中（王门）诸子，颇能静坐。"①此类记载，不绝于书。胡直从学罗念庵，念庵曾教其静坐。胡直静坐六月，"一日，心忽开悟，自无杂念，洞见天地万物皆吾心体，喟然叹曰：'予乃知天地万物非外也。'"②曾从学王阳明、甘泉的蒋信"至道林寺静坐，久之，并怕死与念母之心俱无。一日忽觉洞然，宇宙浑属一身，乃信明道'廓然大公、无内外'是如此，'自身与万物平等看'是如此"③。刘宗周也十分重视静修，他说："天理无动无静，而人心惟以静为主。""静坐是养气工夫，可以变化气质"④，所以"日来静坐小庵，胸中浑无一事，浩然与天地同流，不觉精神疲惫"⑤。刘宗周不仅重视静修之道，并且从中感受到一种"浩然与天地同流"的旷达境界，他说："静中养出端倪，端倪即意，即独，即天。""若静中功夫愈得力，则耳目聪明，亦愈加分晓。"⑥

不难看出，上述胡、蒋、刘三人在静坐中所体验到的"浩然与天地同流""宇宙浑属一身""洞见天地万物皆吾心体"，与孟子"上下与天地同流""万物皆备于我"以及庄子"万物与我为一"这类看似神秘玄虚、不可思议的语言都具有相似性，其实质上是对在静坐实践中往往会产生的"天人合一"、有限个体融入无限自然的奇特的心理感觉和神秘体验的曲折表现与描绘。

王学之外，也有不少明儒亦精于静坐养气，如高攀龙就是一个典型。《明儒学案》记载了高攀龙的静坐实践及其神秘体验的自述：

---

①　黄宗羲：《楚中王门学案》，《明儒学案》卷二十八，第635页。

②　黄宗羲：《江右王门学案七》，《明儒学案》卷二十二，第521页。

③　黄宗羲：《楚中王门学案》，《明儒学案》卷二十八，第628页。

④　黄宗羲：《蕺山学案》，《明儒学案》卷六十二，第1515、1539页。

⑤　黄宗羲：《蕺山学案》，《明儒学案》卷六十二，第1546页。

⑥　黄宗羲：《蕺山学案》，《明儒学案》卷六十二，第1542、1534页。

冬至朝天宫习仪，僧房静坐，自见本体。忽思闲邪存诚句，觉得当下无邪，浑然是诚，更不须觅诚，一时快然如脱缠缚。[①]

数年后，赴揭阳过杭州：

是夜明月如洗，坐六和塔畔，江山明媚，知己劝酌，为最适意时，然余忽忽不乐。……明日于舟中厚设薅席，严立规程，以半日静坐，半日读书，……倦极而睡，睡觉复坐，……心气清澄时，便有塞乎天地气象，……又如电光一闪，透体通明，遂与大化融合无际，更无天人内外之隔。至此，见六合皆心，腔子是其区宇，方寸亦其本位，神而明之，总无方所可言也。[②]

可见，高攀龙的顿悟是以长期的静坐为基础的。高氏在静坐中，不仅感到了愉悦和解放感，而且感到了"心气清澄时，便有塞乎天地气象"，遂产生了此心"与大化融合无际，更无天人内外之隔"，就是与宇宙合为一体，甚至完全泯除一切差别的神秘体验，可谓"默坐澄心，体认天理"。[③]特别是其"电光一闪，通体透明"的感受，更显示出了这一彻悟的神秘性质。所以高攀龙虽然并不认为成就圣学全靠静坐，但"静坐之法，唤醒此心，卓然常明，志无所适而已"[④]，因而这乃是"静中见性之法"[⑤]。正因此，高氏还专门著有《静坐说》，解说静坐之法。

从以上论述可以看出，宋明儒学特别是以孟学标榜的"宋明心学的发展，容纳了一个神秘主义传统。神秘体验不但是这一派超凡入圣的基本进路或工夫之一，而且为这一派的哲学提供了一个心理经验的基础"[⑥]。也就是说，宋明儒者尤其是王门心学家们以长期的独自静坐等方式屏除心中的杂念思虑、体察心灵的本然之体，以达到超凡入圣之境。而这种内在性的精

---

① 黄宗羲：《东林学案一》，《明儒学案》卷五十八，第1400页。
② 黄宗羲：《东林学案一》，《明儒学案》卷五十八，第1400～1401页。
③ 黄宗羲：《东林学案一》，《明儒学案》卷五十八，第1405页。
④ 黄宗羲：《东林学案一》，《明儒学案》卷五十八，第1408页。
⑤ 黄宗羲：《东林学案一》，《明儒学案》卷五十八，第1406页。
⑥ 陈来：《有无之境——王阳明哲学的精神》，第412页。

神体验，往往都发生在一瞬间的突发性顿悟和直觉性的洞察之中，甚至是电光石火之间。身心震荡、洞彻心体、廓然无际的强烈感受之中，从而达到静中见性、豁然大悟的体道境界。可以说，宋明儒学特别是宋明心学一派较普遍地以静坐为主的神秘体验为开显真实的人性、确认自我的主体性地位，提升人的道德境界、充实人生的意义和价值的重要进路。

那么，这种儒学神秘主义传统来自于哪里呢？最早我们可以追溯到孟子那里去。像孟子对心、性问题的重视，对"养浩然之气""万物皆备于我矣，反身而诚，乐莫大焉"等的阐述，显然具有神秘体验的性质，作为一种思想源头，它们在很大程度上为后世儒学的神秘体验提供了启示和可资印证的思想资源。事实上，宋明儒者在阐述自己的神秘体验时也常常将其追溯至孟子，而他们所获得的"宇宙便是吾心，吾心即是宇宙"（陆象山）、"天地我立、万化我出、而宇宙在我"（陈白沙）、"此心真体，光明莹澈，万物皆备"（聂双江）、"洞见天地万物皆吾心体"（胡直）等神秘体验，莫不与孟子所言有很大的相似性。但是，孟子虽被后人尊为"亚圣"，但他的这一地位的最终确立却是宋以后的事情[1]，因之其思想在宋以前并未受到特别重视，自然其有关神秘主义的思想也仅仅作为思想资源长期潜伏在历史长河之中，并未产生普遍的影响。所以，历史地来看，所谓儒学的神秘主义传统在宋以前，严格地说是不存在的。换言之，宋明儒学的神秘主义传统的真正起源不是在儒学系统之内，而应是儒学系统之外。具体地说，这种神秘主义应主要承续于在中国历史上具有深厚的神秘主义传统的道、佛两家。

仅就道家而言，其以静坐体认为主的神秘主义传统的确是十分深厚的，构成了道家思想的重要内容和思想特质。从中国思想史上看，"静""守静"及相关的"虚"等概念都是首先由道家提出并大力倡导的。道家对"静""守静"等的重视，表现在不仅把它作为基本的体认方法和修道方法，而且把它看作是一种本体的境界。老子说："清静为天下正"[2]，"致虚极、守

---

① 有关孟子在儒家系统中地位的变化情况，可参见徐洪兴：《唐宋间的孟子升格运动》，《中国社会科学》1993 年第 5 期，第 101 ～ 116 页。

② 《老子》第四十五章。

静笃"①，"归根曰静，静曰复命"②。庄子亦认为道的本性就是虚静，"夫虚静恬淡寂寞无为者，万物之本也"③。所以，庄子又说："水静犹明，而况精神。圣人之心静乎！天地之鉴也，万物之境也。"④被老子作为本体的"道"的一个重要规定性就是虚静性。因此，老子在认识论上要求体认"道"的主体要保持身心的虚静状态，即所谓"致虚极，守静笃"，要求主体剔除各种主观成见（"涤除玄览"），杜绝纷驰逐求，保持明镜般的虚明和止水般的寂静，以虚静之身心去观悟虚静之常道。所以，老子哲学的认识论可以说"主要是一种以'静观'为基本特征的直觉主义认识论"⑤。从上述可见，尽管老子并没有明确具体地描述过静坐体认的体道方式，但其一系列守静体道的思想充满了神秘体验的性质。

与老子相比，庄子在这方面则更进了一步。庄子以其相对主义和怀疑论，系统地提出了"坐忘""心斋""集虚"等"静观"体道的神秘主义方法。庄子曾以孔子与颜回对话的方式阐述了他的"坐忘"说：

> 颜回曰：回益矣。仲尼曰：何谓也？曰：回忘仁义矣。曰：可矣，犹未也。他日复见，曰：回益矣。曰：何谓也？曰：回忘礼乐矣。曰：可矣，犹未也。他日复见，曰：回益矣。曰：何谓也？曰：回坐忘矣。仲尼蹴然曰：何谓坐忘？颜回曰：堕肢体，黜聪明，离形去知，同于大通，此谓坐忘。仲尼曰：同则无好也，化则无常也，而果其贤乎，丘也请从而后也。⑥

一般人在理解庄子的"坐忘"概念时，较多地注意其"目无所见，耳无所闻，心无所知"⑦，消解所有的感性和精神活动即"忘"的一面，却很少注意到其"坐"的一面，即身静心寂的静定坐功。若没有这种静坐之功，

---

① 《老子》第十六章。
② 《老子》第十六章。
③ 《庄子·天道》。
④ 《庄子·天道》。
⑤ 拙著：《智者的沉思——老子哲学思想研究》，第152页。
⑥ 《庄子·大宗师》。
⑦ 《庄子·在宥》。

恐怕是难以达到"堕肢体、黜聪明，离形去知、同于大通"的境界的。可见"坐忘"应是庄子提出的一种典型的道家静坐功夫。此外，庄子还提出了另一个相应于"坐忘"的"心斋"概念：

> 若一志，无所之以耳，而听之以心，无听之以心，而听之以气。听止于耳，心止于符。气也者，虚而待物者也，唯道集虚。虚者，心斋也。①

"斋"本来与祭祀活动中的自我净化相联系。"心斋"实际上就是指心灵的净化。而心灵的净化不能不与身心的虚静相关联，故"一志""集虚"等正是需要以身心的静定为基础。这也在庄子提出的"慎汝内，闭汝外"②的主张中得到进一步证明。正是在这种状态下，人们才能"以神遇而不以目视"③的直观体悟方式，"壹其性，养其气，合其德，以通乎物之所造"④，"游乎天地之一气"⑤，从而理解"道通为一"的最高境界。可见，庄子通过"坐忘""心斋""集虚"等典型的静坐功夫，既以"自闻""自见"疏离于外在的感知等感性活动甚至外部世界，也以"神遇"的直觉超越了理性化的心知。故而庄子说："古之治道者，以恬养知。"⑥"恬"有"静"之意，"以恬养知"指以静定的心态体察天道自然的奥秘神奇："纯粹而不杂，静一而不变，淡而无为，动而以天行，此养神之道也。"⑦庄子的上述体道思想是极富神秘主义色彩的，正像杨国荣指出的："事实上，'闭女（汝）外'、'无思无虑'与坐忘、心斋等思想彼此交融，在相当程度上赋予体道的方式以超验的、神秘的性质。"⑧

　　老庄的静观直觉的神秘主义思想作为一个重要的思想源头，开创了道

---

① 《庄子·人间世》。
② 《庄子·在宥》。
③ 《庄子·养生主》。
④ 《庄子·达生》。
⑤ 《庄子·大宗师》。
⑥ 《庄子·缮性》。
⑦ 《庄子·刻意》。
⑧ 杨国荣：《庄子的思想世界》，第 119 页。

家的神秘主义思想传统，很大程度上影响和规定了以后道家的神秘体验的方法和内容及解释框架，也为以后中国古代神秘主义思想和文化的发展打下了一个重要基础。作为先秦道家一个重要学派的宋钘、尹文说："去欲则寡（虚），寡则静矣；静则精，精则独立矣；独则明，明则神矣。"[①] 意思是说，只有清除各种欲念，保持身心的宁静，"静身以待之"[②]，才能"神"智清明地获得根本之道的认识，即所谓"静乃自得"[③]，静明而通"神"。因此，在认识论上，他们主张"静因之道"的认识方法，认为要"静身以待之"，做到"虚一而静"，就能够"万物毕得，翼然自来"[④]，这显然就带有了神秘主义的色彩。《淮南子》是汉代一部主要反映道家思想的著作，它认为："人生而静，天之性也；感而后动，性之害也；物至而神应，知之动也"[⑤]，"是故达于道者，反于清静；究于物者，终于无为……不虑而得，不为而成"[⑥]。也就是说，虚静是人的自然本性，也是达道的状态，而对外物的感应只会阻碍人的体道，因而应反对那些会阻碍在具体境域下达到自然的安静的行为，即做到"无为"。"无为"实是对于心灵和外部世界之间这种"静"的状态的另一种表述。魏晋玄学家郭象进一步发展了庄子的相对主义和怀疑论，提出了"冥然自合"[⑦] 的认识论。他认为，主体通过"坐忘"，以清静无为的姿态消除各种认识活动，达到物我俱忘，"捐聪明，弃知虑，魄然忘其所为，而任其自动"[⑧]，所以，"夫坐忘者，奚所不忘哉！既忘其迹，又忘其所以迹者，内不觉其一身，外不识有天地。然后旷然与变化为体，而无不通也"[⑨]。郭象这种"坐忘自得"[⑩] 的"无不通"境界，实际上就是通过主体的"坐忘"等静定的修养，以顺其自然、率性无为的态度，"任其自

---

① 《管子·内业》。

② 《管子·白心》。

③ 《管子·心术上》。

④ 《管子·心术下》。

⑤ 刘安等注，陈广忠译注：《淮南子译说》，吉林文史出版社 1990 年版，第 11 页。

⑥ 刘安等注，陈广忠译注：《淮南子译说》，第 20 页。

⑦ 郭象注，成玄英疏：《庄子注疏》，中华书局 2011 年版，第 53 页。

⑧ 郭象注，成玄英疏：《庄子注疏》，第 323 页。

⑨ 郭象注，成玄英疏：《庄子注疏》，第 156 页。

⑩ 郭象注，成玄英疏：《庄子注疏》，第 408 页。

行""无心而自化"①"泰然而自得"②地达到消除主客体之间的差别和对立，使主客体直接融合，即所谓"弥贯万物而玄同彼我，泯然与天下为一"③。这样一种境界，无疑具有强烈的神秘体验的性质。

至于道教，由于其基本教义就是追求长生不死、得道成仙，所以静修得道始终是其题中的应有之义。葛洪提出了"守一存真，乃得通神"的思想，认为"守一存真"是得"道"、存"玄"，通向神仙之境的根本功夫。那么，如何才能守住"真一"呢？他说：

> 人能淡默恬愉，不染不移、养其心以无欲，颐其神以粹素（纯朴），扫涤诱慕，收之以正，除难求之思，遣害真之累，薄喜怒之邪，灭爱恶之端，则不请福而福来，不禳祸而祸去矣。④

"割嗜欲所以固血气，然后真一存焉。"⑤这也就是说，只有通过清静无为的修养，才能达到"守真一"，求得神仙境界。由此可见，葛洪所谓的"玄""道""无""一"，更多地属于一种神秘主义的精神本体。

道教虽然以养生修身为宗旨，但它认为养生修身首先要养神修心。而养神修心之法，以庄子所传之"坐忘""心斋"的静修之法最为精当。道教学者对此曾有许多阐述，如司马承祯就在道教史上以不注重炼丹、服食、变化等道术，而提倡静修正心以为特色，他曾著《天隐子》《坐忘论》评述静修坐忘法的步骤、方法等，系统地提出了一些关于"主静"的理论。《天隐子》认为修道有五渐门："一曰斋戒，二曰安处，三曰存想，四曰坐忘，五曰神解。"⑥《坐忘论》更详论坐忘修道的七个阶段：一信敬，二断缘，三收心，四简事，五真观，六泰定，七得道。⑦他认为："心为道之器宇，虚

---

① 郭象注，成玄英疏：《庄子注疏》，第390、407页。
② 郭象注，成玄英疏：《庄子注疏》，第421页。
③ 郭象注，成玄英疏：《庄子注疏》，第101页。
④ 葛洪著，王明校释：《抱朴子内篇校释》，第170页。
⑤ 葛洪著，王明校释：《抱朴子内篇校释》，第326页。
⑥ 司马承祯：《天隐子》，载张继禹主编：《中华道藏》第26册，第35页。
⑦ 司马承祯：《坐忘论》，载张继禹主编：《中华道藏》第26册，第28～34页。

静至极，则道居而慧生。"①因此修心的关键又在于"主静"，他说："学道之初，要须安坐，收心离境，住无所有，不著一物，自入虚无，心乃合道。"②总之，通过静定身心，达到专心一志，内视返听，彼我两忘，与道合一，乃是炼神修心的最高层次，是存思得道的境界。

从以上的论述可以看出，正是道家道教深厚悠久的神秘主义传统构成了宋明儒学神秘主义的重要思想来源。对此，二程直言不讳地指出："言静则老氏之学。"③朱熹也说："守静之说，近于佛老，吾圣人却无此说。"④而朱熹本人有关守静的思想就是深受道家影响的。朱熹把"静"看作是本体状态，他说："阴静是太极之本。"⑤"盖静即太极之体也，动即太极之用也。"⑥同时认为："人心虚静，自然清明；才为物欲所蔽，便阴阴地黑暗了。"⑦"只是心虚静，久则自明。"⑧朱熹的这种本体观与虚静体认的方法论，不难看出道家影响的痕迹。至于王阳明的神秘主义主要就来自于对道教的神秘体验的修习。这从王阳明在龙场通过"澄默静一"获得"忽中夜大悟"的神秘体验，后以"静坐"教弟子们为"悟入之功"的实践功夫中，在"三教同异"问题上一再提出的"三间共一厅"之喻中，可以看出王阳明始终没有完全排斥道家道教的修持方法。前引柳存仁也指出：神秘主义主要并不是来自"传统圣贤之学问"，而是来自"道家之修持经验"。正因此，他认为，就王阳明及陈白沙、湛甘泉等明代思想家来说，"他们实在比程、朱更加积极地接受了传统的圣贤经典之外的影响。此影响甚至于不完全是思想方面的，而是修持和实践方面的工夫"⑨。当然，与宋儒自觉不自觉地遮掩这种修持方法的道禅来源而极力涂上一些儒门的色彩（如程颐以"敬"代"静"）不同的是，陈、王等明儒都公开地教人"静坐"，并不忌讳人们批评他们"近禅""似道"，表现了他们在这方面一脉相承的旨趣。柳

---

① 司马承祯：《坐忘论》，载张继禹主编：《中华道藏》第 26 册，第 32 页。
② 司马承祯：《坐忘论》，载张继禹主编：《中华道藏》第 26 册，第 29 页。
③ 《河南程氏粹言》卷一，《二程集》下，第 1189 页。
④ 《朱子语类》卷六十，第 1433 页。
⑤ 《朱子语类》卷九十四，第 2366 页。
⑥ 《朱子语类》卷九十四，第 2372 页。
⑦ 《朱子语类》卷九十八，第 2517 页。
⑧ 《朱子语类》卷十二，第 204 页。
⑨ 柳存仁：《明儒与道教》，《和风堂文集》中册，第 830 页。

存仁说："阳明本来有自己的道教修持的底子，却苦于不能在理论上把它和儒家的宗旨结合起来。有了陈、湛的榜样，他的胆子便又可以扩大一步了。他做的基本地是道教的工夫，也参酌了禅宗的理解，这造成了他的'王门'一派的修持的基本步骤。"[①] 王龙溪所述王阳明在阳明洞天修习静坐而得神秘体验的经历就颇能说明问题，他说：阳明"究心于老佛之学，缘洞天精庐，日夕勤精修，炼习伏藏，洞悉机要，其于彼家所谓见性抱一之旨，非惟通其义，盖已得其髓矣"[②]。可见，明代儒家自己是承认这种思想传承的。柳存仁在进一步系统地考察了明代思想界与道教的关系后，十分有感触地总结道：

　　研究明代的思想，假如我们所关切的，不仅是简便的、已经整理成了一个表面上的系统的教本或参考读物（例如冯芝先生三十年前的旧著，或日本学者秋月胤继的《元明时代の儒家》），或我们的注意力不仅在一二位顶儿尖儿的首脑，或即便是讲一位思想的领袖权威，如果我们肯剥析他的儒教的外貌而敢去逼视他的思想的历程和构成他的最后的判断的线索，或用小心谨慎的态度去审察、去析辨他们完成其思想和心得时所用的方法，尤其是，尝试去理解他们视为主要是修身工夫的"静坐"，这一切的每一项，或这些事项的总和，会使我们很容易地发现他们实有很浓厚的道教成分和佛教禅宗的气息在内。[③]

　　或可更确切地说，如果我们把静坐体认看作是一种心性内观或道德内省的方法，固然可以看到在中国传统文化包括儒家文化中普遍地含有对心性内观或道德内省的思想方式的价值自觉。但我们不能不承认只就宋以前的儒家而言，以静坐体认为主的心性内观方式始终不是其思想的主流，积累的思想资源也远没有道、佛丰富。所以，秦家懿指出："盖理学家所谓之'静坐'，固来自释、道二教之'调息'，'坐禅'工夫。"[④] 从这个缘由上看，

---

① 柳存仁：《明儒与道教》，《和风堂文集》中册，第 831 页。
② 《滁阳会语》，《王畿集》卷二，第 33 页。
③ 柳存仁：《明儒与道教》，《和风堂文集》中册，第 815 页。
④ 秦家懿：《论王阳明的"狂者"性质》，《秦家懿自选集》，第 292 页。

宋明儒学的神秘主义应主要起源于对道、佛深厚的神秘主义传统的融摄，是宋明儒学在三教融合的背景下积极地吸收和回应道、佛以重建形上智慧，从而对静修体认、反观内省的道德觉醒功夫予以了更深入的实践和更系统的阐述的结果。

四、王阳明神秘主义的特质

神秘体验实际上是人通过调整一定的身体和环境状态，使用某些心理控制手段所达到的一种特殊的心灵感受。而所有神秘体验的一个基本特征是它往往会让人在一瞬间感受到主客界限和一切差别的消失，同时伴随着巨大的兴奋、愉悦和崇高感，以至感到由此获得了一种全新的世界观。一切神秘体验大体都可以归为两类，即外向性的神秘体验（extrovertive）和内向性的神秘体验（introvertive），前者让人主要体验到宇宙万物的浑然一体，体验到人在超越自我之后与外在的至高至大存在（神、上帝或道本体）融合为一的奇妙境界；而后者则是体验到从主体自我升华上去的一种纯粹意识，这种纯粹意识实际上是一种高峰状态的自我意识，即感到自己即是整个无限的至高的实在，超越了一切时空、物我、内外等的差别。

儒学的神秘主义作为一种神秘体验，毫无例外也具有一般神秘体验的上述特征。陈来指出，儒学的神秘体验，其基本特征可以概述如下：（1）自我与万物为一体。（2）宇宙与心灵合一，或宇宙万物都在心中。（3）所谓"心体"（即纯粹意识）的呈现。（4）一切差别的消失，时间空间的超越。（5）突发的顿悟。（6）高度的兴奋、愉悦，以及强烈的心灵震憾与生理反应（通体汗流）。这些特征与比较宗教学家研究的各种宗教中的神秘体验基本一致。[1]

至于儒学的神秘体验的类型，大致上也可以分为两种，即以"与天地万物为一体"为代表的外向性的神秘体验和以"宇宙即是吾心""心即本体"为代表的内向性的神秘体验。[2]

---

[1] 陈来：《有无之境——王阳明哲学的精神》，第410页。
[2] 陈来：《有无之境——王阳明哲学的精神》，第411页。

那么，就王阳明哲学中的神秘主义来说，其神秘体验属于哪种类型呢？它又具有什么样的思想特质？

我们知道，"成圣"始终是王阳明的终极追求，它在总体上决定了王阳明思想的一个基本走向，即必须首先指向内在的心性。可以说，正是内在的心性问题，在逻辑上构成了阳明学解决内圣之境何以可能的切入点。而阳明学对此内圣问题的解决，是经过了一个曲折、反复的探索过程的。这个过程总体来看，表现为一个不断地由"外"返回到"内"的过程。

王阳明的求圣过程起初与一般人无异，也是从各种外在路径开始的，如学习诗文、应试科举、格物致知。在经过十多年的摸索之后，王阳明逐渐发现一般的知识、书册、诗文、举业，都只是一些外在的东西，并不能解决成圣的问题。正因此，才有所谓"只是举子学，并非身心学"，"辞章艺能不足以通至道"等说法。至于循朱学"格物致知"路径探索成圣之道，王阳明发现这仍然只是一条外在化的道路。因为朱学把作为最高本体的"理"看作是纯然的"天理"，即外在于人的绝对存在。朱子理学的要义之一就是突出了天理的普遍性、超验性和神圣性，设定了人心的世俗性、沉沦性：认为人心总与情、欲相联系，不免沉沦；圣贤的责任就是要把世俗的情欲与纯然的天理剥离，在对世俗欲望和情感的克制中，使人渐渐提升到合于天理的高度。在朱熹看来，从沉沦的世俗层次提升到超越的天理境界，需要一个相当艰难的学习和修养的过程。据朱熹的说法，由于天理是普遍存在于万事万物中的原则，所以就需要对万事万物进行相当仔细的观察体认，从中体会出"理"来，这就是被称作"格物致知"的学习过程。为什么这种"格物致知"的学习过程能转化为提升道德境界的修养呢？因为朱熹相信人们通过格物致知物理，可以达到"居静"执"敬"，逐渐过滤和沉淀杂乱的情欲，趋向心性的纯然，最终由"人心"转向"道心"。朱熹说："此心之灵，其觉于理者，道心也；其觉于欲者，人心也。"[①] 所以他主张"主敬以立其本，穷理以进其知"。显然，这是一个外在化的方法和路径。它不可避免地具有一种内在的紧张和矛盾：因为那样，由于"把'天理'悬置在超越处，要求人们追寻终极本原而超越生活世界，要求人们执

---

① 《答郑子上》，《晦翁先生朱文公文集》卷五十六，《朱子全书》第 23 册，第 2680 页。

'道心'而弃'人欲'，于是在两端之间就蕴涵了巨大的紧张，即肯定超越与承认现实、肯定天理和确认生活之间的紧张"①。对此种类似的矛盾，王阳明批评道："去心上寻个天理，此正所谓理障。"②脱离人的存在和心灵的感受，追寻一种超越生活世界的绝对天理，既会使天理变成僵硬的外在权威，使之缺乏深入人心、把普遍的道德令律转化为个体的信念、情感、意愿，而不能有效地影响主体的作为选择的伦理规范；同时也会使主体由于缺少普遍之理的润泽而萎缩为被动的受体，成为仅仅停留于感性的生活世界中的偶然个体。所以，"与心上寻理的超验进路相异，王阳明在肯定心体具有先天的普遍必然之理的同时，又将其与经验内容与感性存在联系起来，在肯定'故无心则无身'的同时，又强调'无身则无心'。身是一种感性的存在。心虽不能等同于血肉之躯，但它又并非隔绝于耳目口鼻等感性的存在"。"相形之下，王阳明以心体立论，并把心体理解为先天形式与经验内容、理性与非理性的统一，确乎表现了不同的思路，它对于化解超验与经验、理性与非理性、道心与人心的紧张，限制理性的过度专制，无疑具有不可忽视的理论意义。"③

总之，与朱熹把"理"设定为普遍的、绝对的外在"天理"不同的是，王阳明要让普遍之理与个体的存在和意识相融合，向内以求"身心之学"。这种向内求的"身心之学"必然引向对人的经验性存在、主体性意识、心灵、情感等的重视，从而构成中国传统思想中的"内圣之学"。然而，由于这种内圣之学主要不是在外部世界的知识中去寻找道德提升和心灵净化的途径，而是要充分挖掘出内在心灵自有的灵明，所以王阳明通过多方探寻，筑室阳明洞天，终于找到了静坐这种神秘体验的方法。那么，为什么需要用这种神秘主义的方法呢？主要因为王阳明认为心灵的自有灵明作为一个本体，是超越于一般的知识、理智的存在，它是无法用一般性的知识和经验的方法给予认识和把握的，因而只能用一些特殊的方法，如直觉、顿悟、静观等神秘主义方法来予以认识和把握。这就像老子、庄子都把"道"看作是不可言说的、难以用一般的途径达到这种终极性的存在之域一样。实际上，这

---

① 葛兆光：《七世纪至十九世纪中国的知识、思想与信仰》，《中国思想史》第二卷，第 351 页。
② 《传习录》上，《王阳明全集》卷一，第 92 页。
③ 杨国荣：《杨国荣说王阳明》，北京大学出版社 2005 年版，第 22、25 页。

也构成了所有神秘主义的一个共性，即相信神秘主义所指向的是这样一种存在："它是这样的一种实在或实在的方面：用人类语言来描述的一切决断（determinations）、关系和过程都是无效的。"①神秘主义方法往往是通过超越有限的对象世界的差别以达到无限的同一，即作为整体性的、无差别的内在本质性的无限世界，以此洞察到一切存在的内在真谛和灵魂。而言说、话语、逻辑分析、理性思考等因其自身不可避免的局限性，往往被神秘主义者视为障碍必须予以排除以达到上述神秘同一。显然，王阳明选择静坐等神秘体验的路径，也是出其打通"天理"与"人心"的阻隔、洞察心物相通、内外一体、圆融无碍的同一世界的内圣之学的需要。

正是在这种思想背景下，王阳明试图通过修习道家道教的静坐养生术、神仙术达到对内圣的同一境界的神秘体验。因为在当时的王阳明看来，儒家的内圣之道与道家的求仙之道，并无原则区别。既然成圣的工夫并不在外在的格物致知、读书穷理，而是在于内在的"身心之学"上，须得在自家身上做得切实工夫、"诚得自家意"，而且早期儒家又缺乏"身心之学"方面的丰厚资源和传统，那么王阳明转而选择具有较深厚的家族文化传统和思想文化基础的静坐体验、养生求仙的道家方法来作为实现自己的成圣理想的主要路径也就是十分自然的了。在静坐修炼的沉思默想中，王阳明体验着自己的身心与天地万物的冥合和自我超越的精神升华，感到难以区分那是一种得道成仙的飞升化境还是儒家修心养性的成圣境界。所以此时的王阳明显然不仅没能认识到儒道的本质区别，反而还很自然地将它们混而为一，甚至可以说他还是一直以道家的"静坐""养生"等方式去理解儒学的"身心之学""内圣之学"的。正因此，黄绾记述王阳明"养病归越，辟阳明书院，究极仙经秘旨，静坐，为长生久视之道"②。钱绪山说他早年"因学养生，而沉酣于二氏，而恍若得所入焉"。后又因"病学者未易得所入也，每谈二氏，犹若津津有味。盖将假前日之所入，以为学者入门路径"③。可见，王阳明自己虽然在三十一岁时已"渐悟仙释二氏之非"，后也一再地力辨圣学与二氏之别，但他直到中年以后还是认为"二氏之

---

① 本杰明·史华兹：《古代中国的思想世界》，程钢译，江苏人民出版社2004年版，第202页。
② 黄绾：《阳明先生行状》，《王阳明全集》卷三十八，第1408页。
③ 钱德洪：《答论年谱书》，《王阳明全集》卷三十七，第1378页。

学，其妙与圣人只有毫厘之间，故不易辨"[①]。又说："圣人尽性至命，何物可惧？即吾尽性至命，能完善此身谓之仙，能不染世累谓之佛，二氏之用皆我之用也。儒不见圣学之全，故成二见分别耳"[②]。可见在王阳明那里，成圣与求仙并无二致，须儒道佛合一，才可得"圣学之全"。既然如此，王阳明自然会无所顾忌地援道入儒乃至以道代儒了。王阳明以静坐方式体认"理""心"统一的融合之境就是这样的一个典型。

也正是如此，王阳明于弘治十五年（1502）告病还乡后，不仅"辟阳明洞为书舍，更讲神仙之事"[③]，通过长期静坐，在静坐中与外物感应神通，产生"先知"等"神仙之术"。如前所述，王阳明在此前后也不断地沉迷于神仙之事，如上九华山寻仙问道、探访"异人"；过句曲丹阳"登三茅之巅，下探叶阳，休玉宸，感陶隐君之遗迹"[④]，还与崇尚神仙之学的隐士汤云谷相偕而行，汤为其"谈呼吸屈伸之术，凝神化气之道，盖无所不至"[⑤]。在阳明洞天隐居静修期间，王阳明还频频地与亦道亦儒的王思舆、许璋、王琥等友人往还，相与谈论神仙道术。凡此种种，固然有王阳明出于体弱多病、强身健体的养生之需，但更多地恐怕还是出于对心物一体的内圣追求，因为他此时还是相信借助于道家的静坐体验等神秘之道可以达到其向往的内圣之学的。

不过，王阳明在修习静坐体验能获"先知"之后不久，就逐渐意识到道教的神秘体验、"先知"等神仙之术都只是一些外向性的神秘体验。任何一种神秘体验的共性就是可以在瞬间获得不可言喻的、无差别的、浑然一体的神圣的"同一感"或"合一性"。所谓"外向性的神秘体验"，就是指通过静坐、直观等神秘体验的方式达到对外部世界的统一性的内在本质的把握，通常它是以整个宇宙为中心，追求人超越自我的局限，与外部的自然万物浑然一体的境界。这是以人合天的过程，即人极力消除自我，以天地万物为宗，与天地万物合为一体。正是由于与天地万物同体，自然容易

---

① 《王阳明年谱》一，《王阳明全集》卷三十三，第 1237 页。
② 耿定向：《新建伯文成王先生世家》，《王阳明全集》（新编本）卷五十四，第 2258 页。
③ 查继佐：《王守仁传》，《王阳明全集》（新编本）卷五十一，第 2057 页。
④ 《寿汤云谷序》，《王阳明全集》卷二十二，第 878 页。
⑤ 《寿汤云谷序》，《王阳明全集》卷二十二，第 878 页。

产生同感，所谓"先知"等就是这种外向性神秘体验的产物。从外向性的神秘体验的内容上看，它追求的正是这种对外在的天地万物统一体的体认和感知。然而，对于王阳明来说，由于这种外向性的神秘体验终究未能使他体会到心理相通、洞察本然心体的内圣之境，因而觉悟到它们只是"簸弄精神"，终是"不合正道"，必须予以否弃。所以中后期阳明本人对先知或"前知"的看法又大异其趣：

> 或问至诚、前知。先生曰："诚是实理，只是一个良知。实理之妙用流行就是神，其萌动处就是几，诚神几曰圣人。圣人不贵前知，祸福之来，虽圣人有所不免。圣人只是知几，遇变而通耳。良知无前后，只知得见在的几，便是一了百了。若有个前知的心，就是私欲，就是有趋利避害的意思。邵子必于前知，终是利害心未尽处。"①

"至诚、前知"的思想其实来源于《中庸》：

> 至诚之道，可以前知。国家将兴，必有祯祥；国家将亡，必有妖孽。见乎蓍龟，动乎四体。祸福将生，善，必先知之；不善，必先知之。故至诚如神。

后来周敦颐又加以发挥：

> 寂然不动者，诚也；感而遂通者，神也；动而未形、有无之间者，几也。诚精故明，神应故妙，几微故幽。诚神几曰圣人。②

王阳明用自己新的"良知说"批评了"至诚、前知"的思想，认为圣人不贵前知，只是致良知，见几而动，遇变而通，行其所当行，对祸福不存有趋利避害之心。邵雍着意于前知，心里就难免存有趋避的意思，那是

---

① 《传习录》下，《王阳明全集》卷三，第109页。
② 曹端：《通书述解》，上海古籍出版社1992年版，第8～9页。

私欲的表现，不是圣人所为。王阳明否定前知的存在，不仅在价值观上否定前知，以为其非圣人的至诚之道，还进一步用道家的自然主义方法去消解前知的存在。他说：

> 圣人只是一个良知，良知之外更无知也，有甚前知。其曰国家云云者，亦自其能前知者而言，圣人良知精精明明，随感随应，自能敷衍出去，此即是神。[①]

王阳明认为，致良知只是见几而动，遇变而通，行其所当行，自然而然，简易直接，不需要另外的知识或神秘的方法。《中庸》所谓的前知最多只是对事物发展趋势的合理预测，而这也不过是良知当下的自然感应流行。这样，王阳明又以自然主义在很大程度上否定了前知的存在，把先知或前知看作是需要抛弃的"不合正道""簸弄精神"的外道异术。但是，如果仔细分疏起来，还是可以发现王阳明中后期所对先知或前知的否定，实际上主要是在否定那些"外向性的神秘体验"，但是仍然注重挖掘和肯定那些内向性的神秘体验，即自我"精精明明，随感随应"的良知、内在主体自有的灵明。

那么，什么叫"簸弄精神"呢？牟宗三认为：

> （阳明所谓）"此簸弄精神，非道也。"此是从道家导引工夫以明簸弄精神之意。即在佛道二家，本其宗旨，其主要目的与真实工夫，亦不以神通为重。在静坐中，浮现灵光以先知是可能的，然此亦是投射自家之灵根以逞精彩，此岂可为道？在儒家只说"天命之谓性，率性之谓道"，"道也者不可须臾离也"。是要在尽性践形中以见道，是则当下拆穿光景，摄归精神于伦物中以为实体。不是投出去以求先知也。
>
> 吾人说，玩弄光景，播弄精魂，皆是天心仁体之投射于外。此时智光之明亦成浮明，而沉淀在下者则为情识之流转、气机之鼓荡。对

---

① 黄直、钱德洪编：《阳明先生遗言录》，载葛兆光主编：《清华汉学研究》第 1 辑，清华大学出版社 1994 年版，第 184 页。

此光景，说玄说妙，拟议猜卜，歌颂赞叹，皆是玩弄光景。一切精彩皆成张皇，此便是出花样。故曰播弄精魂。此是将自己一点灵根投出去而为播弄之对象，此即所谓播弄精魂也。天心仁体乃自家一点灵根，此不能投出去而为播弄之对象，而只应当下内敛而为成事之实体，如是则不为所播弄之精魂，而为在践履中呈现之实理矣。①

因为王阳明始终不满足于对外在于主体的世界万物及宇宙之理做客观化的肯认，而是力求打通先天本体与感性存在的阻隔，使普遍之理转化为主体意识，化本然存在为意义世界。所以，王阳明在摒弃外向性神秘体验之后，转而追求直指本心、发明本性的内向性的静修、体验。其基本进路虽然仍是由静坐入手，息除各种念虑，在专一极静中突发地获得一种悟境，但这种悟境的内容显然已是一种"天地皆吾心体，万物非心外"的内在超越性的体验。无疑，这是一种内向性的神秘体验。王阳明的这一思想历程说明了他寻求内圣之道并非是一下子就找准了路子的。可以说，王阳明在阳明洞修炼静坐之后进一步懂得了内外两种神秘体验的区别，而这实际上是王阳明在力图打通先天本体与感性存在，建立以主体意识为核心的内圣之学的道路上进一步修正自己的路向的成果。循此路向，王阳明逐步认识到了"吾性自足、不假外求"，"心之良知是谓圣"②，最终构建起了一条以发现主体的道德良知、觉悟和开启道德的主动性为基础，以实现主体的道德完善为目标的成圣之路。这样，王阳明的神秘体验所追求的，就不再是一般的外在性的"先知""洞察""与天地万物一体"的神秘体验，而是主体自我意识的挺立和充盈，是陆象山所谓"吾心即是宇宙，宇宙即为吾心"的自信和主宰意识，并通过这种神秘体验达到内心的澄澈灵明、本体的通透无碍，从而臻至超越有限、泯灭差别、圆融内外的真正的内圣之境。王龙溪曾这样描述王阳明在阳明洞天中"究心老佛""日夕勤修"的静悟之境：

（阳明）时苦其烦且难，自叹以为若于圣学无缘，乃始究心于老佛

---

①　牟宗三：《宋明儒学的问题与发展》，华东师范大学出版社 2004 年版，第 141～142 页。

②　《书魏师孟卷》，《王阳明全集》卷八，第 280 页。

之学。缘洞天精庐，日夕勤修，练习伏藏，洞悉机要。其于彼家所谓见性抱一之旨，非惟通其义，盖已得其髓矣。自谓"尝于静中，内照形躯，如水晶官。忘己忘物，忘天忘地，与虚空同体。光耀神奇，恍惚变幻，似欲言而忘其所以言，乃真境象也"。[1]

按王龙溪所述，王阳明对其在阳明洞天中静修所达到的"内照形躯""忘己忘物，忘天忘地，与虚空同体"的"真境象"还是有明确自觉的。也就是说，这种"真境象"还是以主体的内在超越性体验为基础的。总的来看，就神秘体验来说，外感可以通"神"，内感可以成"圣"。王阳明选择了成圣的内向性体验之路，因此为儒学开出了一个最重要的心学法门，产生了广泛而深远的影响。王阳明为儒家所开出的这一个重要的心学法门，也是王阳明"渐悟老、释二氏之非"之后，逐步体认到的自己所追求的不同于老、释的根本之处。因为在王阳明那里，良知不只是个光板的镜照之心，因其真诚恻怛而是有道德内容的，此即阳明之所以终属儒家而不同于佛老者。所以王阳明所开出的这种心学法门，实是一种道德的内在进路。用牟宗三的话说，它是一种"为道的内在义路"，所谓"为道的内在义路须直就天心仁体之在主观践履中如何内在地实现而开出。是以为道的内在义路是主观实践上的义路"，这一"为道的内在义路"，由阳明首开，象山并未开出。[2] 不过如前所述，就王阳明来说，他也不是轻而易举地就开出了这一内在进路的，而是经历了一番曲折的思想求索，甚至是在经历"百死千难"的人生磨难之后才得到的。在思想路径上看，王阳明曾按朱熹之说，去格竹之理；后又依其教，循序致精，但总是存在着物理与吾心判而为二的缺憾。因为朱子所开的是道问学的外在进路，无法解决心与理的分离问题。为此，王阳明在朱学之外曾广涉各家、出入佛老，以求贯通之道。王阳明通过静坐等神秘主义的体验，最终发现了"心"的本体意义和价值，认识到"圣人之道，吾性自足"[3]，最终构建起了一条以发现和完善主体的内在道德良知为主要目标的内圣之路。无疑，这是王阳明思想上的重大变革，更

---

① 《滁阳会语》，《王畿集》卷二，第 33 页。
② 参见牟宗三：《宋明儒学的问题与发展》，第 136 页。
③ 《王阳明年谱》一，《王阳明全集》卷三十三，第 1228 页。

是儒学思想特别是宋明理学思想演变的一个重大变革，有此突破，才有了明代阳明学的独树一帜、卓然挺立。

也正因此，王阳明开出的这一内在进路，特别突显了作为主体的自我意识的意义，不仅使之居于本体地位，更上升为宇宙生命的主体、世界万物的"灵明"。这样，王阳明对"心体"的意义和价值的重建，肯定了任何至高无上的天理、至圣至善之道，都不是超乎个体存在的外在存在，而是必须内化为个体存在的内在体验，从主体的存在之域为其找到合法性地位和作用的内在根据。因此，它乃是一种注重人的内在精神境界的追求，倡导身心统一的"身心之学"，也是一种"体验之学"。从哲学史上看，王阳明的体验之学，属于中国哲学中的特有形态，它通过神秘体悟等方式所要表现的，并不是外部世界的客观图景，而是人自身的"主观世界"。这也成了整个中国哲学、中国文化的一个突出特点。有学者把阳明心学看作是一种"体验的形上学"是有道理的。① 总之，王阳明对神秘的内在体验和内在直观的不断关注和领悟，成为其最终走出思想徘徊，建立自己的心学体系的重要因素。

冈田武彦认为："通过情意的陶冶，体认自得根本实体即神秘主义。所谓神秘主义是认为只有通过神秘的内在体验、内在直观才能到达实体的思想。"关于东方神秘主义的特征，他指出："东亚是一定要就事物来寻求实体，不如说实体本身舍弃自己的权威，在事物中消去自己，才是寻求实体究极的方式。因此，与具体的事物融为一体是把握事物的实体，与其瞑合一致。其结果，与物融为一体本身成了认知实体的原则立场。这是与儒教的神秘主义、技艺的神秘主义、佛道神秘主义相通的想法。而其中，儒家的神秘主义的特色是把人共存共生的生活作为场所的。"② 我们可以认为阳明心学的本体观念是被孟子、象山的"心"论，甚至佛道的心、性思想所触发出来的，这为我们把握中国传统的人性论提供了基本的线索。这样，在中国文化中，作为宇宙实体的"天""道"早已掺入了世俗人格的精神实体观念，宇宙演化的历史运动进入了自觉的伦理过程。

---

① 参见陈来：《儒家传统中的神秘主义》，《中国近世思想史研究》，商务印书馆 2003 年版，第 336 页。

② 冈田武彦：《儒教精神与现代》，东京明德出版社 1994 年版，第 41 ～ 45 页。此处中文译稿，由杨际开先生提供。

第六章　生命之境

王阳明的一生是风云激荡的一生，也是光彩夺目的一生。他从小就有伟大的志向，并且在此后的人生实践中为之奋斗了终身。他从遍求百家的精神漫游和历经磨难的人生锤炼中养成了坚韧的独立人格，为寻求自我人生的价值，构建生命的意义世界，实现精神的自由和超越，用自己的一生书写下了中国人的生命史上最浓重的一笔，无愧于"真三不朽"的盛誉。而在王阳明身上所呈现出来的旺盛的生命激情、深刻的生命智慧和笃切的求道精神，则体现了中国传统知识分子的人格结构中亦儒亦道、儒道互补的典型形态和圆融境界。

一、回归"真己"

人及其生命的本质是什么？人究竟为什么活着？这是古今中外的哲学家、思想家都一再地追问的问题，也是见仁见智、极难回答的一个重要问题。王阳明作为著名的哲学家、思想家及政治家，他不仅仅对这些问题予以了认真的思考，更进行了不懈的践行。而且，他所追求的回归"真己"，就是对真实的自我存在的生命境界的追求，他的所思所为对我们理解人及其生命的本质、生命的意义无疑具有十分重要的启发意义。

1. 真诚本体

中国传统哲学注重从宇宙的生命存在及其运化中来看待人的生命本质，追问人的生命的形上根源。道家从天道自然、儒家从性与天来考察人性及其生命本质，就体现了对人的生命的形上根源的追问意识。《老子》说："人法地，地法天，天法道，道法自然"[①]，《中庸》说："诚者，天之道

---

① 《老子》第二十五章。

也；诚之者，人之道也"①，都是一种对人的生命的形上本体的把握。这种生命本体论因其强调了生命存在的宇宙根源而开显出一种宇宙论的视角，体现了从天人一体的存在结构中理解宇宙万物包括天人地位和关系的整体论意识。尽管儒道不同学派对天人一体的存在结构及其相应的天人关系会有不同理解，但他们存在着一个共同的前提，即承认作为一切生命存在的宇宙根源、形上本体的"道"的真实特性，天道真诚、运化无妄、诚实无欺被视为一切存在之"道"的根本特质，可以说，一切事物的存在都以真诚为本，人道之真与诚的根据也就是天道之真与诚的本质。道家作为本体之道，其根本特性就是"真""朴""自然"。老子赞叹道"其精甚真"②，"质真若渝"③"敦兮其若朴"④，庄子更是无限推崇道之真的本性："真者，所以受于天也，自然不易也"，"真者，精诚之至也"⑤。显然，老庄都把真实无妄、质朴无欺、自然无伪的本然状态、原初本性看作是最根本的存在和最宝贵的东西，人类不仅要尊重、保持、守护这种本然状态、原初之性，而且还要以其为取法的标准，"复归于朴"⑥"见素抱朴"⑦"法天贵真"⑧，以此实现天人合一。与道家推崇"真""朴"相似，儒家所推崇的"诚"，其本质也就是"真"，即真实无妄、毫无伪饰的最本然、最真实的状态。《中庸》视"诚"为"天之道"，朱熹注曰："诚者真实无妄之谓，天理之本然。"⑨王阳明的良知本体论显然完全吸取了道儒的这种以真为本、以诚为本的思路，充分肯定了良知本体的根本特性就在于"真"、"诚"、本然。他说："诚是实理，只是一个良知"⑩，"是故不欺，则良知无所伪而诚"⑪，"盖良知只是一个天理，自然明觉见处，只是一个真诚恻怛，便是他本体"⑫，王阳

---

① 《中庸》第二十章。

② 《老子》第二十一章。

③ 《老子》第四十一章。

④ 《老子》第十五章。

⑤ 《庄子·渔父》。

⑥ 《老子》第二十八章。

⑦ 《老子》第十九章。

⑧ 《庄子·渔父》。

⑨ 朱熹：《中庸集注》，《四书章句集注》，上海古籍出版社、安徽教育出版社 2001 年版，第 36 页。

⑩ 《传习录》下，《王阳明全集》卷三，第 109 页。

⑪ 《传习录》中，《王阳明全集》卷二，第 74 页。

⑫ 《传习录》中，《王阳明全集》卷二，第 84 页。

明强调本体"无善无恶""寂然不动""未发之中"的特点，就是为了说明良知本体是本然的、原初的、"自明"的、"莹彻"的，具有真实无妄、"为物不贰"、"至诚无息"的性质。王阳明又称本体为"精一"，认为"精一"即为"诚"，因为"精则诚""一则诚"，所以它们"非有二事也"①。总之，良知本体作为一切存在的终极依据和最高原则就是"纯乎天理"、未施虚饰的最真实、最本然的存在。

　　当然，正如前面说到过的，中国传统哲学中的形上学不同于西方传统形上学的一个重要之处在于中国形上学的思考并不仅仅以本然的实在世界为目标，而总是同时指向实在世界与人的关系，关注的重点是在天人一体的存在结构中人的生命存在的宇宙根源。因此，中国传统形上学是一种本体论与生存论、存在世界与人的世界的视域融合为一的形上学。道家作为本体之道既指天道之"必然"，又包括人道之"当然"，道成为贯通天人的统一本体。儒家强调"道不远人"②，进而提出人能"与天地参"的思想，也体现了贯通天人的本体追求。无疑，阳明学继承了中国传统形上学的这种传统，其良知本体既是宇宙一切存在的本体，又是人的生命存在的终极根源，两者完全合一，体现为一个天人合一、心物融合的整体性存在。正因为如此，真、诚作为良知本体的根本特性，自然而然也是宇宙万物的天然之道，也是人类世界的当然之理，人类世界之真、诚的根据就在于天道本身之真、诚。《中庸》所谓"不诚无物"，《孟子》所谓"是故诚者，天之道也；思诚者，人之道也"，正是对这种天人一体的至真至诚之性的揭示。所以王阳明也指出："夫天地之道，诚焉而已耳；圣人之学，诚焉而已耳。"③"诚"乃贯通天人之道，天地万物惟其诚，故能清宁自然，以其真性呈现。人惟其诚，则事亲能孝，事友能信。德行之美，一本其诚；德行之显，一如其真。人之所以能诚，正在于世界本身之真，人性只是这种本真世界的直观呈现，是"道法自然"、"思诚"惟真的结果。因此，追求真性实诚，不虚妄、不伪饰、不做作、不自以为是，既合于天道，也是人道之

① 《传习录》中，《王阳明全集》卷二，第62页。
② 《中庸》第十三章。
③ 《南冈说》，《王阳明全集》卷二十四，第908页。

境。王阳明说："诚是心之本体"①，人因诚而能与道为一，故"反身而诚，而道凝矣。……道凝于己，是为率性。率性而人道全"②。在王阳明看来，"心一也，未杂于人谓之道心，杂于人伪谓之人心。人心之得其正者即道心，道心之失其正者即人心，初非有二也"③。其实心一也，道一也，并没有真正的道心、人心之分，只要消除"人伪"，就能回归真实的大道。所以王阳明要求应有"敦本尚实、反朴还淳之行"④，以"讨求其真"⑤，即返回本真至诚的世界，而这种本真至诚的世界，无疑就是本体与主体统一的世界，也是万物一体、天人合一的理想境界。

2. 守护"真我"

强调人与道一样都以其最本然、真实的形态存在，并不是指人之为人仅仅只是一种肉身的存在。作为现实的主体，人的本质属性固然不能脱离作为物质实体性存在的肉体形态，但又具有某些超越的品质。这就是人之为人的东西，是人不同于动物及一般物质存在的本质。在王阳明看来，这个本质不是人的肉体存在，不是人的口耳四肢的躯壳，而是人的心灵。当然，以"心"为人的本质，以心灵为躯壳的主宰，这也是中国古代思想家的共同观点，只是对"心"的理解会各有不同。王阳明认为，"心不是一块血肉"，而是具有知觉能力的"灵明"，即具有视听言动、知是觉非的能力，这样的"心"自然是身体的主宰："身之主宰便是心"⑥。如前所述，心之所以能作为主宰，就在于"心"是超越于生理及一般心理的道德理性的表征，是天理的载体，"心也者，吾所得于天之理也"⑦。"心虽主乎一身，而实管乎天下之理。"⑧有此，王阳明进一步得出了其"心即理也"⑨的重要结论。而且，在王阳明那里，肯定"心即理"实际上等于肯定"心"与"道"

① 《传习录》上，《王阳明全集》卷一，第 35 页。
② 《瀹然子序》，《王阳明全集》卷二十九，第 1040 页。
③ 《传习录》上，《王阳明全集》卷一，第 7 页。
④ 《传习录》上，《王阳明全集》卷一，第 8 页。
⑤ 《传习录》上，《王阳明全集》卷一，第 12 页。
⑥ 《传习录》上，《王阳明全集》卷一，第 6 页。
⑦ 《答徐成之》，《王阳明全集》卷二十一，第 809 页。
⑧ 《传习录》中，《王阳明全集》卷二，第 42 页。
⑨ 《传习录》中，《王阳明全集》卷二，第 51 页。

的统一，王阳明说："心即道，道即天。知心，则知道、知天。"① 而肯定了
"心即理""心即道"，也就意味着将人的理性本质与感性存在统一于一体，
赋予了一己之身以本体——主体的双重属性。而这种本体——主体的双重性，
使人的存在及其行为根据不必如宋儒认为的那样需要诉诸外在性的"天
理"，而是转变为人自身的存在。在王阳明看来，这种存在是人的最真实的
存在，是人之为人的一个最本质、最本然的东西：

> 若无汝心，便无耳目口鼻。……这心之本体，原只是个天
> 理，……这个便是汝之真己。这个真己便是躯壳的主宰，若无真己，
> 便无躯壳。真是有之即生，无之即死。汝若真为那个躯壳的己，必须
> 用着这个真己，便须常常保守着这个真己的本体。②

王阳明这里所谓的"真己"，是指真实的、真正的自己，它首先强调
的是其"真"的特性，即其自然的、本然的、不虚无伪的性质。王阳明反
复强调其"心""良知"的这种"真"的特性，他说："心之虚灵明觉，即
所谓本然之良知也。"③ "盖良知只是一个天理，自然明觉发见处，只是一个
真诚恻怛，便是他本体。"④ "本然""自然""真诚"之良知，就是作为人的
生命及其意义世界存在的根本依据，而其可贵之处正在于其具有"未发之
中""寂然不动""本来自明""纯乎天理"的"真"的特性。总之，"真己"
是一种先天本然状态的自我，是体现了本体——主体的双重性相统一的真实
无妄的存在。

前面已经指出，王阳明的这种"真己"与道家所推崇的"真人"是十
分相似的，应是吸取改造了道家的"真人"概念的产物。道家把"真人"
看作是人最真实、自然的存在形态，是最高的理想人格。庄子认为"不以
心捐道，不以人助天"，"是之谓真人"。⑤ 所谓"不以心捐道"就是不能以

---

① 《传习录》上，《王阳明全集》卷一，第 21 页。
② 《传习录》上，《王阳明全集》卷一，第 36 页。
③ 《传习录》中，《王阳明全集》卷二，第 47 页。
④ 《传习录》中，《王阳明全集》卷二，第 84 页。
⑤ 《庄子·大宗师》。

人心损害自然本性，而是要尊重和顺从自然之道。与把自然看作不适合于人的前文明状态，并严于"人禽之辨"的儒家不同的是，庄子把自然本身就当作是一种完美的状态，并把各种人为看作是对原本具有的这种完美价值的破坏，因此他反对人为，主张"无以人灭天"[①]，认为"知天之所为者，天而生也"[②]，强调了真人的因顺自然、放任自得、无为虚淡的本真存在方式。郭象注《庄子》"天之所为"云："知天人之所为者，皆自然也；则内放其身而外冥于物，与众玄同，任之而无不至者也。天者，自然之谓也。"[③]可见，在道家看来，"真人"作为理想的人格典范也是充分体现了其自然主义价值原则的，其人格形态上的"真"首先表现为合于自然，即庄子所说的"真者，所以受之于天也，自然不可易也"。"真人"不是脱离自然存在的，也不是自然的对立物，反而是与自然相统一，融合于天地之中、万物之间，与天地万物完全合为一个不可分割的整体："天地与我并生，而万物与我为一。"[④]道家这种自然主义的价值取向，固然有着将自然状态过分理想化之弊，但其强调人必须在真实、自然的境域中找到自己的存在根基，在自然及人自身的人文化过程不能偏离自然本身的固有法则的思想还是极为深刻的："故圣人达自然之性，畅万物之情，故因而不为，顺而不施。"[⑤]循乎天道的自然原则不仅要求人尊重和顺应外在的自然世界，如"庖丁解牛"一般"依乎天理""因其固然"[⑥]，使自己的行为完全合乎天道，而且进一步要求保护和顺导人自身的天性，主张"无以人灭天"，反对各种人为活动对人的自然本性的戕害。因为在道家看来，正是人的自然天性表现了人的本真状态，具有原始的完美性。而任何人工的作为，都会如络马首、穿牛鼻那样，不但对人的自由发展造成外在的强制，而且也使人失去了自己存在的本真状态，陷入种种异化的境地。总的来看，在强调人应该做一个真实自然的人，以"真实之我"作为理想的人格形态上，王阳明与道家显然是非常一致的。无论是道家的"真人"，还是王阳明的"真己"，都是与道

---

① 《庄子·秋水》。

② 《庄子·大宗师》。

③ 郭象注，成玄英疏：《庄子注疏》，第124页。

④ 《庄子·齐物论》。

⑤ 王弼著，楼宇烈校释：《王弼集校释》，第77页。

⑥ 《庄子·养生主》。

同体、与自然为一、永葆自然纯真本性之人，所以王阳明又把它称为"真吾""真我"①"真性"②："夫吾所谓真吾者，良知之谓也。"③

作为一种人格形态，"真"总是与"伪"相对。要做一个真实的我，也就意味着要摒弃各种虚伪文饰，回归到自我的本然形态。老子认为："失道而后德，失德而后仁，失仁而后义，失义而后礼"④，这一始于"失道"的否定性链条在老子的逻辑上正是人为的后果，德仁义礼的滋长不仅不是人类的福音，反而是悖逆和丧失了自然之道后越来越虚伪化的结果："技于仁者，擢德塞性以收名声。"⑤人们对仁德的追求不但戕害了人的本真的德行，而且总不免走向外在的矫饰虚伪。而与这种外在的矫饰虚伪相对应的是，完美的人格应当是毫无文饰，"见素抱朴"⑥"复归于婴儿"⑦，如婴儿般自然质朴、天真无瑕；又如明镜一样能直率地显示其本真的品格，"圣人之用心若镜，不将不迎，应而不藏"⑧，可谓"上德不德，是以有德"⑨。

王阳明在追求"真己""真吾"的过程中，也一再地斥责种种人性的虚伪矫饰，认为当时社会中种种的病态现象、丑恶行为、阴毒之术虽然都披着仁义道德的外衣，却无一不是一个"伪"字在作祟。王阳明曾尖锐地揭露了各种用虚伪的道德来掩盖恶行的伪善行为：

> 后世良知之学不明，天下之人，用其私智，以相比轧。是以人各有心，而偏琐僻陋之见，狡伪阴邪之术，至于不可胜说。外假仁义之名，而内以行其自私自利之实，诡辞以阿俗，矫行以干誉；掩人之善，而袭以为己长；讦人之私，而窃以为己直；忿然相胜，而犹谓之徇义；险以相倾，而犹谓之疾恶；妒贤忌能，而犹自以为公是非；恣情纵欲，

①《王阳明年谱》二，《王阳明全集》卷三十四，第 1282 页。
②《王阳明年谱》一，《王阳明全集》卷三十三，第 1231 页。
③《从吾道人记》，《王阳明全集》卷七，第 250 页。
④《老子》第三十八章。
⑤《庄子·骈拇》。
⑥《老子》第十九章。
⑦《老子》第二十八章。
⑧《庄子·应帝王》。
⑨《老子》第三十八章。

而犹自以为同好恶。①

在道德至上的传统社会中，绝大多数人都无法达到圣人的道德高标，于是就不得不依靠作伪来弥合道德律令与主体的真实行为之间的巨大裂痕，使得虚伪矫饰成为社会的普遍现象，甚至连父母之丧也要作伪，如王阳明所说：

> 凶事无诏，哀哭贵于由衷，不以客至不至为加减也。昔人奔丧，见城郭而哭，见室庐而哭，自是哀心不容已。今人不论哀与不哀，见城郭室庐而哭，是乃徇守格套，非由衷也。客至而哭，客不到而不哭，尤为作伪。世人作伪得惯，连父母之丧亦用此术以为守礼，可叹也已！②

可以相信，在这样一种普遍伪善的社会气氛中，必然造就出大量"乡愿"的伪君子。"乡愿"由于其"阉然媚世"③而缺少了必要的正直和诚实，因而其在本质上也是作伪，被孔子和王阳明痛恨。王阳明力倡"知行合一"和"身心之学"，反对知行脱节和"口耳之学"，正是要求做人为学均需踏实切己，真诚不虚。王阳明说："知之真切笃实处即是行，行之明觉精察处即是知，知行功夫本不可离，……真知即所以为行。"④所以王阳明强调心之为本体乃是"明觉之自然""不贰"之存在，认为人的道德良知纯然是天生如此、自然而然的，不需要后天人为的矫饰："知是心之本体，心自然会知。见父自然知孝，见兄自然知弟，见孺子入井自然知恻隐，此便是良知。"⑤在王阳明看来，心作为本体，只是"纯乎天理之心"⑥，因之是无善无恶的，即所谓"无善无恶心之体"。他说："此心无私欲之蔽，即是天理，

---

① 《答聂文蔚》，《王阳明全集》卷二，第80页。
② 参见《天柱山房会语》，《王畿集》卷五，第120页。
③ 《孟子·尽心下》。
④ 《传习录》中，《王阳明全集》卷二，第42页。
⑤ 《传习录》上，《王阳明全集》卷一，第6页。
⑥ 《传习录》上，《王阳明全集》卷一，第2页。

不须外面添一分。"[①] 人之所以会为恶，就是由于其私欲遮蔽了良知，只要能够扫除私欲，就能重现良知，从而复归人的本然的真实存在。

3. 真行实践

在实际的人生历程中，王阳明切实地践行了他对"真己"的追求。王阳明一再地否定、摒弃各种外在性的生存方式，努力追求自己生命的真实存在及其意义。如他青少年时代就认为大多数人热衷的举业并非人生"第一等事"，而常常"游心举业之外"[②]；王阳明少年时即富有才名，与李梦阳等一批知名士子驰骋京师文坛，成为当时文学革新的重要推动者，但后来却因感到辞章之学只是些"无用之虚文"，就毅然割弃，转而"告病归越，筑室阳明洞中，行导引术"[③]，希望通过实实在在的修炼体验探求成圣的切实途径。而王阳明在修炼中一旦意识到通过静修得到的先知术只是"簸弄精神，非道也"之后，又决然摒去。王阳明求学治学"出入佛老""遍求百家"，以致有一个"五溺三变"的曲折经历，其实这些又何尝不是王阳明在不断地追求自己生命的一种更真实的存在方式！正因此，王阳明还一再地抛弃各种外在性的权位名利，或在自己仕途正开始上升时敢于站出来仗义执言、抗击奸佞，或在自己功业卓著时一再请辞、归隐山野，因为这一切在王阳明看来都是为了让自己的生命成为更真实、更有意义的存在。也可以说，王阳明始终是在追求回归"真己"。孟子说："大人者，不失其赤子之心者也。"[④] 王阳明也认为，"良知即是天植灵根，自生生不息"[⑤]，"'率性之谓道'便是道心"[⑥]，此"天植""率性"之谓，都与"赤子"相似，是赤子之固有特质，表现的都是回归真实的自我之境界。"真在内者，神动于外，是所以贵真也"[⑦]，一个人只要具有充满真性情的内在品质，就会在外在表现上如婴儿、赤子一般真诚、直率，正如庄子所说的："真者，精诚之至

---

① 《传习录》上，《王阳明全集》卷一，第2页。
② 《王阳明年谱》一，《王阳明全集》卷三十三，第1223页。
③ 《王阳明年谱》一，《王阳明全集》卷三十三，第1225页。
④ 《孟子·离娄下》。
⑤ 《传习录》下，《王阳明全集》卷三，第101页。
⑥ 《传习录》下，《土阳明全集》卷三，第102页。
⑦ 《庄子·渔夫》。

也。"① 王阳明一生志行高洁，功名卓著，被称为"真三不朽"，这何尝不是得益于其有一颗真诚坦荡、不将不迎的赤子之心！

回归真实的自我存在，葆有一颗赤子之心，意味着自我的一切价值判断和行为选择，主要依据的是自我和事物固有的"良知""天理"，即庄子所说的"依乎天理""因其固然"。正像孩子对事情更多的会依据其自然本性做出反应一样，饿了就吃，困了就睡，见好就赞美，见恶就躲避，"见父自然知孝，见兄自然知弟，见孺子入井自然知恻隐"，而且会依循这样的自然原则去做任何事情。但在成人世界，这一切就会由于有各种成见私欲、利害关系、虚荣观念、计较之心等而发生偏差甚至反转。这完全是王阳明所说的"私欲障碍窒塞"的结果。只有"念念致良知，将此障碍窒塞一齐去尽，则本体已复，便是天、渊了"②。

为了回归真实的自我存在，王阳明不仅痛恨"世人作伪"的普遍伪善，而且勇于自我反省，自谓身在官场，"作伪得惯"以至"病根深痼，萌蘗时生"：

> 赖天之灵，偶有悟于良知之学，然后悔其向之所为者，固包藏祸机，作伪于外，而心劳日拙者也。十余年来，虽痛自洗剔创艾，而病根深痼，萌蘗时生。
>
> 所幸良知在我，操得其要，誓犹舟之得舵，虽惊风巨浪颠沛不无，尚犹得免于倾覆者也。③

王阳明对虚伪的厌恶，不惜用"包藏祸机，作伪于外，而心劳日拙"这样严厉的词句来加以谴责，而且已非一般的"洗剔创艾"可以救治。所幸得悟良知，犹行船得舵，免于倾覆。所以王阳明大力倡导致良知，就是要致力于发现真实的自我存在，并以此反对一切虚伪狡诈，反对一切谎言和欺骗乃至一切浮华不实的功名利禄，要求生活在真实之中，过一种真实的生活。为此，王阳明曾让被抓的小偷除尽衣裤，以此让其自悟其真实的

---

① 《庄子·渔夫》。
② 《传习录》下，《王阳明全集》卷三，第95页。
③ 《寄邹谦之》，《王阳明全集》卷六，第206页。

生命存在及其不灭良知；他还教导学生即使在老师面前也要该用扇时用扇，该落座时落座，不必过于拘束自己，而应该听从自己率真本性的召唤，自由发挥自己的个性，展开多样化的人生："圣人教人，不是束缚他通做一般，只如狂者便从狂处成就他，狷者便从狷处成就他，人之才气如何同得？"① "圣人何能拘得死格！大要出良知同，便各为说，何害？"② 这样的人生，其实也就可以很简单、自然，如王阳明说："凡居官行己，若顺意从志，则亦何难？"③ 王阳明强调"学贵自得"，由人人自有的良知去独立地塑造自己的存在、发现生命的意义，而不必把多样化的个性强制地塑造为一个模式，因此，他尤为反对程朱理学对人的束缚，反对人人装作道学的模样："圣人之学，不是这等捆缚苦楚的，不是装作道学的模样。"④ 王阳明自己从小就在一个较为宽松、自由的环境里成长，他一生的求学、做事、为人也都充分表现了其豪迈不羁、率真任性的个性，正是其回归自我、实做"真己"的表现。

　　总之，回归真实的自我存在，就是要以一颗赤子之心真诚坦荡、简单自然地生活，以虚己顺物、无所执持的通达智慧复归生命的本真澄明之境。实际上，这不仅仅是一个追求成德完善的道德进路，而且为自我生命找到了一个真正的家园，以免成为海德格尔所说的"无家可归者"。因为一个人真正可以回归依托的家园，必定是秉持知行合一的精神，通过"着实体履""着实躬行""事上磨练"的功夫，扎扎实实构建起来的一个生命世界。在这样的生命世界中，不仅自己的肉体得以安歇、日常生活的意义世界得以展开，而且个人的精神得以自由伸展和放松，心灵得以回复本真的安宁和澄明，从而身心可以得到真正的安顿，自我的价值得到真正的实现。

二、独立人格

　　王阳明努力回归自我、实做"真己"的生命追求，就典型地体现在其

---

① 《传习录》下，《王阳明全集》卷三，第104页。
② 《传习录》下，《王阳明全集》卷三，第112页。
③ 王阳明：《与谢士洁书》，载束景南：《阳明佚文辑考编年》，第616页。
④ 《传习录》下，《王阳明全集》卷三，第104页。

突出的独立人格的养成和护持上。因为独立人格正是一个人之所以能够成为"真己"并成就自己的各种生命理想和追求的根本保证。

1. 吾性自足

一个人要具有真正的独立人格，既不是天生的，也不是一朝一夕就能形成的，而必定要经历一个漫长的磨炼过程和众多的觉悟考验。王阳明也不例外。如果说一个思想家的独立人格，首先就体现在其思想的独立性上——若思想不能独立，其人格独立也就无从谈起，那么，王阳明正是从青年时期就开始了其思想独立的求索过程，"遍求百家""出入佛老三十年"而后有"自得"。如他早年曾多次"格物"致病，铁柱宫、九华山寻访佛道，"筑室阳明洞"修炼养生术，与众友"共参道妙"，最终"渐悟仙、释二氏之非"，回归"圣学"。可见王阳明的思想发展经历了复杂而曲折的精神漫游，史称"五溺三变"。正是这些复杂而曲折的经历，加上生活中的种种磨炼考验，铸造了王阳明的独特思想，也铸造了其突出的独立人格。

在上述王阳明复杂而曲折的经历中，王阳明贬谪龙场驿时的著名事件"龙场悟道"对其尤具典型意义。

王阳明"龙场悟道"的内容和意义，历来颇受学者的关注和争论。王阳明通过"龙场悟道"，为其心学理论体系的构建奠定了坚实的独特基础。这无疑是王阳明"龙场悟道"十分重要的内容和意义。但就王阳明思想演变的实际成果来看，此时除了他用以"娱情养性"而后来未加保留的《五经臆说》①之外，并没有留下多少有价值的成形著作。所以，也可以说，王阳明"龙场悟道"的理论效应具有一定的合理的滞后性，多年以后才逐渐在理论体系的构建上体现出来。那么，对于当时的王阳明来说，"龙场悟道"后最主要的直接成果应该是其超越的精神境界的提升和自由、自信、独立的人格形态的确立。

王阳明在龙场实际上面临着巨大的生存危机，这种生存危机既来自险恶的贬谪环境，也来自其内心深刻的焦虑和困惑。而王阳明通过自己的努

---

① 王阳明在"龙场悟道"后，"乃以默记五经之言证之，莫不吻合，因著《五经臆说》"。（《王阳明年谱》一，《王阳明全集》卷三十三，第 1228 页）后弟子钱德洪尝请益于阳明《五经臆说》，阳明笑曰："付秦火久矣。"阳明去世后，钱德洪于旧文中得《五经臆说》十三条，大部分应已遗失。

力，竟破解了这一巨大的生存危机，从而获得了思想观念上的重大突破和心学基本原理的发现，并进一步获得了难能可贵的自由、独立的人格形态。实际上，王阳明不仅化解了所面临的巨大生存危机，而且找到了一条全新的生命和思想之路。具体而言，其表现为以下几个方面：

首先，王阳明通过在龙场自建住处、种地采薪等劳动解决了自己的物质生活难题，重建了一个日常生活世界，使自己能在其中"安而乐之"。[①]更重要和可贵的是，王阳明不仅没有轻视这些农事，反而愿意亲身劳作并认同农事这类平凡的日常生活的积极意义："物理既可玩，化机还默识；即是参赞功，毋为轻稼穑！"[②]王阳明认为平凡的农事中也有"物理""化机"，值得参悟，甚至蕴含有圣人之道："素缺农圃学，因兹得深论。毋为轻鄙事，吾道固斯存。"[③]王阳明的这些观念和行为，与传统儒者鄙视生产劳动的态度显然不同，而与道家的价值观相接近，其在龙场的这种自食其力的生活也十分接近于道家式隐士的生活。道家在形上学层面强调道与万事万物的统一，认为道遍存于万物之中，甚至粗糙的日常生活之中。这种道事统一的本体观显然被王阳明所接受，使王阳明愿意努力回归到真实的生活世界中去，不但敢于直面庸常的甚至残酷的日常世俗生活，而且通过这些直面生活的真切实践，为自己建立起了一个完全平民化的真实的生活世界。这个真实的生活世界不仅给了王阳明安宁的隐退生活，而且使他的成圣追求落到了一个坚实的生活根基上，使其获得了迥然不同于以往的种种认识和体验，其龙场"中夜大悟"就是扎根于这种重建了的日常生活世界的成果，其后来所形成的充满平民精神的哲学特质，以百姓日用之事为圣学，主张人人皆可为尧舜的平民化观念，也应是源于这种对平民化的、真实的生活世界的体验和感悟。

其次，王阳明在精神层面上努力实现了对得失荣辱、生死祸福的超越。《王阳明年谱》记载："时瑾憾未已，自计得失荣辱皆能超脱，惟生死一念尚觉未化，乃为石墩自誓曰：'吾惟俟命而已！'日夜端居默坐，以求静一；

---

① 有关王阳明在龙场重建自己的日常生活世界的具体情况，可以参见拙著《王阳明与道家道教》第6章"龙场'吏隐'"，第165～186页。

② 《居夷诗》，《王阳明全集》卷十九，第695～696页。

③ 《居夷诗》，《王阳明全集》卷十九，第697页。

久之，胸中洒洒。"①又有作于正德三年（1508）的《祭刘仁征主事》云：

> 死也者，人之所不免。名也者，人之所不可期。虽修短枯荣，变
> 态万状，而必归于一尽。君子亦曰："朝闻道，夕死可矣"。视若夜旦，
> 其生也奚以喜，其死也奚以悲乎？②

这里，王阳明既有儒者对道的执着，又有道家对生死的超然。而王阳明既
然超越了得失荣辱、生死祸福，自然就会使自我的生命获得极大的解放和
提升，赋予生命超然洒脱的特质："交游若问居夷事，为说山泉颇自堪"③，
"渐觉形骸逃物外，未妨游乐在天涯"④。正是由于实现了一己生命的超拔，
才使自我能够融入外在的广大宇宙之中，并在这种天人合一的境界中感受
到山泉可喜、天涯可乐、人生可贵之情，感到生命存在的欢愉和满足。

最后，王阳明于龙场"忽中夜大悟"后，"始知圣人之道，吾性自
足"⑤，发现了本然自我的主体—本体地位以及对于生命存在的根本意义，确
立了自我的主体意识和独立人格，也进一步超越了各种传统价值观的束缚。
据《王阳明年谱》记载，王阳明初到龙场时，"思州守遣人至驿侮先生，诸
夷不平，共殴辱之。守大怒，言诸当道。毛宪副科令先生请谢，且谕以祸
福"⑥。面对这种威胁和压力，阳明丝毫不为所动，反而义正词严地写信说：

> 君子以忠信为利，礼义为福；苟忠信礼义之不存，虽禄之万钟，
> 爵以侯王之贵，君子犹谓之祸与害；如其忠信礼义之所在，虽剖心碎
> 首，君子利而行之，自以为福也。况于流离窜逐之微乎？某之居此，
> 盖瘴疠蛊毒之与处，魑魅魍魉之与游，日有三死焉。然而居之泰然，
> 未尝以动其中者，诚知生死之有命，不以一朝之患而忘其终身之忧也。
> 大府苟欲加害，而在我诚有以取之，则不可谓无憾。使吾无有以取之

---

① 《王阳明年谱》一，《王阳明全集》卷三十三，第 1228 页。
② 《祭刘仁征主事》，《王阳明全集》卷二十八，第 1036 页。
③ 《居夷诗》，《王阳明全集》卷十九，第 710 页。
④ 《居夷诗》，《王阳明全集》卷十九，第 710 页。
⑤ 《王阳明年谱》一，《王阳明全集》卷三十三，第 1228 页。
⑥ 《王阳明年谱》一，《王阳明全集》卷三十三，第 1228 页。

而横罹焉，则亦瘴疬而已尔，蛊毒而已尔，魑魅魍魉而已尔。吾岂以是而动吾心哉！ [①]

从中可以看出，此时的王阳明虽然职位低微、命运不济，但他却没有因此屈服于权贵强人之下，而是充满了自信与从容，断然否定了外在的权威和价值标准对自我的厘定，而明确肯定了自我的主体—本体地位。王阳明正是在生存的绝境时，并没有激愤甚至消沉颓废，也没有屈世媚俗，而是进一步觉悟了任何外在的权威、祸福、荣辱均无损于自我生命的价值，发现了维护自我本性对于生命存在的根本意义，从而空前地挺立起了自己的主体意识和独立人格。显然，王阳明这种生命价值中的主体意识和独立人格的挺立，对于其思想观念的转变具有重要的意义，正像左东岭所认为的：

> 龙场悟道从心学的学术意义上讲，可以视为是其起点，或者说是阳明思想转向的标志。但龙场悟道还有比学术本身更加重要的意义，对此已有人作出过颇有价值的论述，现再进一步作出强调。对王阳明本人而言，龙场悟道的意义在于：他一方面动用前此所掌握的禅、道二家的修炼功夫，解决了他遇到的实际人生难题，即当其身处逆境时，得以超越外来的诸种威胁而保持心境的平静空明，从而使其避免陷入悲观沉沦；同时他又以儒家的心学理论（尤其是从湛若水那里了解的白沙心学），提升了禅、道二家的人生境界，即摆脱精神苦闷的目的并非完全为了一己的自我解脱，而是为了保证其在艰难的境遇中担负起一个儒者应有的人生责任，这包括关怀他人、留意国事、讲学不辍、保持自我节操等等。可以说，阳明先生通过龙场悟道，用释、道的超越理论应付了险恶的环境，又用儒家的责任感坚定了自我的用世之心。 [②]

中国传统的知识分子历来缺乏独立性，大都要依附于朝廷和先圣的支

① 《答毛宪副》，《王阳明全集》卷二十一，第 801～802 页。
② 左东岭：《王学与中晚明士人心态》，第 180 页。

撑，一旦离开这些，便会产生强烈的孤独感和失落感。然而王阳明与他们不同，虽然他也曾有过短暂的委屈感和迷茫，但他很快就超越了一般士人的"怨妇"心态，不再忧谗畏讥，不再患得患失，不再不知所措，而是把自己的人生基座和价值取舍标准定位在自己心里，从而获得了从容淡定、自由潇洒的心境。正因此，他敢于断然拒绝向州守屈从，否定世俗的价值取向的合理性，豁然开悟到"吾性自足""不假外求"的心性本体，保持"视险若夷"的从容超然以及"随处风波只宴然"的适意自得。这显然是王阳明生命境遇中的一次巨大转折和深刻体验，是其思想中融会儒道释各家的智慧而达到的全新境界，对其以后的思想和生活都发生了深刻的影响。实际上，这样一种精神上的重大蜕变，无异于一场全身心的新生，难怪王阳明于中夜大悟后，"不觉呼跃"，惊喜异常。可以说，王阳明"龙场悟道"的核心就是王阳明自我意识的真正觉悟以及发现了自己的独立人格。

嘉靖三十年（1551）在龙场为王阳明建祠时，其得意弟子罗洪先特撰碑记以志，其中具体地讲述了龙场悟道对王阳明人格心态转变的巨大作用：

> 先生以豪杰之才，振迅雄伟，脱屣于故常。于是一变而为文章，再变而为气节。当其倡言于逆瑾盅政之时，挞之朝而不悔，其忧思恳款，意气激烈，议论铿訇，真足以凌驾一时而托名后世，岂不快哉！及其摈弃流离，而于万里绝域，荒烟深菁，狸鼯豺虎之区，形影孑立，朝夕惴惴，既无一可聘者；而且疾病之与居，瘴疠之与亲，情迫于中，忘之有不能；势限于外，去之有不可。辗转烦瞀，以须动忍之益。盖吾之一身已非吾有，而又何有于吾身之外。至于是而后如大梦之醒，强者柔，浮者实，凡平日所挟以自快者，不惟不可以常恃，而实足以增吾之机械，盗吾之聪明。其块然而生，块然而死，与我独存而未始加损者，则固有之良知也。①

按照罗洪先的说法，王阳明本性豪雄，在龙场悟道前乃是一气节之士。不过气节之士虽可贵，"足以凌驾一时而托名后世"，但其气节往往要有所

---

① 《王阳明年谱》附录一，《王阳明全集》卷三十六，第 1342 页。

依恃，即存在着一个"气为谁生、节为谁守"的问题，还未成为真正具有独立人格的士人。而龙场悟道之后，王阳明已体悟到只有自我的本然之性才是最终的生命依托，从而发出了人格独立的第一个强烈信号，找到了其心学产生的基石和突破口。也就是说，在王阳明那里，"吾性自足，不假外求"实际上是一个把个体具有的独立人格设定为行为基本前提的心学命题。正是有此前提，该命题的一个基本意蕴即"肯定人的一切行为须出于主体的内在本性和意愿，而与外在的一切无关"，主体性精神因此才得以成立和突显。王阳明后来把这种具有独立人格的个体称为"无所待""卓然不变"的豪杰之士："非夫豪杰之士，无所待而兴起者，吾谁与望乎？"① "自非豪杰，鲜有卓然不变者。"② 所谓"无所待"，即在自我的修养中无所依傍；"卓然不变"，则是指保持个人的操守，不为世俗所移。这种无所待的具有独立人格的豪杰之士，多么像庄子所理想的"乘天地之正，而御六气之辩，以游无穷者，彼且恶乎待哉"的"至人、神人、圣人"③，也是王阳明的人格形态的真实写照。因而这种人格形态明显带有狂者气象，故王阳明又称之为"狂者"："狂者志存古人，一切纷嚣俗染，举不足以累其心。真有凤凰翔于千仞之意，一克念即圣人矣。"④ "凤凰翔于千仞"，如庄子的大鹏展翅九万里一样，是对"无所待"的形象描绘，王阳明以这种自由、独立的人格作为成圣（达到理想人格）的前提，这就进一步突出了主体的独立人格的意义。不难看出，王阳明推重豪杰（狂者），旨在强调个人应当在"纷嚣俗染"的社会环境中坚守本心、护佑良知、卓然挺立、勇于担当，而不能沉沦于世俗而泯灭自我。这样一种人格形态，无疑已融合儒道精神而臻于理想的圣人之境。

在龙场写的《君子亭记》中，王阳明曾借用竹子来说明此种理想人格的特征：

> 竹有君子之道四焉：中虚而静，通而有间，有君子之德；外节而

---

① 《传习录》中，《王阳明全集》卷二，第57页。
② 《与辰中诸生》，《王阳明全集》卷四，第144页。
③ 参见《庄子·逍遥游》。
④ 《王阳明年谱》三，《王阳明全集》卷三十五，第1287～1288页。

直，贯四时而柯叶无所改，有君子之操；应蛰而出，遇伏而隐，雨雪晦明无所不宜，有君子之时；清风时至，玉声珊然，中采齐而协肆夏，揖逊俯仰，若洙、泗群贤之交集，风止籁静，挺然特立，不屈不挠，若虞廷群后，端冕正笏而列于堂陛之侧，有君子之容。①

王阳明于此既是赞竹，又是自况自勉。竹子有君子之风，既能虚静涵通，又有直节操守；既可出可隐，又无不从容自如；既有俯仰坚韧之质，又能挺然特立、不屈不挠，这俨然是一种自由、独立的人格形态的象征，散发着儒家圣者的气象和道家智者的超然。

王阳明有了此种自由、独立的人格形态，自然不难体会由此而生的"圣贤真乐"：这种"真乐"既不同于世俗中的七情之乐，因为它已超越世俗的荣辱得失，与现实的利害拉开了很大的距离；又是人生自我所获取的安顺和乐的自得境界，是一种高级的人生享受：

> 投荒万里入炎州，却喜官卑得自由。心在夷居何有陋？身虽吏隐未忘忧。②
> 江日熙熙春睡醒，江云飞尽楚山青。闲观物态皆生意，静悟天机入窅冥。道在险夷随地乐，心忘鱼鸟自流形。未须更觅羲唐事，一曲沧浪击壤听。③

遭贬官卑，却喜得自由；谪居夷地，未觉有陋；身虽"吏隐"，未敢忘忧。这种乐观旷达、不离不弃的人生态度，岂是一般士人所能有？化身鱼鸟，随地可乐，游心万物，生意浑然，此种自然自得之乐，又岂是未获真体验者所能言说？

总之，王阳明"龙场吏隐"渗透了一种真朴自然的"孔颜之乐"，也体现了富有道家风骨的自由、独立的人格形态，它不仅使身处危机逆境中的身心得以安顿，找到了精神的家园，而且进一步发现和确立了自己作为一

---

① 《君子亭记》，《王阳明全集》卷二十三，第 891～892 页。
② 《居夷诗·龙岗漫兴五首》，《王阳明全集》卷十九，第 702 页。
③ 《居夷诗·睡起写怀》，《王阳明全集》卷十九，第 717 页。

个士人的独立人格和个体价值，实现了自我生命的跃升！

2. 自作主宰

王阳明追求个体的独立人格，实际上是要充分肯定个体生命的自我价值，挺立起自我的主体性精神。与此相应，王阳明也十分强调要破除各种旧的价值观的束缚，反对绝对化权威和普遍性教条，提倡要"自作主宰"，即在生命价值的选择和是非善恶的甄别上都应由自己裁决，自己主宰自己的命运，做掌握自己言行的主人。

王阳明这种"自作主宰"的思想，在形上层面上基于其心本体论。在王阳明看来，既然心是外在天理与内在自我的统一体，是主体—本体的双重性形而上之终极存在，无疑就是一切事物的终极主宰："心虽主乎一身，而实管乎天下之理；理虽散在万事，而实不外乎一人之心。"[①]"我的灵明便是天地鬼神的主宰。天没有我们灵明，谁去仰他高？地没有我们灵明，谁去俯他深？鬼神没有我们灵明，谁去辨他吉凶灾祥？"[②]王阳明的"心"也自然地是知善知恶的"昭明灵觉"，也可说就是"灵明"。这种心之"灵明"，王阳明后来又以"良知"称之。无论心还是良知，都不仅仅是主体自身的有限知觉，而且是能体验天理、与外在的宇宙万物合为一体的无限本体，因而与天理同位，具有永恒性、终极性和普遍性。这样，良知以丰沛的主体性精神和具有普遍性的价值取向，成为构建一切存在特别是人类社会规范与人自身的行为准则的根本依据。王阳明说："尔那一点良知，是尔自家底准则。尔意念着，他是便知是，非便知非，更瞒他一些不得。"[③]正是在这个意义上，王阳明认为良知作为准则"如佛家说心印相似，真是个试金石、指南针"[④]。尽管王阳明的良知本体仍不免主要限于道德生活的境域，但它在继承宋儒对本体的普遍性追求的同时已能够自觉地凸显个体的主体精神，认为良知本体同时就是一切道德规范、道德活动的主体，是能够进行是非善恶的道德评判的"试金石"和道德选择的"指南针"，这样的主

---

① 《传习录》上，《王阳明全集》卷一，第42页。
② 《传习录》下，《王阳明全集》卷三，第124页。
③ 《传习录》下，《王阳明全集》卷三，第92页。
④ 《传习录》下，《王阳明全集》卷三，第93页。

体，不仅能评判是非善恶，体现人在确立道德准则时所拥有的自主性，而且还能主宰自己的行为，自觉地承担自我的道德责任。显然，这样一个知善知恶又能扬善去恶的良知主体，就是一个能自作主宰、具有独立人格的"真己""真吾"：

> 夫吾之所谓真吾者，良知之谓也。……从真吾之好，则天下之人皆好之矣，将家国天下，无所处而不当；富贵、贫贱、患难、夷狄，无入而不自得；斯之谓能从（真）吾之所好也矣。①

做一个真实无妄的自我，处处从这一本然自我出发，听从内心的真实自我的呼唤，则无不当、无不自得王阳明说："良知只是一个良知，而善恶自辨。"②又说："凡所谓善恶之机、真妄之辨者，舍吾心之良知，亦将何所致其体察乎？"③在王阳明看来，只有自我的良知是唯一的标准，任何行为都要按照这一标准去评判、指导，任何外来的标准都是人为设定的，都是根据特定的情境设定的，因而难免会过时和不适当，只能作为一时的参考。所以王阳明主张要破除一切外在的、已有的绝对化权威和普遍化教条，凡事要从自我的体验出发，以自己的脑子（"吾心"）来定是非，做抉择，至于一切外在的准则都不足为据。他说：

> 夫学贵得之心，求之于心而非也，虽其言之出于孔子，不敢以为是也，而况其未及孔子者乎？求之于心而是也，虽其言出于庸常，不敢以为非也，而况其出于孔子者乎？④

他又说：

> 圣人气象自是圣人的，我从何处识认？若不就自己良知上真切体

---

① 《从吾道人记》，《王阳明全集》卷七，第250页。
② 《传习录》中，《王阳明全集》卷二，第67页。
③ 《传习录》中，《王阳明全集》卷二，第46页。
④ 《传习录》中，《王阳明全集》卷二，第76页。

认，如以无星之称而权轻重，未开之镜而照妍媸，真所谓以小人之腹而度君子之心矣。圣人气象何由认得？自己良知原与圣人一般，若体认得自己良知明白，即圣人气象不在圣人而在我矣。[①]

这真是关于人格独立的振聋发聩的宣言！

在这里，王阳明把个人的独立自主、自尊无畏的精神发挥到了极致，彻底动摇了人们对权威和圣人的盲目崇拜。王阳明把"吾心"即良知确立为万事万物的主宰，实际上就是把辨别是非、检验真理的标准赋予每个人自己，而不是任何外在的权威。他认为每一个人都应该通过自己的本然之"吾心"去认识真理，鉴定真理。"吾心"认为非的，即使那是孔子朱子所说也不敢以为是。"吾心"认为是的，即使是平常人说的也不敢以为非。这就是说真正的权威是"吾心"而不是圣人，每个人都与圣人一样有认识真理与鉴别是非的权利。在极度尊孔崇朱的时代王阳明能大胆地发表这样的意见，是十分难能可贵的，也是其自身具有突出的独立人格的典型表现，也可以说是其在中晚明时期开启的主体性觉醒和"人的发现"的象征！

王阳明这种激烈地反对权威崇拜、提倡自作主宰、张扬个性和独立人格的思想取向，在儒家的原有传统中是极为罕见的。相反，在道、释的思想世界中，这却是一种悠久的思想传统。与儒家历来尊崇权威、强调尊卑有序，特别是明代极度尊孔崇朱的思想氛围不同，道家富有反对权威和大一统，倡导思想解放和个性自由的思想传统。老庄强调一切事物的存在及其价值的相对性，并进一步得出相对主义的真理观和价值观。庄子认为，百食各有其味，万物各有其美，既不存在超乎一切之上的绝对价值，也不能以一己之是非为万物之是非，因为若就其异者视之，肝胆楚越也，孰能知何为正色、正味、正辨？但就其同者视之，则朝三暮四，无可不无可，道道通为一。[②] 因此，庄子主张不要固执于某种是非，不盲从迷信任何外在的价值判断，而是要超越各种是非之环，通过保持自己心态的宁静单一执守"环中"以应无穷，从而破解定于一尊的绝对权威和是是非非，以回归"十

---

① 《传习录》中，《王阳明全集》卷二，第 59 页。
② 参见《庄子·齐物论》等。

日并出、万物皆照"的多样化世界和顺遂自然、无伪无累的本真状态。这实际上是要人们挣脱各种各样的束缚，获得高度自由自主的主体性精神。道教也强调"我命在我不在天"，要求不迷信外在的天命和权威，通过自己的努力主宰自己的命运。后来的禅宗正是继承和发挥了道家道教的这种思想，进一步阐发了"呵佛骂祖""不立文字""不依经卷"的反权威精神和"直指人心、见性成佛"的认识自主性传统。王阳明"出入佛老三十年"，自然熟悉道释的这些思想方法并予以吸取和应用。况且，王阳明对待佛老这些所谓"异端"的开放宽容、兼收并蓄的态度，就是其坚定地反对权威崇拜和定于一尊的思想禁锢，提倡独立人格和自主个性的典型体现。正如王阳明自己所说：

> 夫道，天下之公道也；学，天下之公学也。非朱子可得而私也，非孔子可得而私也。天下之公也，公言之而已矣。故言之而是，虽异于己，乃益于己也；言之而非，虽同于己，适损于己也。①

不过，王阳明坚决否定外在权威、强调以一己之是非为是非的自作主宰、人格独立，这是否会导致其真理标准或道德判断的主观化、随意化呢？如王阳明说："良知即是易，其为道也屡迁，变动不居，周流六虚，上下无常，刚柔相易，不可为典要，惟变所适。此知如何捉摸得？见得透时便是圣人。"② 又说："圣贤教人如医用药，皆因病立方，酌其虚实温凉阴阳内外而时时加减之，要在去病，初无定说。若拘执一方，鲜不杀人矣。"③ 这样，王阳明在强调"吾心"在认识真理、鉴别是非中的主宰作用的同时，他又认为任何道德判断都是因某种独特的情境而发的，具有量身定做的味道，从而难以形成可适用于不同情境的普遍的、客观的道德标准。西方著名汉学家狄百瑞（William Theodore de Bary）就认为：王阳明"这么重视直觉和真理，但是他同时深信人的基本理性，并坚持每个人自己要发觉事物的是与非，可是他居然没想到主观道德标准跟客观道德标准之间可能存在

---

① 《传习录》中，《王阳明全集》卷二，第78页。
② 《传习录》下，《王阳明全集》卷三，第125页。
③ 徐爱：《传习录序》，《王阳明全集》卷四十一，第1567页。

的基本冲突，也没想到真诚的反省可带来不同于肯定清楚和普遍道德标准的结果"[1]。狄百瑞的话暗示王阳明因为不知道主观和客观道德标准之间的可能冲突，所以他不明白主观的看法多么容易犯错，以致他没有能够真正地发现一个客观的道德标准。

这实际上是把阳明学看作典型的"主观主义"或"情境伦理学"（situation ethics）。其实，这里包含了对阳明学的很大误解。因为王阳明所说的"吾心""真己"，并不是真正单一的个体存在、完全主观性的自我，而是蕴含普遍之性、客观之理的本体之心，是破除了有限的"我执"、私欲，达到无善无恶的本真之己，它犹如庄子所说的"圣人无己"和"吾丧我"的状态，具有普遍性与客观性的品格。王阳明后期以"良知"取代"心"的本体地位，就是要努力扬弃"心"这一概念所含有的易导向个体性、主观性、经验性的倾向，使良知作为本体更突显出普遍性、永恒性的意义。王阳明具有"良知"的"吾心""真己"乃是与天下众生万物相融一体的，此可谓"天地万物一体之仁"。所谓"良知"，是众生百姓、愚夫愚妇都具有的，甚至草木瓦石都具有的，"盖天地万物与人原是一体"[2]，所以我们真正要懂得的和追求的就是这种"天地万物一体之仁"，"大人者，以天地万物为一体者也，其视天下犹一家，中国犹一人焉。若夫间形骸而分尔我者，小人矣。大人之能以天地为一体也，非意之也，其心之仁本若是，其与天地万物而为一也"[3]。在这个意义上，王阳明讲自作主宰、独立人格，并不意味着其要以个人的主观意气为准则可以任意作为，更不意味着可以放弃应有的社会责任、逃避人世，而要以达于"尽心"为目标："圣人之求尽其心也，以天地万物为一体也"[4]，达到对一种普遍性及客观性品格的追求。相应地，在王阳明看来，不能达到万物一体之仁者，则仍限于狭隘之"己私"："仁者以万物为一体，不能一体，只是己私未忘。"[5]为此，王阳明还曾一再地批评佛老"已陷于自私自利之偏"，斥责佛禅"外人伦、遗事

---

[1]　William Theodore de Bary, "Individualism and Humanitarianism in Late Ming Thought", in *Self and Society in Ming Thought*, New York: Columbia University Press, 1970, p. 156.

[2]　《传习录》下，《王阳明全集》卷三，第 107 页。

[3]　《大学问》，《王阳明全集》卷二十六，第 968 页。

[4]　《重修山阴县学记》，《王阳明全集》卷七，第 257 页。

[5]　《传习录》下，《王阳明全集》卷三，第 110 页。

物"之弊①。这些对万物一体的普遍性及客观性品格的追求都是王阳明有社会责任感、勇于担当的独立人格精神的体现，而且被他一再批评的佛老也未尝就完全不具有这种人格内涵。可以说，这应该是中国历史上三教融合、儒道互补的文化传统长期熏染下的中国知识分子的典型人格形态。

3. 自由创新

王阳明一生在知与行、思想与事功等方面都有杰出成就，充满了创新精神。可以说王阳明之所以能够成就那些杰出的创新，正是以其自由、独立的人格为基础的，而且王阳明终其一生不懈地追求和坚守自由、独立的人格形态的一个最重要的价值和意义就在于他实现了一系列重大创新，在中国思想文化史上留下了自己浓墨重彩的独特画卷。

王阳明从小就立有远大志向，要以"学为圣贤"为人生"第一等事"。但经过青年时期的反复努力，王阳明仍在求圣的道路上一再地碰壁，其最终认识到"圣贤有分"，或者说成圣并没有固定的模式，实际上是要学有"自得"，并最终成就"为己之学"。这种有"自得"的为己之学，就是思想创新，即通过自己的独立思考、体察而获得"自得于心"的认识，不轻信、不盲从，敢于独立自主地提出的新颖之见。他曾说："夫君子之论学，要立得之于心，众皆以为是，苟求之心而未会焉，未敢以为是也；众皆以为非，苟求之心而有契焉，未敢以为非也。"②在中国传统知识分子普遍缺乏独立性和创新性的环境下，王阳明敢于强调不轻信、不盲从而坚持独立思考的基本原则是十分可贵的。他又说：

> 圣人气象自是圣人的，我从何处识认？若不就自己良知上真切体认，如以无星之称而权轻重，未开之镜而照妍媸，真所谓以小人之腹而度君子之心矣。圣人气象何由认得？自己良知原与圣人一般，若体认得自己良知明白，即圣人气象不在圣人而在我矣。③

---

① 《重修山阴县学记》，《王阳明全集》卷七，第 257 页。
② 《答徐成之》，《王阳明全集》卷二十一，第 808～809 页。
③ 《传习录》中，《王阳明全集》卷二，第 59 页。

　　王阳明从依据以往的权威路径追求成圣却一再碰壁的经历，如"循世儒之说而穷之，愈勤而益难"①，开始怀疑一切权威，要求通过自己的独立思考，"就自己良知上真切体认"来评判是非、衡定真理，这实际上是强调要以自己的独立人格去发现真理，从而实现思想创新。王阳明倡导知行合一，强调所有认识要拿到实践中去检验，以认识与实践的一致性去衡定是否发现了真理。毫无疑问，这样的独立思考、自得之见正是创新性的思想活动。王阳明在龙场之所以能够"悟道"，实现巨大的思想飞跃和创新，就在于龙场的艰难困苦甚至生死的考验导致了王阳明自我意识的觉醒，使他发现了自己的独立人格。或者可以进一步说，王阳明龙场悟道的最主要的创新性成果就是由其自我意识觉醒后所发现的独立人格的形成，因为王阳明在龙场所悟之"道"，其最主要的精神内涵就是"发明本心"，认识到"吾性自足"，即发现独立的自我乃一切意义和价值之本，是具有终极意义的存在本体，依此本体不但人人能挺立自我、透破生死，而且能够得悟圣道。又如良知说是王阳明晚期思想的核心，也是王阳明经过一生的反复认识和实践，"当利害，经变故，遭屈辱"②，历经"百死千难"而获得的最重要的思想创新成果。对此，王阳明曾一再地予以确认："吾良知二字，自龙场以后，便已不出此意，只是点此二字不出。"③ 又说："吾平生讲学，只是'致良知'三字。"④"良知之外，别无知矣。"⑤ 可见，良知学是王阳明自认为最重要的思想创新成果，而这样一种创新成果的获得，既王阳明在认识上"遍求百家"、融摄三教，但又不受拘束、学有自得，思有创获的成果；又是在实践上虽历经"百死千难"仍勇猛不屈，自作主宰，始终保持自己的独立人格，从而实现知行合一、通体达用的结果。

　　由此看来，在王阳明那里，保持自己的独立人格与实现精神自由、自得乃至思想创新是密不可分的。王阳明自己说：

---

① 《别黄宗贤归天台序》，《王阳明全集》卷七，第233页。
② 《与王纯甫》，《王阳明全集》卷四，第154页。
③ 《传习录拾遗》，《王阳明全集》卷三十二，第1170页。
④ 《寄正宪男手墨二卷》，《王阳明全集》卷二十六，第990页。
⑤ 《传习录》中，《王阳明全集》卷二，第71页。

> 依此良知，忍耐做去，不管人非笑，不管人毁谤，不管人荣辱，任他功夫有进有退，我只是这致良知的主宰不息，久久自然有得力处，一切外事亦自能不动。①

1946 年，胡适在北大的演讲中劝告大学生们说："你们要争独立，不要争自由。"胡适作为著名的自由主义者，究竟为什么反而要人们不要去争自由呢？因为"你们说要争自由，自由是针对外面束缚而言的，独立是你们自己的事，给你自由而不独立，仍是奴隶。独立要不盲从，不受欺骗，不依赖门户，不依赖别人，这就是独立的精神"。从胡适这段话可以明白，他不是真的主张人们不要自由，而是由于他坚信独立是自由的前提，没有独立的自由不是真自由，真正的自由必定是建立在独立的基础上的。一个人只有真正具有独立性，能够"自作主宰"，才能保证自由地思考和行动，即获得自由，也才能实现创新，因为任何创新都需要有独立而富有担当、自由而开放宽广的精神作为根本动力。从这个意义上讲，对于一个人尤其是知识分子来说，独立精神和自由意志是最可宝贵的，正如陈寅恪所说的"独立精神和自由意志是必须争的，且须以生死力争"②。

王阳明一生的所思所为，不但坚持了作为一个人尤其是一个知识分子最可宝贵的"自由、独立"的品格，而且以生死去力争了这种"独立精神和自由意志"。王阳明一生上下求索，历经百死千难，其目的都在此。王阳明不顾传统权威和庸儒之见，独树心学；不顾自身安危，奋起平定宁王之叛；不顾身体衰弱，应召出征思田；不顾王命，毅然在功成病重之际，毅然返回家乡……这些都反映了王阳明的"主宰在我"、自由独立的人格追求，颇有道教所讲的"我命在我不在天"的豪杰精神。同时，这些事情还体现了王阳明追求"自得""自适"的精神境界。王阳明说："毁谤自外来的，虽圣人如何免得？人只贵于自修，若自己实实落落是个圣贤，纵然人都毁他，也说他不着；却若浮云掩日，如何损得日的光明？"③

---

① 《传习录》下，《王阳明全集》卷三，第 101 页。
② 陈寅恪：《对科学院的答复》，1953 年 12 月 1 日，转引自陆健东：《陈寅恪的最后二十年》，生活·读书·新知三联书店 1996 年版，第 111～112 页。
③ 《传习录》下，《王阳明全集》卷三，第 103 页。

4. 狂者胸次

最能彰显王阳明所追求的独立人格的，是王阳明曾一再地自许为"狂者"，并极力倡导"狂者胸次"。在王阳明那里，他所追求的独立人格就是要使自己成为一个能够倾听自我的呼唤、顺从心灵的指点、率性而行、坦荡超然的"真己""真我"。而要真正做到这一点，是必须具有巨大的勇气的，即要敢于不顾世俗的顾虑、计较，冲破种种既有价值规范和僵固秩序的束缚，勇往直前、义无反顾地坚持自己的观念和行为，成为一个真正的特立独行之士。王阳明认为，这样的特立独行之士就可称为"狂者"。王阳明说："狂者志存古人，一切纷嚣俗染，举不足以累其心，真有凤凰翔于千仞之意。"①"狂者"如凤凰一样遨游飞翔于壁立千仞的高空之间，象征着王阳明所追求的卓然不俗、勇于担当、自由独立的人格特质和勇猛不屈的豪迈气概。王阳明自己称这种狂者行为为"信手行去，更不著些覆藏"，"行不掩言"。②可见狂者的最大特点是想说就说、想做就做、率性直行。狂者往往有很高远的志向和勇猛无畏的行为，孔子之所以十分赞赏"狂者"，就是认为"狂者进取"③，如孔子在陈，思鲁之狂士，称"吾党之士狂简进取，不忘其初"④，也就是说，孔子肯定狂者敢于突破世人的庸见和权威之限，直道而行。王阳明显然赞同孔子对狂者的肯定态度，认为狂者之所以能够特立独行、超脱俗染，关键就在于狂者深知"世之学者没溺于富贵声利之场，如拘如囚，而莫之省脱"，其实"一切俗缘皆非性体"。⑤一个人只有真正超越一切俗缘的牵累，达到豁然贯通、回归本真的状态，才能在无累无滞中进入"无入而不自得"之境。

从内涵上看，这种自作主宰、自觉自信、特立独行的狂者，无疑是"真己""真我"的人格形态的具体体现。而与之相对立的，则是孔子所批评的"乡愿"。所谓"乡愿"是指外貌忠厚老实，不愿得罪俗众，实际上往往没有原则是非，甚至言行不一、伪善欺世的人。正因此，孔子斥之为"德之贼"⑥，

① 《王阳明年谱》三，《王阳明全集》卷三十五，第 1287～1288 页。
② 《传习录》下，《王阳明全集》卷三，第 116 页。
③ 《论语·子路》。
④ 参见《孟子·尽心下》。
⑤ 《王阳明年谱》三，《王阳明全集》卷三十五，第 1291 页。
⑥ 《论语·阳货》。

孟子指出："言不顾行、行不顾言，……阉然媚于世也者，是乡愿也"①。王阳明也十分厌恶这种随波逐流、趋炎媚俗的"伪君子"，曾一再地论析乡愿、狂者之辨。有一次，当弟子们问及狂者与乡愿的区别时，阳明答曰：

> 乡愿以忠信廉洁见取于君子，以同流合污无忤于小人，故非之无举，刺之无刺。然究其心，乃知忠信廉洁所以媚君子也，同流合污所以媚小人也，其心已破坏矣，故不可与入尧、舜之道。狂者志存古人，一切纷嚣俗染，举不足以累其心，真有凤凰翔于千仞之意，一克念即入圣人矣。惟不克念，故阔略事情，而行常不掩。惟其不掩，故心尚未坏而庶几可与裁。②

在另一个地方，王阳明再次做分辨说：

> 古之狂者，嘐嘐圣人而行不掩言，世所谓败阙也，而圣门以列中行之次。忠信廉洁，刺之无可刺，世所谓完全也，而圣门以为德之贼。某愿为狂者以进取，不愿为愿以媚世。③

王阳明认为，"乡愿"既以忠信廉洁的德行取悦于君子，又与小人同流合污来取媚于世俗，他们自以为是"完人"，世人也易误认其为"完人"，其实恰恰是伪善欺世的"德之贼"。而所谓"狂者"因一切纷嚣俗染皆不足以累其心，既不为世俗言论所动，亦不会屈从于权威强力，凡事依良知而为，勇猛进取、直道而行，尽管有率性而为、言不掩行甚至我行我素的局限而不能算完人，但还是被孔子视为"圣人之次"，王阳明更是明确宣布愿做"狂者"而不愿做"乡愿"。他嘲笑"乡愿"："处处相逢是戏场，何须傀儡夜登堂？""名利牵人一线长"，"本来面目还谁识"④；而赞扬"狂者"："知者不惑仁不忧，君胡戚戚眉双愁？信步行为皆坦道，凭天判下非人谋。用之则行舍即休，此身浩荡浮虚舟。丈夫落落掀天地，岂顾束缚如穷囚！"

① 《孟子·尽心下》。
② 《王阳明年谱》三，《王阳明全集》卷三十五，第 1287～1288 页。
③ 邹守益：《阳明先生文录序》，《王阳明全集》卷四十一，第 1569 页。
④ 《观傀儡次韵》，《王阳明全集》卷十九，第 711 页。

并宣称："孤肠自信终如铁，众口从教尽铄金。"[1]"人生达命自洒落，忧谗避毁徒啾啾！"[2]

嘉靖三年（1524）中秋时节，王阳明居越夜宴于天泉桥，与众门人击鼓泛舟，或酒或歌，尽显狂者胸次。王阳明诗云：

> 万里中秋月正晴，四山云霭忽然生。须臾浊雾随风散，依旧青天此月明。肯信良知原不昧，从他外物岂能撄！老夫今夜狂歌发，化作钧天满太清。

又云：

> 处处中秋此月明，不知何处亦群英？须怜绝学经千载，莫负男儿过一生！影响尚疑朱仲晦，支离羞作郑康成。铿然舍瑟春风里，点也虽狂得我情。[3]

总之，王阳明拒绝做一个不能坚持自己的真实本色和独立主张，"同乎流俗而合乎污世"，实为丧失了自我、背离了本心的虚伪媚世者，而努力成为一个不顾一切是非得失，坚持以自己的良知本心为根基而保持了真实的自我、独立的人格和自然的行为的人，这样的人即是弃华而就实、背伪而归真的"真己"，迎风破雾、翔于千仞的"凤凰"。

那么，王阳明的这种"狂者胸次"来源于哪里呢？或者说它与历史上哪种思想传统相接近呢？在儒家的思想传统中，对"狂"的讨论始见于《论语》的《子路篇》："子曰：不得中行而与之，必也狂狷乎！狂者进取，狷者有所不为也。"孔子说，如果中道之人难于遇到，则宁可和狂狷之人同游，因为狂者、狷者也能不随波逐流，有所为有所不为。可见孔子对狂狷者偏重于其行的肯定。但从孟子开始，对"狂"的理解就偏向于其"志"，孟子虽然接着孔子对狂的议论做了进一步的讨论，但关注的重点显然已经

---

① 《用韵答伍汝真》，《工阳明全集》卷二十，第757页。
② 《啾啾吟》，《王阳明全集》卷二十，第784页。
③ 《月夜二首，与诸生歌于天泉桥》，《王阳明全集》卷二十，第787页。

改变："'敢问何如斯可谓狂矣？'曰：'如琴张、曾皙、牧皮者，孔子之所谓狂矣。''何以谓之狂也？'曰：'其志嘐嘐然，曰古之人，古之人，夷考其行而不掩焉者也。'"①孟子对狂者的定义是志向远大而行不掩言，即言与行不相符，行为不能达到言语表示要达到的程度。这不仅把对"狂"的理解导向了偏重于主观性的"志向"而不是孔子所偏重的客观性的"行为"，而且对狂者的评价也更偏向于否定性而不是孔子所偏向的肯定性。大概是受孟子这种思路的影响，宋儒中对"狂"的讨论最有影响的二程就明确地把《论语》中的"曾点言志"作为"狂者"的代表："曾皙言志，而夫子与之，盖与圣人之志同，便是尧舜气象也，特行有不掩焉耳，此所谓狂也。"②

　　本来，在孔子与弟子言志的这段著名谈话中，孔子只是对曾点向往的那种"浴乎沂，风乎舞雩，咏而归"的悠然自得、自然平和的生活表示赞赏，并未确认曾点就是"狂者"，而且在孔子看来，这种安于自然平和的生活也算不上多高远的境界，正像孔子在"天下无道"时也想退隐避世，"道不行，乘桴浮于海"③"子欲居九夷"④，过一种自适无累的生活一样，但这绝不是孔子理想的人生境界，而只是其"无道则隐"的无奈和"隐以待时"的权变。不过，在宋儒那里，曾点不仅成了"狂者"的典型，而且曾点气象都被当作了狂者胸次的集中体现。二程说："曾点，狂者也"，朱子说："曾点之志，如凤凰翔于千仞之上"⑤，朱子又说：

　　　　曾点之学，盖有以见夫人欲尽处，天理流行，随处充满，无少欠阙，故其动静之际，从容如此，而其言志，则又不过即其所居之位，乐其日用之常，初无舍己为人之意。而其胸次悠然，直与天地万物上下同流。⑥

　　宋儒以孔子、曾点都未曾提及的"人欲尽处、天理流行""直与天

---

① 《孟子·尽心下》。
② 朱熹：《孟子集注卷十四》，《四书章句集注》，第 444 页。
③ 《论语·公冶长》。
④ 《论语·子罕》。
⑤ 《朱子语类》卷四十，第 1026 页。
⑥ 朱熹：《论语集注卷六》，《四书章句集注》，第 153 页。

地万物上下同流"的"狂者胸次"来阐释曾点气象，则不单单是偏重于以"志"释"狂"，而且也不同于孔孟本意。正如陈来所说："这样，在理学中，狂者胸次的问题与孟子时代不同，成为一个精神境界的问题。"① 然而，尽管把悠然自适、自然平和的生活表述为"狂者胸次"的精神境界，可这毕竟不是主敬律己的严肃理学家们所喜欢的生活态度，因此便还是忍不住对其予以否定性的评价。陈来也指出：就曾点气象问题，"朱子更经常持的是另一种态度，即对曾点有所批评"②。如朱熹说："只怕曾点有庄老意思"③，"某平生便是不爱人说此话（指'与点'）"④。可见严肃的理学家们最终还是无法真心认同把曾点之志当作"人欲尽处，天理流行""直与天地万物上下同流"的"狂者胸次"的，更谈不上把它真正当作至高的精神境界来欣赏。

实际上，尽管人们对于什么是"狂"难以找到一个一致的标准，但一般所谓"狂"，总是意味着其言和行已不合于常规，尤其已偏离于某些世俗的价值标准。像孔子就是在达不到中庸的标准之后，退而求"狂狷"的："不得中行而与之，必也狂狷乎！"⑤ 当然，就曾点之志而言，无论是孔子还是我们今人看来，恐怕还算不上真正的"狂"，因为它显然仍旧在儒家的中庸之道所规范的仁和礼的领域之内，它所传达的"诗"情"乐"趣恰恰还在孔子"六艺论"的原儒体系的尺度中，至少离得不太远。所以它实在还算不上真正的"狂"，或者说它最多可算十分温和节制的"狂"。

就言行不合于常规、偏离世俗价值而特立独行的真狂而言，道家在中国的思想世界中是最富有这一传统的。从《老子》到《庄子》所论述的众多"有道者"来看，他们不但"隐居放言"，激烈地批评时政及世俗社会："方今之时，仅免刑焉"，"知其不可而为之"，而且对现实政治及社会采取避世隐居的不合作态度："不事王侯，高尚其事"，可谓既有"狂言"，更有"狂行"。至于老子、庄子本人，更是"狂妄"之至。老子、庄子完全颠覆了传统的价值观，否定了一切世俗社会所固有的秩序及行为的意义，他

---

① 陈来：《有无之境 —— 王阳明哲学的精神》，第 254 页。
② 陈来：《有无之境 —— 王阳明哲学的精神》，第 254 页。
③ 《朱子语类》卷四十，第 1028 页。
④ 《朱子语类》卷一百一十七，第 2820 页。
⑤ 《论语·子路》。

们说："大道废，有仁义"①，"夫礼者、忠信之薄而乱之首"②，"圣人不死，大盗不止"③，"方生方死，方死方生"④，"恢诡谲怪，道通为一"⑤。同时，他们在行为上以"自隐无名为务"，坚决拒绝与世俗社会特别是政治权力的合作：老子辞官隐居；庄子妻死"鼓盆而歌"，并一再地拒绝楚王的千金卿相之聘，"终身不仕，以快吾志"⑥。道家的这些狂言狂行，在一个注重中庸和礼制的传统社会中的确是十分突兀狂放的，完全超出了一般的世俗尺度，可谓"游于方外"，并由此形成一种典型的道家的精神境界和处世方式，对中国传统社会的知识分子产生了深刻影响。魏晋玄风中"越名教而任自然""非汤武而薄周礼"的名士风流，陶渊明"不为五斗米折腰"的独立人格，李白"我本楚狂人，凤歌笑孔丘"的放荡不羁，李贽"豪杰必在于狂狷"，"非有非狂狷而能闻道者也"的"童心"，黄宗羲的"为天下之大害者，君而已矣"的大胆的无君论等，无不渗透了道家这种独立、叛逆的狂者精神。显然，王阳明身上所体现的"狂者胸次"与以道家为代表的这种狂者传统是十分接近的。王阳明实在是少有的真正的特立独行之士，终其一生，从思想上的"遍求百家""出入佛老"到政治生活中百死千难的复杂经历，都充分显示了其不与世俗同流合污、拒绝一切纷嚣俗染、独立进取的狂者精神；他不以孔子及经典的是非为是非，毅然批判朱子等宋儒的基本思想，大胆提出"心即理"、"良知本体"、"吾性自足，不假外求"、圣凡平等、知行合一等一系列颠覆性的心学思想及理论体系；他不但多次辞官隐居、急流勇退，不以世俗所崇尚的举业、仕途为追求目标，而且常与弟子游乐山水、忘情自然，在饮酒泛舟、击鼓咏歌之中，显示其力图摆脱一切尘世的纷争，在自然简单的生活中"洒然而乐，超然而游"的"归隐之图"，表现了其不同于传统社会主流价值观而深受道释影响的人生观及生存方式。总之，王阳明的言行充满了自由、独立、超逸旷达、叛逆进取的狂者精神，其人格特质已非传统的儒学所能范围，而形塑成了绝然不同于世儒的亦儒亦道、儒道互补

---

① 《老子》第十八章。
② 《老子》第三十八章。
③ 《庄子·胠箧》。
④ 《庄子·齐物论》。
⑤ 《庄子·齐物论》。
⑥ 《史记·老庄申韩列传》。

的新型人格形态。李泽厚认为，儒家和道家相结合的重要表现"是儒家与庄子以至佛家的互补而造就个体人格的完成，称之为'儒道互补'"①。可以说，王阳明所具有的独立人格，正是这种儒道互补的一种典型表现。

当然，就王阳明来说，其"狂者胸次"也并非天生自成，而是有一个历经风雨磨难而形成的过程。王阳明晚年回忆说："吾自南京以前，尚有乡愿意思。在今只信良知真是真非处，更无掩藏回护，才做得狂者。使天下尽说我行不掩言，吾亦只依良知行。"②王阳明自述，自己在南京以前（即46岁以前），虽然在思想上早已与以朱子为代表的宋儒有了巨大分歧，但由于顾忌其官学地位和世俗影响，还未能坦然承认，未免还有些乡愿的意思在。但是"自经宸濠忠泰之变，益信良知真足以忘患难，出生死，……乃遗书守益曰：'近来信处致良知三字，真圣门正法眼藏。往年尚疑未尽，今自多事以来，只此良知无不具足'"③。王阳明经历宸濠忠泰之变，在思想上完全成熟并有了坚定自信之后，方才改变了原先有些遮掩的态度，抛弃了乡愿，公开亮出了自己的独特观点。此时，虽然针对王阳明的"谤议日炽"，且有"忌嫉谤"，有"学术谤"，有"身谤"等④，但王阳明却无所畏惧、直道而行，表现了一种"信得良知真是真非，信手行去，更不著些覆藏"的"狂者胸次"⑤。因此，尽管王阳明也认识到狂者"惟不克念，故阔略事情，而行常不掩"，行为常有不周全之处，难以达到理想人格的最高标准，即毕竟狂者还不是圣人，王阳明也不主张"以一见自足，而终止于狂"，而是要"精诣力造，以求至于道"⑥，但是，由于狂者能够"一切纷嚣俗染，举不足以累其心，真有凤凰翔于千仞之意"，已远超出一般人的境界，与圣人之境只在毫厘之间："一克念即圣人矣"⑦，所以王阳明不同于世儒，对狂者是充满了衷心的赞赏和向往的，正像他称赞李白时所说："李太白，狂士也。……盖其性本豪放，非若有道之士，真能无入而不自得

① 李泽厚：《论语今读》，安徽文艺出版社 1998 年版，第 139 页。
② 《王阳明年谱》三，《王阳明全集》卷三十五，第 1287 页。
③ 《王阳明年谱》二，《王阳明全集》卷三十四，第 1278 页。
④ 参见《王阳明年谱》三，《王阳明全集》卷三十五，第 1287 页。
⑤ 《传习录》下，《王阳明全集》卷三，第 116 页。
⑥ 《王阳明年谱》三，《王阳明全集》卷三十五，第 1291 页。
⑦ 《王阳明年谱》三，《王阳明全集》卷三十五，第 1288 页。

也。"① 正是王阳明作为狂者能够自尊自信、豪放进取、无私无畏、无入而不自得，故能成为儒者中"希圣希贤"的典范，铸就了自己融合儒道的高远的人生境界。

5. 隐逸情结

王阳明一生积极追求经世致用，主张知行合一，是史上极少数有突出事功的儒者，被不少人看作能内圣外王的少有"全人"。但实际上，在王阳明的思想性格和行为深处，一直交织着进与退、仕与隐、出世与入世及与此相关的"内圣"与"外王"之间的深刻矛盾。这种深刻矛盾以其终生具有的"隐逸情结"为典型表现。而王阳明的这种"隐逸情结"又与他上述所具有的独立人格、"狂者胸次"紧密关联。可以说，在王阳明那里，其所具有的强烈的独立人格、"狂者胸次"促使他不断地产生出对现实政治和世俗生活的疏离感，追求出世归隐的生活，而其内心深处挥之不去的社会责任感及道德担当精神，又使他在面对进退、仕隐的矛盾时，既基本上恪守了儒家"以道进退"的根本原则，又融合了道家乃至易学进退之道方面的丰富深邃的智慧，体现了其儒道互补的思想特点和人生理念。

我们看到，王阳明从青年时代直到中晚期，几乎都在不断地表达其归隐的意愿，并且曾经多次从单纯的归隐追求转向真实的归隐生活。所以，出世归隐不仅成为其一生中重要的生活实践，而且被当作其一己生命的根本价值取向，形成一种可称之为其终生具有的"隐逸情结"。对此我们可以做一些进一步的分析讨论。

首先是王阳明隐逸情结的发生问题。王阳明隐逸情结的发生，固然与其家族文化中"隐操"的传统、元末以来士人越来越普遍的归隐倾向、其自身个性气质上的超越追求等有关，但更主要的还在于政治上的原因。王阳明在总体上是积极入世的，有着"内圣外王"的强烈追求。然而，王阳明在实际的仕途和政治生活中，却经常遭遇和感受到来自专制集权的政治权威和黑暗无义的宦臣弄权对自己的约束和压制，有时甚至是残酷无情的摧残迫害，自然会不时生出退遁之意。王阳明曾写诗自比随时会被宰杀的

---

① 《书李白骑鲸》，《王阳明全集》卷二十八，第 1025 页。

"埘下鸡"和"笼中鹤"①，生前有"敛翼垂头"之束缚，而肥壮后又有"充庖厨"之危险，岂止是可悲可叹！显而易见，王阳明对政治权力的这种戒惧和批判的态度，正是其对政治权力有时不得不采取某种疏离和不合作态度的重要思想根源。

因此，尽管王阳明有"兰当为王者香""吾诚不能同草木而腐朽"的事功追求，并且在实际的政治实践中屡创丰功，被称为"真三不朽者"，却也不能表明因此就是"内圣外王"的成功楷模。因为王阳明的"内圣"固然似乎可算达成，而其事功却未必是实现了他所希望的"外王"理想。所以，我们仍然可以看到王阳明不得不时常运用退隐这种不合作的方式来表达自己对现实政治的不满和失望，甚至在王阳明征战平叛取得显赫事功，官至高位，令人仰慕时，仍一再地疏请放归田园、退隐养病。虽然这中间可能有不能当真的成分，但其退隐之志，大部分还是可信的。

其次是王阳明隐逸情结所反映的价值取向问题。尽管王阳明"渐悟仙、释二氏之非"而"复思用世"②，但实际上，在王阳明整个中后期，仍然保留了非常浓厚的隐逸情结（当然也具有了不同于其前期的特点）。至于在一般层面上反映着道家旨趣的归隐意识，在王阳明身上不仅始终未曾消失过，有时反而更为强烈。所以，中年以后的王阳明的归隐诗仍比比皆是，归隐一直是其反复述说的主题。

王阳明于弘治十七年（1504）主持山东乡试后所写的《登泰山诗五首》中，几乎每首都流露出了其惯有的归隐意识。其诗之二云：

> 吾意在庞古，泠然驭凉飕。
> 相期广成子，太虚显遨游。

正德八年（1513）王阳明在滁州任闲职，于遨游山水之余，写下"何年稳闭阳明洞，槲枻山炉煮石羹"③。王阳明弘治时还因自己的救世之志不能实现而颇多牢骚，但是在经历了远谪龙场之后，他深觉"匡时已无术"，遂

① 《送邵文实方伯致仕》，《王阳明全集》卷二十，第 777 页。
② 《王阳明年谱》一，《王阳明全集》卷三十三，第 1226 页。
③ 《滁州诗》，《王阳明全集》卷二十，第 727 页。

产生还归阳明洞，退隐以求自得的打算。即使在受命征剿赣州，平定宸濠之变，建立显赫事功之后，王阳明亦不时泛起退隐自适之意，即所谓"千载商山隐，悠然获我心"①。其《即事漫述四首》曰："最羡渔翁闲事业，一竿明月一蓑烟。"②而王阳明于正德十五年（1520）作的《思归轩赋》，不但表达了自己思归的迫切之情，而且对思归田园做了辩护和论证。③至正德辛巳年归越后，王阳明在故乡实实在在地过了六年归隐生活，这类诗文就更多了，记载和表达了他淡处田园、讲学林泉、身心静定的孔颜之乐。即使最后征战思田，仍在思归阳明洞。此外，王阳明还曾多次直接上疏奏请乞休养病、放归山林④。

当然，王阳明虽然十分向往"一竿明月一蓑烟"的归隐生活，但他毕竟没有追求单纯的田园生活，而是始终有强烈的责任心和抱负，主张君子即使身处退遁之中，也应时时不忘负有的责任和怀抱的志向，"以道进退""守道而退"。因此，尽管王阳明中晚期面对的环境更加恶劣，但其亦更加自信，故而言归隐也更加从容自得。由于此时已是王阳明思想的成熟时期，所以此时王阳明的归隐意识是颇有意味的。它至少可以明确地表示王阳明终其一生并没有完全否定和放弃出世的理想，而是把富有道家气息的超越境界当作了一己生命的根本价值取向之一，从而赋予了自我生命更丰富、更多向度的内涵。总之，王阳明一生特别是其中晚期的归隐生活和归隐意识，可以说并不是王阳明一时心血来潮之后的结果，而已成为王阳明的生命形态和价值取向的一个基本部分，已凝结为王阳明一种内在的隐逸情结。

最后是王阳明隐逸情结的性质及其特点问题。王阳明深久的隐逸情结表现了他深受道家影响而对自然山水和简单真朴、自由洒脱的田园生活的喜爱。王阳明一生极爱山水、钟情自然，富有道家崇尚自然的精神气质。王阳明热

---

① 《江西诗》，《王阳明全集》卷二十，第761页。
② 《江西诗》，《王阳明全集》卷二十，第756页。
③ 《思归轩赋》，《王阳明全集》卷十九，第660～661页。
④ 王阳明固然一直身体不太好，常患疾病，故多次上疏告病归休。但这种告病归养的疏请中，也有一些打着治病养病的名义，而实际上是因不满于当时的政治现状而希望退归隐居。其上省亲疏也往往如此。如正德十六年上《乞归省疏》说："臣自两年以来，四上归省奏，皆以亲老多病，恳乞暂归省亲。复权奸谗嫉，恐罹暧昧之祸，故其时虽以暂归为请，而实有终身丘壑之念矣"（《王阳明全集》卷三十四，第1281页）。

爱自然的"野性"早已转化为他的一种高雅的审美情趣和崇尚真朴自然、自由洒脱的人格形态。王阳明诗云:"驾苍龙,骑白鹿,泉堪饮,芝可服,何人肯入空山宿?空山空山即我屋,一卷《黄庭》石上读。"[①] 王阳明对自然山水及田园生活的喜爱还使他进一步高度肯定了自然山水及田园生活的价值,并与他所贬低的世俗名利形成对比。王阳明在自然山水和田园生活中所获得的隐逸情趣,很好地充实了他的人生旅程,极大地拓展了其生命的价值空间,成为其实现自我的适意自得、个体的自我安顿的重要方式。对此,王阳明在正德八年(1513)所作的《梧桐江用韵》[②] 一诗对此做过很好的描述,在王阳明看来,虽然孔子"遑遑"济世、颜子终未忘世,但世事难为,人生苦短,人的一生终究要靠自己操持把舵,去寻求一种对自己有意义的生活,而不能任由外物所左右。而这种人生的自得,往往就在化身鱼鸟、濯足沧浪、优游山水的自然之乐中,就在"锄荒既开径,拓樊亦理园"的日常生活世界的"轻鄙事"中,就在"饮水曲肱吾自乐,茆堂今在越溪头"[③] 的淡泊单纯中。显然,王阳明这样一种自得之乐所透射出的是一股浓厚的道家意味。

王阳明"出入佛老"数十载,思想行为深受道家的影响。而这种影响的很大一部分,首先就体现在王阳明和道家一样崇尚自然主义的人生观、价值观和审美观,把自己最理想的精神家园构建在对自然山水及田园生活的向往基础上,并由此展现了自己具有超然自得的特质的人生境界和审美情趣。王阳明曾多次表达出对佛老追求自得境界的赞赏。

更进一步来看,王阳明的隐逸情结中所交织着的进与退、仕与隐、入世与出世的矛盾,正反映了其所包含的亦儒亦道的双重性结构,达到了一种儒道圆融互补的人生境界。对此,王阳明作于正德十五年(1520)的《思归轩赋》有相对集中而全面的展现。王阳明写《思归轩赋》之时,正是王阳明平定宸濠之变后,遭受强劲的"谗构"之风、嫉功陷害之危而面临着严峻的考验。所以《思归轩赋》在很大程度上正好真实地反映了当时王阳明思归的心态及对归隐的认识。王阳明希望能在自然山水和田园生活中挣脱现实的羁绊,去过那种"任我真"的潇洒自由的生活,维护个体自我

---

① 《游白鹿洞歌》,《王阳明全集》卷三十二,第 1216 页。
② 《梧桐江用韵》,《王阳明全集》卷二十,第 726 页。
③ 《寄浮峰诗社》,《王阳明全集》卷二十,第 733 页。

生命的价值，从中获得忘怀物我的个体人生的安顿和适意自得的人生乐趣。

然而，王阳明毕竟没有将人生价值完全定位在归隐山水的志趣上，因为他一生的主要追求无疑是救世济民的现实进取。王阳明心学的一大特色正是把洒脱自适与救世济民很好地统一了起来，对此，王阳明有一句诗可做很好的概括："不离日用常行内，直造先天未画前"①。因此，王阳明反对仅仅追求一己的自适与自利。王阳明中晚期对佛老的批判，很大程度上就是由于不赞同他们放弃了社会的责任与人伦的关系而只图自我的受用。这也是他与佛老的一个根本不同之处。王阳明这样一种隐逸可谓具有超世而不离世、绝俗而不离情的特征，融合了儒道的双重意蕴，体现了一种儒道互补的人生观。王阳明中晚期之隐所坚持的"以道进退""隐居讲学""隐居以求其志"等行为，正是融合儒道精神的"遁其身而亨其道"的表现。

总之，王阳明之隐固然首先是想摆脱官场和社会环境的束缚、躲避仕途的烦俗和险恶，向往道家所追求的自然和超越的境界，归向自然山水、过田园生活、享受自由洒脱的人生之乐，真正做自我生命的主人；但是，他在超越世俗生活和价值取向时，并没有忘记淑世济民，并没有放弃作为一个真正儒者所担负的社会道德责任，而是一方面以隐居讲学、传道授业等方式坚持担负着自己的社会责任、扩展着自己的生命价值，另一方面又以积极的心态、旷达的胸怀入世，为他所理解的救世济民的"外王"事功义无反顾。王阳明所展示的这种人生境界和人生理想，实为亦仕亦隐、亦出亦入、亦道亦儒、亦高远亦丰实。史上所称"隐儒"，王阳明自谓"吏隐"，大概就是如此。在王阳明这种观念的影响下，明代中后期士人中的隐逸之风也呈现出强化和多样化的趋势，特别是使"士人的山人化"和"市隐""朝隐""吏隐"愈益成了士人一种普遍而重要的生存方式，构成了阳明心学的巨大影响的一个部分。对于王阳明来说，隐逸情结他在中后期的人生旅途中努力安顿自我、开发一己的生命价值、完成立足于己心之良知的心学体系的构建和文武事功的实践、乐以忘忧而不知老之将至提供了最重要的精神资源，反映了其学说包含的亦儒亦道的双重性结构，达到了一种儒道圆融互补的人生境界。

---

① 《别诸生》，《王阳明全集》卷二十，第 791 页。

三、成圣之路

正如前面说过的，王阳明虽然具有豪迈的"狂者胸次"和深厚的"隐逸情结"，但单纯的"狂者"还不是其追求的最高的理想人格，纯粹的退隐也不是其理想的生活方式。王阳明所追求的最高理想人格还是"至于道"的圣人境界。

成为圣人几乎是具有悠久历史文化传统的中国人所着力追求的最高理想目标，因此如何成圣也就在传统思想文化中占据了极其重要的地位。王阳明不但早年就有成圣之志，其成熟的思想学说也以追求"圣学"为宗旨。而他作为中国历史上在思想学说、道德人格、事功实践方面都有着杰出成就的"真三不朽"的典范，确实可以被看作是一位圣人，或者至少应该是最接近"至于道"的圣人境界。那么，王阳明是如何追求并实现这样一种圣人境界的呢？或者说，王阳明究竟找到了一条怎样的成圣的超越之路？他所设想和追求的理想境界又是什么？

1. 圣凡平等

从文字学上看，中国古代的"圣"字原意为"通"，有聪明睿智之意。《说文解字》云："圣，通也。"段玉裁注："凡一事精通，亦得谓之圣。"《古文尚书·大禹谟》中的《孔传》谓："圣者，无所不通之谓也。"至春秋战国时代，"圣"逐渐被赋予了道德的含义，并加以人格化。尤其在孔孟儒家那里，圣人被当作儒家的终极理想人格，具有了至高的道德品性。这样，儒学在实践意义上被理解为一种成德之学，实际上也就被转化成一种"成圣之学"，成德成圣无疑就是儒学所追求的最高的理想人格境界。

儒学传统中的"成圣之学"最具有创新意义的是其"圣人可学而成"的观念。这样，儒学成德成圣之学是在实践意义上通过"学"而成就的。"圣人可学而成"的观念，最初应起源于孟子的"人皆可以为尧舜"[①]，而荀子则进一步明确提出了"人皆可以为尧舜"的具体途径——学习，他认为

---

① 《孟子·告子下》。

唯有学习能够改变人，使人成为士、君子乃至圣人，"俄而并乎尧禹①"。这一观念至宋代，产生了极大影响，成为许多大儒者们的共识。从周敦颐所说的"圣可学"②到程颐一再说的"圣人可学而至"③"人皆可以至圣人，而君子之学必至于圣人而后已"④，都强调了圣人可以通过学而达至。

在儒家学者那里，"圣人可学而至"之所以可能，在于圣人与人"同类"，由此而进一步"同性"——人人都具有的善性。朱熹说："性善，故人皆可为尧舜。"⑤又说："圣贤禀性与常人一同。既与常人一同，又安得不以圣贤为己任！"⑥儒家学者认为这样就对"圣人为什么可学而成？"的问题做出了最有效的解答。但是，由于宋儒这种理论上的论证只是解决了常人成圣的可能性问题，对于学什么、怎么学，他们更多地依赖于"格物致知"的为学功夫，使常人成圣的可能性最终取决于外在性的为学功夫的积累，因此圣人在很大程度上仍然只是一种外在性的理想目标。他们更多地是把圣人看作一般凡人在现实的位阶上难以企及的最高的道德典范，是孔子及尧舜等圣王所象征着的"人伦之至"的外在化的完善偶像。所以，在实际上，从孟荀至宋儒虽然有"人皆可为尧舜""圣人可学而至"的观念，强调积善、积德甚至积学以成圣，把圣人看成是普通人也可以通过后天的实践工夫而实现的道德理想人格，但是由于他们没有真正解决"圣人如何可学而成？"的具体路径问题，圣人仍然是无法学成的外在化的高远的理想目标。

王阳明尽管在基本观念上仍然积极地承续了传统儒学的圣人观，但是他显然又对其圣人观注入了许多新的内涵并使之发生了重要的转向。王阳明早年所受到的"圣人可学而至"的观念影响对他立志追求成圣起了巨大的鼓舞作用。但在学为圣人的过程中屡屡受挫的经历又促使他怀疑朱熹等宋儒为了成圣所注重的外在化的知解路径，并反思这样一个根本问题：作

---

① 《荀子·儒效》。
② 周敦颐：《通书·圣学》，《周敦颐集》，中华书局 1990 年版，第 29 页。原文为："圣可学乎？"曰："可。"
③ 《河南程氏文集》卷八，《二程集》上，第 577 页。
④ 《河南程氏遗书》卷二十五，《二程集》上，第 318 页。
⑤ 《朱子语类》卷五十五，第 1306 页。
⑥ 《朱子语类》卷八，第 133 页。

为凡人究竟如何才能领悟圣人之道呢？或者换言之，自我本心、真实本性如何才能与圣人之道相吻合？对此，王阳明以其卓绝的不屈不挠的独立人格和豪迈进取的狂者精神，在经过了"遍求百家""百死千难"的曲折过程后，终于在谪居龙场时实现"悟道"："始知圣人之道，吾性自足"①，因此，以往"求理于事物者误也"②。他认为："格物之功，只在身心上做，决然以为圣人为人人可到，便自有担当了。"③"学者欲为圣人，必须廓清心体，使纤翳不留，真性始见，方有操持涵养之地。"④圣人之道，并不是要从外在的事物、见闻、书册甚至权威那里去寻找，而只是需要在廓清心体之后使自我真性呈现出来。这样，在王阳明那里，"圣人"不再是任何外在的权威或偶像，而只是每个人自己的本心、"真己"、"良知"。王阳明指出："心之良知是谓圣。圣人之学惟是致此良知而已。"⑤这种认识不仅表明王阳明自此确立了自己的圣人标准，而且标志着他找到了适合自己的成圣之路，解决了自我本心与圣人之道的吻合统一的难题。他说：

> 先认圣人气象，昔人尝有是言矣，然亦欠有头脑。圣人气象自是圣人的，我从何处识认？若不就自己良知上真切体认，如以无星之称而权轻重，未开之镜而照妍媸，真所谓以小人之腹而度君子之心矣！圣人气象何由认得？自己良知原与圣人一般，若体认得自己良知明白，即圣人气象不在圣人而在我矣。⑥

进一步来看，王阳明的圣人观明显具有以下不同于宋儒的特点：一是强调所谓圣人的理想人格就是每个人自己自然、真实的本性的呈现，实际上就是发现"真我""真己"。实现圣人的理想人格根本不需要外求，不是靠去束缚自我的本性、脱离自己生命的真实存在状况而悬空抽象地外求一个什么模式，而是要保持自己的本真面目，使自己内在的真己、真性以自

---

① 《王阳明年谱》一，《王阳明全集》卷三十三，第 1228 页。
② 《王阳明年谱》一，《王阳明全集》卷三十三，第 1228 页
③ 《传习录》下，《王阳明全集》卷三，第 120 页。
④ 《王阳明年谱》一，《王阳明全集》卷三十三，第 1231 页。
⑤ 《书魏师孟卷》，《王阳明全集》卷八，第 280 页。
⑥ 《传习录》中，《王阳明全集》卷二，第 59 页。

然的方式体现出来。这正如王阳明在《咏良知四首示诸生》诗中所云："人人自有定盘针，万化根源总在心。却笑从前颠倒见，枝枝叶叶外头寻。"① 二是圣人具有无为天成的自然品格。王阳明在谈到学圣人就是致良知时认为："自然而致之者，圣人也；勉然而致之者，贤人也；自蔽自昧而不致之者，愚不肖者也。"② 在王阳明看来，圣人与其他人的不同就在于其是"自然而致之"，无须刻意作为，正如他在《示诸生三首》的诗句所云："尔身各各自天真，不用求人更问人。但致良知成德业，谩从故纸费精神！"③

从王阳明的这些圣人观中，不难看出其中浓厚的道禅色彩。老子虽然也和孔子一样把圣人看作理想人格的象征，但他把圣人作为其自然无为之道的集中体现者，是道法自然、因顺无为、不争而善胜、无为而无不为的"得道者"。对此，庄子也有过类似的论述，他说，"道之所在，圣人尊之"④。庄子反对一切外在的偶像和权威，倡导自尊、自信、自强，把自我的本真存在当作理想的人格形态，圣之为圣也就在此。对于这样的理想人格形态，庄子干脆直接称之为"真人"。庄子说：

> 何谓真人？古之真人，不逆寡，不雄成，不谟士。……古之真人，其寝不梦，其觉无忧，其食不甘，其息深深。……古之真人，不知说生，不知恶死。其出不诉，其入不距。翛然而往，翛然而来而已矣。⑤

庄子对"真人"的这些描述，看似高远难及，实际上他要表达的是真人的天真自然的生命和生活特性，是一种顺其自然、不施人为的真实本然的人格形态。正因此，庄子强调："是之谓不以心捐道，不以人助天，是之谓真人。"⑥ 在庄子那里，所谓"天"是指真实、自然的东西，因而它也是朴素的、不虚的、没有刻意雕琢矫饰的。在庄子看来，显然人也应具有这

---

① 《居越诗》，《王阳明全集》卷二十，第790页。
② 《书魏师孟卷》，《王阳明全集》卷八，第280页。
③ 《居越诗》，《王阳明全集》卷二十，第790页。
④ 《庄子·渔父》。
⑤ 《庄子·大宗师》。
⑥ 《庄子·大宗师》。

种"天性"。或者说，只有保持了这种天性的人，才是"真人"，否则就失去了真正的自己。为此，庄子批评了一切为了外在的道德价值、仁义礼智、名利财货等扭曲或丢弃了生命的人，甚至包括被认为是圣贤的伯夷、叔齐、箕子，称之为"役人之役，适人之适，而不自适其适者也"[①]，认为他们都或多或少地处于生命的"失真"状态。正因为如此，庄子对世俗所推崇的理想人格的一系列特质，一一予以了否定，他说：

> 故乐通物，非圣人也；有亲，非仁也；天时，非贤也；利害不通，非君子也；行名失己，非士也；亡身不真，非役人也。[②]

庄子认为，有意与物相通，就不是圣人；有意与人亲近，就不是仁人；有意求得天时，就不是贤人；不能通观利害，就不是君子；追求名声而失去自然本性，就不是士人；失去本真之心，就不是役使他人之人（反是被他人所役之人）。在这里，庄子通过颠覆以往关于圣贤君子的一般观念，实际上对它们做了重新定义：所谓圣人，应该是"其心志，其容寂，其颡頯，凄然似秋，暖然似春，喜怒通四时，与物有宜而莫知其极"[③]的人。也就是说，真正的圣贤君子，都是无心顺物、自然而为之人，他们身上不会附着或已经剥落了任何被庄子视为外在枷锁的身外之物，如那些外在的感通、名利、道德和各种价值，完全依从自己的本性，保持"自适其适"的生活状态和一任自然的本真生命。总之，在道家看来，圣贤并不是什么神秘的超人，更不是至高无上、无所不能的偶像，而只是能无心任化、安顿自我的本真存在。道家的这种理想人格形态，充分突出了理想人格的主体性、精神性和内在性的特点，否定了把理想人格外在化、偶像化和全能化的普遍观念。王阳明的圣人观大异于传统儒学，其思想资源应更多地取自道家的这种圣人观。王阳明说："这良知人人皆有，圣人只是保全无些障蔽，兢兢业业，亹亹翼翼，自然不息。"[④]"无知无不知，本体原是如此。譬如日未

---

① 《庄子·大宗师》。
② 《庄子·大宗师》。
③ 《庄子·大宗师》。
④ 《传习录》下，《王阳明全集》卷三，第95页。

尝有心照物，而自无物不照。"①"必欲此心纯乎天理，而无一毫人欲之私，此作圣之功也。"②我们从王阳明的这些论述中，实不难感受到其中的道家气息。当然，这其中也不乏主张"一切众生皆有佛性""即心即佛"的佛禅色彩，这也表现了王阳明身上儒道佛三教融合的典型特质。

正是由于王阳明强调圣人的主体性、内在性的特性，突出了圣人作为精神超越的符号和象征的意义，使圣人观念摆脱了传统儒学所设定的理想化、偶像化的道德高标型的人格形态，所以王阳明才进一步把圣人理解为人内心所具有的"良知"，此即王阳明所再三强调的"心之良知是谓圣"③。王阳明晚年作诗云："乾坤由我在，安用他求为？千圣皆过影，良知乃吾师。"④王阳明从其良知本体论的立场出发，把作为本体的良知进一步转化为人格化的圣人，肯定所谓圣人就是每个人自身内在赋有的良知。既然圣人就是人格化的良知，而由于良知生来俱足、人人皆有，这样作为良知的圣人也就不仅是超越了一切外在价值和权威的内在性、精神性存在，而且是超越了时空限制的普遍性、恒久性存在。这也就是说，良知人人皆有决定了圣人不只是少数至高至上的权威、偶像，而必然是亘古贯今、无所不在的普遍性存在。正因此，王阳明才说："个个人心有仲尼，自将闻见苦遮迷"，"人人自有定盘针，万化根源总在心"。⑤为此，王阳明批评那些认识不到这一点而执迷于向外索求的人是"抛却自家无尽藏，沿门持钵效贫儿"⑥的乞丐。王阳明这种"决然以圣人为人人可到"，"人人心中有仲尼"的圣人观，无疑对立志成圣成贤的儒门学者乃至一般知识分子确立自尊自信的独立人格和理想追求给予了极大的鼓舞，为人们努力追求"超凡入圣"的理想提供了切实可行的方向和目标。正是在这一意义上，当王门弟子中出现"满街人都是圣人"之说时，王阳明是予以肯定的：

　　　　先生锻炼人处，一言之下，感人最深。一日，王汝止（按，即王

---

① 《传习录》下，《王阳明全集》卷三，第109页。
② 《传习录》中，《王阳明全集》卷二，第66页。
③ 《答季明德》，《王阳明全集》卷六，第214页；《书魏师孟卷》，《王阳明全集》卷八，第280页。
④ 《两广诗》之《长生》，《王阳明全集》卷二十，第796页。
⑤ 《居越诗》之《咏良知四首示诸生》，《王阳明全集》卷二十，第790页。
⑥ 《居越诗》之《咏良知四首示诸生》，《王阳明全集》卷二十，第790页。

艮）出游归，先生问曰："游何见？"对曰："见满街人都是圣人。"先生曰："你看满街人都是圣人，满街人倒看你是圣人在。"又一日，董萝石（按，即董沄）出游而归，见先生曰："今日见一异事。"先生曰："何异？"对曰："见满街人都是圣人。"先生曰："此亦常事耳，何足为异。"①

"满街人都是圣人"，这样的圣人观，实际上已基本拆除了圣人与凡人之间的根本藩篱，完全否定了笼罩在圣人身上的一切权威、神秘、至高、全能的光环，把圣人拉到了与芸芸众生、愚夫愚妇相同的世俗世界中来。王阳明说，"良知良能，愚夫愚妇与圣人同"②。"良知之在人心，无间于圣愚，天下古今之所同也"③，"良知之在人心，不但圣贤，虽常人亦无不如此"④。王阳明"决然以圣人为人人可到"，无疑已经以道德人格这一中国传统社会中最重要的价值标尺为圣贤和凡人之间画上了等号，肯定了他们之间的平等性，这种在道德人格上人人平等的观念，应是在继承了道家"以道观之，物无贵贱"、儒家"人皆可为尧舜"、佛家"一切众生皆有佛性"的平等观念基础上进一步予以深化和系统化的结果，它们的共同点是都把理想人格的本质看作是主体自身本质的自我实现，而王阳明与它们的不同之处及进步之处在于他明确地把这种圣凡平等的实现路径具体落实到一种可称之为"返俗入圣"的过程中，即通过回归平凡、返回世俗的生活世界，在平凡的日用伦常中体悟、践行本真生命的"圣境"。在这种观念引导下，王阳明对自以为是、偏执孤傲之病常有警醒和批评，如对有学生把他譬喻为"泰山"，他反讽道："泰山不如平地大"；又说："你们拿一个圣人去与人讲学，人见圣人来，都怕走了，如何讲得行？须做得个愚夫愚妇，方可与人讲学"。⑤ 这些表明，王阳明不但主张圣凡平等、贵贱无差，甚至进一步有老庄的"高以下为基，贵以贱为本"的平等观，乐于以平民知识分子的身

---

① 《传习录》下，《王阳明全集》卷三，第116页。
② 《传习录》中，《王阳明全集》卷二，第49页。
③ 《传习录》中，《王阳明全集》卷二，第49、79页。
④ 《传习录》中，《王阳明全集》卷二，第49、69页。
⑤ 《传习录》下，《王阳明全集》卷三，第116页。

份返回世俗化的日常生活世界中去。这样一种观念显然对于进一步形成和强化中国传统知识分子蔑视权威、敢于争得独立人格的平等精神，推动明清启蒙思潮的勃兴是有着巨大意义的。正因此，王阳明着力激发每个人的自信心，强调以每个人自有的主体性为支撑自我的柱石："人人胸中各有个圣人，只自信不及，都自埋倒了……此是尔自家有的……众人皆有之。"①王阳明一反传统理学家将成圣理想限定于理学士大夫范围的观念，不仅肯定"人人皆可成圣""四民异业而同道"，在道德人格上体现了人人平等的精神，而且更进一步把道德人格改进提升的希望寄托于普通的凡人、百姓身上，虽贩夫走卒，只要以本然之心体、真诚之性态，为其所当为，努力而精进，亦可以为圣人，正如阳明所说："虽终日作买卖，不害其为圣为贤。"②为此，王阳明在巡抚南赣地区时，在武力平定民乱之外，还通过广兴乡村社学、行《南赣乡约》、建书院讲学等方式让更多的普通民众从内心里剿灭"心贼"，戒恶从善，认识到自身的价值，从而在更普遍的层面上启发民智、拯救世人。王阳明指出："人之小知小觉者益众，则其相与为知觉也益易且明，如是而后大知大觉可期也。"③王阳明一生到处收门徒、聚师友、建书院，勤于讲学。即使在南赣剿匪、江西平叛、征战思田的军政要务繁忙之际，仍讲学不辍，并且明言："天下首务，孰有急于讲学耶？"④这种以讲学为天下首务，以启发民智、改善民心、使人人良知觉醒、使人人成圣成贤的道德进路，体现了阳明心学在塑造独立人格、实现道德理想的途径上的全新探索，具有鲜明的平民化、平等化的特色和实践指向。

　　王阳明所标举和实践的这一平民化、平等化的成圣路径，还体现了其所追求的实现"内圣外王"的模式与传统儒学的巨大的不同。如果说"内圣"主要关乎士大夫的自我道德修持，那么"外王"则主要涉及与外部现实世界的交接和整合。就中国传统社会而言，士大夫要在外部现实世界中实现自己的道德理想，最需要交换和整合的就是与统治者的关系。由于专制集权的政治体制造就了拥有绝对权力的君主，一个强大的君主就是一切

---

① 《传习录》下，《王阳明全集》卷三，第93页。
② 《传习录拾遗》第十四条，《王阳明全集》（新编本）卷三十九，第1550页。
③ 《答储柴墟》，《王阳明全集》卷十一，第813页。
④ 《传习录拾遗》第十四条，《王阳明全集》（新编本）卷三十九，第1550页。

的中心，君王总是被神化为绝对的权威、全能的主宰，而士大夫往往希望借助于这样的权威和主宰去推行和实现自己的道德及社会理想。这种依据一定的"权源"推行价值理想，本着政治主体的姿态重建人间秩序的做法，即所谓"得君行道"也。然而，由于高度专制集权的君主及相关的制度安排无法真正尊重和遵从士大夫道德及社会理想的指导，因而"得君行道"的理想设计就很容易破灭。事实上，据包弼德在《历史上的理学》一书中的考察，至少在南宋的理学家那里已有不少人试图对道德与政治做出分疏，并质疑了君主被无条件地认定为具有最完美德性的圣王的汉唐模式的合理性。① 不过，尽管如此，希望培养出一个明君圣王以推行王道的"得君行道"模式仍然是理学家所最终期盼的内圣外王之路。尤其是有宋以来实行"不杀大臣及言事官"和重视文臣等制度，使宋代理学家所期盼的"得君行道"模式有一定的现实可行性，至少使他们有理由相信那不仅仅为"壁上行"的假设。但是，到了明代阳明学那里，这种传统观念已被根本扭转。明代统治者的集权专制达到空前程度，特务政治和文化专制使知识精英的思想和行动空间被极大地压缩，甚至正式设立了"寰中士大夫不为君用罪"，可以任意处罚、虐杀知识分子，在很大程度上摧毁了知识精英的"得君行道"梦想。像王阳明就通过自己痛苦的摸索，尤其是在"龙场悟道"认识到"吾性自足""决然以圣人为人人可到"之后，就已不再相信借助一个明君圣王就可以轻易地推行王道的"得君行道"模式的有效性。也就是说，君主已被降格为普通的凡人，而不再是士人寄托道德和政治的最高理想的主要对象。相反，王阳明已把成圣的最高理想转向普通人，相信每个人依凭自己的道德觉悟和努力就可以得到自我的"救赎"甚至"成圣"，从而实现拯救世人、重建社会的道德人心和良好秩序的理想目标。这种自下而上的"觉民行道"之路，实可说是一个空前的革新，即它基本否定了一切外在的权威、权力和世俗化价值的无上地位，否定了任何未经自我审定的外来观念的合理性，而把最广大的民众当作了可以通过唤醒其良知从而成圣成贤的主体，从而不断拓展了民间社会的秩序化生存空间，提升了普通民众的精神主体地位。正如最早提出王阳明通过"龙场悟道"实现了从"得君行

---

① 参见包弼德：《历史上的理学》第四章，浙江大学出版社 2010 年版。

道"向"觉民行道"的思想转变的余英时指出的："总之，明代的政治文化不能容许'得君行道'观念的存在。王阳明在（龙场）顿悟之后另辟一条'觉民行道'的新路。"① 显然，这样一种"觉民行道"的内圣外王模式是阳明学得以在明末社会中产生重大影响的重要原因，也是王门中部分后学特别是泰州学派走向平民化哲学的重要渊源。

2. 达内与行外

王阳明的圣凡平等观一方面通过否定圣人的外在权威性、偶像性，另一方面通过确认普通人的内在良知的升进潜质，从而肯定了圣人的普遍性（"满街人都是圣人"）。而这样一种"人人都有良知，人人都是圣人"的逻辑理路，所表达的当然还不是一种事实判断，而更多的是一种价值预设："人人都是圣人"是就本体而言，满街人都具有在本体论意义上的相同性、相似性，从而存在成为圣人的潜质和可能性，但这只是"有"的价值预设而非"是"的事实描述。就事实层面而言，王阳明又承认圣凡之间仍有区别："但惟圣人能致良知，而愚夫愚妇不能致，此圣愚之所由分也。"② 在另一个地方王阳明回答弟子问"孔颜之乐"时也指出：

> 乐是心之本体，虽不同于七情之乐，而亦不外于七情之乐。虽则圣贤有真乐，而亦常人之所同有。但常人有之而不自知，反自求许多忧苦，自加迷弃……是犹未免于骑驴觅驴之蔽也。③

可见，王阳明的"人人都是圣人"虽然类似于儒家"人皆可以为尧舜"的基本信念，但对于何以"人皆可以为尧舜"，即圣之为圣的内在理据的理解则与前人有所不同。孟子从其性善论的预设出发，强调成圣的主要根据在于先天的善端；荀子则在其性恶说的前提下，突出了"化性起伪"的后天习行对成圣的作用。王阳明对孟荀这种基于成圣的角度所演化出的人性

---

① 余英时：《明代理学与政治文化发微》，《宋明理学与政治文化》（《余英时文集》第十卷），广西师范大学出版社 2006 年版，第 55 页。
② 《传习录》中，《王阳明全集》卷二，第 49 页。
③ 《传习录》中，《王阳明全集》卷二，第 70 页。

论的不同曾做过精确的评论："孟子说性，直从源头上说，亦是说个大概如此。荀子性恶之说，是从流弊上说来，也未可尽说他不是，只是见得未精耳。"① 因为人人有良知，这是圣之源头，所以从源头上说，人人都有成为圣人的潜质。但这种先天的源头要从"有"的价值预设变成"是"的事实描述，还需有一个后天的习行功夫，所谓"圣人只是还他良知的本色"，这"还"字就是指后天的习行功夫，这就是王阳明所谓的"致良知"。比较而言，王阳明实际上综合融汇了孟荀的不同思路并做了重要创新，即既把良知规定为理想人格所以可能的先天根据，又强调后天"致良知"的功夫所具有的成圣的现实性作用。王阳明说：

> 心之良知是谓圣。圣人之学，惟是致其良知而已。自然而致之者，圣人也；勉强而致之者，贤人也；自蔽自昧而不肯致之者，愚不肖也。愚不肖者，虽其蔽昧之极，良知又未尝不存也。苟能致之，即与圣人无异矣。此良知所以为圣愚之所具，而人皆可以为尧舜者，以此也。②

"圣人之学，惟是致此良知而已"，在王阳明那里，良知是人人都具有的成圣本质，但是如果缺乏"致良知"的功夫，良知始终只能作为本体潜在于人心之中，所以谓有通过"致良知"的功夫才能使这一本质得以充分地显现，而这一化本体为功夫的过程正是良知的自我展示和实现的过程。所以，王阳明强调"致良知"是一个人能否成圣的关键。他说："须要时时用致良知的功夫，方才活泼泼地，方才与他川水一般；若须臾间断，便与天地不相似。此是学问极至处，圣人也只如此。"③ 又说："此'致知'二字，真是个千古圣传之秘，见到这里，'百世以俟圣人而不惑'。"④

既然"致良知"是达到成圣的主要功夫，也即实现理想人格的根本路径，那么究竟要如何"致良知"呢？归结起来，应该可以分为内外两种路径：

---

① 《传习录》下，《王阳明全集》卷三，第115页。
② 《书魏师孟卷》，《王阳明全集》卷八，第280页。
③ 《传习录》下，《王阳明全集》卷三，第103页。
④ 《传习录》下，《王阳明全集》卷三，第93页。

一是向内求的超越路径。

在王阳明看来，虽然"人胸中各有个圣人"，但现实中毕竟大多数人难以成为圣人，这其中的重要原因，缘其"自信不及"致使其胸中之圣"都自埋倒了"①，"自信不及"实际上是人们看不到从而不相信、不觉悟自我"心中有仲尼"，而这一切在很大程度上又是由于自我受到物欲等的掩蔽造成的："常人多为物欲牵蔽，不能循得良知"②，这就像浮云会把白日遮蔽一样，良知也会被人的物欲等所遮蔽，所以就像老子所说的"涤除玄鉴"一样，王阳明也主张要"胜私复礼"，即克除私欲对良知的障碍，以复明人心之"天理"。他说：

> 若良知之发，更无私意障碍，即所谓充其恻隐之心，而仁不可胜用矣；然而常人，不能无私意障碍，所以须用致知格物之功，胜私复礼，即心之良知更无障碍，得以充塞流行，便是致其知。③
>
> 人心是天、渊，……如今念念致良知，将此障碍窒塞一齐去尽，则本体已复，便是天、渊了。④

这就是说，普通人要达到圣人的境界，就要消除私欲，扫荡一切私意障碍，让心之良知充塞流行，"而扩充之极，至于尽性知天"⑤。这就是致良知的成圣之路。这种成圣之路，是以"反求诸心"的向内求的超越为特征的。王阳明指出：

> 至于尽性知天，亦不过致吾心之良知而已。良知之外岂复有加于毫末乎？今必曰穷天下之理，而不知反求诸其心，则凡所谓善恶之机、真妄之辨者，舍吾心之良知，亦将何所致其体察乎？吾子所谓气拘物蔽者，拘此蔽此而已。今欲去此之蔽，不知致力于此，而欲以外求，

---

① 《传习录》下，《王阳明全集》卷三，第93页。
② 《传习录》下，《王阳明全集》卷三，第69页。
③ 《传习录》上，《王阳明全集》卷一，第6页。
④ 《传习录》下，《王阳明全集》卷三，第95页。
⑤ 《传习录》中，《王阳明全集》卷二，第46页。

是犹目之不明者，不务服药调理以治其目，而徒怅怅然求明于其外，明岂可以自外而得哉？①

王阳明相信，只要摒弃这种"务外而遗内"之弊，反求诸心、内达心性、充扩良知，即可成圣。

王阳明所反对的这种"务外遗内"之蔽，首先是针对程朱理学而言的。程朱理学所谓"格物致知"，往往有"向之求理于事物者之误"，即格物穷理的方向偏重于外在事物，以致造成了心与物、心与理的二元对立。王阳明认为，"格物"的关键不是考索外在的具体事物，而是反求诸心，格正心中之念，所以心外无物、心外无理、心外无学，"天下之物本无可格者，其格物之功只在身心上做"②。为此，圣人只是能够让良知无滞无碍地流行、显现，而不必是全知全能的完人。一般人都以为圣人必是无所不能、无所不知的完人、超人。但王阳明认为，这乃是误解。天下事物不胜繁多，若是一味去格求索知，必会舍心逐物，不知本末，所以王阳明主张"圣人于礼乐名物，不必尽知"③。这样，王阳明就把圣人从全知全能的神坛上拉了下来，圣人不但不是全知全能，反而和普通人一样于知识能力上也是有欠缺的，甚至"圣人只是一能之尔"。圣人之"一能"就在于其能知良知行天理，这也正是其不同于凡人之处，舍此圣人未必异于凡人。因为"圣人无所不知，只是知个天理；无所不能，只是能个天理"④。圣人所知所能，只在天理良知，如此本体明白，自然于事事物物当知自会知，当能自会能，这是圣人通经全德、知几达变的功夫，也是圣、智、能之间的辩证法。然而，宋儒、世儒往往偏重于从外向的知识、事物上去理解作圣之功，结果愈向外驰求，偏离本体愈远，正如老子所言："其出弥远，其知弥少。"⑤ 王阳明也批评道：

---

① 《传习录》中，《王阳明全集》卷二，第46页。
② 《传习录》下，《王阳明全集》卷三，第120页。
③ 《传习录》下，《王阳明全集》卷三，第97页。
④ 《传习录》下，《王阳明全集》卷三，第97页。
⑤ 《老子》第四十七章。

后世不知作圣之本是纯乎天理，却专去知识才能上求圣人，以为
圣人无所不知、无所不能。我须是将圣人许多知识才能逐一理会始得，
故不务去天理上着功夫，徒弊精竭力，从册子上钻研，名物上考索，
形迹上比拟，知识愈广而人欲愈滋，才力愈多而天理愈蔽。①

又说：道无方体，不可执着，去拘滞于文义上求道，远矣。……
若解向里寻求，见得自己心体，即无时无处不是此道……诸君要实见
此道，须从自己心上体认，不假外求始得。②

王阳明这种注重向内体认，反对向外驰求的成圣功夫显然是继承了中国历
史上以道禅为代表的追求内在化路径的哲学传统的。

正是由于王阳明认为成圣功夫不在知识、事物上向外驰求考索的多寡，
而在于向内的自我本性、良知本体的去蔽和澄明，所以王阳明又提出一
个"精金成色"之喻来说明圣人之所以为圣，只在于天理良知的纯粹本真，
而不在外在的知识、能力上的多少，就像作为精金主要看其成色足不足，
而不在其分两有多少。王阳明说：

圣人之所以为圣，只是其心纯乎天理而无人欲之杂；犹精金之所
以为精，但以其成色足而无铜铅之杂也。人到纯乎天理方是圣，金到
足色方是精。……盖所以为精金者在足色，而不在分两；所以为圣者
在纯乎天理，而不在才力也。故虽凡人而肯为学，使此心纯乎天理，
则亦可为圣人。③

既然精金者在足色而不在分两，为圣者在纯乎天理而不在才力，那么"学
者学圣人，不过是去人欲而存天理耳，犹炼金而求其足色"④。人们真正需要
用功夫的，正是锻炼成色、精纯天理、复性归本。总之，王阳明认为，"吾

---

① 《传习录》上，《王阳明全集》卷一，第28页。
② 《传习录》上，《王阳明全集》卷一，第21页。
③ 《传习录》上，《王阳明全集》卷一，第27～28页。
④ 《传习录》上，《王阳明全集》卷一，第27～28页。

辈用功，只求日减，不求日增"①，即对于外在的知识、才力，不仅不求日增，反而只求日减，正如老子所言："为学日益，为道日损"②，只有用不断地扫除遮蔽，减少外在的知识、才力的否定性方法，才能向内反求心性之纯、本己之真，从而达到精纯足色的成圣之境。王阳明曾借孔门子贡、颜子两弟子在功夫上的不同指出了二人在成圣与否上的差异："子贡多学而识，在闻见上用力，颜子在心地上用功，故圣人问以启之。而子贡所对，又只在知见上。故圣人叹惜之，非许之也。"③的确，从《论语》中可见，子贡偏向外求，"在闻见上用力"，虽多学而识，仍不得其门而入，被孔子"叹惜"；颜子重向内求，"在心地上用功"，则可入圣域，受到孔子一再赞许。而在王阳明看来，要避免"务外遗内"之弊，最好的方法就是采用道家"只求日减，不求日增"的否定性方法，以此去除杂质、锻炼成色，达于精纯。

二是向外落实于行动的实践路径。

王阳明是中国历史上少有的具有超强行动能力的杰出思想家，他的一切思想的宗旨就是要化思想为行动，并在行动实践中见证思想。所以可以说王阳明哲学本质上是一种行动哲学。在这个意义上说，王阳明追求成圣的理想人格，虽然反对一般人包括世儒把成圣之路定于从经典、书册、见闻上"学至"之弊，但显然他也反对把成圣的希望寄托于纯粹的内修、静坐之类内向性自我封闭的路子。其实无论王阳明反对前者还是反对后者，实质上都出于一个共同点，即反对知行脱节、反对思想不能落实为行动。王阳明著名的"知行合一"论，归根结底是强调"行"对知的优先性、重要性。王阳明指出："真知即所以为行，不行不足以谓知。"④又说："知者行之始，行者知之成，圣学只一个功夫，知行不可分作两事。"⑤王阳明力倡知行合一，就是认为人的道德必须表现为相应的行为，即道德行为与道德践履必须统一。王阳明对那些空谈道德、实逐功利、"知而不行"的虚伪欺诈

---

① 《传习录》上，《王阳明全集》卷一，第27～28页。
② 《老子》第四十八章。
③ 《传习录》上，《王阳明全集》卷一，第32页。
④ 《传习录》中，《王阳明全集》卷二，第42页。
⑤ 《传习录》上，《王阳明全集》卷一，第13页。

现象深恶痛绝，认为只有那些躬行道德、知而行之者，才能成就圣学。王阳明的知行合一论曾遭到不少批评，王船山甚至批评王阳明"销行以归知，终始于知"①，"皆先知后行，划然离行以为知者也，而为之辞曰'知行合一'"②。其实这是对王阳明的根本误解。王阳明提出知行合一说反对的正是知行脱节，只知不行，所注重的恰恰是"行"。正如陈来指出的：王阳明的知行合一说"其本意是以行代知，而不是以知代行，也不是以不行为行"③。王阳明自江西平濠后，"单提致良知话头"，把其所有思想、观念都汇聚于"致良知"问题。然而细究阳明的致良知思想，可发现其并不与知行合一观相悖，而是相融：即良知是知，致是行，"致良知"就是要使对"良知"的认识付诸实践，这样"致良知"与"知行合一"就是贯通的。王阳明说："知至者知也，至之者致知也，此知行之所以合一也。"④ 王阳明门人董毂也说："窃尝闻于阳明，身体力行谓之学。"⑤ 总之，王阳明哲学特别突出了行动、实践的价值和意义，使之成为一种行动哲学或力行学说。王阳明一生敢说敢做、勇于担当的豪雄性格，从不循规蹈矩、趋附流俗的独立人格，能文能武、好学善行、纵横学政的多栖功能，都无不显示其重视行动、强于实践的思想行为特色。

因此，作为注重行动和实践的哲学，王学反对"悬空讲学"、"静养"枯修，反对脱离生活世界的实事实践而从事纯粹的思想修炼。王阳明说："徒知静养，而不用克己功夫，如此临事便要倾倒。人须在事上磨，方立得住。"⑥ 为此，王阳明强调人须在事上磨炼，认为日用伦常、读书举业甚至簿书讼狱，都可以为学。而这些虽然是"下学"（"夫目可得见，耳可得闻，口可得言，心可得思者，皆下学也"），但是这些"下学"却恰恰是"上达"圣学的基础和通道，被王阳明称之为"下学上达之功"⑦。王阳明曾批评一从学的官员说："我何尝教尔离了簿书讼狱，悬空去讲学？……簿书讼狱

① 王船山：《尚书引义》，《船山全书》第 2 册，岳麓书社 2011 年版，第 312 页。
② 王船山：《尚书引义》，《船山全书》第 2 册，第 314 页。
③ 陈来：《有无之境——王阳明哲学的精神》，第 109 页。
④ 《与陆原静二》，《王阳明全集》卷五，第 189 页。
⑤ 董毂：《碧里后集》，《王阳明全集》（新编本）卷四十，第 1645 页。
⑥ 《传习录》上，《王阳明全集》卷一，第 12 页。
⑦ 《传习录》上，《王阳明全集》卷一，第 12 页。

之间，无非实学。若离了事物为学，却是着空。"① 又曾批评专求静坐之弊："人须在事上磨炼，做功夫乃有益。若只好静，遇事便乱，终无长进。"② 在王阳明看来，本体原无内外、动静之分，若在功夫上放溺于一端，便不免失其本体。唯有以自己的本体良知作为准则，"实实落落依着他做去，……便是格物的真诀，致知的实功"③。总之，王阳明强调"人须在事上磨炼"，"实实落落"，通过日常生活世界的行动和实践，达到具有高度道德主体性作用的意义世界的重建。王阳明认为这就是"致良知"，就是他多年体贴出来的"真机"。

王阳明强调"事上磨炼"的实践品格，将儒学的成圣成德理想建立在层层就下的"下学"实践之中，在具体有限的日用伦常中努力实践以完成自身向无限的终极存在的转化。此一由有限而达无限的过程，也就是由世俗转向超越、由"凡"而为"圣"之进路。如前所述，王阳明所开创的这一成圣之路，在儒学传统中是十分独特的，它更多地体现了王阳明与道禅思想的接近。就道家来说，当庄子声称道在蝼蚁、在稊稗、在瓦甓、在屎溺中的时候，他不仅是在强调道无处不在的普遍性特点，更是在强调道并不是什么高高在上的、神圣的抽象化的存在，而是就在各种具体的、有限的甚至卑微的存在中，即道不离器、道在事中、道在物上。无限的、超越的存在境界就在有限的、具体的、世俗化的生活世界之中、日用伦常的实践行止之中。也就是说，任何理想的超越形态都必须能够落实到个体生命存在的具体过程和实际境遇中，才能获得超越有限实现无限的真正意义。

3. 有限与无限

当然，这种由具体的生活世界的实践到普遍的精神世界的超越，即"下学"而"上达"、有限而无限的过程，并不是能简单直接、一蹴而就的，而是必定需要经过人生际遇和精神世界中的百折千回的曲折历程乃至严峻考验方才可能达到的境界。从思想史上看，道家学派中老子、庄子或身经仕隐沉浮，或遍尝底层生活的艰辛，历经历史的兴衰祸福，才有道家思想

① 《传习录》下，《王阳明全集》卷三，第 95 页。
② 《传习录》下，《王阳明全集》卷三，第 92 页。
③ 《传习录》下，《王阳明全集》卷三，第 92 页。

的博大深邃；孔子周游列国，逐于侯门、困于陈蔡，累累若丧家之犬，才有对人类无比深切的伦理关怀；司马迁身遭酷刑、忍辱负重，才发愤完成纵横古今的历史巨著。上述这些人类思想的辉煌成果，无疑是这些先贤们用自己的生命体验乃至血泪书写出来的。不过，古代中国思想史上对于这些客观的人生际遇究竟如何影响了那些伟大的思想创造，实际上是很少予以关注和揭示的。或者说，历史上对于这些先贤们是如何面对生活和生命中的艰难困苦而克服自身的烦恼和痛苦、超越自我的种种有限性而达到无限性的境界，并没有留下过相关心路历程的具体细致的描述。我们更多地是看到那些伟大的思想成果似乎轻易地被创造出来了。事实上，这种倾向其实容易导致有意无意地遮盖人的有限性一面，而把人的无限性、超越性一面予以理想化。而造成这一现象的深层原因在于中国传统文化对人性的认识中较多地偏向于性善论的取向。无论儒家、道家都强调人性源于天道、天性。由于天道、天性自有其运行法则和秩序，体现出固有的善性，因而人性依从天性也就是善的，这种人性之善是先天规定好的，体现了人性与天性、人心与道心的统一。由这种性善论出发，他们相信，人性之恶是后天外界污染所致，一个人只要保持自己的先天善性，或摆脱污染回归自己的自然本性就可以达到理想的道德状态。因此，在他们那里，由于坚信自己已掌握了真正客观的伦理法则，即对是非对错具有明确标准的真正的"道"，所以他们在面临道德问题时往往只需在已知的善和已知的恶之间做出"循道"和"背道"的选择即可，而且由于这种选择简单直接，结果几乎是不言而喻的。正如史华兹指出的，对于孔子来说，"道德选择的问题并不涉及在不同'价值体系'间做出选择，或者并不涉及自己价值观的创造，他只意味着在已知的善和已知的恶之间做出选择"①。正由于道德选择只是在已知的善和已知的恶之间做"循道"或"背道"的简单直接的选择，所以古代作家笔下的"圣人""真人"等理想人物几乎总是很容易地就能够做出"循道"而行的道德选择，哪怕他面临巨大的病痛、打击、诱惑等，都不足以改变其平静超然的"不动心"境界。史华兹就发现，"面对被造物受苦的

---

① 本杰明·史华兹：《古代中国的思想世界》，程钢译，第 79 页。

情境，庄子也像孔子一样地保持超然而平静的态度"①。的确，在庄子笔下，"真人"们即使受到致残性疾病的折磨，也表现出了极度的平静②。但是，

> 将这一形象与《圣经》中约伯受苦的段落作一比较会发现，这一记述中有一处令人吃惊的缺漏（lacuna），即我们没有发现对令人烦恼的主观痛苦的任何描写。照理说，在这类疾病发作的过程中，必然会伴随有这种痛苦；而在约伯那里，伴随他的皮肤病发作而来的是令人发疯的痛痒。约伯一直关注着（人所具备的）无可救药的有限性，这种有限性使得他在此生之中与上帝分隔了开来；他的痛苦再次证明，他是有限的。③

正因为如此，西方文化中一直有一股致力于对人的存在的具体性及人性的有限性的挖掘、正视甚至批判的思想传统，并以此作为构建社会的普遍伦理和制度规范的重要基础。例如西方的民主制度就立基于人性恶的、有局限性的人性假设；致力于弘扬人的主体性的康德启蒙哲学却承认人的理性和认识能力是有限的；莎士比亚、莫里哀等经典作家的大量作品也都致力于对人性的有限性、道德性之恶及伪善的深刻揭露和鞭挞。相比而言，中国文化传统中总是偏向于相信圣贤、真人、至人等能够成为享有某种神秘能力或神圣能力的"超人"，从而能够轻松地超越人类有限性的束缚，达到天人合一的境界。庄子的"与造物者游"的真人、宋儒的"与天地万物同流"的圣贤，都表现了对这种超越人类有限性的极度自信。然而，由少数简单的已知的善所构成的伦理价值体系往往难以覆盖复杂的生活情境，更不必说不可能不存在着具有内在紧张关系的不同价值标准。因此，实际上，庄子就曾一再地遭到相信人具有不可避免的有限性的老对手惠施的质疑；孔子在总结自己的人生历程时自述的"不惑""不逾矩"，暗示了曾存在困惑和逾矩的时期，以至孔子及其门徒在困惑和两难的选择中不得不引进"义"的概念来判断复杂生活中的正确行为。可见，过于简单化地自信

---

① 本杰明·史华兹：《古代中国的思想世界》，程钢译，第214页。
② 参见《庄子》中《大宗师》《至乐》等篇。
③ 本杰明·史华兹：《古代中国的思想世界》，程钢译，第213页。

能够轻易实现从有限到无限的超越，成为古代中国主流文化中得到广泛认同却有待进一步探究的取向。

在这一问题上，王阳明显然与上述中国以往的主流文化传统不同。由于王阳明深受佛老的影响而不同于一般的儒者，所以他一生始终怀疑和反对既有的权威和定见，不愿接受既定的思想模式，而是努力探求自己的"成圣之道"。如果说老庄孔孟等先哲都只是在相信自己已掌握了确定不移的客观真理（已知的善、大道）的前提下做循道而行的道德选择的话，那么王阳明在相当长的一个时期里显然没有认为自己已掌握了这样一种确定不移的真理。相反，他一直反复地在寻求这样一种真理并为此付出了艰辛巨大的代价。早在青年时期，王阳明就游心于举业之外，遍求百家，出入佛老，于宋儒格致之说数度究疑致疾，可谓求圣学不得入门；又多次转学老、释，从九华山访仙道到"筑室阳明洞"静修，王阳明对佛老曾有很深的沉溺，自述"求诸老、释，欣然有会于心，以为圣人之学在此矣"①。即使后来回归儒学后，王阳明也承认这些思想并非异端，而是"犹有自得"，与圣学只有毫厘之隔。王阳明说："吾何以杨、墨、老、释之思哉？彼于圣人之道异，然犹有自得也。"②在这一时期，王阳明的内心深受由不同价值体系的冲突所引起的煎熬：一方面他崇敬先儒和朱子，希望能按照先儒指点的路径进入圣域；另一方面他又一再地发现此路难通，若要一味地忠实于先儒的教导，则必然会违背自己的本心，与自己所发现及理解的圣贤之道相抵牾。于是他不断地在各种不同的思想学说之间漫游甚至沉溺，不惜忍受这些不同价值体系所带来的种种困惑和冲突。不过，无论怎么煎熬，王阳明还是希望通过坚持这些不同的探索走出一条自己的"自得"之路。他曾这样描述自己的这种内心的冲突和挣扎及其最终所做的选择：

> 盖不忍抵牾朱子者，其本心也；不得已而与之牴牾者，道固如是，不直则道不见也。……夫道，天下之公道也；学，天下之公学也；非朱子可得而私也，非孔子可得而私也。天下之公也，公言之而已矣。③

---

① 《朱子晚年定论序》，《王阳明全集》卷七，第 240 页。
② 《王阳明年谱》一，《王阳明全集》卷三十三，第 1234 页。
③ 《传习录》中，《王阳明全集》卷二，第 78 页。

守仁幼不知学，陷溺于邪僻者二十年。疢疾之余，求诸孔子、子思、孟轲之言，而恍若有见，其非守仁之能也。①

当然，从王阳明的整个思想历程上看，朱子、孔子、老、释等不同的思想学说及其价值体系，既是造成王阳明青年时期追求成圣道路上的种种"陷溺"、困惑及冲突的重要因素，也未尝不是他最终收获自己的"自得之学"的重要关节，并成为其"自得之学"的有机组成部分。而这些复杂的思想演变过程，也足以展示出王阳明在实现由有限向无限的超越时所经历的曲折过程。

实际上，在王阳明的各种自述及其弟子在《王阳明年谱》等史料的记述中，有关王阳明思想世界中的风云激荡、冲突流变，有很多具体、生动的记录：如青年王阳明曾长期沉溺于辞章之学，并在文学上颇有才华，但他因"自念辞章艺能不足以通至道"，"为无用之虚文"，先是"心持惶惑"，后来决然割弃。②对于道教养生术，王阳明也曾经深为入迷：弘治元年（1488），王阳明于新婚之日"偶闲行入铁柱宫，遇道士趺坐一榻，即而叩之，因闻养生之说，遂相与对坐忘归"③。弘治十一年（1498），王阳明因弃文摛学之后，"偶闻道士谈养生，遂有遗世入山之意"④。弘治十五年（1502），王阳明"告病归越，筑室阳明洞中，行导引术。久之，遂先知。……久之悟曰：'此簸弄精神，非道也。'又屏去。已而静久，思离世远去，惟祖母岑与龙山公在念，因循未决。久之，又忽悟曰：'此念生于孩提。此念可去，是断天种性矣。'明年遂移疾钱塘西湖，复思用世。"⑤"是年先生渐悟仙、释二氏之非。"⑥

至于作为王阳明中后期走向思想成熟的标志性转折点的"龙场悟道"，史籍上的记载更是一波三折：正德三年（1508），王阳明被贬谪至龙场：

① 《别黄宗贤归天台序》，《王阳明全集》卷七，第 233 页。
② 参见《王阳明年谱》一，《王阳明全集》卷三十三，第 1224、1225 页。
③ 《王阳明年谱》一，《王阳明全集》卷三十三，第 1222 页。
④ 《王阳明年谱》一，《王阳明全集》卷三十三，第 1224 页。
⑤ 《王阳明年谱》一，《王阳明全集》卷三十三，第 1225～1226 页。
⑥ 《王阳明年谱》一，《王阳明全集》卷三十三，第 1225 页。

时瑾憾未已，自计得失荣辱皆能超脱，惟生死一念尚觉未化，乃为石墩自誓曰："吾惟俟命而已！"日夜端居澄默，以求静一；久之，胸中洒洒。而从者皆病，自析薪取水作糜饲之；又恐其怀抑郁，则与歌诗；又不悦，复调越曲，杂以诙笑，始能忘其为疾病夷狄患难也。因念"圣人处此，更有何道？"忽中夜大悟格物致知之旨，寤寐中若有人语之者，不觉呼跃，从者皆惊。始知圣人之道，吾性自足，向之求理于事物者误也。①

是年王阳明始悟格物致知，次年始论知行合一。②可见，王阳明在龙场悟道后，一举破解了曾长期困扰他的关于自己的思考与朱子学说之间复杂难理的关系：即他终于弄清楚了朱学之弊在"析心与理为二"，故"向之求理于事物者误也"。这实际上也标志着王阳明已由对朱子"格物致知"学说的遵从和怀疑正式转向了与朱子学说分道扬镳并向其展开挑战：他发现了"圣人之道"就在于认识到"吾性自足"，从而开始形成自己独立的思想学说。与此同时，这些也使王阳明进一步厘清了自己思想与老、释的关系。他后来在南都时回忆道：

吾亦自幼笃志二氏，自谓既有所得，谓儒者为不足学。其后居夷三载，见得圣人之学若是其简易广大，始自叹悔错用了三十年气力。大抵二氏之学，其妙与圣人只有毫厘之间。③

正由于王阳明所追求的成圣之道是在上述艰难曲折的历程中形成的，所以其友人学生等对他的这种思想历程有过"五溺三变"的总结：

（王阳明）初溺于任侠之习；再溺于骑射之习；三溺于辞章之习；四溺于神仙之习；五溺于佛氏之习。正德丙寅，始归正于圣贤之学。④
先生之学凡三变……少之时，驰骋于辞章；已而出入二氏；继乃

① 《王阳明年谱》一，《王阳明全集》卷三十三，第 1228 页。
② 参见《王阳明年谱》一，《王阳明全集》卷三十三，第 1228 ～ 1229 页。
③ 《传习录》上，《王阳明全集》卷一，第 36 页。
④ 湛若水：《阳明先生墓志铭》，《王阳明全集》卷三十八，第 1401 页。

居夷处困，豁然有得于圣贤之旨；是三变而至道也。①

　　先生之学始泛滥于辞章，继而遍读考亭之书，循序格物，顾物理吾心终判为二，无所得入，于是出入佛老者久之。及至居夷处困，动心忍性，因念圣人处此更有何道，忽悟格物致知之旨，圣人之道吾性自足，不假外求。其学凡三变而始得其门。②

即使在王阳明形成自己的独立的思想学说之后，其思想也不是一成不变的，而是随着其人生际遇不断演进、蜕变。其门人钱德洪说：

　　先生之学凡三变，其为教也亦三变：少之时，驰骋于辞章；已而出入二氏；继乃居夷处困，豁然有得于圣贤之旨；是三变而至道也。居贵阳时，首与学者为"知行合一"之说；自滁阳后，多教学者静坐；江右以来，始单提"致良知"三字，直指本体，令学者言下有悟；是教亦三变也。……"良知"之说发于正德辛巳年。盖先生再罹宁藩之变，张、许之难，而学又一番证透。③

而王阳明自己也是承认这种思想的推进过程的：

　　吾"良知"二字，自龙场以后，便已不出此意，只是点此二字不出，于学者言，费却多少辞说。今幸见出此意，一语之下，洞见全体，直是痛快，不觉手舞足蹈。学者闻之，亦省却多少寻讨功夫。学问头脑，至此已是说得十分下落，但恐学者不肯直下承当耳。……某于"良知"之说，从百死千难中得来，非是容易见得到此。此本是学者究竟话头，可惜此体沦埋已久。学者苦于闻见障蔽，无入头处。不得已与人一口说尽。但恐学者得之容易，只把作一种光景玩弄，孤负此知耳！④

①　钱德洪：《刻文录序说》，《王阳明全集》卷四十一，第 1574 页。
②　黄宗羲：《姚江学案》，《明儒学案》卷十一，第 181 页。
③　钱德洪：《刻文录序说》，《王阳明全集》卷四十一，第 1574～1575 页。
④　参见钱德洪：《刻文录叙说》，《王阳明全集》卷四十一，第 1575 页；《王阳明年谱》二，《王阳明全集》卷三十四，第 1278～1279 页。

的确，从思想史上看，钱德洪所说的王阳明从龙场开始的教法"三变"，只是从学生受教一面而言，其实这未尝不是阳明思想本身的"三变"，而且是王阳明自身久久"点此不出"、历经"百死千难"后实现的，真可谓"非是容易见得到此"！尤其是王阳明晚年所经历的宸濠之乱和忠泰之变，使他"益信良知真足以忘患难，出生死"，遂"揭致良知之教"。①故王阳明致信邹守益说："近来信得致良知三字，真圣门正眼法藏。往年尚疑未尽，今自多事以来，只此良知无不具足。"②王阳明晚年归越之后，又经丧父、丧妻之痛，愈信良知，"比遭家难，功夫极费力，因见得良知二字比旧愈加亲切。真所谓大本达道，舍此更无学问可讲矣"③。可见，王阳明晚年之所以能够"揭致良知之教"，正是由于他遭受了空前的内外危困、"飓风逆浪"，在忍受了一般人所难以忍受的灾难痛苦之后切身实感地"体贴出来"的。正像尼采所说的："最富有精神的人，前提为，他们是最勇敢的人，也绝对是经历了最痛苦之悲剧的人。"④

综上所述，我们不得不说，在整个中国思想史上，何时有过上述这样鲜活、生动、详尽的史料来记叙一位思想大师的曲折诞生过程？又何时能够如此坦然、真实地展示一个由凡入圣、由有限进入无限的心灵超越之旅？真是绝无仅有！我们不厌其烦地征引上述众多史料，就是要以具体的史实、真实的细节充分地证明王阳明这样的伟大思想家并不是"神"，并不是天生就具有能够轻松超越人类有限性束缚的神圣能力的"超人"，而是一个有限的、具体的存在，而且其无限的超越性就寓于这种有限的平凡的具体存在中。更重要的是，王阳明及其弟子不仅不刻意回避掩饰这种有限性，反而如实地承认、记叙这些史实，这说明他们对此具有了难能可贵的自觉。王阳明曾说："古人言语，俱是自家经历过来，所以说得亲切；遗之后世，曲当人情。若非自家经历，如何得他许多苦心处。"⑤其实，古人如此，王阳明自己更是如此，其思想学说无不是"自家经历过来"。正因此，罗洪先在

---

① 《王阳明年谱》二，《王阳明全集》卷三十四，第 1278 页。
② 《王阳明年谱》二，《王阳明全集》卷三十四，第 1278 页。
③ 《寄邹谦之》，《王阳明全集》卷六，第 201 页。
④ 尼采：《偶像的黄昏》，卫茂平译，华东师范大学出版社 2007 年版，第 132 页。
⑤ 《传习录》下，《王阳明全集》卷三，第 113 页。

考订《王阳明年谱》回顾先生之学的曲折历程时感慨道："呜呼！吾党曷亦反复先生之学，详其始末所由，凡几变而后良知益觉光莹，其无轻于立言哉！"[①] 王阳明在同意弟子们力请编录《传习录》时就反复强调："此编以年月为次，使后世学者，知吾所学前后进诣不同。"[②] 这表明王阳明不单承认自己的思想"前后进诣不同"，而且愿意在文录中展示给人们以作启示。王阳明的这种态度，正与其追求唯真唯诚、圣凡一体、有无同一的人生理想相吻合。总而言之，阳明学成了中国思想史上极其珍贵的独特的思想标本，在历史上第一次生动地表现了一个人在"不动心"之前、"成圣"之前所要经历的困难，特别是内心的、思想上的、情感上的痛苦彷徨和挣扎，以及如何从各种有限性的束缚所造成的生命困局中一步步突围而出、成就超越性的无限境界。正像后人所评论的："阳明先生良知之学，……到此天机漏泄，千百年即颜、思未曾道及，固知先生非从万死一生中不能到，我辈非从万死一生亦不能悟也。"[③] 老实说，在我看来，这样一种真实曲折的思想炼狱过程的展示，真是要比任何成圣方法、经典教条给人的启发都要有效得多！也可以说，王阳明以自己的实践经历很好地解决了"圣人如何可学而成"这一"人虽有限而可无限"的重大难题，尤其是解决了前述"作为凡人、普通人究竟如何才能领悟圣人之道，或者换言之，圣人之道如何进入自我本心、真实本性从而实现圣凡一体"这一阳明学的根本问题，从而不仅形成了具有突出的主体性、平民性、实践性特质的阳明心学，而且也对明清启蒙思潮及近现代中国文化的演进产生了巨大深远的影响。

---

① 《王阳明全集》（新编本）卷四十，第 1657 页。
② 钱德洪：《刻文录叙说》，《王阳明全集》卷四十一，第 1574 页。
③ 钱启忠：《重刻传习录后叙》，《王阳明全集》（新编本）卷五十二，第 2132 页。

结　语

　　经过漫长的思想之旅，我们终于要到达港湾进行停靠休整了。借着这停靠休整，正可以对本书的考察研究做一个必要的总结。这个总结，一方面是对儒道融合视域中王阳明哲学与道家道教的关系的历史脉络、基本理路、演变特点等进行分析概括；另一方面是对由此所开显的阳明学的思想特质、逻辑结构、思想归属等进行讨论，并进一步引向对一般的儒道关系及儒学传统等问题的深入思考。

　　一般哲学史或思想史的研究，可以采取两种基本的方法，即历史的方法和逻辑的方法。所谓历史的方法是指从时间维度上考察一种哲学或思想的纵向的历史过程，着重在动态上揭示其思想的产生、发展和演变的基本趋势和特点，而不是某一阶段的情况。通过对这种动态的历史过程的揭示，使一种哲学或思想回到其形成的原有生态系统或言说语境中，为较真实地复原其思想面貌提供可能。这也被称为发生学意义上的还原法。所谓逻辑的方法是指从"空间"维度上研究一种哲学或思想的横向的逻辑联系，着重在整体上揭示其思想内容上的内在结构、基本特征以及各部分之间的相互关系，反映该思想学说的总体面貌和普遍倾向，而不是某一方面情况和局部现象。通过对这种总体性的逻辑联系的揭示，使一种哲学或思想呈现出其固有的有机整体性和内在的生命特质，这也可称为整体论意义上的内证法。当然这两种基本方法在实际运用中最好是相互结合，做到"史"与"思"、历史与逻辑、动态论与整体论的统一。本书的考察研究就是从纵向的历史过程和横向的逻辑联系两个基本维度展开并力图予以融合统一的。正是通过这种考察研究，既对王阳明与道家道教的关系有了较为深入系统的了解，也对一般的儒道关系及儒学传统、思想史传统及其变革创新等问题有了深入认识的个案经验和研究视角。

一

先从纵向的历史维度上看，王阳明的一生可谓是波澜万状，同时他的精神生活和内心世界也经历了无数次的苦闷和转折。尤其是王阳明在思想上与程朱理学以及道佛的纠葛和冲突，构成了其早期思想的一个主要特征，并且对其中期以后成熟的思想形态和人生格局的形成也产生了深刻的影响。因此，无论是王阳明自己还是其友人后学等，在叙及其早期的思想演变过程和特点时，都一再地以"三变""五溺"等说法来揭示其曲折多变性和艰难性。王阳明的大弟子钱德洪，在王阳明殁后组织编辑了《阳明全书》，编撰了《王阳明年谱》，他对阳明的思想演变过程应有较深入全面的了解，他说：

> 先生之学凡三变……少之时，驰骋于辞章；已而出入二氏；继乃居夷处困，豁然有得于圣贤之旨，是三变而至道也。[①]

著名学术思想史家黄宗羲在《王阳明传》中说：

> 先生之学始泛滥辞章，继而遍读考亭之书，循序格物，顾物理吾心终判为二，无所得入，于是出入佛老者久之。及至居夷处困，动心忍性，因念圣人处此更有何道，忽悟格物致知之旨，圣人之道吾性自足，不假外求。其学凡三变而始得其门。[②]

王阳明曾有这样的自述：

> 守仁早岁举业，溺志辞章之习。即乃稍知从事正学，而苦于众说之纷扰疲尔，茫无可入，因求诸老、释，欣然有会于心，以为圣人之

---

① 钱德洪：《刻文录序说》，《王阳明全集》卷四十一，第 1574 页。
② 黄宗羲：《姚江学案》，《明儒学案》卷十一，第 181 页。

学在此矣。然于孔子之教间相出入，而措之日用，往往阙漏无归。依违往返，且信且疑。其后谪官龙场，居夷处困，动心忍性之余，恍若有悟。体验探求，再更寒暑，证诸六经四子，沛然若决江河而放之海也。①

王阳明的早年好友湛若水曾在王阳明归本圣学后与其"共倡圣学"，对王阳明思想演变的历程是有所了解的，他说：

> （王阳明）初溺于任侠之习；再溺于骑射之习；三溺于辞章之习；四溺于神仙之习；五溺于佛氏之习。正德丙寅，始归正于圣贤之学。②

从以上材料可以确认，王阳明早年思想经历了多个不同的发展阶段，只是不同的人对这具体发展阶段的说法各有不同。由于有关王阳明早年的史料留下来的极少，所以今人对此也难以了解具体的细节。不过，总的来说，通过以上史料及一些相关的考察研究，我们还是可以得到有关王阳明早年思想历程的一些基本认识的：一是它的不成熟性，即这一时期的阳明思想还远未成熟，往往显得动摇不定，易受不同思想风尚及个人意志的影响；它也反映出王阳明早年作为一个"遍求百家""出入佛老"，急切地上下求索的思想者徘徊于多样性的求圣之道的艰难历程。二是尽管王阳明长期漫游于多样性的思想资源中以至于往往陷溺忘归，但与作为正统思想代表的朱子学和处于三教融合潮流中的老释之学的思想碰撞实是王阳明早期思想发展过程中两条不可忽视的主线。当然，说它们是主线，并不意味着只有这两条线索，也并不意味着它们是直线性的，在时间上必定前后衔接。相反，王阳明由"溺志辞章""从事正学"到"出入佛老"等早期思想历程既有由前向后的直线推进，也有彼此交错的思想跳跃，甚至还会有思想的反复和回荡，如王阳明曾在不同时期多次认真地从事格物之学、修炼养生术等。而与朱子学和老释之学的思想碰撞正是王阳明在这种思想漫游中所呈现的两条主线。三是正像俗话所说的，"艰难困苦，玉汝以成"。不仅王

---

① 《朱子晚年定论序》，《王阳明全集》卷七，第 240 页。
② 湛若水：《阳明先生墓志铭》，《王阳明全集》卷三十八，第 1401 页。

阳明早期的思想探索遍求二氏诸家，漫游于各种的思想历险之中，而且其中后期的思想和人生之路也颇为曲折，充满了"居夷处困""百死千难"等人生磨难。但王阳明正是通过这些人生体验，将"事"与"思"相结合，从中升华出其创造性的思考，从而成就了其伟大的思想革新。

王阳明的早期思想几经波动和周折，显示出一个思想家在精神上的艰难历程。尤为引人注意的是，阳明曾一度沉溺于释老之学，并且为宋儒格物之学感到迷惑的思想经历。应当说，这一思想经历对于王阳明来说，并非只具有消极的、负面的影响，从某种角度来看，与释老之学以及程朱之学的格斗和纠缠，对阳明自己最终确立心学思想起到了一定的推动作用。①

确实，依据本书的研究情况来看，王阳明早期的思想经历，特别是其与老释之学的交接、融摄，对阳明心学的定形和思想内涵的丰满鲜活起到了重要作用。对此，王龙溪作为弟子对阳明之学的演变做过较为生动的描述：

> 先师之学，凡三变而始入于悟，再变而所得始化而纯。其少禀英毅凌迈，超侠不羁，于学无所不窥，尝泛滥于词章，驰骋于孙吴，虽其志在经世，亦才有所纵也。及为晦翁格物穷理之学，几至于殒，时苦其烦且难，自欺以为若于圣学无缘。乃始究心于老佛之学，缘洞天精庐，日夕勤修炼习伏藏，洞悉机要，其于彼家所谓见性抱一之旨，非惟通其义，盖已得其髓矣，自谓尝于静中，内照形躯如水晶宫，忘己忘物，忘天忘地，与空虚同体，光耀神奇，恍惚变幻，似欲言而忘其所以言，乃真境象也。及至居夷处困，动忍之余，恍然神悟，不离伦物感应，而是是非非天则自见，证诸四子六经，殊言而同旨，始叹圣人之学坦如大路，而后之儒者妄开迳窦、纡曲外驰，反出二氏之下，宜乎高明之士厌此而趋彼也。自此之后，尽去枝叶，一意本原，以默坐澄心为学的，亦复以此立教。②

总之，纵观王阳明思想发展转变的整个过程，贯穿着一般人很少予

---

① 吴震：《王阳明著作选评》，上海古籍出版社 2004 年版，第 6～7 页。
② 《滁阳会语》，《王畿集》，第 33 页。

以注意区分的两条基本线索：一条是王阳明从早年"出入佛老"到中后期"归本圣学"之路，一条是其儒学自身思想的突进之路。前者关涉王阳明早年沉酣于佛老，通过"筑室阳明洞"修炼后却"渐悟老释二氏之非"，并最终毅然"归本于圣学"的过程。从这一过程来看，王阳明"筑室阳明洞"的修炼是实现这一转变的关节点。后者展示了王阳明从早年立志"学为圣人"到后来"归本圣学"之后，都始终有一个不断地从传统儒学，特别是朱子理学中挣脱出来，找到自己富有创见的良知学的曲折过程，而这一过程的转折点是"龙场悟道"。台湾学者钟彩钧也认为："从阳明超越朱子另立宗旨的角度着眼，龙场之悟是转折点；但从出道反儒的角度来看，则阳明洞的静坐经验更是关键所在。"① 其实无论是筑室阳明洞修炼还是龙场之悟，都离不开静坐体悟这一充满道家道教色彩的内容的关键作用。不仅如此，在上述两条思想线索发展演变的整个过程中特别是其关键性的节点上，融合儒道、三教合一始终是它们共有的最重要的思想内涵和方法论路径。如陈来通过研究湛若水《奠王阳明先生文》等史料后指出："根据湛甘泉的叙述，他与阳明自正德六年（辛未）至正德十一年曾有过三次关于基本思想方向的重大讨论，这三次争论全部是集中在如何看待儒家思想与佛老思想之间的关系。"② 为此，陈来也进一步提出了王阳明思想发展的两条线索问题，他说："可见，在阳明的整个思想中一直有两条线索，一条是从诚意格物到致良知的强化儒家伦理主体的路线，另一条是如何把佛道的境界与智慧吸收进来，以充实生存的主体性的路线，而这两条线索最后都在'良知'上归宗。"③ 其实，王阳明思想发展的这两条线索，在很大程度上又交融为一条主线，即都需要通过解决"如何把佛道的境界与智慧吸收进来"以挺立人的主体性、构建致良知的路径。因此，即使说"这两条线索最后都在'良知'上归宗"，这归宗的良知学仍是通过"把佛道的境界与智慧吸收进来"而建构起来的。从王阳明生活世界中面对"百死千难"时的进退之道、终生怀抱的"隐逸情结"、坚韧不屈的独立人格，到其思想世界中有无统一的本体观、否定性的内在化进路、"去来自由、无著无滞"的无之境界、

---

① 钟彩钧：《阳明思想中儒道的分际与融通》，台湾《鹅湖学志》1992 年第 8 期。
② 陈来：《有无之境——王阳明哲学的精神》，第 219 页。
③ 陈来：《有无之境——王阳明哲学的精神》，第 222 页。

"立体达用"的经世观、"二氏之用，皆吾之用"的三教观等，都体现了王阳明中后期思想中仍在不断地融合儒道。总之，我们根据这些情况，可以得出第一个较明确的结论，即在三教合一、儒道融合的思想文化潮流及王阳明的思想个性、人生经历等的作用之下，王阳明从青少年时期开始一直到晚年，几乎在每一个重要的思想发展阶段以及思想转折点上，都可以发现道家道教思想和观念在其中所发生的重要影响。换言之，三教合一、儒道融合互补不但构成了王阳明思想和生活的重要背景，而且也是推动王阳明不断走出自己的生存困局和思想困境、不断超越自身及一切外在局限性的深层思想资源和重要动力。因此，它也证明了不同思想之间的交融、互摄和对话始终是思想文化创新发展的一个重要途径。

　　当然，本书的考察和研究也表明，从历史的维度上看，王阳明思想与道家道教的关系并不是一成不变的，而是在前后、主次等方面有着很大的变数。因此，我们若用一种固定的模式、单一的眼光去看待王阳明思想与道家道教的关系，就会发生认识上的偏差甚至谬误，正像王阳明本身的思想是复杂多变、有着曲折的演变过程一样，王阳明思想与道家道教的关系既有前后期的不同，又有同一时期不同思想层次关系上的差异。总的来看，王阳明早期对儒、道、佛三者都有用功处，但于儒学与道教的投入最多，儒学以朱子学为中心，道教以养生术为中心。不过，不论是朱子学还是道教养生术，王阳明之所以投入最多，主要还是以为"圣学在此"，借此能实现他一直所追求的成圣理想。甚至王阳明的整个青年时期"遍求百家"的精神漫游活动，其主要目的也无不是为了追求成圣之道。正如杜维明指出的：

　　　　我们不应受他的青年时代颠沛流离的经历所误导，以为阳明只不过是一个见风使舵、为应付自己的处境而多次转变的实用主义的哲学家。这样一种解释只抓住了表面，因为阳明的实用主义是深深扎根于他的终极关怀之中的。他面对各种挑战的能力不仅表现了他临机处事的技巧，而且反映了他对内圣的努力追求。[①]

[①]　杜维明：《宋明儒学思想之旅——青年王阳明》，载郭齐勇、郑文龙编：《杜维明文集》第三卷，第22～23页。

可以说，正是由于王阳明坚持不懈地追求成圣之道，使他虽然一再地闯入不同的思想和经验领域，却始终能够返回到如何成圣这一主题上来。前述王阳明思想发展中两条线索所发生的最初思想转折，即"筑室阳明洞"静修后"渐悟仙释二氏之非"和"龙场悟道"后所悟朱子学之非，也都体现了这一点。而在王阳明中后期思想中，虽然王阳明对道教的成仙、长生、个人解脱及道家的消极无为等已持一种明确的批判态度，但王阳明对它们并没有停留在简单的否定上，而是做了进一步的批判性扬弃和吸收，如他仍一再地引用道教的精、气、神等概念和静坐、守真等修养方法来解说良知学的致知进路和修持境界。更重要的是，王阳明此时已懂得在更深层次的形上学、本体论、认识论、人生境界等方面充分吸取道家的有无之辨等智慧，有效地化解了朱熹理学中形而上与形而下、个体性原则与普遍性原则、本体与工夫等紧张对立的难题，建构起实现了本体论与价值论相统一的心学体系。在这样一个心学体系中，其所蕴含的昂扬的主体性精神、丰沛的意义世界、独立的人格气质和人生的精神境界等，都表现了与传统儒学不同的内涵，显示了儒道融合互补的鲜明特质。从这一意义上说，王阳明中后期与道家道教的关系显然已与其早期有着不同的内涵和特点。这是我们可以明确得出的第二个基本结论。

二

如果说从历史维度上看王阳明与道家道教的关系在不同时期是不断发展变化、此消彼长的，那么从思想内容展开的空间维度上看，王阳明与道家道教的关系也是在不同的领域各不相同、各有侧重和特点的。不过，这种说法仍然是较为模糊、笼统的。为了把问题说得更清楚些，我们实际上可以这样来追问：在王阳明心学体系的建构中道家道教因素到底有什么样的影响？或者说道家道教的思想成分到底有多少，有哪些？更重要的是，它们在阳明心学的系统建构中发挥作用的是一种什么样的内在逻辑机制、具有什么样的规律和普遍意义？或者说在阳明心学的系统建构中儒道是如何融合的？而为了更好地说清楚这些问题，还需要进一步考察儒、道、佛三者在阳明学中到底是什么关系？从三教合一特别是儒道融合的视域中应如何看待阳明学的思想属性及学派归属问题？甚至可以由此再进一步探讨如何看待儒学传统的问题。

就像一位建筑大师的伟大作品总是会吸收众多建筑思想的精华，成为包含了丰富的建筑材料的有机组合一样，一种伟大思想的思想成分也往往是丰富多样的，是包含了多种思想资源的有机整体。不过，我们即使知道一种伟大思想的思想成分是多样的，而要对其进行系统、全面准确的分析仍然是一件非常困难的工作，因为一个人的思想很难像一块矿石一样可以用仪器检测出其各种成分。实际上，这种分疏工作是要冒着极大风险的，做得不好不仅不能达到对其思想的真正了解，反而可能因此肢解与误读了其思想。譬如，在人们大都承认阳明学与儒道佛三教都有着密切联系的前提下，对王阳明思想中儒、道、佛三教的思想成分各有多少、以何者为主等问题仍是充满了不同的甚至相反的看法的。显然，这些看法不可能都是对的。而那些不正确的看法很可能确有一些真实的依据，只是他们把这些真实的依据扩大化、绝对化了，造成了以偏概全、以点代面等问题，偏离了阳明学的真实的整体性面貌。因为事物总是多种属性的整体，真理也是多样性的统一。我们需要在整体中去认识事物，在统一性中把握真理。

据此，我们要更好地认识阳明学中儒、道、释三教的思想成分，或者说比较它们与阳明学的关系，并进而解决阳明学的思想属性问题，就要在动态的历史过程中展示发生学意义上的阳明学与道家道教及其他思想学说的关系，并进一步回到历史对象本身，进入到其思想自身的内在逻辑结构和有机的整体性生命中去。通过这样一种内在的逻辑分析方法和整体性视角，真正了解一种思想学说的内在宗旨、思想成分、核心价值和体系结构就较为容易了。实际上，在我看来，任何一种伟大的思想学说作为一个思想整体，其内部都包含了具有有机的逻辑联系的各个部分。但是作为多样性的统一体中的各部分之间并不是平行的，而是具有一个"核心—边缘"的内在结构，也就是说，一种伟大的思想学说必然是有自己的独特的创新性内容的，这种独特的创新性内容就构成它的核心价值，是它不同于其他思想学说的根本之处，也是它的最重要的理论基点（理论内核），它的整个理论体系都是据此展开和建构的。因此，一个思想学说中不同的思想成分、理论单元存在着从核心到边缘的不同价值排序，具有不同的作用和功能。

不过，在这些扩展开的理论视域中，尤其是一些边缘性领域，则可能由于借鉴、共享了某些相同的思想资源，面对了相同的社会关怀等而呈现出与其他思想学说相同或相近的思想观念，表现了思想创新性的弱化甚至趋零以及与其他思想学说的交叉性甚至互融性的强化之间所存在的联动性关系。这意味着，任何一种理论都有其"边际效用"，即使其最富有创新性的核心价值也会在其扩展性的边缘领域达到效用的递减甚至趋零的状态。这些边缘性领域往往成为更多地接受、认同其他思想学说或一些普适性价值、共识的创新空场——当然，它们反过来也有可能最适合于成为其他思想学说的创新洼地。据此看来，不同的具有独创性的思想学说之间在各自的核心价值观上会有根本区别，其相互影响在核心价值观层面上是有限的，最多起助推、方法论借鉴等作用，难以改变彼此根本的价值取向。但在非核心区域，特别是边缘性区域，则有可能相互影响、交集得较多，形成许多共识。只不过这些交集和共识并不会影响各自的独立性。

这样来看阳明学与道家道教乃至三教的关系应是有启发意义的。阳明学与道家道教都有各自不同的核心价值，阳明学以良知为本，道家以道为宗；良知为道德本体，道为自然本体，各不相同，各以为派。然而在良知学的具体构建和理论展开过程中，显然又充分地吸取、借鉴了道家的有无之辨的形上智慧、静观直觉的方法论和进退仕隐的人生境界等思想资源，在非核心区域与道家道教形成了许多交集和共识。如有无关系问题是宋明理学中一个极重要的问题，而且它不是作为终极的本体问题，而是人的精神——心灵境界问题。像王阳明晚年的四句教首句"无善无恶心之体"就指向了一种"无"的境界。但正如陈来指出的，"儒家中对此有真体认者毕竟寥寥无几"。相反，"这个思想与佛教和道家（教）的人生理想是有相近之处的"。[1] 对此王阳明并不讳言，一再明确肯定圣人与仙佛都讲心体的"虚""无"："仙家说到虚，圣人岂能虚上加得一毫实？佛氏说到无，圣人岂能无上加得一毫有？"[2] "夫有而未尝有，是真有也。无而未尝无，是真无也。……夫有无之间，见不见之妙，非可以言求也"。[3] 王阳明对仙佛的

① 陈来：《有无之境——王阳明哲学的精神》，第 223 页。
② 《传习录》下，《王阳明全集》卷二，第 106 页。
③ 《见斋说》，《王阳明全集》卷七，第 262 页。

"虚""无"的吸收，不仅是本体论层次上的有无之辨，更是精神——心灵层次上的"无"的境界。更重要的是，"在阳明看来，吸收境界的'无'并不需要放弃儒家固有的'有'的立场，即承认世界的实在、价值的实有"[①]。也就是说，王阳明既坚持了儒家伦理的核心价值，又充分吸收了道佛的"无"的境界来构建和完善自己的精神——心灵上的意义世界。阳明学既能够融合儒道，去短集长，因此能够成为思想史上独特的"这一个"。这也正合于王阳明晚年所强调的"合三间共一厅"，"儒、佛、老、庄皆吾之用"的"大道"哲学的要求。

王阳明十分强调其思想学说的整体性，他一再地强调"道一而已"[②]，认为"天下之道一而已矣，而以为有二焉者，道之不明也"[③]。王阳明反对以上下、内外等差别去割裂统一大道中各部分之间有机的逻辑联系，认为正是由于人们各怀其私，各是其是，才导致众说纷纭，陷于"小道"，如佛、老、世儒都难免此类一偏之弊。在王阳明看来，只有克服这些一偏之弊，回到圣门大全之学，才是真正实现了超越性的"精一之学"。而实现这种超越的一个重要路径就是必须挺立起"自作主宰"的主体，通过融摄各家铸就自己的"自得之学"。"自作主宰"的主体就像火热的鼎炉，能够把各种思想成分、思想资源都熔为一体，化为己用。而这种像火热的鼎炉的主体就是阳明学能够较好地融摄各家的内在逻辑机制。王阳明曾经豪迈地说"千经万典，颠倒纵横，皆为我之所用"[④]，因为"学贵得之于心"，在王阳明所构建的丰富辽阔的意义世界中，一切教典、一切圣贤之言、一切权威成说，都需历经自我之心的筛选和消化，以主体的自我受用、自得为标准，因而前者只是些砖瓦等素材，后者才是宏伟的大厦。也就是说，各种思想资源都只是要"为我所用"，要转化为自我的血肉的合理成分，组成一个具有有机的逻辑联系、富有内在生命活力的整体。这样的思想整体，完全是王阳明博采众家之长、克服各种一偏之弊、"以身体之"、涵泳而发的"身心之学"、"精一之学"，也是真正的圣门大全之学、大道哲学。"道大

---

① 陈来：《有无之境——王阳明哲学的精神》，第 224 页。
② 《王阳明年谱》二，《王阳明全集》卷三十四，第 1280 页。
③ 《山东乡试录》，《王阳明全集》卷二十二，第 861 页。
④ 《答季明德》，《王阳明全集》卷六，第 214 页。

无外"，故为"道一"，亦为"大道"。儒（世儒之儒）、道、佛在这种"大道"面前，都不过是其中一端，弊于未见大道之全。阳明说："道一而已，仁者见之谓之仁，知者见之谓之知。释氏之所以为释，老氏之所以为老，百姓日用而不知，皆是道也，宁有二乎？"① 就像耿定向所评论的："先生于二氏，盖已洞悉其机要而范围之，顾其学自有宗也。"② 从这个意义上说，王阳明所真正追求的是圆融一体的"自得之学"，至于已"为我所用"、已转化为自我的有机体之血肉的各种思想成分，则实已难分彼此。他说："即吾尽性至命中完养此身谓之仙，即吾尽性至命中不染世累谓之佛。"③ 在这种圆融一体的思想中，要精确地检测和区分出各种思想成分及其影响，不仅十分困难，也不见得有效。所以，运用整体性的方法去把握一种思想的基本宗旨、思想特征和思想倾向，达到对其中不同的思想成分及其影响的一种大致认识，可能是目前为止虽不理想却还可行的基本方法。

不过，即使如此，不同的人从不同的视角出发，对王阳明思想的整体性把握仍会有所差异，体现出不同的观点。如学界普遍重视阳明学与佛禅的关系，认为王阳明一生受佛教特别是禅宗的影响较为深厚。对此，不少学者，特别是日本学者都做了很多研究。与此类观点相近的是，陈来认为王阳明思想同时受佛道的影响而以禅宗为主："融合儒佛一直是阳明思想深处的中心问题。"④ 刘聪则认为："王阳明中年以前的思想更多地偏向于道家道教，而中年以后的思想则转向了佛学。"⑤ 另一方面，正如洪修平所指出的："相比之下，阳明学与道家道教之学的关系就不太为人所注意了。而事实上，阳明学与道家道教之学也有很深的渊源。"⑥ 如柳存仁在其系列相关论文中考察了王阳明一生从道家道教中借用、学习过来的各种重要概念和方法，证明了两者思想上的相似性。而且，就王阳明游历寺庙的诗文所表达的意境而言，也"可谓道教多，佛教少"⑦。秦家懿通过考察也认为，在王

① 《寄邹谦之》，《王阳明全集》卷六，第 205 页。
② 耿定向：《新建伯文成王先生世家》，《王阳明全集》（新编本）卷五十四，第 2258 页。
③ 《王阳明年谱》三，《王阳明全集》卷三十五，第 1289 页。
④ 陈来：《有无之境——王阳明哲学的精神》，第 218 页。
⑤ 刘聪：《阳明学与佛道关系研究》，第 6 页。
⑥ 洪修平：《〈阳明学与佛道关系研究〉序》，载刘聪：《阳明学与佛道关系研究》，第 3 页。
⑦ 柳存仁：《王阳明与佛道二教》，《和风堂文集》中册，第 880 页。

阳明思想的诸多影响中，"王阳明所提倡的哲学既以自发与自启为主，就不能不借重于道家哲学与禅宗。但在阳明一生，道教仍属主要，他与道士之间的接触，远较与僧徒之间为密为多"①。杜维明也指出："如果说阳明与禅宗佛学的联系很近，他同道家的关系就更密切了。"② 我认为，通过本书的考察研究来看，对于阳明学与佛道的关系，既要从动态上看到王阳明一生实经历了一个从"出入佛老"到"渐悟仙释二氏之非"再到"儒、佛、老庄皆吾之用"的沉迷、批判扬弃、吸收圆融的曲折复杂的思想历程，又要从整体上看到各种思想成分在阳明学的"核心—边缘"的思想结构中的价值排序是不尽相同的，其所体现的内在逻辑联系也是不一样的，尤其在不同的历史时期或不同的理论场域中，佛道的思想成分在明学中呈现出不同的价值序列、发挥着不同的作用。如果说王阳明早年是不自觉地沉溺于佛老、杂糅各家以进行思想的探索，那么可以说王阳明中后期对"二氏之非"的批判否定主要集中在佛道（教）单纯追求养生、长生、自我解脱等缺乏社会和家庭伦理责任的人生态度和"各是其是""偏于小道"的局限性上，但他同时又吸收、融合了道佛中丰富的形上智慧和"无"的精神境界、超越精神等思想元素。其中，由于中国化的佛教尤其是禅宗已较多地与道家的思想方法相融合，佛禅中已含有不少道家的成分，这样我们总起来也可以说王阳明受道家的影响更多一些，从儒道融合的视域出发可以更好地诠释阳明心学的内在结构和思想特质。

说到这里，我们遇到了另一个相关的问题，即既然王阳明与佛道特别是道家道教有着如此深厚、复杂的关系，那么，我们应对王阳明思想做出怎样的定位？阳明学的思想属性还能归于传统的儒家学派吗？对此，正如本书前面的研究所表明的，王阳明在其核心价值观上还是一直坚守着儒家的基本伦理道德取向的，这样一来，在其他非核心性的、边缘性的区域对其他思想包括佛道的吸收就不会从根本上改变他的思想的基本属性，使阳明学总体上还是具有儒学基本倾向的学说。正如杜维明说的："我们可以论证，由于阳明通过一系列内心经验，在儒学中找到了他的新本性

---

① 秦家懿：《王阳明与道教》，《秦家懿自选集》，第 323 页。
② 杜维明：《宋明儒学思想之旅 —— 青年王阳明》，载郭齐勇、郑文龙编：《杜维明文集》第三卷，第 84 页。

（identity），所以他不再需要抵制其他价值信念的浸染，因此能够吸收禅宗和道家有启发性的见解，却不会有失去他自己的精神方向的危险。"[①] 从这一意义上说，把以阳明学为代表的心学仍称为新儒学是有其依据的，也恰恰是新儒学的特色所在。借用柳存仁的话说就是，它"受了道教这样浓厚的薰染而仍旧称为明代的新儒学，这一点恰好说明明代新儒学的特质"[②]。

但是，若我们换个角度即从阳明学自身来看这个问题，则又可以进一步修正上述定位。晚明东林学派的高攀龙曾冷嘲热讽地指出王阳明曾受道教极深的影响，却又不甘于在释、道二家中混，而必欲在儒家中自创一支、抢夺高位。虽然高氏的目的是要揭露阳明学的"破绽百出"，王阳明不配做儒门的新派宗师，但他也的确点破了阳明学的宏愿在于追求一种不同于传统儒学及道释的"圣门大全之学"，亦即"精一之学"、"大道"之学。王阳明哲学创造性地建立和阐述了真正的主体性原则，追求以自发、自主的主体性精神建构起具有自己鲜明特色的"自得之学"，相信"吾性自足"，对自我的良知、主体的自觉能动性具有高度的自信，可以说这种自发、自主的主体性原则的挺立正是阳明学不仅不同于以往的儒学及佛道，而且能够实现"儒、佛、老庄皆吾之用"，真正圆融和超越以往千经万典，成就自己卓然挺立、独步古今的心学巨制的根本所在。因此，不仅王阳明自己有意识地倾毕生之力追求成为思想史上的独特杰出的"这一个"，而且在实际上也实现了成为"这一个"的目标，那么，我们再借柳存仁的话说要把这样一个受了道家道教的浓厚薰染而能够融合儒道、会通百家又有卓越创新的思想巨制仍旧称为明代的"新儒学"，不觉得太勉强了吗？为什么它不能就是一个具有独特的"这一个"的思想内涵和精神品格的"阳明学"呢！

从更广阔的层面来看，任何比较研究的目的都不仅仅是找出相互之间的区别，还应能够找出相互之间的共同之处，黑格尔认为：思想比较的关键"是要能看出异中之同和同中之异"[③]。因此，我们在研究和比较阳明学与儒佛道三教的关系时，除了考察它们各自的不同之外，还需要进一步从中

---

① 杜维明：《宋明儒学思想之旅——青年王阳明》，载郭齐勇、郑文龙编：《杜维明文集》第三卷，第74页。
② 柳存仁：《明儒与道教》，《和风堂文集》中册，第825页。
③ 黑格尔：《小逻辑》，贺麟译，商务印书馆2009年版，第255页。

找到它们那些具有共性的思想和方法，揭示人类思想发展和价值取向变迁的基本走向及普遍规律，弘扬那些具有普遍的价值和意义的文化成果。历史上的儒学就包含了多样性的传统，整个中国传统文化本身更是多元的、多样化的文化积累的综合体。美国汉学家狄百瑞有一个很犀利的看法，他说："有很多中国人，自称是信道教、佛教，甚至是基督徒，可是他们之中，很多人还同时具有儒家思想。"① 其实，反过来说也很恰当，即有很多中国人，虽然自称是儒家、佛教徒甚至基督徒，可是他们之中，很多人还同时具有道家思想。或者更准确地说，他们的思想往往是多种多样的传统思想混合而成、圆融为一的综合体。因此，多元融合、求同存异往往是思想文化发展和创新的基本途径。王阳明正是追求并践行了这一点的典范。他大胆地首开风气，公开承认并倡导融合三教、会通百家的开放性治学方法和包容性的价值观。不少传统的批评者（如高攀龙）认为王阳明没有守住儒家的门户，扎紧自己的篱笆。但阳明学其实恰恰是要打破这些篱笆的局限，以开放、包容的态度对待三教及一切思想学说。可以说，阳明学的最可贵之处正是这种开放包容的态度。王阳明说："夫道，天下之公道也；学，天下之公学也；非朱子可得而私也，非孔子可得而私也。"② 在开放包容的"公道""公学"面前，任何人都不能成为凌驾其上的权威，任何权威都不能通过排斥"异端"、围剿它说而争得正统，唯我独尊，而是要允许形成一种"人人皆可为尧舜""满街皆为圣人"的信念，造成一种你中有我、我中有你、相互融合、共生共荣的开放性思想观念。哈佛大学教授伊尔涅特·霍克耐（W. Ernest Hockeny）在一次中西哲学研讨会上发表的《哲学比较研究的价值》一文，有一段话说得很好，他说：

> 在对待不同于我们自己的思想方面，在历史发展过程中，曾出现三种态度：第一，"这是不可思议的，而且与我们不相容——不理它"。第二，"这是不可思议的，而且与我们不相容——研究它"。第三，"这似乎不可思议的，而且与我们不相容——但它属于人类的、

---

① William T. de Bary, *Source of Chinese Tradition*, vol. 1, New York: Columbia University Press, 1960, p. 15.
② 《传习录》中，《王阳明全集》卷二，第78页。

因为它与我们是同性质的，在潜在意义上，就是我自己的 —— 向它学习"。在两个世纪以前，我们本质上执第一种态度，另外两个世纪，即从十八世纪到二十世纪是执第二种态度，对于东方进行客观研究已经影响我们。在我们未来的两个世纪里，我们一定要执着于第三种态度，即试图走出学者的围观研究，而过渡到有效的人类交往，并共同去探索普遍真理。①

面对不同于自己的思想文化，是采取排斥、否定甚至围剿的态度还是包容、了解甚至学习、吸收的态度，应是一个人乃至一个民族是秉持了传统价值观还是现代价值观的重要分水岭。尤其是现代全球化时代，多元、开放、包容、合作、自由交流是当代文化和社会发展的最重要渠道，一个民族如果长期封闭、固守于自己的单一文化，拒绝接纳、包容其他文化，显然不是一种现实生存的可能路径，反而有可能把自己置身于毁灭的危险境地。王阳明不但融摄三教，提倡三教合一、合"三间共一厅"、"儒、佛、老庄皆吾之用"的"大道"哲学，而且以其"道一而已""万物一体"的核心思想在形上学层面上对此予以了深刻的论证，并进一步以其反复申说的异端之辨、是非之辨、内外之辨及人己之辨展开了全面的阐述。实际上，王阳明所构建的"万物一体"的理想世界，就是一个万物平等、多元共存的有机性存在共同体。就思想文化层面而言，阳明学无疑展示了一种对多样化宗教及不同文化传统的宽容、包涵、开放的态度和平等对话、文明共生、多元开放的价值取向。同时，它也强调对个性化的、地域性的文化传统的自我认同，表现了对自我主体性意识和本位意识的尊重。这些对于从传统到现代的思想创新，尤其是全球化时代普遍性与地方性的关系等重大问题的探索，都具有深刻的启发意义。

---

① 转引自杨寿堪、路淑英：《历史与现实的对话 —— 漫谈中西哲学比较的意义与方法》，《湖南社会科学》2005 年第 3 期。

主要参考文献

一、原始文献

1.《大学》。

2.《老子》。

3.《论语》。

4.《孟子》。

5.《荀子》。

6.《庄子》。

7.《中庸》。

8.《道藏要籍选刊》，上海古籍出版社 1989 年版。

9.《钦定四库全书》，台北商务印书馆 1982～1986 年版。

10.《十三经注疏》，中华书局 1980 年版。

11.《正统道藏》第 24 册，台北新文丰出版社 1988 年版。

12. 陈献章：《陈献章集》（上、下），孙通海点校，中华书局 1987 年版。

13. 程颢、程颐：《二程集》（上、下），王孝鱼点校，中华书局 2004 年版。

14. 葛洪：《抱朴子内篇校释》，王明校释，中华书局 1985 年版。

15. 郭象：《庄子注疏》，成玄英疏，中华书局 2011 年版。

16. 憨山：《老子道德经解》，梅愚点校，崇文书局 2015 年版。

17. 胡居仁：《胡敬斋集》，商务印书馆 1935 年版。

18. 黄灵庚等主编：《吕祖谦全集》第 2 册，浙江古籍出版社 2008 年版。

19. 黄宗羲：《明儒学案》（上、下），中华书局 1985 年版。

20. 黄宗羲：《黄宗羲全集》（第 3～6 册），浙江古籍出版社 2005 年版。

21. 黄宗羲：《宋元学案》（全四册），中华书局 1986 年版。

22. 计文渊编：《王阳明法书集》，西泠印社 1996 年版。

23. 刘安等：《淮南子译注》，陈广忠译注，吉林文史出版社 1990 年版。

24. 陆九渊：《陆九渊集》，钟哲点校，中华书局 1980 年版。

25. 墨憨斋编：《王阳明出身靖乱录》，台湾广文书局 2012 年版。

26. 束景南：《阳明佚文辑考编年》（上、下），上海古籍出版社 2012 年版。

27. 万斌主编："阳明后学文献丛书"，凤凰出版社 2007 年版。

28. 王弼：《王弼集校释》，楼宇烈校释，中华书局 1980 年版。

29. 王畿：《王畿集》，吴震编校，凤凰出版社 2007 年版。

30. 王阳明：《王阳明全集》（上、下），吴光、钱明等编校，上海古籍出版社 1992 年版。

31. 王阳明：《王阳明全集》（新编本 1～6 册），吴光等主编，浙江古籍出版社 2010 年版。

32. 王阳明：《阳明先生集要》（上、下），施邦曜辑评，中华书局 2008 年版。

33. 夏燮：《明通鉴》，浙江古籍出版社 1995 年版。

34. 徐爱、钱德洪、董沄：《徐爱、钱德洪、董沄集》，钱明等编校，凤凰出版社 2007 年版。

35. 张继禹主编：《中华道藏》，华夏出版社 2004 年版。

36. 朱熹：《四书章句集注》，上海古籍出版社、安徽教育出版社 2001 年版。

37. 朱熹：《朱子全书》，朱杰人等主编，上海古籍出版社、安徽教育出版社 2002 年版。

38. 朱熹：《朱子语类》，黎德靖编，王星贤点校，中华书局 1986 年版。

二、研究著作

1. 安乐哲：《自我的圆成：中西互镜下的古典儒学与道家》，彭国翔编译，河北人民出版社 2006 年版。

2. 包弼德：《历史上的理学》，王昌伟译，浙江大学出版社 2010 年版。

3. 本杰明·史华兹：《古代中国的思想世界》，程钢译，江苏人民出版社 2004 年版。

4. 陈鼓应：《老庄新论》，上海古籍出版社 1992 年版。

5. 陈鼓应：《老子注译及评介》，中华书局 1984 年版。

6. 陈鼓应：《庄子今注今译》，中华书局 1983 年版。

7. 陈嘉映：《海德格尔哲学概论》，生活·读书·新知三联书店 1995 年版。

8. 陈来：《宋明理学》，辽宁教育出版社 1991 年版。

9. 陈来：《有无之境 —— 王阳明哲学的精神》，人民出版社 1991 年版。

10. 陈来：《中国近世思想史研究》，商务印书馆 2003 年版。

11. 陈立胜：《王阳明"万物一体论"——从"身—体"的立场看》，华东师范大学出版社 2008 年版。

12. 陈少峰：《宋明理学与道家哲学》，上海文化出版社 2001 年版。

13. 陈樱宁：《道教与养生》，华文出版社 2000 年版。

14. 崔在穆：《东亚阳明学的展开》，钱明译，台湾大学出版中心 2011 年版。

15. 杜维明：《杜维明文集》，郭齐勇、郑文龙编，武汉出版社 2002 年版。

16. 方东美：《新儒家哲学十八讲》，台北黎民文化事业公司 1993 年版。

17. 方东美：《中国人生哲学概要》，台北问学出版社 1980 年版。

18. 方尔加：《王阳明心学研究》，湖南教育出版社 1989 年版。

19. 冯达文：《中国哲学的本源 —— 本体论》，广东人民出版社 2001 年版。

20. 冯友兰：《三松堂全集》第 4 册，河南人民出版社 1986 年版。

21. 冯友兰：《中国哲学史新编》，人民出版社 1988 年版。

22. 弗朗索瓦·于连：《道德奠基：孟子与启蒙哲人的对话》，宋刚译，北京大学出版社 2002 年版。

23. 傅小凡：《晚明自我观研究》，巴蜀书社 2001 年版。

24. 冈田武彦：《王阳明与明末儒学》，吴光等译，上海古籍出版社 2000 年版。

25. 葛兆光：《禅宗与中国文化》，上海人民出版社 1986 年版。

26. 葛兆光：《道教与中国文化》，上海人民出版社 1987 年版。

27. 葛兆光：《七世纪至十九世纪中国的知识、思想与信仰》，复旦大学出版社 2000 年版。

28. 沟口雄三:《中国前近代思想之曲折与展开》,陈耀文译,上海人民出版社 1997 年版。

29. 海德格尔:《海德格尔选集》,孙周兴编译,上海三联书店 1996 年版。

30. 海德格尔:《林中路》(修订本),孙周兴译,上海译文出版社 2004 年版。

31. 海德格尔:《人,诗意地安居》,孙周兴译,上海远东出版社 1995 年版。

32. 郝大维、安乐哲:《汉哲学思维的文化探源》,施忠连译,江苏人民出版社 1999 年版。

33. 黑格尔:《精神现象学》,贺麟、王玖兴译,商务印书馆 1981 年版。

34. 黑格尔:《逻辑学》,杨一之译,商务印书馆 1981 年版。

35. 黑格尔:《哲学史讲演录》,贺麟、王太庆译,商务印书馆 1978 年版。

36. 洪修平:《中国儒佛道三教关系研究》,中国社会科学出版社 2011 年版。

37. 荒木见悟:《佛教与儒教》,中州古籍出版社 2005 年版。

38. 荒木见悟:《明末清初思想与佛教》,廖肇亨译,上海古籍出版社 2010 年版。

39. 黄玉顺:《面向生活本身的儒学》,四川大学出版社 2006 年版。

40. 嵇文甫:《晚明思想史论》,东方出版社 1996 年版。

41. 姜生、郭武:《明清道教伦理及其历史流变》,四川人民出版社 1997 年版。

42. 蒋星煜:《中国隐士与中国文化》,上海三联书店 1988 年版。

43. 康德:《任何一种能够作为科学出现的未来形而上学导论》,庞景仁译,商务印书馆 1982 年版。

44. 考夫曼:《存在主义》,陈鼓应等译,商务印书馆 1987 年版。

45. 孔令宏:《朱熹哲学与道家道教》,河北大学出版社 2001 年版。

46. 赖永海:《佛学与儒学》,浙江人民出版社 1992 年版。

47. 李煌明:《宋明理学中的"孔颜之乐"问题》,云南人民出版社 2006 年版。

48. 李霞:《道家与中国哲学》明清卷,人民出版社 2004 年版。

49. 李约瑟：《中国科学思想史》，《中国科学技术史》第二卷，科学出版社 1990 年版。

50. 李泽厚：《己卯五说》，中国电影出版社 1999 年版。

51. 李泽厚：《中国古代思想史论》，人民出版社 1985 年版。

52. 梁漱溟：《梁漱溟全集》，山东人民出版社 2005 年版。

53. 刘聪：《阳明学与佛道关系研究》，巴蜀书社 2009 年版。

54. 刘述先：《朱子哲学思想的发展与完成》，台北学生书局 1981 年版。

55. 刘宗贤：《陆王心学研究》，山东人民出版社 1997 年版。

56. 柳存仁：《和风堂文集》（上、中、下），上海古籍出版社 1991 年版。

57. 罗素：《罗素自传》，陈启伟译，商务印书馆 2003 年版。

58. 马克斯·韦伯：《儒教与道教》，商务印书馆 1995 年版。

59. 牟宗三：《从陆象山到刘蕺山》，上海古籍出版社 2001 年版。

60. 牟宗三：《宋明儒学的问题与发展》，华东师范大学出版社 2004 年版。

61. 牟宗三：《中国哲学十九讲》，上海古籍出版社 1997 年版。

62. 彭国翔：《良知学的展开——王龙溪与中晚明的阳明学》，生活·读书·新知三联书店 2005 年版。

63. 钱基博：《明代文学》，商务印书馆 1933 年版。

64. 钱明：《儒学正脉——王守仁传》，浙江人民出版社 2006 年版。

65. 钱明：《阳明学的形成与发展》，江苏古籍出版社 2002 年版。

66. 钱穆：《孔子与论语》，台北联经出版社 1965 年版。

67. 钱穆：《朱子新学案》，巴蜀书社 1986 年版。

68. 秦家懿：《秦家懿自选集》，山东教育出版社 2005 年版。

69. 卿希泰：《续·中国道教思想史纲》，四川人民出版社 1999 年版。

70. 卿希泰：《中国道教》，东方出版中心 1994 年版。

71. 卿希泰：《中国道教思想史纲》第 1 卷，四川人民出版社 1980 年版。

72. 卿希泰：《中国道教思想史纲》第 2 卷，四川人民出版社 1985 年版。

73. 任继愈：《中国道教史》，上海人民出版社 1990 年版。

74. 容肇祖：《明代思想史》，开明书店 1962 年版。

75. 束景南：《朱子大传》，商务印书馆 2003 年版。

76. 斯·茨威格：《异端的权利》，赵台安、赵振尧译，生活·读书·新知三联书店 1986 年版。

77. 汤一介：《非实非虚集》，华文出版社 1999 年版。

78. 唐大潮：《明清之际道教"三教合一"思想论》，宗教文化出版社 2000 年版。

79. 梯利：《西方哲学史》，葛力译，商务印书馆 1995 年版。

80. 汪传发：《陆九渊王阳明与中国文化》，贵州人民出版社 1999 年版。

81. 王国良：《明清时期儒学核心价值的转换》，安徽大学出版社 2002 年版。

82. 王泽应：《自然与道德 —— 道家伦理道德精粹》，湖南大学出版社 1999 年版。

83. 王志忠：《明清全真教论稿》，巴蜀书社 2000 年版。

84. 王治心：《中国宗教思想史大纲》，东方出版社 1996 年版。

85. 王中江：《道家形上学》，上海文艺出版社 2001 年版。

86. 韦政通：《中国思想史》下册，台北水牛出版社 1980 年版。

87. 吴光主编：《阳明学研究》，上海古籍出版社 2000 年版。

88. 吴震：《阳明后学研究》，上海人民出版社 2003 年版。

89. 吴重庆：《儒道互补 —— 中国人的心灵建构》，广东人民出版社 1993 年版。

90. 萧公权：《中国政治思想史》，新星出版社 2005 年版。

91. 熊铁基等：《中国老学史》，福建人民出版社 1995 年版。

92. 徐梵澄：《陆王学述》，上海远东出版社 1994 年版。

93. 许地山：《道教史》，华东师范大学出版社 1996 年版。

94. 杨国荣：《成己与成物 —— 意义世界的生成》，北京大学出版社 2011 年版。

95. 杨国荣：《道论》，北京大学出版社 2011 年版。

96. 杨国荣：《王学通论 —— 从王阳明到熊十力》，上海三联书店 1990 年版。

97. 杨国荣：《心学之思 —— 王阳明哲学的阐释》，生活·读书·新知三联书店 1997 年版。

98. 杨国荣：《杨国荣讲王阳明》，北京大学出版社 2005 年版。

99. 杨国荣：《庄子的思想世界》，北京大学出版社 2006 年版。

100. 余英时：《宋明理学与政治文化》，《余英时文集》第十卷，广西师范大学出版社 2006 年版。

101. 俞樟华：《王学编年》，吉林大学出版社 2010 年版。

102. 张岱年：《中国哲学大纲》，中国社会科学出版社 1982 年版。

103. 张立文：《宋明理学研究》，中国人民大学出版社 1985 年版。

104. 张荣明：《从老庄哲学至晚清方术》，华东师范大学出版社 2006 年版。

105. 张世英：《进入澄明之境》，商务印书馆 1999 年版。

106. 张松如：《老子说解》，齐鲁书社 1987 年版。

107. 张学智：《明代哲学史》，北京大学出版社 2000 年版。

108. 张再林：《作为身体哲学的中国古代哲学》，中国社会科学出版社 2008 年版。

109. 朱晓鹏：《道家哲学精神及其价值境域》，中国社会科学出版 2007 年版。

110. 朱晓鹏：《王阳明与道家道教》，中国人民大学出版社 2009 年版。

111. 朱晓鹏：《智者的沉思 —— 老子哲学思想研究》，杭州大学出版社 1999 年版。

112. 左东岭：《王学与中晚明士人心态》，人民文学出版社 2000 年版。

113. David L. Hall and Roger T. Ames, *Thinking Throught Confucius*, New York: State University of New York Press, 1987.

114. G. H. Mead, *Mind, Self and Society*, University of Chicago Press, 1934.

115. Robert P. Hymes, *Statesmen and Gentlemen: The Elite of Fu-Chou, Chiang-His, in Northern and Southern Sung*, Cambridge University Press, 1986.

116. Robert P. Hymes, *Way and Byway: Taoism, Locol Religion, and Models of Divinity in Sung and Modern China*, Berkeley : University of California Press, 2002.

117. William Theodore de Bary, *Self and Society in Ming Thought*, New York: Columbia University Press, 1970.

118. William Theodore de Bary, *Source of Chinese Tradition*, vol. 1, New York: Columbia University Press, 1960.

三、研究论文

1. 鲍世斌：《明代王学与道教》，《中国道教》2001 年第 3 期。

2. 蔡方鹿：《道教与宋明理学》，《学术月刊》1988 年第 7 期。

3. 陈宝良：《明代儒佛道的合流及其世俗化》，《浙江学刊》2002 年第 2 期。

4. 陈鼓应：《"理"范畴理论模式的道家诠释》，载景海峰编：《传薪集》，北京大学出版社 2004 年版。

5. 陈立胜：《王阳明三教之判中的五个向度》，《哲学研究》2013 年第 3 期。

6. 成复旺：《陆王心学与老庄思想》，载《道家文化研究》第 4 辑，上海古籍出版社 1994 年版。

7. 成中英：《中国哲学的特性》，载刘小枫编：《中国文化的特质》，生活·读书·新知三联书店 1990 年版。

8. 岛田虔次：《战后日本宋明理学研究的概况》，载《中国哲学》第七辑，生活·读书·新知三联书店 1982 年版。

9. 丁为祥：《张载虚气观解读》，《中国哲学史》2001 年第 2 期。

10. 方祖猷：《王畿论良知与道教养生术》，载钱明主编：《阳明学新探》，中国美术学院出版社 2002 年版。

11. 高予远：《王阳明"龙场三卦"臆说》，《哲学研究》2007 年第 4 期。

12. 韩东育：《关于阳明子"龙场悟道"的非学术寓义》，《史学集刊》1994 年第 3 期。

13. 何静：《论王阳明的良知说对道家智慧的融摄》，《孔子研究》2005 年第 4 期。

14. 姜生：《"知行合一"思想源于道教考》，《中国道教》1999 年第 2 期。

15. 刘纪曜：《仕与隐 —— 传统中国政治文化的两极》，载刘岱主编：《理想与现实》（中国文化新论），生活·读书·新知三联书店 1991 年版。

16. 庞朴：《说"無"》，载《稂莠集 —— 中国文化与哲学论集》，上海人民出版社 1988 年版。

17. 彭国翔：《钱绪山语录辑逸与校注》，《中国哲学史》2003 年第 3 期。

18. 钱明：《王阳明的道教情结 —— 以晚年生活为主线》，《杭州师范学院学报》2004 年第 2 期。

19. 钱明：《王阳明史迹考论》，日本二松学舍大学阳明学研究所刊《阳明学》，平成十五年第十五号。

20. 乔治·F. 麦克林：《多元文化社会中的宽容精神》，《新华文摘》2005 年第 8 期。

21. 卿希泰：《道教文化研究经验谈》，《世界宗教文化》1998 年第 3 期。

22. 汤一介：《对中国传统哲学的哲学思考》，载谢龙编：《中西哲学与文化比较新论》，人民出版社 1995 年版。

23. 王博：《老子哲学中"道"和"有"、"无"的关系试探》，《哲学研究》1991 年第 8 期。

24. 王树人：《阳明心学与佛老》，《中国社科院研究生院学报》1993 年第 4 期。

25. 吴光：《论王阳明与道家的思想联系》，载《道家文化研究》第 6 辑，上海古籍出版社 1995 年版。

26. 徐复观：《释〈论语〉的"仁"——孔学新论》，载《中国思想史论集续篇》，上海书店出版社 2004 年版。

27. 徐洪兴：《唐宋间的孟子升格运动》，《中国社会科学》1993 年第 5 期。

28. 张祥龙：《海德格尔论老子与荷尔德林的思想独特性》，《中国社会科学》2005 年第 2 期。

29. 张新民：《探寻真实的存在与存在的真实 —— 王阳明心学视域下的静定、立诚与格心》，载陈祖武编：《明清浙东学术文化研究》，中国社会科学出版社 2004 年版。

30. 张再林：《意识哲学，还是身体哲学 —— 中国传统哲学理论范式的重新认识》，《世界哲学》2008 年第 4 期。

31. 郑开：《道家心性论研究》，《哲学研究》2003 年第 8 期。

32. 钟彩钧：《阳明思想中儒道的分际与融通》，（台湾）《鹅湖学志》1992 年第 8 期。

33. 朱晓鹏：《从王阳明"精一之学"看其三教观的四个维度》，《哲学研究》2017 年第 9 期。

34. 朱晓鹏：《从朱熹到王阳明：宋明儒学本体论的转向及其基本路径》，《哲学研究》2015 年第 2 期。

35. 朱晓鹏：《论王阳明的"身心之学"》，《哲学研究》2013 年第 1 期。

36. 朱晓鹏：《论王阳明中后期诗文中的隐逸情结及其特点》，《中国文化研究》2011 年冬之卷。

37. 朱晓鹏：《论阳明心学本体论对道家形上智慧的融摄》，载《道家文化研究》第 27 辑，生活·读书·新知三联书店 2013 年版。

38. 朱晓鹏：《王阳明龙场〈易〉论的思想主旨》，《哲学研究》2008 年第 6 期。

39. 朱晓鹏：《养生与养德——论王阳明中后期对道家道教的批评之一》，《中国哲学史》2008 年第 2 期。

40. 朱晓鹏：《意义世界的构建——阳明学本体论的价值之维》，《哲学研究》2010 年第 11 期。

41. Hoyt Cleveland Tillman, "A New Direction in Confucian Scholarship: Approaches to Examining the Differences Between Nec-Confucianism and Tao-hsueh", *Philosophy East and West* 43.3, July 1992.

42. Judith A. Berling, "When They Go Their Separate Ways: The Collapse of The Unitary Vision of Chinese Religion in the Earlier Ch'ing", in *Meeting of Mind: Intellectual and Religious Interaction in East Asian Traditions of Thought*, edited by Irene Bloom and Joshua A. Fogel, New York: Columbia University Press, 1966.

43. Jung Hua Yol, "Wang Yang-ming and Existential Phenomenology", *International Philosophical Quarterly* 5, 1965.

后　记

　　人们普遍认同儒道互补为中国传统思想文化的基本结构，而唐宋以后儒、道、佛三教又进一步实现了融合。然而儒道互补、三教融合在历史上是如何具体展开的？它们又发生了怎样的实际影响？这些问题无疑是中国传统思想文化研究中的一个重大课题。本书的研究主题就是从中国传统思想文化中儒道融合互补的基本结构出发来考察其在宋明哲学特别是阳明学中的典型表现。本书已是笔者关于这一研究主题的第二本著作，只是这两本书的侧重点有所不同。如果说第一本书《王阳明与道家道教》作为"阳明学系列研究"国家社科基金项目的一部分受课题分工和时间精力的限制，不得不限于以对王阳明与道家道教关系的历史过程为中心进行考察研究，那么本书则侧重于从思想学说的内在逻辑、结构关系、精神旨趣等层面上来探讨阳明学与道家道教的内在联系及其特点。也就是说，前者以历史性的动态过程为主，后者以逻辑性的理论分析为主，两者结合起来可以成为一个"史"与"思"、历史与逻辑相统一的整体性研究。所以也可以说，本书正是"接着"前者说的，是对前者的另一层次的展开和深化。当然，这种完整的构想能否在客观效果上得到真正的呈现则另当别论，且有待于同好们的评判。我也希望以后有机会能够将这两个部分合并作为一个整体性的著作予以出版。

　　本书在多年的写作过程中，曾先后被列为浙江省社会科学规划重点项目"阳明学：儒道互补的思想世界"（项目编号09CGZX001Z）和国家社会科学基金后期资助项目"儒道融合视域中的心学建构研究"（项目编号15FZX022）获得资助，本书就是这些资助项目的最终成果。对于这些资助笔者深表感谢，因为这些资助立项于我而言，主要不是在课题经费上的支持，而是作为一种督促自己可以在身体不大好、杂务频扰的状况下，坚持努力于这一课题研究的"约束性"动力。同时，随着本书写作的展开，其中若干章节先后修改整理为论文有幸在《哲学研究》《中国哲学史》《国学研究》等学术期刊及多个国际国内学术会议上发表，在此谨对相关杂志及其编辑、会议组织者等表示衷心的感谢。在本书的研究写作过程中还得到了我的博士导师杨国荣教授、哲学史家陈卫平教授等师长和友人的指导、关心和支持，商务印书馆魏雪平编辑为拙著的出版、编校做了大量认真的工作，多位研究生都为我校对了文稿等，这些都为我完成这一耗时长久的课题研究和写作工作提供了不可或缺的条件和激励，也使这一从研究、写作到出版的过程成了既是艰辛付出又充满了愉悦收获的思想之旅。

朱晓鹏

2018 年 6 月 26 日于杭州古运河畔三塘兰园